食品加工技术

主 编 姚 微 杨 希
副主编 曲彤旭 冯晓明

北京理工大学出版社
BEIJING INSTITUTE OF TECHNOLOGY PRESS

内容提要

本书秉承以职业标准为导向、以能力培养为核心的教育理念，围绕果蔬制品、焙烤食品、软饮料、肉制品、乳制品和发酵食品六大加工项目，按照企业真实生产任务和学生的认知规律组织内容。本书中设置了任务目标、任务导学、思维导图、知识储备、任务实施、任务拓展和任务自测等环节，旨在引导学生系统掌握食品加工技能。同时，本书配套的数字化教学资源实现了教学方式的多样化。

本书可作为高等院校食品相关专业教材，还可作为食品行业管理人员、技术人员的参考用书。

图书在版编目（CIP）数据

食品加工技术 / 姚微，杨希主编 . -- 北京 : 北京理工大学出版社，2024.4

ISBN 978-7-5763-3996-3

Ⅰ . ①食… Ⅱ . ①姚… ②杨… Ⅲ . ①食品加工 Ⅳ . ① TS205

中国国家版本馆 CIP 数据核字（2024）第 098747 号

责任编辑：封　雪　　**文案编辑**：毛慧佳

责任校对：刘亚男　　**责任印制**：王美丽

出版发行 / 北京理工大学出版社有限责任公司

社　　址 / 北京市丰台区四合庄路 6 号

邮　　编 / 100070

电　　话 / (010) 68914026（教材售后服务热线）

(010) 63726648（课件资源服务热线）

网　　址 / http：//www.bitpress.com.cn

版 印 次 / 2024 年 4 月第 1 版第 1 次印刷

印　　刷 / 河北鑫彩博图印刷有限公司

开　　本 / 787 mm × 1092 mm　1/16

印　　张 / 20.5

字　　数 / 466 千字

定　　价 / 89.00 元

前 言 Preface

本书贯彻落实《习近平新时代中国特色社会主义思想进课程教材指南》文件要求和党的二十大精神，旨在将新时代人才强国战略与食品加工技术教学深度融合，通过理论与实践相结合的教学模式，培养学生的创新能力和实践能力，使其成为适应国家现代化建设需要的高素质大国工匠和高技能人才。

《国家职业教育改革实施方案》和《“十四五”职业教育规划教材建设实施方案》提出要建设一大批校企“双元”合作开发的国家规划教材。本书结合区域经济及企业职业岗位要求，以食品行业企业技术标准或规范为依据，紧贴行业和产业领域的最新发展变化，围绕高等职业教育高素质技术技能人才培养目标编写，具有以下特点。

1. 以岗位需求为导向，以职业能力为核心

本书坚持以职业标准为依据、以岗位需求为导向、以职业素养为基础、以职业能力为核心、以学生能力培养为根本目标编写。

2. 项目任务式编写模式，贴近企业真实情境

本书以加工原料类别为项目、以产品类别为任务组织编写，条理清晰，由易到难，详略得当。本书分为果蔬制品加工、焙烤食品加工、软饮料加工、肉制品加工、乳制品加工和发酵食品加工六个项目。本书中的每个项目包括 4 ～ 5 个任务，共有 25 个任务。本书按照企业真实生产任务选取内容，按照学生的认知规律设计教学进程。

3. 融入素质培养课程，提升职业素养和创新精神

本书根据不同的项目内容有针对性地融入相应的素质培养教学目标，以提高学生的职业素养并培养学生的创新精神。

4. 注重校企合作，确保教材内容贴近真实岗位

本书的教学大纲和视频资源由校企合作共同开发。本书的教学大纲是在进行充分的企业调研之后确定的，任务内容为与

学生就业岗位关系密切的产品加工技术并与企业岗位要求对接。本书由专业教师编写，聘请企业人员主审，以校企“双主体”组成教材编写团队，确保教材内容贴近真实岗位。

5. 配套数字化教学资源，实现立体化教学

本书注重引入新技术、新工艺和新方法，融入校企多年积累的教学资源，配有实训设备、实训操作等视频资源，用手机扫码即可观看。

本书由黑龙江农垦职业学院姚微和安徽粮食工程职业学院杨希担任主编，由黑龙江农垦职业学院曲彤旭和黑龙江农业工程职业学院冯晓明担任副主编。另外，多所高等职业院校的骨干教师和企业技术人员也参与了本书的编写。本书的具体编写分工如下：黑龙江生态工程职业学院徐丹鸿负责编写项目一，黑龙江农垦职业学院姚微负责编写项目二、项目五的任务四和项目六的任务四，黑龙江农业工程职业学院冯晓明负责编写项目三，黑龙江农业职业技术学院殷微微负责编写项目四的任务一和任务二，黑龙江民族职业学院赵百忠负责编写项目四的任务三和任务四，黑龙江农垦职业学院许子刚负责编写项目四的任务五，安徽粮食工程职业学院杨希负责编写项目五的任务一至任务三，新疆轻工职业技术学院米丽古力·吾麦尔江负责编写项目六的任务一至任务三；黑龙江农垦职业学院刘楠负责提供项目一和项目三的教学资源，黑龙江农垦职业学院曲彤旭和北京市好利来食品有限公司吴俊刚负责提供项目二的教学资源，黑龙江农垦职业学院孙盟璐负责提供项目五的教学资源，黑龙江农垦职业学院姚微负责提供项目四和项目六的教学资源。感谢北京欧倍尔软件技术开发有限公司为本书提供虚拟仿真资源。本书由黑龙江农垦职业学院潘亚芬和黑龙江交通职业技术学院纪伟东主审。

由于编者水平有限，书中难免有疏漏之处，敬请广大读者批评指正。

编　者

目 录 Contents

项目一 果蔬制品加工……………………………… 1

任务一 果蔬糖制品加工 …………………………… 1
任务二 果蔬干制品加工 …………………………… 13
任务三 果蔬罐头加工 ……………………………… 27
任务四 蔬菜腌制品加工 …………………………… 42

项目二 焙烤食品加工……………………………… 55

任务一 饼干加工 …………………………………… 55
任务二 蛋糕加工 …………………………………… 68
任务三 月饼加工 …………………………………… 82
任务四 面包加工 …………………………………… 92

项目三 软饮料加工………………………………… 105

任务一 包装饮用水加工 …………………………… 105
任务二 果蔬汁类及其饮料加工 …………………… 114
任务三 蛋白饮料加工 ……………………………… 125
任务四 碳酸饮料加工 ……………………………… 138

项目四 肉制品加工………………………………… 149

任务一 酱卤制品加工 ……………………………… 149
任务二 干肉制品加工 ……………………………… 163
任务三 熏烤肉制品加工 …………………………… 175
任务四 肉灌肠制品加工 …………………………… 190
任务五 西式火腿加工 ……………………………… 207

项目五 乳制品加工……………………………… 222

任务一 液态乳加工 ……………………………… 222
任务二 酸乳加工 ………………………………… 237
任务三 乳粉加工 ………………………………… 253
任务四 干酪加工 ………………………………… 265

项目六 发酵食品加工…………………………… 277

任务一 啤酒加工 ………………………………… 277
任务二 白酒加工 ………………………………… 287
任务三 葡萄酒加工 ……………………………… 302
任务四 腐乳加工 ………………………………… 313

参考文献………………………………………… 322

项目一　果蔬制品加工

任务一　果蔬糖制品加工

任务目标

➢ **知识目标**

1. 了解果蔬糖制品的分类方法和特点。
2. 掌握果蔬糖制品的加工工艺流程及操作要点。
3. 掌握果蔬糖制品生产过程中常见的质量问题。

➢ **技能目标**

1. 能够独立完成常见果蔬糖制品的加工制作。
2. 能够熟练使用果蔬糖制品加工设备。
3. 能够分析果蔬糖制品生产中常见质量问题，并提出改进措施。

➢ **素质目标**

1. 任务实施过程中融入中华传统文化，培养学生强烈的民族自豪感和自信心。
2. 加工过程中能够遵守相关的安全管理规定，树立严格的安全意识。

任务导学

果蔬糖制品在我国具有悠久的历史。早在西周时期，人们就开始利用蜂蜜熬煮果品蔬菜，从而制成各种加工制品，并冠以“蜜”字，称为蜜饯。果蔬糖制品加工业不断发展，生产出格调、风味、色泽独具特色的中国传统蜜饯，从《武林旧事》中记载的“雕花蜜饯”，到如今的苏式“雕梅”“糖佛手”蜜饯，湖南的“花卉”“鱼鸟”蜜饯等，还有以北京、广州、潮州、福州等地的产品为代表的中国传统蜜饯，如苹果脯、蜜枣、糖梅、山楂脯、糖姜片、冬瓜条及各种凉果和果酱等，这些产品在国内外市场均有很高的声誉。那么，这些产品是如何制作的呢？接下来，我们将一起学习果蔬糖制品的加工方法。

思维导图

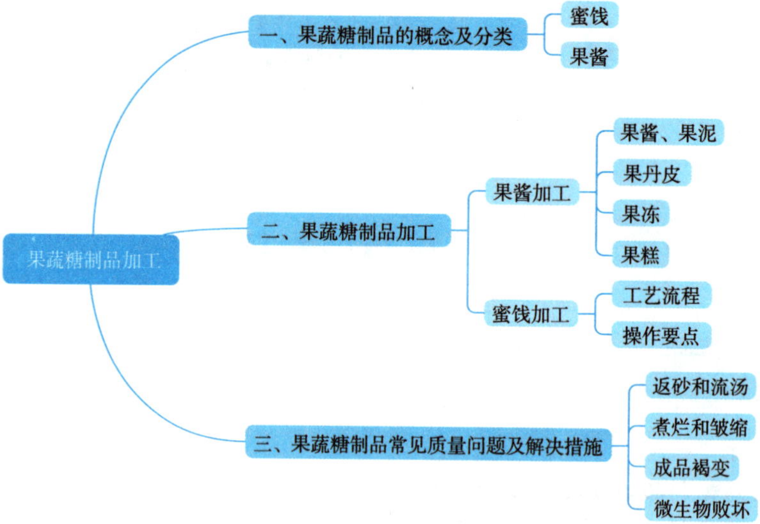

知识储备

一、果蔬糖制品的概念及分类

我国果蔬糖制品加工历史悠久，其制品种类繁多、风味独特。按加工方法和产品形态，果蔬糖制品可分为蜜饯和果酱两大类。

（一）蜜饯

蜜饯是以果蔬等为主要原料，添加（或不添加）食品添加剂和其他辅料，经糖或蜂蜜或食盐腌制（或不腌制）等工艺制成的制品。蜜饯可以分为以下种类。

1. 蜜饯类

蜜饯类果蔬糖制品是指果蔬等原料经糖（或蜂蜜）渍和/或盐渍、干燥（或不干燥）等工艺制成的湿态（或半干态附有糖霜）制品。

2. 果脯类

果脯类果蔬糖制品是指果蔬等原料经糖渍、干燥等工艺制成的略有透明感、表面无（或略有）霜糖析出的制品。

3. 凉果类

凉果类果蔬糖制品是指果蔬等原料经盐渍、糖渍、干燥等工艺制成的半干态制品。

4. 话化类

话化类果蔬糖制品是指果蔬等原料经盐渍、糖渍（或不糖渍）、干燥等工艺制成的干态制品，分为不加糖和加糖两类。

5. 果糕类

果糕类果蔬糖制品是指果蔬等原料加工成酱状或粉状，经成型、干燥（或不干燥）等工艺制成的制品，分为糕类、条（果丹皮）类、片类和丹类。

6. 其他类

其他类果蔬糖制品是指除上述类别外的蜜饯产品。

（二）果酱

果酱是以水果、果汁或果浆和糖等为主要原料，经预处理、煮制、打浆（或破碎）、配料、浓缩、包装等工序制成的酱状产品。

1. 按原料分

（1）果酱：配方中水果、果汁或果浆用量≥25%。

（2）果味酱：配方中水果、果汁或果浆用量<25%。

2. 按加工工艺分

（1）果酱罐头：按罐头工艺生产的果酱产品。

（2）其他果酱：非罐头工艺生产的果酱产品。

3. 按产品用途分

（1）原料类果酱：供应食品生产企业，作为生产其他食品的原辅料的果酱。

1）酸乳类用果酱：加入酸乳并在其中能够保持稳定状态的果酱。

2）冷冻饮品类用果酱：加入冰淇淋及其他冷冻甜品中的果酱。

3）烘焙类用果酱：加入烘焙类产品的果酱。

4）其他果酱：除上述果酱外，作为生产其他食品原料的果酱。

（2）佐餐类果酱：直接向消费者提供的，佐以其他食品的果酱。

二、果蔬糖制品加工

（一）果酱加工

1. 果酱、果泥

（1）工艺流程：原料选择及处理→预煮→打浆→加糖浓缩→装罐→密封→杀菌→冷却→检验→擦罐→成品。

（2）操作要点。

1）原料选择及处理。制作果酱的原料要求成熟度高，含果胶1%左右，含有机酸1%以上。将选择好的原料洗净，有的原料还需要除去皮、核等不可食部分，然后进行适当的切分。

2）预煮。预煮的目的是防止褐变，软化果肉组织，便于打浆或利于糖液渗透，促使果肉组织中的果胶溶出，利于凝胶的形成，缩短浓缩时间，排出原料组织中的气体，以得到无气泡的酱体等。预煮的方法是加水煮制或不加水蒸制。一般肉质较坚实的原料要加10%～20%的水（浆果不加水），然后加热煮沸（10～20 min），使原料充分软化，让果胶溶出。

3）打浆。水果软化后，用打浆机打浆，如图 1-1-1 所示。打浆机筛直径为 0.8 ～ 1.0 mm。

4）加糖浓缩。加糖量占原料质量的 50% ～ 100%，煮制时要不断搅拌，使果肉与糖充分混合，并防止焦化，火力要大，煮制浓缩时间要短，这样的产品质量好。接近浓缩终点时用柠檬酸将酱体的 pH 调到 3.1。此时凝胶的强度最高。

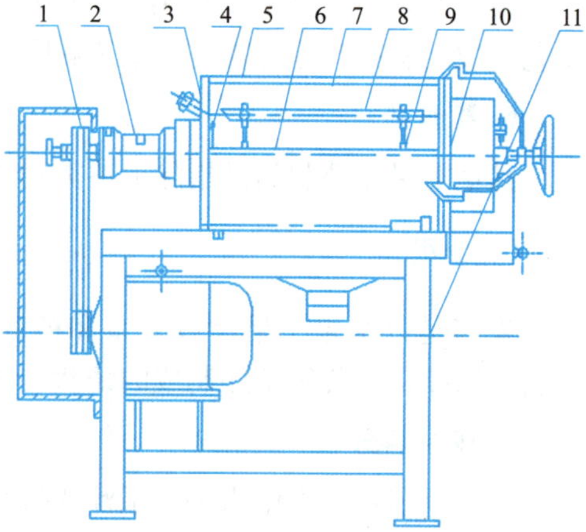

图 1-1-1　水果打浆机

1—传动系统；2—轴座；3—筒后盖；4—挡浆盘；5—筒身；6—花键轴；7—筛网；8—刮板；9—调节座；10—筒前盖；11—机架

浓缩终点的判断有以下三种方法。

①折光仪测定。当可溶性固形物达到 66% ～ 69% 时即可出锅。

②温度计测定。当溶液的温度达 103 ～ 105 ℃时，熬煮结束。

③挂片法。挂片法是生产上常用的一种简便方法。用搅拌的木片从锅中挑起少许浆液，横置，若浆液呈现片状脱落，即到达浓缩终点。

浓缩方法有常压浓缩和减压浓缩。

①常压浓缩的主要设备是带搅拌器的夹层锅，如图 1-1-2 所示。工作时通过调节蒸汽压力控制加热温度。为缩短浓缩时间，保持制品良好的色、香、味和胶凝力，每锅下料量以控制出成品 50 ～ 60 kg 为宜，浓缩时间以 30 ～ 60 min 为宜。若时间过长，影响果酱的色、香、味和胶凝力；若时间太短，会因转化糖不足而在贮藏期发生蔗糖结晶现象。浓缩过程要注意不断搅拌，防止锅底焦化，当出现大量气泡时，可洒入少量冷水，防止汁液外溢产生损失。常压浓缩的主要缺点是温度高，水分蒸发慢，芳香物质和 Vc 损失严重，制品色泽差。

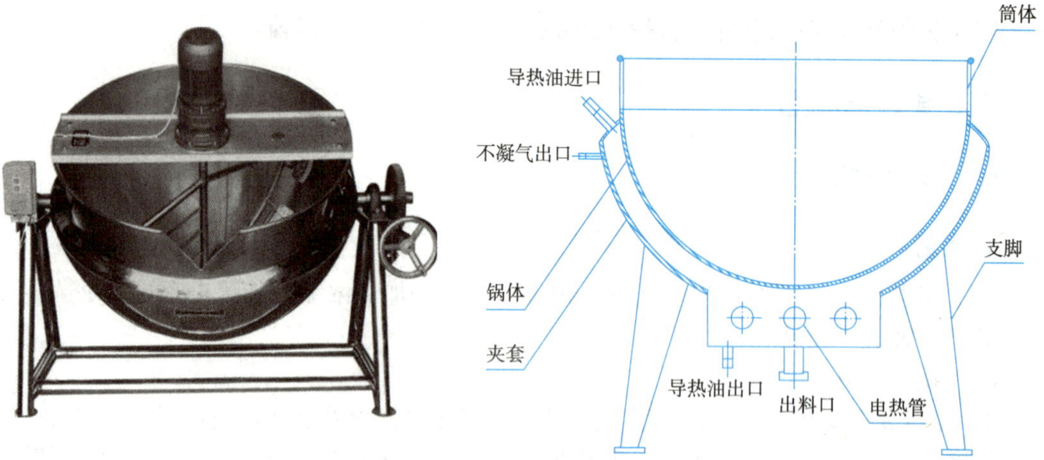

图 1-1-2　带搅拌器的夹层锅

②减压浓缩又称真空浓缩。减压浓缩设备如图 1-1-3 所示，它是一个带搅拌器的夹层锅，配有真空装置。工作时先抽真空，开启进料阀，使物料被吸入锅中，达到容量要求后，开启蒸汽阀和搅拌器进行浓缩。浓缩时锅内真空度为 0.085 ～ 0.095 MPa，温度为 50 ～ 60 ℃。浓缩过程中若泡沫上升剧烈，可开启空气阀破坏真空，抑制泡沫上升，待正常后再关闭。

浓缩过程应保持物料超过加热面，防止煮焦。当浓缩接近终点时，关闭真空泵，开启空气阀，在搅拌下将果酱加热升温至 90 ～ 95 ℃，然后迅速关闭空气阀，果酱出锅。生产优质果酱，宜选用减压浓缩法。

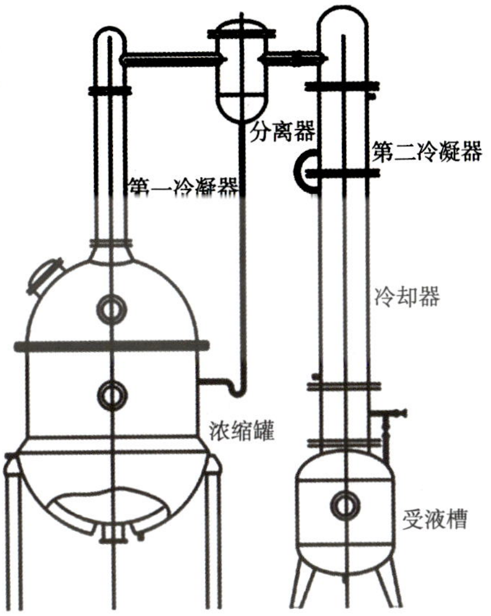

图 1-1-3　减压浓缩设备

5）装罐、密封。趁热装罐，一般装罐温度在 85 ℃以上，保持顶隙 3 ～ 8 mm，拧紧罐口。

6）杀菌、冷却。在 90 ℃下杀菌 30 min。如果装罐时保证温度，也可不杀菌，将罐体倒置 1 min 即可。杀菌后马上冷却至 38 ℃左右，玻璃瓶罐体要分段冷却，每段温差不要超过 20 ℃，以防炸瓶。最后用布擦去罐外水分和污物，送入仓库保存。

果泥的加工与果酱的加工有不同之处：原料预煮后进行两次打浆、过筛，除去果皮、种子等，使质地均匀细腻。然后加糖浓缩，原料与加糖量之比为 1 ∶ 0.5 ～ 0.8。浓缩的终点温度为 105 ～ 106 ℃，可溶性固形物为 65% ～ 68%。为了增进果泥的风味，可选择性地添加不超过 0.1% 的香料，如肉桂、丁香等。成品出锅后装罐，杀菌方法与果酱的相同。

2. 果丹皮

（1）工艺流程：原料选择及处理→预煮→打浆→加糖浓缩→刮片→烘烤→揭皮→整形→包装→成品。

（2）操作要点。

1）原料选择及处理。通常选用糖、酸、果胶物质丰富的鲜果为原料，也可用加工的下脚料（果皮、果实碎块等）。

2）预煮、打浆及浓缩。原料处理后加入原料质量 10% 的白砂糖及果实质量 1/3 的水，加热煮至软烂，然后用打浆机打浆。将打浆过滤得到的果浆进行适当浓缩，浓缩至黏稠状备用。

3）刮片。将果浆在钢化玻璃板上用模具及刮板制成均匀一致、厚度为 3 ～ 4 mm 的酱膜，四边整齐，不流散。

4）烘烤。将刮片后的玻璃板置于烘房内，并于 65 ～ 70 ℃下烘烤 8 h。在烘烤过程中要随时排潮，促进制品中的水分散失。当烘至不粘手、韧而不干硬时即可结束烘烤。

5）揭皮。当烘烤结束后，趁热用铲刀将果丹皮的四周铲起，然后将整块果丹皮从玻璃板上揭起，放置于适宜散热处冷却。之后即可切分整形，包装后即为成品。

3. 果冻

（1）工艺流程：原料选择及处理→预煮→取汁→加糖浓缩→装罐→杀菌→冷却→成品。

（2）操作要点。

1）原料选择及处理。要求原料具有良好的色、香、味，成熟度适中，果胶含量高，出汁率高。剔除霉烂、病虫害果，清洗干净。

2）预煮。加水 1 ～ 3 倍，煮沸 20 ～ 60 min，使果肉软化，便于取汁。

3）取汁。果蔬原料加热软化后，用压榨机压榨取汁或浸提取汁。汁液丰富的浆果类果实在压榨前不用加水，直接取汁；而对肉质较坚硬、致密的果实（如山楂、胡萝卜等）进行软化时，要加适量的水，浸提取汁。为了使可溶性物质和果胶更多地溶出，压榨后的果渣应先加一定量的水软化，再进行一次压榨取汁。

4）加糖浓缩。在添加配料之前，需对所得到的果浆和果汁进行 pH 及果胶含量测定。果糕、果冻凝胶适宜的 pH 为 3 ～ 3.5，果胶含量为 0.5% ～ 1.0%。如果果胶含量不足，可适当加入果胶或柠檬酸进行调整。果浆（或果汁）与糖的比例一般是 1 ∶ 0.6 ～ 0.8。煮制浓缩时水分不断地蒸发，糖浓度逐渐升高，应不断搅拌防止焦糊。当可溶性固形物含量达 65% 以上，沸点温度达到 103 ～ 105 ℃，待用搅拌桨从锅中挑起少许浆液呈片状脱落时即可停止。

5）装罐。趁热装罐，酱体温度在 85 ℃以上。

6）杀菌、冷却。杀菌方法同果酱、果泥。其冷却成型后即为果冻。

4. 果糕

（1）工艺流程：原料选择及处理→加热软化→打浆→加糖浓缩→冷却成型→成品。

（2）操作要点。

1）原料选择及处理。选择果胶及酸含量多、芳香味浓、成熟度适宜的果蔬为原料。对于果胶及酸含量少的果蔬，需外加果胶及酸，或与富含该种成分的其他果蔬混制。生产时，要先剔除霉烂变质、病虫害严重的不合格果，再经过清洗、去皮（或不去皮）、切分、去核（心）等处理。去皮、切分后的原料若需护色，则应进行护色处理，并尽快进行加热软化。

2）加热软化。加热软化时，依原料种类加水或不加水，多汁的果蔬可不加水，肉质致密的果实（如山楂、苹果等）则需加果实质量 1 ～ 3 倍的水。软化时间依原料种类而异，一般为 20 ～ 60 min，以煮后便于打浆为准。若加热时间过久，易导致使果胶分解，不利于制品形成凝胶状态。

3）打浆。制作果糕时软化后的果实应用打浆机打浆过筛。

4）加糖浓缩。一般果浆与糖的比例为 1 ∶ 0.8 ～ 1。煮制浓缩时水分不断蒸发，糖浓度逐渐提高，应不断搅拌防止焦糊。当可溶性固形物含量达 65% 以上时即可停止煮制。

5）冷却成型。将达到终点的黏稠浆液倒入容器冷却后即成为果糕。

（二）蜜饯加工

1. 工艺流程

蜜饯加工的工艺流程如图 1-1-4 所示。

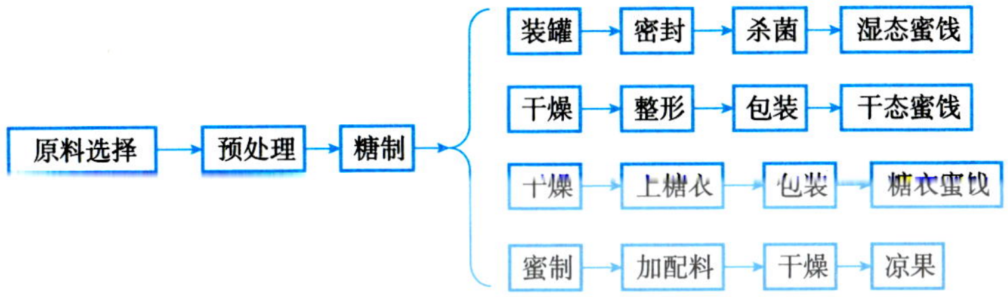

图 1-1-4　蜜饯加工的工艺流程

2. 操作要点

（1）原料选择。选择硬实的、新鲜的、无病虫害的果蔬为原料，坚熟期采收的果实最适宜。

（2）预处理。预处理包括原料的清洗、去皮、扎眼、划缝、切分、去心（核）等操作。

（3）硬化与保脆。为了使原料在糖煮过程中保持完整的形状，对于质地较疏松、含水率较高的果蔬，如草莓、番茄等，在糖煮前将原料浸入溶有硬化剂的溶液中，以增加原料的耐煮性，保持块形不变。常用的硬化剂有石灰、明矾、亚硫酸氢钙、氯化钙等。一般含果酸物质较多的原料用 0.2% ～ 0.5% 石灰溶液浸渍，含纤维素较多的原料用 0.5% 左右亚硫酸氢钙溶液浸渍。浸泡时间应视原料种类、切分程度而定，通常为 10 ～ 11 h，以原料的中心部位被浸透为止，浸泡后，立即用清水漂洗干净。

（4）盐腌。在凉果制作中，需要将原料腌成盐胚，脱除原料中的部分水分，使果肉组织更加致密，改变组织渗透性，以利于糖分渗入。用盐量为 10% ～ 20%，腌渍时间为 7 ～ 20 d。腌好后再晒干保存，以延长保质期。

（5）护色、染色。为了使糖制品色泽明亮，常在糖煮之前进行硫处理，既能防止制品氧化变色，又能促进原料对糖液的渗透。其方法是用 0.1% ～ 0.2% 的硫磺熏蒸处理或用 0.1% ～ 0.2% 的亚硫酸溶液浸泡 10 ～ 30 min。硫磺熏蒸处理后的果实，在糖煮前应充分漂洗，去除残硫。某些蜜饯类和作为配色用的制品（红绿丝、红云片等）常需人工染色。常用的色素有天然色素和人工色素两大类。天然色素有姜黄、胡萝卜素和叶绿素。由于天然色素的着色力差，在实际生产中多用人工色素。染色的方法是将原料浸于色素液中或将色素溶于稀糖液中，在糖煮的同时完成染色。为了增强染色效果，常用 1% ～ 2% 明矾溶液作为媒染剂。

（6）预煮。为便于渗糖，先将果实放入沸水中或 1% 的食盐溶液中热烫数分钟，捞起后立即放在冷水中冷却。

（7）糖制。糖制包括蜜制和煮制两种方法。

1）蜜制。蜜制是指在室温下用糖液进行浸渍，使制品达到要求的糖度。此方法适用于含水率高、不耐煮制的原料，如葡萄、草莓蜜饯及多数凉果等。其优点是分次加糖，不用加热，且能很好地保留产品的色泽、风味、营养价值和应有的形态。蜜制的方法是将原料进行必要的去皮、切分、去核、热烫等预处理，用原料组织质量 30% 的干砂糖腌渍 12 ～ 14 h，先补 20% 干砂糖腌渍 24 h，再补 10% 的干砂糖腌渍 5 d 左右，最后将原料移出沥干即可。凉果类加工也常采用蜜制法。与一般蜜饯加工不同的是，原料由果胚制取，腌渍时除加干砂糖外，还加具有酸、咸、香味的多种辅料。

2）煮制。煮制也称糖煮法，该法加工迅速，但由于加热，导致其色、香、味及营养物质有所损失。此法适用于果肉组织较致密、比较耐煮的原料。糖煮法可分一次煮成法、多次煮成法、快速煮成法和减压煮成法等。

①一次煮成法。此法适用于含水率较低、细胞间隙较大、组织结构疏松、易渗糖的原料，如苹果脯、蜜枣等。其方法是：先配好 40% 的糖液入锅，然后将预处理好的原料放入糖液中，并加热使糖液沸腾，加热过程中不断搅拌，以防止锅中的糖液焦化。然后分次加糖，煮到糖浓度为 60% ～ 65% 时停火。分次加糖的目的是保持果实内外糖液浓度差异不致过大，以使糖均匀地渗透到果肉中去。这样煮制的果脯透明饱满。此法由于加热时间长，容易煮烂，又易引起失水，使产品干缩；所以为缩短加热时间，可先将原料浸渍在糖溶液中，然后在锅中煮到适宜的糖度为止。

②多次煮成法。此法适用于含水率较高、细胞壁厚、组织结构较致密、不易渗糖的原料，如桃、杏、梨等。多次煮成法可分 4 ～ 5 次进行。其方法是：先将处理好的原料置于 30% ～ 40% 的沸糖液中，煮沸 2 ～ 3 min，使果肉转软，然后连同糖液一起倒入缸中浸渍 8 ～ 12 h；之后每次煮制时均增加 10% 糖度，煮沸 2 ～ 3 min，再连同糖液浸渍 8 ～ 12 h，如此反复 4 ～ 5 次；最后一次是把糖液浓度增加到 20%，待含糖量达到成品要求时，便可沥干糖液，整形后即为成品。

③快速煮成法。原料在糖液中交替进行加热糖煮和冷糖浸渍，使果蔬内部水气压迅速消除，糖分快速渗入，从而使果蔬内外糖含量达到平衡。其处理方法是：将原料装入网袋中，先在 30% 的糖液中煮 4 ～ 8 min 取出，立即浸入同等浓度且温度为 15 ℃的糖液中冷却。然后提高糖液浓度，重复此操作 4 ～ 5 次即完成煮制过程。

④减压煮成法。减压煮成法又称真空煮制法。原料在真空和较低温度下煮沸，因组织中不存在大量空气，糖分能迅速渗入果蔬组织中达到平衡。此法温度低，时间短，制品色、香、味都比常压煮制好。其方法是：将预处理好的原料先投入盛有 25% 稀糖液的真空锅中，在真空度为 83 kPa、温度为 55 ～ 70 ℃下热处理 4 ～ 6 min，消压，糖渍一段时间，然后提高糖液浓度至 40%，再在真空条件下控制 4 ～ 6 min，消压，糖渍。重复 3 ～ 4 次，每次提高糖浓度 10% ～ 15%，待产品最终糖液浓度超过 60% 为止。

（8）干燥、上糖衣、加辅料。

1）干燥（干态蜜饯）。原料经糖煮制后，沥去多余糖液，然后铺于竹屉上送入烘房，烘烤温度掌握在 50 ～ 60 ℃；也可采用晒干的方法。成品要求糖分含量为 72%，含水率为 18% ～ 20%，外表不皱缩，不结晶，质地紧密而不粗糙。

2）上糖衣（糖衣蜜饯）。制糖衣蜜饯时，可在干燥后用过饱和糖液浸泡一下取出冷却，使糖液在制品表面上凝结成一层晶亮的糖衣薄膜，使制品不黏结，不返砂，增强保藏性。上糖衣用的过饱和糖液，常用三份蔗糖、一份淀粉糖浆和两份水配制而成，将混合浆液加热至 113 ～ 114.5 ℃，然后冷却到 93 ℃即可使用。将干燥的蜜饯浸入上述糖液中，约 1 min 即取出，于 50 ℃下晾干即成。另外，也可将干燥的蜜饯浸于 1.5% 的食用明胶和 5% 的蔗糖溶液中，温度保持 90 ℃，并在 35 ℃下干燥，也能形成一层透明的胶质薄膜。另外，还可以将 80 kg 蔗糖混合 20 kg 水煮沸至 118 ～ 120 ℃，趁热淋到干态蜜饯中，迅速翻拌，冷却后能在蜜饯表面形成一层致密的白色糖层。有的蜜饯也可直接撒拌糖粉而成，此种蜜饯称为晶糖蜜饯。

3）加辅料（凉果）。凉果制品在糖渍过程中还需加甜、酸、咸、香等风味物质，除糖和少量食盐外，还可用甘草、桂花、陈皮、厚朴、玫瑰、丁香、豆蔻、肉桂、茴香等进行适当调配，形成各种特殊风味的凉果、最后干燥、除去部分水分后即为成品。

（9）整形、包装。干态蜜饯在干燥过程中常常收缩变形，甚至破碎，因此干燥后需加以整形，使之外观一致，便于包装。整形可在干燥过程中进行，也可在干燥后进行（许多产品便是在干燥后进行整形）。在整形的同时，要剔除果块上遗留的疤痕、残皮、虫蛀品及其他杂质。整形后将制品堆放在干燥的环境下，回软一周左右，使果实内外水分均匀一致。回软后可进行分级包装。干态蜜饯的包装以防潮防霉为主，一般可先用塑料薄膜食品袋包装，也可采用纸盒或透明硬质塑料盒包装，然后装箱。带汁蜜饯以罐头包装为宜。将蜜饯制品进行挑选，取完整的个体进行装罐，然后加入清澈透明的糖液，也可将原糖液过滤后加入。装罐后密封，于 90 ℃下巴氏杀菌 20 ～ 40 min 后取出冷却。

（10）贮藏。成品的可溶性固形物应达到 68%，糖分不低于 60%，保存温度一般不超过 20 ℃。不进行消毒的制品，可溶性固形物含量应达到 70% ～ 75%，糖分不低于 65%，在 10 ～ 15 ℃下保存。

三、果蔬糖制品常见质量问题及解决措施

糖制后的果蔬制品，尤其是蜜饯类，由于采用的原料和品种不同，或操作方法不当，可能会出现返砂、流汤、煮烂、皱缩、褐变等质量问题。

（一）返砂和流汤

返砂是指糖制品在贮藏期间成品表面有糖结晶析出的现象，使其口感变粗，外观质量下降，保质期缩短。流汤是指蜜饯类产品在包装、贮存、销售过程中吸潮，出现表面发黏的现象。

返砂的主要原因是制品中的蔗糖含量过高而转化糖不足引起的；相反，如制品中转化糖含量过高又会引起流汤。一般成品中转化糖量占总糖量的比例在 50% 以下时，都会出现不同程度的返砂现象，且转化糖越少，返砂越重。当转化糖含量占总糖量的比例在 70% 时，又易引起流汤。当成品中转化糖含量占总糖量的比例为 50% ～ 70% 时，既不返砂，也不流汤。

（二）煮烂和皱缩

煮烂和皱缩是果脯生产中常出现的问题。例如，煮制蜜枣时，若划皮太深、划纹相互交错、成熟度太高等，煮制后易开裂破损。苹果脯的软烂除与果实品种有关外，成熟度也是重要影响因素，过生、过熟都比较容易煮烂。防止煮烂措施如下：预处理要适度，可采取硬化措施；使用成熟度适当、耐煮性强的果实为原料；糖制时应延长浸糖时间，缩短煮制时间；降低煮制温度时最好采用真空渗糖或多次煮制方法。

皱缩产生的主要原因：果实吸糖量不够；糖液没有很好地渗到果蔬组织中。防止皱缩的措施：糖制过程中分次加糖，开始煮制时糖液浓度不宜过高，使糖液浓度逐渐提高，延长浸渍时间。

（三）成品褐变

褐变包括非酶褐变和酶促褐变。非酶褐变包括羰氨反应和焦糖化反应，还有少量维生素 C 的热褐变。这些反应主要发生在糖制品的煮制和烘烤过程中，在高温条件下煮制和烘烤最易发生褐变，致使成品色泽加深。在糖制和干燥过程中，适当降低温度、缩短时间，可有效阻止非酶褐变，采用低温真空糖制就是一种最有效的技术手段。酶促褐变主要是果蔬组织中酚类物质在多酚氧化酶的作用下的氧化褐变，一般发生在加热糖制前。防止褐变除前面提到的熏硫处理外，热烫处理也是防止变色的一个重要措施。如果热烫的温度达不到要求，酶的活性没有被破坏，反而能起促进变色的作用。在用多次煮成法加工时，第一次热烫，必须使果实中心温度达到热糖液的温度，否则也会引起变色。煮制果脯蜜饯时，颜色变深的另一个原因是糖与果实中氨基酸作用，产生黑褐色素（美拉德反应）。糖煮的时间越长，温度越高，转化糖越多，越能加速这种褐变。因此，在达到糖煮目的的前提下，应尽可能缩短煮糖时间。

非酶褐变不仅在糖煮时产生，在干燥过程中也会发生，特别是在烘房内温度高、通风不良、干燥时间长的情况下，成品的颜色较暗。这时需要改进烘房设备。

（四）微生物败坏

糖制品吸糖量不足还会长霉菌和发酵产生酒精味。一般情况下，控制成品中总糖含量达 68% 以上并降低含水率，即可防止微生物败坏。

任务实施

草莓酱加工

一、任务准备

（1）主要材料：草莓、白砂糖、柠檬酸、异维生素 C、果冻粉等。

（2）工具设备：不锈钢刀、打浆机、夹层锅、排气箱、封罐机、杀菌锅、糖度计等。

二、任务实操

1. 工艺流程

草莓酱加工的工艺流程：原料选择→清洗→打浆→配料→加热浓缩→装罐→密封→杀菌→冷却→检验→擦罐→成品。

2. 操作要点

（1）原料准备。将草莓蒂、黑干疤处理干净，剔除霉烂、僵死果、青果。

（2）清洗。质检后的果料清洗两遍，沥干水分。

（3）打浆。将清洗干净的草莓用打浆机破碎。随用随绞，不可积压、过夜，防止酸败。打浆机筛网孔径为 0.8 ～ 1.0 mm。

（4）配料。

1）配料的规格。草莓浆 48.2 kg，砂糖 60.2 kg，果胶 400 g，柠檬酸 300 g，预出成品 100 kg。成品糖度 65%。

2）配料的准备。配料中所用的砂糖、柠檬酸、果胶粉均应事先配成浓溶液过滤备用。

①果胶。按粉重加入 2 ～ 4 倍砂糖（用糖量在配方总糖量中扣除）混合均匀，再按果胶重加水 10 ～ 15 倍，在搅拌下加热溶解。

②砂糖。扣除果胶用糖，其余的配成 40% 的糖液，过滤、备用。

③柠檬酸。配成 50% 溶液。

（5）加热浓缩。首先将果浆与糖液一起加入不锈钢槽中，搅拌均匀。打开真空浓缩罐，关闭入口盖，拧紧手轮。打开真空阀，使真空度升到 0.05 MPa 时，打开吸料阀门，用真空浓缩罐中的吸料管将原料吸入真空罐中，进行真空浓缩。浓缩温度控制在 65 ℃。接着，依次吸入柠檬酸、果胶溶液，浓缩大约 45 min，用折光仪测定糖度，当可溶性固形物达到 65% 时，立即将温度升到 95 ～ 98 ℃，浓缩结束。打开真空浓缩罐的出料口，将草莓浓缩液移入消毒过的不锈钢容器中，然后移入灌装车间准备灌装。

（6）装罐。

1）标准装填量：360 ～ 370 g，最大装填量为 380 g。

2）罐清洗消毒：用热水将瓶内外清洗干净，剔除瓶口破裂、不圆等不良瓶，倒扣备用。

3）装罐要求：酱要趁热装罐，温度不低于 80 ℃，保持顶隙 5 mm，装罐时尽量不要溢出罐外，罐口螺纹处用毛巾擦干净。同时，还要检查罐内是否有杂质，随时剔除。

【知识小贴士】顶隙是什么？

顶隙是指罐藏食品的表面或液面与罐头容器上盖间所留空隙的距离，通常以毫米为单位。注意，顶隙过大或过小都不利于罐头的保藏。

（7）密封。

1）罐盖清洗：用热水将罐盖清洗一遍，控净水分备用。

2）封口：封罐时，罐内中心温度不低于 70 ℃，盖要上正、拧紧，脱气封口时罐内中心温度不低于 70 ℃。

（8）装屉、杀菌。罐立式摆放，每层之间用垫隔开，防止磨盖。滚动杀菌，用塑料盘盛装，防止磨盖。杀菌公式 15′–30′–10′/95 ～ 98 ℃。

【知识小贴士】杀菌 15′–30′–10′/95 ～ 98 ℃应如何执行？

杀菌公式比较常见于罐头食品加工中，是罐头热杀菌过程中杀菌的工艺。15′–30′–10′/95 ～ 98℃ 指在杀菌过程中，升温 15 min，杀菌 30 min，杀菌温度为 95 ～ 98 ℃，然后降温 10 min。

（9）冷却。分段冷却，防止炸罐；出屉时打检，剔除低空罐、掉盖罐。

三、任务评价

（1）草莓酱感官质量评价指标。请按照表 1-1-1 的标准评价草莓酱质量，可采用自评、互评等形式。

表 1-1-1　草莓酱质量评价指标

评价指标	评价标准	分数	实得分数	备注
色泽	酱体呈红色或深红色，有光泽，均匀一致	25		
滋味和气味	具有草莓果实制成的草莓酱罐头应有的滋味和气味，甜酸适口，无焦糊及其他异味	25		
组织形态	酱体细腻、均匀，呈软胶凝状，徐徐流散，无汁液析出，无糖结晶，有果肉颗粒，无果蒂、干疤果、僵死果	25		
杂质	不允许存在	25		
合计		100		

（2）草莓酱生产过程评价指标。请按照表 1-1-2 的标准评价本次任务完成情况。

表 1-1-2　草莓酱生产过程评价指标

职业功能	主要内容	技能要求	相关知识	分数	实得分数	备注
准备工作	清洁卫生	能完成车间、工器具、操作台的卫生清洁、消毒等工作	食品卫生基础知识	5		
	备料	能正确识别原辅料	原辅料知识	5		
	检查工器具	能检查工器具是否完备	工具、设备结构 工具、设备使用方法	5		
原料处理	原料预处理	能根据产品要求进行原料的预处理	原料选择、处理	10		
预煮打浆	果块加热软化、打浆	能按工艺要求进行原料的加热软化及打浆	加热软化 加热时间 打浆机使用	15		
配料	配料	能按产品配方计算配料实际用量	配料准备	10		
浓缩	浓缩操作及终点判断	能正确操作浓缩设备，并能按要求将果浆浓缩至所需浓度	浓缩终点的判断 浓缩方法和设备	20		
装罐、密封	装罐、密封	装罐前能对容器进行清洗、消毒，并按规定的固形物含量装罐；能根据产品所需控制密封温度	容器清洗消毒 灌装温度 密封要求	15		
杀菌冷却	杀菌处理 冷却	能根据不同产品特点掌握杀菌温度和时间，能进行分段冷却防炸罐	杀菌冷却条件	15		
合计				100		

四、任务拓展

西瓜皮蜜饯加工和山楂果丹皮加工请扫描下方二维码查看。

西瓜皮蜜饯加工　　山楂果丹皮加工

任务自测

请扫描下方二维码进行本任务自测。

任务二　果蔬干制品加工

任务目标

➢ **知识目标**

1. 了解果蔬干制品的种类和特点。
2. 掌握果蔬干制品的加工原理和技术。
3. 掌握果蔬干制作过程中容易出现的质量问题及控制措施。

➢ **技能目标**

1. 能够根据不同果蔬的特性和要求选择合适的干燥工艺，确保产品质量和效益最大化。
2. 能够熟练操作果蔬干制品加工设备，包括原料处理设备、干燥设备、包装设备等。
3. 能够对果蔬干制品的品质进行检验和控制，包括外观、含水率、微生物指标等，确保产品质量符合标准。

➢ **素质目标**

1. 培养严谨的工作态度和精细的操作习惯，确保生产过程中的安全和卫生，提高产品质量和生产效益。
2. 提高食品安全意识和产品质量意识，严格遵守相关法规和标准，确保产品安全、可靠。
3. 培养团队合作精神和创新意识。

任务导学

芒果干、菠萝干、柿子干及香菇干、木耳干、海带干等果蔬干制品，作为营养丰富、口感多样的食品，受到消费者的青睐。消费者对于果蔬干制品的需求呈现出多样化的特点。一方面，消费者对于产品的口感、品质、安全性等方面的要求越来越高；另一方面，消费者对于产品的营养价值、功能特性等方面的需求也越来越强烈。那么，如何使产品满足消费者的需求呢？接下来，我们将学习果蔬干制品的加工方法。

思维导图

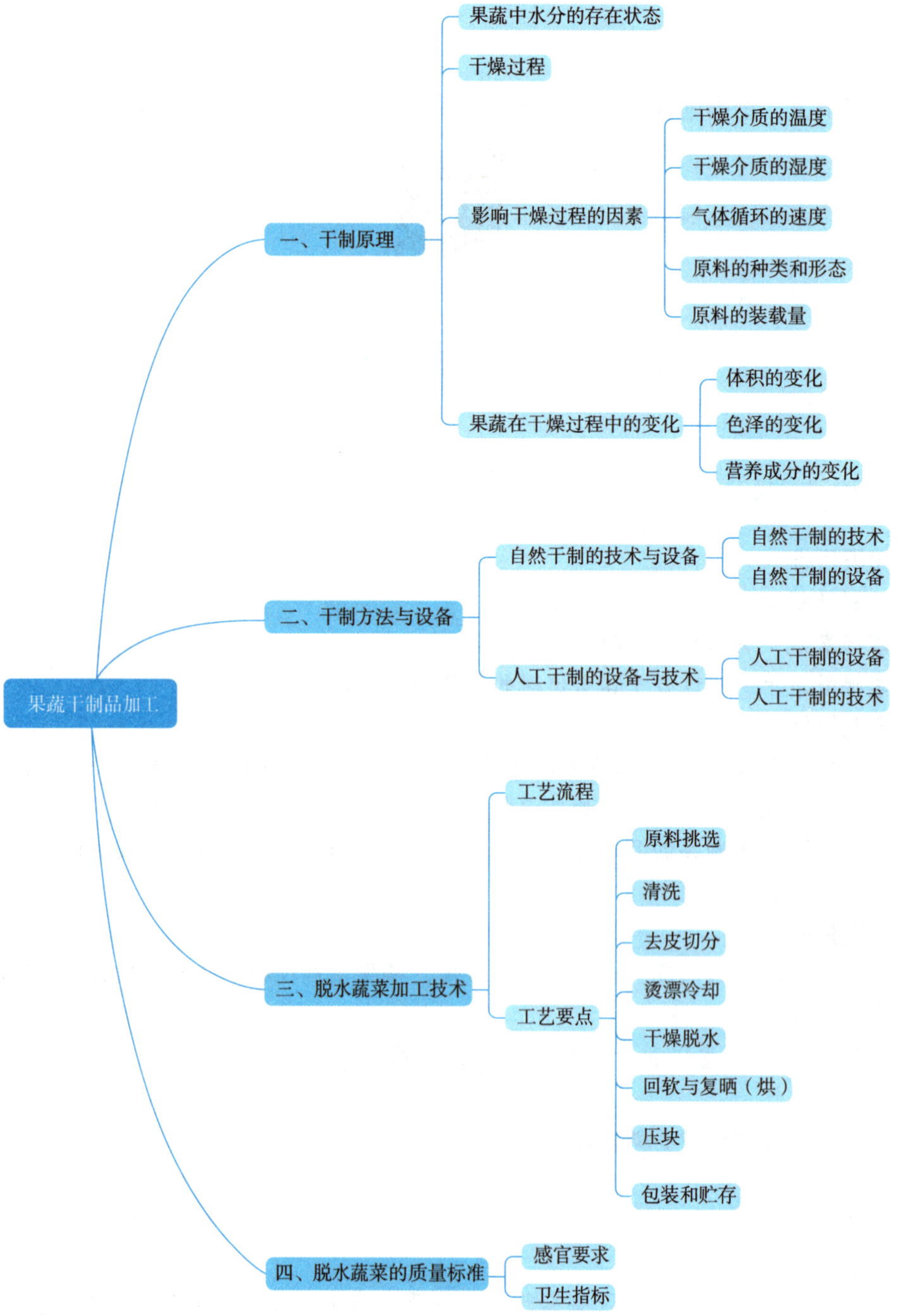

知识储备

一、干制原理

（一）果蔬中水分的存在状态

新鲜果品含水率为 70% ～ 90%，蔬菜含水率为 75% ～ 95%，果蔬中的水分主要以自由水、结合水和化合水三种状态存在。自由水又称游离水，是干燥时最易除去的水分；结合水即与细胞原生质、淀粉等结合成胶体状态的水，在高温的状态下才能除去一部分；化合水是与物质分子呈化合状态的水，极稳定，干燥时不能被除去。

新鲜的果蔬容易腐烂，不耐贮存，而果蔬干制品却能长期存放，是因为果蔬脱水，降低了水分活度，使微生物难以利用，从而抑制了微生物的活动，使制品得以长期保存。

（二）干燥过程

果蔬干燥过程即为脱水（水分蒸发）。水分的蒸发依赖两种作用：水分的外扩散作用和水分的内扩散作用。物料表面的水分吸收能量变为水蒸气而大量蒸发，称为水分外扩散。当物料表面水分低于内部水分时，造成物料内部与表面水分之间的水蒸气分压差，这时水分就会由内部向表面转移，称为水分内扩散。这种扩散作用的动力主要是湿度梯度，使水分由含水率高的部位向含水率低的部位移动。湿度梯度越大，水分内扩散速度就越快。在实际干燥过程中，应注意控制工艺条件，使水分的内扩散与外扩散之间相互协调和平衡。如果外扩散速度大大超过内扩散速度，也就是物料表面水分蒸发速度太快，表面将易形成一层硬壳，从而隔断水分外扩散与内扩散的联系，使内部水分不易移动到表面，致使干燥速度延缓，并且这时内部含水率高，蒸汽压力大，使物料易发生开裂现象，从而降低干制品的品质。

干燥过程可分为恒速干燥和减速干燥两个阶段。干燥初始，果蔬内部含水率高，内扩散速率高，属于恒速干燥阶段；当水分散失一定程度后，内扩散速率不及外扩散速率，即进入减速干燥阶段。干燥的动力是温度梯度和湿度梯度。

（三）影响干燥过程的因素

（1）干燥介质的温度。在含有一定量水蒸气的空气中，温度越高，干燥速度就越快，但干燥介质的温度一般应低于果实的变质温度。

（2）干燥介质的湿度。在温度不变的前提下，相对湿度越低，则空气的饱和差越大，干燥的速度越快。

（3）气体循环的速度。干燥空气的流动速度快，能加速蒸发过程，缩短干燥时间。

（4）原料的种类和形态。原料的种类、品种、原料切分大小对干燥速度有直接影响。

（5）原料的装载量。单位烘盘面积上原料的数量对干燥速度有很大影响。装载量越多，厚度越大，干燥速度就越低，干燥时间也就越长。

（四）果蔬在干燥过程中的变化

1. 体积的变化

由于水分散失，果蔬的体积变小，质量减轻。

2. 色泽的变化

色泽主要有两方面的变化：其一是发生褐变，包括酶促褐变和非酶褐变；其二是透明度发生变化。干制过程中，原料细胞中的空气被排出，而被排出的空气越多，制品越透明，外观越美；同时，也降低了干制品的氧化程度。

3. 营养成分的变化

（1）水分发生变化。含水率一般用水分率计算，即一份干物质中所含水的份数。干燥率是指一份干制品与所需新鲜原料份数的比例，可用下面公式进行计算：

$$D=\frac{100-m_2}{100-m_1}$$

式中 D——干燥率（X ∶ 1）；

m_1——原料的含水率（%）；

m_2——干制品的含水率（%）。

例：设鲜黄花菜的含水率为 86%，干燥后黄花菜的含水率为 16%，代入以上公式：

$$D=\frac{100-16}{100-86}=\frac{84}{14}=6 : 1$$

干燥率为 6 ∶ 1，即 6 kg 鲜黄花菜可制成干黄花菜 1 kg。

同样可测出几种常见果蔬的干燥率，见表 1-2-1。

表 1-2-1　几种常见果蔬的干燥率

名称	干燥率	名称	干燥率
苹果	6 ～ 8 ∶ 1	马铃薯	5 ～ 7 ∶ 1
梨	4 ～ 8 ∶ 1	洋葱	12 ～ 16 ∶ 1
桃	3.5 ～ 7 ∶ 1	南瓜	14 ～ 16 ∶ 1
李	2.5 ～ 3.5 ∶ 1	辣椒	3 ～ 6 ∶ 1
杏	4 ～ 7.5 ∶ 1	甘兰	14 ～ 20 ∶ 1
荔枝	3.5 ～ 4.0 ∶ 1	菠菜	16 ～ 20 ∶ 1
香蕉	7 ～ 12 ∶ 1	胡萝卜	10 ～ 16 ∶ 1
柿	3.5 ～ 4.5 ∶ 1	菜豆	8 ～ 12 ∶ 1
枣	3 ～ 4 ∶ 1	黄花菜	5 ～ 8 ∶ 1

（2）糖分的变化。糖普遍存在于果品和部分蔬菜中，是果蔬甜味的来源。它的变化直接影响到果蔬干制品的质量。

果蔬中所含果糖和葡萄糖均不稳定，易于分解。因此，自然干制的果蔬由于干燥缓慢，酶的活性不能很快被抑制，呼吸作用仍要进行一段时间，从而要消耗一部分糖分和其他有机物。干制时间越长，糖分损失越多，干制品的质量越差，重量也越少。人工干制果蔬，虽然能很快抑制酶的活性和呼吸作用，并且干制时间短，可减少糖分的损失，但温度和时间对糖分仍有很大的影响。一般来说，糖分的损失随温度的升高和时间的延长而增加，温度过高时糖分焦化，颜色变深褐色甚至黑色，味道变苦，且褐变的程度与温度及糖分含量正相关。

（3）维生素的变化。果品、蔬菜中含有多种维生素，其中维生素C（抗坏血酸）和维生素A原（胡萝卜素）对人体健康尤为重要。维生素C很容易被氧化破坏，因此在干制加工时，要特别注意提高维生素的保存率。维生素C被破坏的程度除与干制环境中的氧含量和温度有关外，还与抗坏血酸酶的活性和含量有关。氧化与高温的共同影响，往往可能使维生素C被全部破坏，但在缺氧加热的情况下，却可以大量保存。另外，维生素C在阳光照射下和碱性环境中也易遭到破坏，但其在酸性溶液或浓度较高的糖液中则较稳定。因此，干制时原料的处理方法不同，维生素C的保存率也不同。

另外，维生素 A_1 和维生素 A_2 在干制加工中不及维生素 B_1（核黄素）、维生素 B_2（硫胺素）及尼克酸（烟酸）稳定，容易受高温影响而损失。而某些热带果实中的β-胡萝卜素经熏硫和干燥后却变化不大。

二、干制方法与设备

果品、蔬菜干制的方法由于干燥时所使用的热量来源不同，可分为自然干制和人工干制两类。现介绍这两种方法使用的技术与设备介绍。

（一）自然干制的技术与设备

1. 自然干制的技术

利用自然条件（如太阳辐射、热风等）使果蔬干燥的方法，称为自然干制。其中，原料直接受太阳晒干的，称为晒干或日光干燥；原料在通风良好的场所利用自然风力吹干的，称为阴干或晾干。

自然干制的特点是不需要复杂的设备，技术简单，易于操作，生产成本低。但干燥条件难以控制，干燥时间长，产品质量欠佳，同时还受到天气条件的限制，部分地区或季节不能采用此法。如潮湿多雨的地区，若采用此法干制，过程缓慢，干制时间长，腐烂损失大，产品质量差。

自然干制的一般方法：将原料选择分级、洗涤、切分等预处理后，直接铺在晒场，或挂在屋檐下阴干。

2. 自然干制的设备

自然干制所需设备简单，主要有晒场和晒干用具，如晒盘、席箔、运输工具等，还有工作室、熏硫室、包装室和贮藏室等。

晒场要向阳，交通方便，远离尘土飞扬的大道，远离饲养场、垃圾堆和养蜂场等，以保持清洁卫生，避免污染和蜂害。

晒盘可用竹木制成，规格视熏硫室内的搁架大小而定，一般为长 90 ～ 100 cm、宽 60 ～ 80 cm、高 3 ～ 4 cm。

熏硫室应密闭，且有门窗，便于让原料在取出前散发硫气，使工作人员能安全进入。

工作室应及时清除果皮、菜叶等废弃部分，以免因其腐烂而影响卫生。

包装室和贮藏室应干燥、卫生，无虫鼠危害。

（二）人工干制的设备与技术

人工干制是人工控制干燥条件下的干燥方法。该方法可大幅缩短干燥时间并获得较高质量的产品，且不受季节性限制。与自然干制相比，人工干制设备及安装费用较高，操作技术比较复杂，因此成本也较高。但是，人工干制具有自然干制不可比拟的优越性，是果蔬干制的发展方向。

1. 人工干制的设备

目前，国内外许多先进的干燥设备大都具有良好的加热及保温功能，以保证干制时所需的较高和均衡的温度，有良好的通风功能以及时排除原料蒸发的水分，还有良好的卫生条件及劳动条件，以避免产品污染，便于操作管理。根据设备对原料的热作用方式的不同，可将人工干制设备分为传导加热设备、对流加热设备、辐射加热设备和电磁感应加热设备四类，习惯上又分为空气对流干燥设备、滚筒干燥设备、真空干燥设备和其他干燥设备。

（1）烘灶。烘灶是最简单的人工干制设备，如图 1-2-1 所示。其形式多种多样，例如，广东、福建烘制荔枝干的焙炉，山东干制乌枣的熏窑等。有的在地面砌灶，有的在地下掘坑。干制果蔬时，在灶中或坑底生火，上方架木椽，铺席箔，原料摊在席箔上干燥。通过火力的大小来控制干制所需的温度。这种干制设备结构简单，生产成本低；但生产能力低，干燥速度慢，工人的劳动强度大。

（2）烘房。烘房建造容易，生产能力强，干燥速度较快，便于在乡村推广。

目前，国内推广的烘房，多属于烟道内加热的热空气对流干燥设备。烘房主体一般为长方形土木结构，内设升温设备、通风排湿设备、装载设备等。烘房的形式很多，是根据加热用炉膛、火道、烟囱的数量和位置来区分的。目前使用较多的是“两炉一囱回火升温式”烘房，即两个炉膛设置在烘房山墙的一端，两个炉膛之间设置烟囱，炉膛内烟火沿各自火道行至对端后，再沿两侧的墙火道回流至烟囱排出（图 1-2-2）。这种烘房能充分利用热能，保温性能好，室内升温快，温度也比较均匀；其缺点是建筑技术较为复杂。

这种烘房的主要缺点是干燥不均匀。因下层烘盘温度高，上部热空气积聚多，故而上下层果蔬干燥快，中层干燥慢，所以在干燥过程中需倒换烘盘，因此劳动强度大，工作条件差。近年来改用隧道式的活动烘架，劳动条件大为改善。

（3）隧道式干制机。隧道式干制机是指干燥室为一狭长隧道形的空气对流人工干制机。原料铺放在运输设备上通过隧道实现干燥。隧道可分为单隧道、双隧道及多层隧道。在单隧道干燥间的侧面或双隧道式干燥间的中央有一加热间，其内装有加热器和吸风机，推动热空气进入干燥间，使原料水分受热蒸发。一部分湿空气自排气孔排出；另一部分回流到加热间，使余热得以利用。

图 1-2-1　烘灶

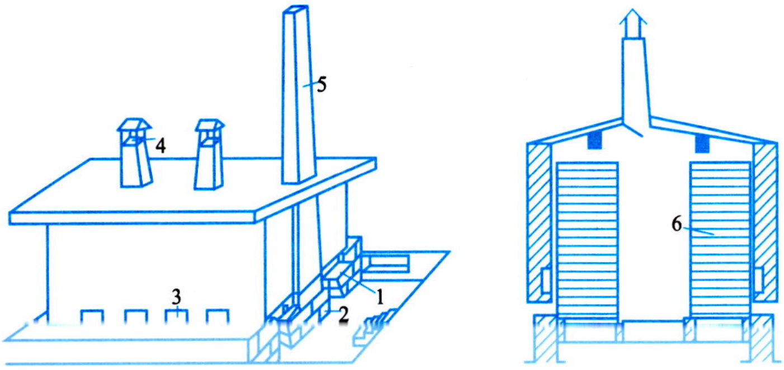

烘房立体图　　烘房剖面图

图 1-2-2　“两炉一囱回火升温式”烘房

1—烧火坑；2—炉膛；3—进气囱；4—排气筒；5—烟囱；6—烘架

根据原料运输设备及干燥介质的运动方向的异同，可将隧道式干制机分为逆流式、顺流式和混合式三种形式。

1）逆流式干制机。装原料的载车与空气运动方向相对，即载车沿隧道由低温高湿一端进入，由高温低湿一端出来。隧道两端温度分别为 40 ～ 50 ℃和 65 ～ 85 ℃。这种设备适用于含糖量高、汁液黏稠的果蔬，如桃、李、杏、葡萄等。应当注意的是，干制后期的温度不宜过高，否则会使原料烤焦，如桃、李、杏、梨等干制时最高温度不宜超过 72 ℃，葡萄不宜超过 65 ℃。

2）顺流式干制机。装原料的载车与空气运动的方向相同，即原料从高温低湿（80 ～ 85 ℃）一端进入，而产品从低温高湿端（55 ～ 60 ℃）出来。这种干制机适用于含水率较多的蔬菜和切分果品的干制。但由于干燥后期空气温度低且湿度高，有时不能将干制品的水分降至标准含量，应避免这种现象的发生。

3）混合式干制机。此干制机有两个加热器和两个鼓风机，分别设在隧道的两端，热风由两端吹向中间，湿热空气从隧道中部集中排出一部分，另一部分回流利用。混合式干制机综合了逆流式与顺流式干制机的优点，克服了两者的不足。果蔬原料首先进入顺流隧道，温度较高、风速较大的热风吹向原料，水分迅速蒸发。随着载车向前推进，温度渐低，湿度较高，水分蒸发渐缓，也不会使果蔬因表面过快失水而结成硬壳。原料大部分水分干燥后，被推入逆流隧道，温度渐升，湿度渐降，水分干燥较彻底。原料进入逆流隧道后，应控制好空气温度，过高的温度会使原料烤焦和变色。

（4）滚筒式干制机。这种干制机的干燥面是表面平滑的钢质滚筒。滚筒直径为 20 ～ 200 cm，中空。滚筒内部通有热蒸汽或热循环水等加热介质，滚筒表面温度可达 100 ℃以上。使用蒸气时，表面温度可达 145 ℃左右。原料布满滚筒表面。滚筒转动一周，原料便可干燥，然后由刮刀刮下并收集于滚筒下方的盛器中。这种干制机适于干燥液态、浆状或泥状食品，如番茄汁、马铃薯片、果实制片等。

（5）带式干制机。这种干制机的传送带由金属网或相互连锁的漏孔板组成，原料铺在传送带上吸热干燥。这种干制机用蒸汽加热，暖管铺装在每层金属网的中间。新鲜空气从下层进入，通过暖气管被加热。原料吸热后将水分蒸发，湿气由出气口排出。带式干制机能够连续转动，当上层温度达到 70℃时，将原料从干制机顶部一端定时装入，随着传送带的转动，原料从最上层渐次向下层移动，干燥完毕后，从最下层的出口送出。

（6）喷雾干制机。喷雾干制就是将液态或浆质态食品喷成雾状液滴，悬浮在热空气气流中进行脱水干燥。喷雾干制系统由空气加热器、干燥室、喷雾系统、产品收集装置和鼓风机等组成。该法干燥迅速，可连续化生产，操作简单，适用于热敏性食品及易于氧化的食品的干制。几种蔬菜干制时，热空气在干燥间出口的适宜温度为：番茄 70 ～ 80 ℃，菠菜及青豌豆 70 ～ 75 ℃，西葫芦 74 ～ 77 ℃。

（7）真空冷冻干燥。真空冷冻干燥又称为冷冻升华干燥，简称冻干，是目前最先进的干燥技术。真空冷冻干燥设备如图 1-2-3 所示。

图 1-2-3　真空冷冻干燥设备

冻干是将物料快速冻结到冰点以下，使水分变成固态的冰，然后在较高的真空度下，使冰不经液态而直接升华变成水蒸气被除去，从而使物料脱水干燥。要使物料的水分由冰直接升华变成水蒸气，必须使水的温度保持在三相点以下。水的三相点即固态、液态和气态平衡共存时的温度（0 ℃），空气压力为 610.6 Pa。如果将压力降到 610.6 Pa 以下，或将水的温度也降到 0 ℃以下，物料内纯水形成的冰晶即可直接汽化。由于冻干过程是在低温低压条件下进行，可以最大限度地避免热敏性成分被破坏及褐变现象的发生。同时，升华干燥前的冻结，可使物料形成一个稳定的固体骨架，冰晶升华后，制品体积不变，内部呈疏松多孔状态，具有很好的复水性。

（8）远红外干燥。远红外干燥是指远红外线辐射元件发生的远红外线被加热物料所吸收，直接转变为热能而使物料干燥。远红外干燥设备如图 1-2-4 所示。红外线是介于可见光与微波之间的电磁波，波长为 0.72 ～ 1 000 mm，其中 5.6 ～ 1 000 mm 波段称为远红外线。

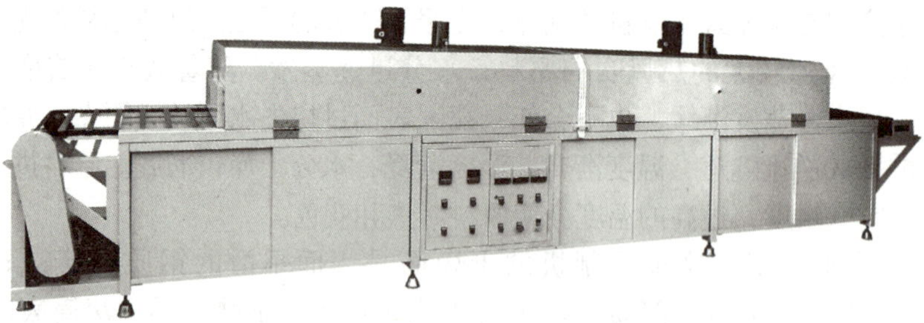

图 1-2-4　远红外线隧道炉

远红外线干制技术的发展很快，因为此法具有以下优点：干燥速度快，生产效率高，干燥时间一般为近红外线干燥时间的 1/2，为热风干燥时间的 1/10；节约能源，耗电量仅为近红外线干燥的 1/2 左右；设备规模小；建设费用低；产品质量好，因为物料表面及内部的分子同时吸收远红外线。

（9）微波干燥。微波干燥就是利用微波加热的方法使物料中水分蒸发掉。微波是指频率为 300 MHz ～ 300 GHz、波长为 1 ～ 1 000 mm 的高频交流电。常用的加热频率为 915 MHz 和 2 450 MHz。微波干燥设备如图 1-2-5 和箱式图 1-2-6 所示。

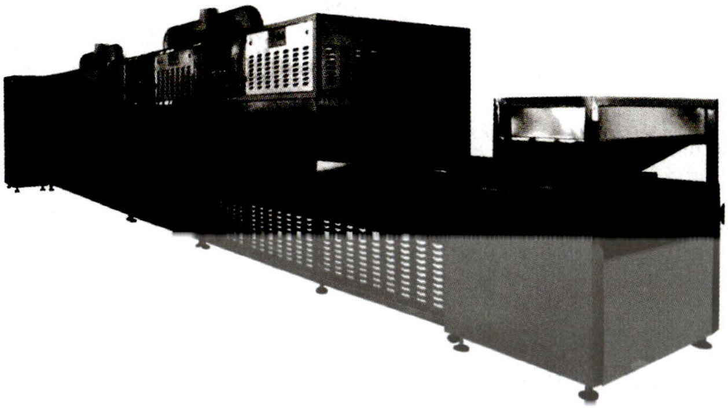

图 1-2-5 微波干燥设备

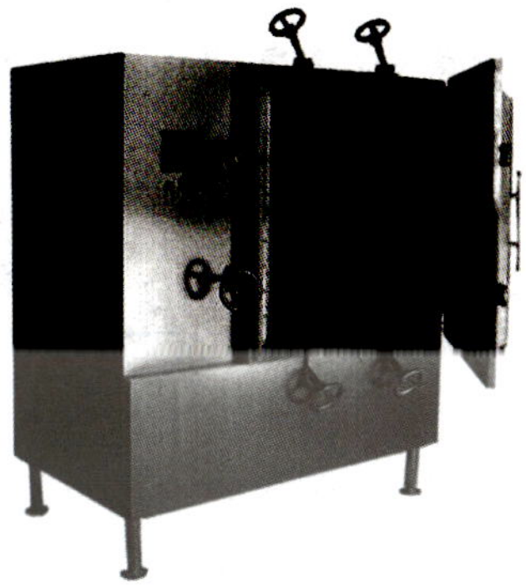

图 1-2-6 箱式微波干燥设备

微波干燥具有以下优点：干燥速度快，加热时间短；热量直接产生于物料的内部，而不是从物料外表向内部传递，因此加热均匀，不会引起外焦内湿现象；水分吸热比干物质多，因而水分易于蒸发，物料本身吸热少，能保持原有的色、香、味及营养物质；热效率高，反应灵敏。此方法在欧美及日本已大量应用，我国开始应用。

（10）太阳能的利用。利用热箱原理设置太阳能干燥室，将太阳的辐射能转变成热能，用以干燥物料，这种方法称为太阳能干燥。太阳能干燥室由一个空气加热器（热箱）和干燥室组成。热箱是用木板做成的一个有盖的箱子，箱子分为内外两层，中间填充隔热材料，箱的内部涂黑，箱子上装一层或两层平板玻璃，太阳光可透过玻璃进入箱内被箱子内壁吸收，将辐射能变为热能，使箱内温度升高。箱内温度一般为 50 ～ 60 ℃，最高可达 100 ℃以上。热箱内设有冷空气的进口和热空气的出口，外界冷空气进入空气加热器，吸收太阳辐射能，可产生 50 ～ 80 ℃热空气。热空气通过与干燥室的连接装置进入干燥室，加热干燥果蔬原料。干燥室设有排气筒，以排除湿空气。利用太阳能进行干燥，具有十分重要的意义，既可节省能源，又不会对环境造成任何污染，还不需太复杂的设备。因此，太阳能是食品干燥中具有广阔前景的新能源。

2. 人工干制的技术

在果蔬干制过程中，要掌握温度调节、通风排湿及倒换烘盘等技术，以便在较短的时间内获得较高质量的产品。几种常见蔬菜的人工干制技术见表 1-2-2。

表 1-2-2 几种常见蔬菜的人工干制技术

蔬菜名称	原料处理	干制	成品率 /%
南瓜	选取老熟南瓜，对切，除去外皮、瓜瓤和种子，切片或刨丝，蒸汽处理 2 ～ 3 min	装载量为 5 ～ 10 kg/m², 干燥后期温度不能超过 70 ℃，完成干燥约需 10 h，干制品含水率在 6% 以下	6 ～ 7
番茄	洗净去皮或不去皮，切片厚度为 5 ～ 7 mm，熏硫 20 ～ 30 min，或用亚硫酸盐处理	干燥温度不能超过 65 ℃，完成干燥需 20 ～ 36 h	—

续表

蔬菜名称	原料处理	干制	成品率 /%
食用菌	洗净，挑拣，分级，整理	初期温度为 40 ～ 45 ℃，1.5 ～ 2.0 h 后升温到 60 ～ 70 ℃，适当翻动，完成干燥需 6 ～ 8 h	10 ～ 12
菜豆	将豆荚洗净，切成 20 ～ 30 mm 的段，除去不良部分，沸水烫漂 5 ～ 10 min	装载量为 3 ～ 4 kg/m^2，层厚为 2 cm，温度为 60 ～ 70 ℃，完成干燥需 6 ～ 7 h，干制品含水率为 5%	8 ～ 15

（1）温度调控。不同种类的果蔬采用不同的干制温度和升温方式。如红枣、柿饼等可溶性固形物含量高的果蔬可采用低—高—低的升温方式，即烘房的温度初期为低温，中期为高温，后期为低温。例如，干制红枣时，可用 6 ～ 8 h 将烘房温度升高至 55 ～ 60 ℃，再经过 8 ～ 10 h 将温度升高至 68 ～ 70 ℃，再经 6 h 将烘房温度逐步下降到不低于 50 ℃。整个烘烤时间共需 24 h，干制的品质好，成品率高，生产成本低。可溶性固形物含量较低的果蔬，或切成薄片、细丝的果蔬，如黄花、辣椒、苹果片等，可采用由高到低的升温方式。即先将烘房温度升高到 95 ～ 100 ℃，放入原料后，烘房内温度会因原料吸热而迅速降低，此时应加大火力，将烘房温度维持在 70 ℃左右，然后根据干燥状态，逐步降温至烘干结束。大多数果蔬原料可采用 55 ～ 60 ℃的恒温干燥，当烘干结束时，再逐步降温。

（2）通风排湿。根据烘房内相对湿度的高低，适时通风排湿。果蔬干制时，水分的大量蒸发，使烘房内相对湿度急剧上升，要使原料尽快干燥，必须注意通风排湿工作。一般当烘房内相对湿度达到 70% 时，就应通风排湿。通风排湿的方法及每次通风的时间，要根据烘房内相对湿度的高低及外界风力的大小来确定。当烘房内相对湿度高而外界风力又较小时，应将气窗及排气窗全部打开，进行较长时间的通风排湿；若烘房内相对湿度稍高而外界风力较大，则可将进气窗、排气窗交替开放，进行较短时间的通风排湿工作。若排湿时间过长，烘房内温度会下降过多；若排湿不够，室内相对湿度过高，则会影响干燥速度和产品品质。

（3）倒换烘盘 。烘房上部和靠近主火道及炉膛部位的温度往往比其他部位高，因而原料干燥较其他部位快。为了获得干燥程度一致的产品，应在干燥过程中及时倒换烘盘位置，并注意翻动烘盘内的原料。

（4）掌握干燥时间，何时结束干燥取决于原料的干燥速度。要求烘至成品达到其标准含水率或略低于其标准含水率。

三、脱水蔬菜加工技术

（一）工艺流程

脱水蔬菜加工工艺流程：原料挑选→清洗→去皮切分→烫漂冷却→干燥脱水→回软与复晒（烘）→压块→包装和贮存。

（二）工艺要点

1. 原料挑选

选择新鲜、成熟度适宜、具有丰富肉质的蔬菜，挑出菜叶发黄、腐烂变质的不合格品。

2. 清洗

去除蔬菜表面泥土及其他杂质。要去除农药残留，一般需用 0.5% ～ 1% 盐酸溶液，或 0.05% ～ 0.1% 的高锰酸钾溶液，或 600 mg/kg 的漂白液浸泡数分钟进行杀菌，再用清水漂洗。

3. 去皮切分

根茎类蔬菜应去皮处理。化学碱液去皮原料损耗率低，但出口产品一般要求人工去皮或机械去皮，去皮后必须立即投入清水中或护色液中，以防褐变。将蔬菜切分成一定的形状（粒状、片状），切分后易褐变的蔬菜应浸入护色液中。

4. 烫漂冷却

烫漂具有以下作用：破坏酶的活性，减少氧化变色和营养物质的损失；排除蔬菜组织内的空气，提高制品的透明度，使产品更加美观；使果蔬细胞内原生质变性，增加细胞膜透性，有利于水分蒸发，可缩短干燥时间，热烫过的干制品复水性也好；使原料膨压下降，质地变得柔软，蔬菜组织富有弹性，蔬菜不易破损，有利于操作；可以排除某些果蔬原料的不良气味，如苦味、涩味、辣味，使品质得以改善；可以降低原料中的污染物，杀死原料表面附着的大部分微生物及虫卵等，使制品干净、卫生，可以说，烫漂是原料清洗处理的一种补充操作。

烫漂的方法有热水烫漂和蒸汽烫漂。热水烫漂的方法是在不低于 90 ℃的水中热 2 ～ 5 min。热水烫漂可以在夹层锅内进行，也可以在专门的连续化机械（如链带式连续预煮机和螺旋式连续预煮机）内进行。有些绿色蔬菜为了保持绿色，常常在烫漂液中加入碱性物质，如小苏打、氢氧化钙等，有时也用亚硫酸盐类。蒸汽烫漂是将原料放入蒸锅或蒸汽箱中，用蒸汽喷射数分钟后立即关闭蒸汽并取出冷却。采用蒸汽热烫，可避免营养物质的大量损失，但必须有较好的设备，否则加热不均，热烫质量差。

原料烫漂后，应立即冷却，否则，余热对产品会造成不良影响，难以保持原料的脆嫩口感，一般采用流动水漂洗冷却或冷风冷却，冷却时间越短越好。

冷却后，蔬菜表面会滞留一些水滴，这对冻结是不利的，容易使冻结后的蔬菜结成块，不利于下一步干燥。因此，原料干制前要沥干水分，生产上常用振动筛和离心机脱水。对于叶菜类，用离心机可脱掉湿菜质量约 20% 的水分，能显著提高干燥速度。

5. 干燥脱水

目前，蔬菜干燥脱水应用比较多的是热风干燥脱水和冷冻真空干燥脱水。如采用热风干燥，应根据不同品种确定不同的温度、时间、色泽及烘干时的含水率。烘干一般在烘房内进行。烘房大致有三种：第一种是简易烘房，采用逆流鼓风干燥；第二种是用二层双隧道、顺逆流相结合的烘房；第三种是厢式不锈钢热风烘干机，烘干温度为 65 ～ 85 ℃，分为不同温度干燥，逐步降温。采用第一种和第二种烘房时，将蔬菜均匀地摊放在盘内，然后放到预先设好的烘架上，保持室温 50 ℃左右，还要不断翻动，使其快速干燥，一般烘干时间为 5 h 左右。如采用冷冻真空干燥脱水，沥干后的物料快速急冻，冻结温度一般在 −30 ℃以下，为下一步真空干燥做好准备。预冻后的蔬菜放入真空容器中借助真空系统将窗口内压力降到三相点以下，由加热系统供热给物料，使物料水分逐渐蒸发，直到干燥至终点。

6. 回软与复晒（烘）

回软与复晒（烘）又称为均湿或水分平衡。产品干燥后，剔除过大、过小、过湿和结块的制品及碎屑，待冷却后堆积起来盖好或放入密闭容器中，让其回软 1 ～ 3 d，使各部分含水率均衡，质地柔软，方便包装。如果制品含水率未达到要求，则应再次进行复晒或复烘，直至干燥程度达到要求。

7. 压块

叶菜类蔬菜制品干燥后，通常呈膨松状，体积大，不方便包装，需将其压缩成块状。压块不仅大大缩小了体积，有效地节省包装材料、装运和贮存容积及运输费用，同时可降低包装袋内的氧气含量，减少氧化变质。压块一般是在干燥的最后阶段，温度为 60～65 ℃时进行。若已冷却变脆，则需经过蒸汽处理使其软化后再进行，以免被压碎。如果压块后含水率超过产品标准，还应做最后的干燥。

8. 包装和贮存

干制品对包装容器的要求是密封、防潮、防虫、无毒及无异味。常将 PE 袋作为内包装容器，外包装容器则为纸箱（盒）、木箱、铁箱等；也可用双层塑料袋真空包装。由于产品氧化褐变，可用充氮包装，然后放入外纸箱中入库贮存。

贮存干制品的库房，要求阴凉、通风、干燥和避光，并设有防鼠设备。贮存温度以 0 ～ 2 ℃为宜，最高不超过 14℃，空气的相对湿度应在 65% 以下。

四、脱水蔬菜的质量标准

1. 感官要求

（1）外观。脱水蔬菜要求整齐，均匀，无碎屑，无霉变，无病虫害，无杂质。片厚基本均匀，干片稍有圈曲或皱缩，但不能严重弯曲，无碎片；块状干制品形状规则；粉状产品要求粉体细腻，粒度均匀，不黏结。

（2）色泽。脱水蔬菜应与原有蔬菜色泽相近或一致。

（3）气味。脱水蔬菜具有原有蔬菜的气味，无异味。

（4）含水率。脱水蔬菜含水率为 6%（质量分数），其他脱水蔬菜的含水率≤ 8%（质量分数）。

2. 卫生指标

脱水蔬菜卫生指标应符合表 1-2-3 的规定。

表 1-2-3　脱水蔬菜卫生指标

序号	项目	指标
1	砷（以 As 计）$/mg \cdot kg^{-1}$	≤ 0.5
2	铅（以 Pb 计）$/mg \cdot kg^{-1}$	≤ 0.2
3	镉（以 Cd 计）$/mg \cdot kg^{-1}$	≤ 0.05
4	汞（以 Hg 计）$/mg \cdot kg^{-1}$	≤ 0.01

续表

序号	项目	指标
5	亚硝酸盐（以 NO_2 计）/（$mg \cdot kg^{-1}$）	≤ 4
6	亚硫酸盐（以 SO_2 计）/（$mg \cdot kg^{-1}$）	≤ 100
7	细菌总数 /（个 · g^{-1}）	≤ 100 000
8	大肠菌群 /（个 · 100 g^{-1}）	≤ 10 000

注：1. 出口产品按双方协议要求检测。
2. 根据《中华人民共和国农药管理条例》，剧毒和高毒农药不得在蔬菜生产中使用

任务实施

杏干加工

一、任务准备

（1）主要材料：杏、硫磺、PE 包装袋等。

（2）工具及设备：烘盘、晒盘、熏硫室（箱）、台秤、不锈钢果刀、鼓风干燥箱（机）、果盆、真空包装机等。

二、任务实操

1. 工艺流程

杏干加工的工艺流程：原料选择→清洗→切半、去核→切片→护色处理→干燥→回软→包装→贮存。

2. 操作要点

（1）原料选择。选择充分成熟、个大肉厚、离核、水分少、风味香甜、肉金黄色或橙红色、无腐烂、无病虫害和无严重损伤的新鲜果实作为加工原料，并按大小分级。

（2）清洗。采用人工或机械清洗，除去表面附着的尘土、杂质、残留农药和微生物。洗涤时用软水，有时用 0.5% ～ 1.5% 盐酸溶液或 0.1% 的 $KMnO_4$ 溶液在常温下浸泡 5 ～ 6 min，再用清水冲洗。

（3）切半、去核与切片。用利刀沿果实缝合线对切成两半，除去果核，再切分成 1 ～ 2 cm 厚的片状。

（4）护色处理。果干加工的护色处理主要是硫处理。硫处理的有效成分是 SO_2，SO_2 具有强还原性，抑制原料氧化褐变，提高维生素 C 的保存率，抑制微生物的活动。护色的操作方法分为熏硫法和浸硫法。熏硫法的具体做法是硫磺燃烧（在 1 m^3 空间，用硫磺 200 g 或每吨原料用 2 kg 硫磺），要求果肉内 SO_2 的浓度为 0.08% ～ 0.1%。浸硫法是用 H_2SO_3 及其盐类配成一定浓度的水溶液浸渍果片，1 000 kg 果蔬原料中加入 H_2SO_3 溶液 400 kg。要求 SO_2 浓度不低于 0.15%。浸泡时可加入一定量柠檬酸，因 SO_2 在酸性条件下易释放，可增加护色效果。杏的护色处理主要采用熏硫处理，即将果片切面向上排列在筛盘上，不可重叠。摆好后，用 3% 盐水喷洒果片，因为盐水有防止变色的作用。将筛盘送

入熏硫室，熏硫 3 ～ 4 h，硫磺用量为 0.3%（以果重计）。

（5）干燥。将熏硫后的果片放在日光下暴晒至七成干后，转入阴干，至所要求的干燥度即可。或采用初温 50 ～ 55 ℃、终温 70 ～ 72 ℃的人工干制。

（6）回软。产品干燥后，剔去过大、过小、过湿和结块的制品及碎屑，待冷却后堆积起来，盖好或放入密闭容器中，让其回软 1 ～ 3 d，使各部分含水率均衡，质地柔软，方便包装。如果制品含水率未达到要求，再次进行复晒或复烘，直至干燥程度达到要求。

（7）包装。可采用真空小包装或用 PE 袋做内包装，外包装则用纸箱（盒）、木箱、铁箱等。

三、任务评价

（1）杏干感官评价指标。请按照表 1-2-4 的标准评价杏干质量，可以采用自评、互评等形式。

表 1-2-4　杏干感官评价指标

评价指标	评价标准	分数	实得分数	备注
外观	果片形状完整，厚薄均匀，无严重弯曲	20		
气味及滋味	具有杏的风味，甜酸适宜，无异味	20		
色泽	果肉金黄色或橙红色，色泽均匀	20		
组织状态	组织致密，肉质柔糯	20		
杂质	无肉眼可见杂质	20		
合计		100		

（2）杏干生产过程评价指标。请按照表 1-2-5 的标准评价本次任务完成情况。

表 1-2-5　杏干生产过程评价指标

职业功能	主要内容	技能要求	相关知识	分数	实得分数	备注
准备工作	清洁卫生	能完成车间、工器具、操作台的卫生清洁、消毒等工作	食品卫生基础知识	10		
	备料	能正确识别原辅料	原辅料知识	10		
	检查工器具	能检查工器具是否完备	工具、设备结构 工具设备使用方法	10		
原料预处理	选料	能根据产品要求进行原料的选择并按大小分级	原料选择	10		
	整理、清洗	能根据产品要求对原料进行切分、去皮、去核、清洗	原料预处理	15		
护色处理	腌盐	能按工艺要求对杏干进行护色处理	果蔬在干燥过程中的变化	15		
干燥	产品脱水	能需用恰当的干燥方式进行干燥，达到要求的干燥度	干制原理 干制方法与设备	15		
回软	产品回软处理	产品干燥后能进行回软操作	回软的目的与操作	15		
合计				100		

四、任务拓展

豇豆干制加工请扫描下方二维码查看。

任务自测

请扫描下方二维码进行本任务自测。

任务三　果蔬罐头加工

任务目标

➢ **知识目标**

1. 熟悉罐藏的基本原理。
2. 掌握罐藏对容器的要求。
3. 掌握果蔬罐头加工的工艺流程和操作要点。
4. 掌握果蔬罐头加工中容易出现的质量问题及控制措施。

➢ **技能目标**

1. 能够熟练操作果蔬罐头加工设备，包括切割、清洗、装罐、密封、杀菌等设备。
2. 能够准确判断果蔬罐头的品质，包括外观、气味、口感等方面。
3. 能够解决果蔬罐头加工过程中的常见问题，具备果蔬罐头加工过程中的质量控制能力，确保产品质量符合标准。

➢ **素质目标**

1. 培养良好的安全、卫生意识，确保食品在果蔬罐头加工过程中安全、卫生。
2. 小组分工合作，培养学生的沟通意识，增强团队协作能力。
3. 树立环保意识，合理利用资源，降低能耗，推动绿色生产。

任务导学

近几年，黄桃罐头突然成了“网红”。黄桃“出圈”，黄桃罐头的热销，明显带动了橘子罐头、梨罐头、番茄罐头等果蔬罐头的销售，将我国罐头产业推上了“风口”。其实，罐头是我国传统的食品加工行业，是我国最早一批与国际接轨的产业，小小的罐头早已销往近 200 个国家和地区，闯入世界，我国多年位居罐头生产和出口第一大国之位。果蔬罐头食品具有方便性、安全性及营养性等多种特性。那么，它是如何加工的呢？接下来，我们将学习果蔬罐头的加工方法。

思维导图

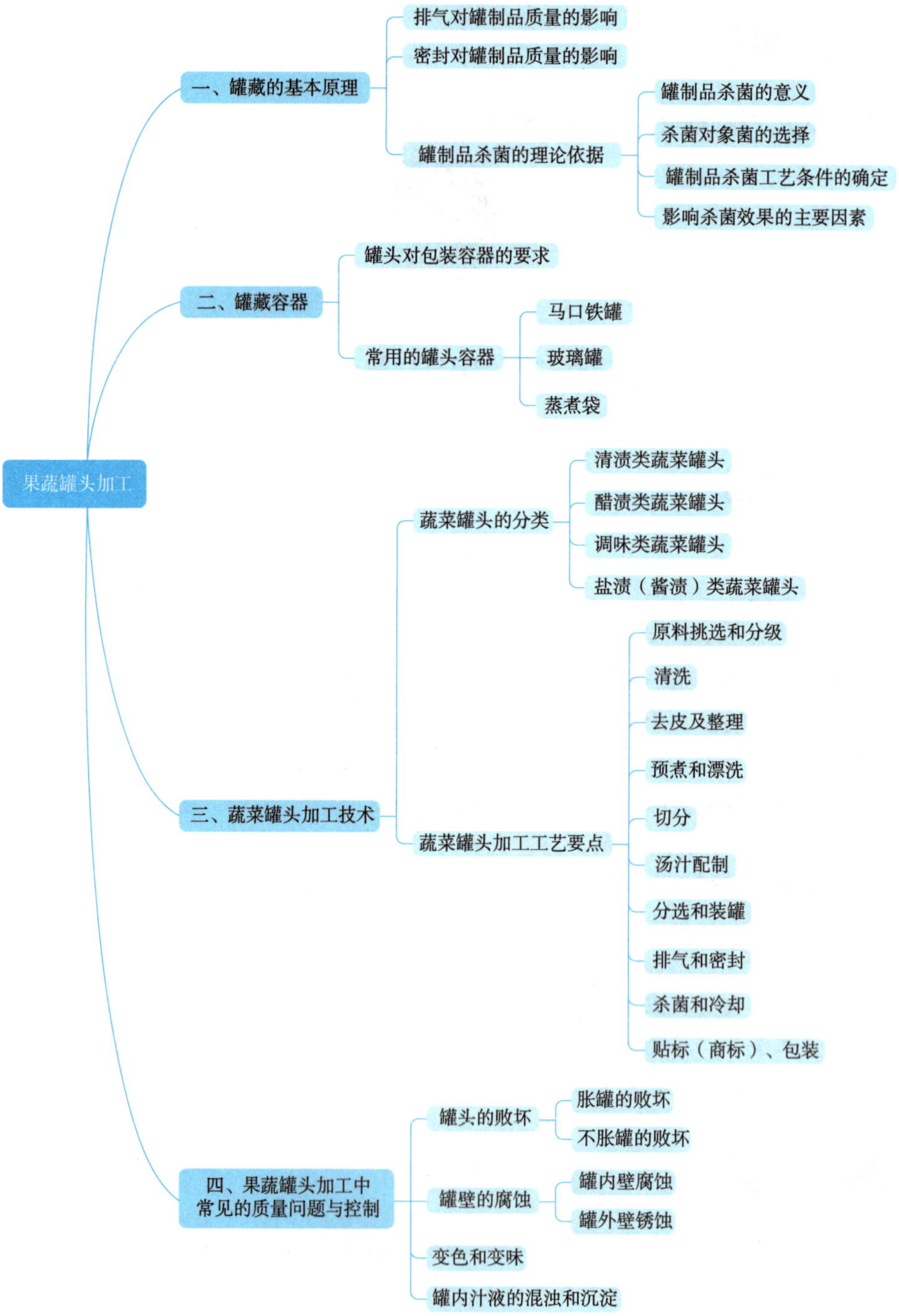

知识储备

一、罐藏的基本原理

食品腐败变质主要是微生物的生长繁殖和食品内所含酶的活动所致。微生物的生长繁殖及酶的活动必须具备一定的环境条件，罐头食品之所以能长期贮藏主要是因为加工过程中采用了排气、密封和杀菌等工序，创造了一个不适合微生物生长繁殖及酶活动的环境。

（一）排气对罐制品质量的影响

排气是将罐内、原料内、容器顶隙部位及溶解在罐液中的空气排出，提高罐内真空度的操作过程。

排气处理直接影响罐制品的质量。如果罐内残留的 O_2 过多，罐头在贮藏期间易发生腐败变质、品质下降及罐内壁腐蚀等不良现象。排气处理可抑制好气性细菌及霉菌的生长发育，防止产品腐败变质；也可防止或减轻铁罐内壁的氧化腐蚀，减少维生素 C 等营养物质的损失，较好地保持产品的色、香、味，延长罐头的贮藏寿命。另外，其还可防止或减少加热杀菌时空气膨胀而使铁皮罐头变形和玻璃罐“跳盖”等现象的发生。排气良好的罐头因内压低于外压，底盖呈内凹状，便于与腐败变质而胀罐的罐头区分，有利于成品检查。

罐头排气应达到一定的真空度。罐制品真空度是指罐外大气压与罐内残留气压的差值，一般要求在 26.7 ～ 40 kPa。罐头真空度常用罐头真空度计来测定。

（二）密封对罐制品质量的影响

密封可以使罐内食品与罐外环境完全隔绝，不再受到外界空气及微生物污染而引起腐败。罐头密封性的好坏直接影响到罐头贮藏期的长短。无论何种包装容器，如果未能严格密封，就不能达到长期保存的目的，因此，应在罐头生产的过程中严格控制密封操作，从而保证罐头的密封效果。

（三）罐制品杀菌的理论依据

杀菌是罐头生产过程中的重要环节，是决定罐头食品保质期的关键因素。

1. 罐制品杀菌的意义

（1）杀死一切对罐内食品起腐败作用和产毒致病的微生物。

（2）破坏酶的活性。

（3）起到调煮作用，改进食品的质地和风味。

需要注意的是，罐头杀菌和细菌学上灭菌含义不同：罐头杀菌不是杀灭所有微生物，而是杀死造成食品腐败的微生物，即达到“商业无菌”状态。所谓商业无菌，是指在一般商品管理条件下的贮藏运销期间，不致因微生物所败坏或因致病菌的活动而影响人体健康。

2. 杀菌对象菌的选择

由于原料的种类、来源、加工方法和加工条件等不同，各种罐头食品在杀菌前存在不同种类和数量的微生物。生产中不可能也没有必要对所有的不同种类的微生物进行耐热性试验，而是选择最常见的、耐热性最强、具有代表性的腐败菌或引起食品中毒的微生物作为主要的杀菌对象菌。一般认为，如果热力杀菌足以消灭耐热性最强的腐败菌时，则耐热性较低的腐败菌很难残留；芽孢的耐热性比营养体强，若有芽孢菌存在，则应以芽孢菌为主要杀菌对象菌。

罐头食品的酸度是选定杀菌对象菌的重要因素。以 pH 4.5 为界，食品可分为酸性食品和低酸性食品两大类。在 pH 4.5 以下的酸性或高酸性食品中，将霉菌和酵母菌这类耐热性低的微生物作为主要杀菌对象。在杀菌时，这两类菌比较容易控制和杀灭。而对于 pH 4.5 以上的低酸性食品，杀菌的主要对象是那些能在无氧或低氧的条件下活动且产生孢子的厌氧性细菌，这类细菌的孢子耐热性强。罐头食品工业上，通常将能产生毒素的肉毒梭状芽孢杆菌的孢子作为杀菌对象菌。

3. 罐制品杀菌工艺条件的确定

罐制品合理的杀菌工艺条件是确保质量的关键，而杀菌的工艺条件主要是确定杀菌的温度和时间。

杀菌工艺条件制定的原则：在保证罐藏食品安全性的基础上，尽可能地缩短杀菌时间，以减少热力对食品品质的影响。

杀菌温度的确定以对象菌为依据，一般以对象菌的热力致死温度作为杀菌温度。杀菌时间的确定则受多种因素的影响，在综合考虑的基础上通过计算 F 值来确定。F 值就是在恒定的加热标准温度条件下（121 ℃或 100 ℃），杀灭一定数量的细菌营养体或芽孢所需要的时间（min），也称为杀菌效率值、杀菌致死值或杀菌强度。F 值包括安全杀菌 F 值和实际杀菌条件下的 F 值两个内容。安全杀菌 F 值是在瞬间升温和降温的理想条件下估算出来的，安全杀菌 F 值也称为标准 F 值，它被作为判别某一杀菌条件合理性的标准值。它的计算是通过杀菌前罐内食品微生物的检验，选出该种罐头食品常被污染的腐败菌的种类和数量并以对象菌的耐热性参数为依据，用计算方法估算出来的。但在实际生产中，杀菌过程都有升温和降温过程，在该过程中，只要在致死温度下都有杀菌作用，所以可根据估算的安全杀菌 F 值和罐头内食品的导热情况制定杀菌公式来进行实际试验，然后测其杀菌过程中罐头中心温度的变化情况，来算出罐头实际杀菌 F 值。有关罐头安全杀菌 F 值的估算和杀菌实际条件下 F 值的计算可参考《罐头工业手册》等。要求：实际杀菌 F 值略大于安全杀菌 F 值。如果实际杀菌 F 值小于安全杀菌 F 值，会导致杀菌不足，应适当提高杀菌温度或延长杀菌时间；如果实际杀菌 F 值大于安全杀菌 F 值很多，会导致杀菌过度，应适当降低杀菌温度或缩短杀菌时间，以保证食品品质。

4. 影响杀菌效果的主要因素

（1）微生物的种类和数量。不同的微生物耐热性差异很大，嗜热性细菌耐热性最强，芽孢比营养体更耐热。而食品中微生物数量，尤其是芽孢数量越多，在同样的致死温度下杀菌所需时间越长。

食品中微生物数量的多少取决于原料的新鲜度和杀菌前的污染程度。因此采用的原料要求新鲜清洁，从采收到加工均要及时，加工过程中的各道工序之间要紧密衔接，不要拖延，尤其是装罐以后到杀菌之间不能积压，否则罐内微生物数量将大大增加而影响杀菌效果。另外，工厂要注意卫生管理、用水质量及与食品接触的一切机械设备和器具的清洗与处理，使食品中的微生物减少到最低限度，否则会影响罐头食品的杀菌效果。

（2）食品的性质和化学成分。微生物的耐热性在一定程度上与加热时的环境条件有关。食品的性质和化学成分是杀菌时微生物存在的环境条件，因此，食品的酸、糖、蛋白质、脂肪、酶、盐类等都能影响微生物的耐热性。

1）原料的酸度（pH）。原料的酸度对微生物耐热性的影响很大。大多数产生芽孢的细菌在 pH 中性时的耐热性最强，随着食品 pH 的下降，微生物的耐热性逐渐下降，甚至受到抑制，如肉毒杆菌在 $pH<4.5$ 的食品中生长受到抑制，也不会产生毒素，所以细菌或芽孢在低 pH 的条件下是不耐热的，因此在低酸性食品中加酸（如醋酸、乳酸、柠檬酸等，以不改变原有风味为原则），可以提高杀菌效果。

2）食品的化学成分。罐头内容物中的糖、盐、淀粉、蛋白质、脂肪及植物杀菌素等对微生物的耐热性有不同程度的影响。如装罐的食品和填充液中的糖浓度越高，杀灭微生物芽孢所需的时间越长；浓度很低时，对芽孢耐热性的影响也很小。但当糖的浓度增加到一定程度时，就造成了高渗透压的环境且具有抑制微生物生长的作用。0% ～ 4% 的低浓度食盐溶液对微生物的耐热性有保护作用，而高浓度食盐溶液则降低微生物的耐热性。食品中的淀粉、蛋白质、脂肪也能增强微生物的耐热性。另外，某些食品含有植物杀菌素，如洋葱、大蒜、芹菜、胡萝卜、辣椒、生姜等，对微生物有抑制或杀菌的作用，如果在罐头食品杀菌前加入适量具有杀菌素的蔬菜或调料，可以降低罐头食品中微生物的污染程度，从而可降低杀菌条件。

酶也是食品的成分之一。在罐头食品杀菌过程中，大部分酶在 80 ～ 90 ℃的高温下只需要几分钟就可能被破坏。但是过氧化物酶对高温有较强的抵抗力，因此，在检验热处理效果时经常把过氧化物酶作为检验对象。

（3）传热的方式和传热速度。罐头杀菌时，热的传递主要是以热水或蒸汽为介质，因此，杀菌时必须使每个罐头都能直接与介质接触。另外，热量由罐头外表传至罐头中心的速度对杀菌有很大影响。影响罐头食品传热速度的因素主要如下：

1）罐头容器的种类和形式。常见罐藏容器的传热速度，蒸煮袋最快，马口铁罐次之，玻璃罐最慢。罐型越大，则热从罐头外表传至罐头中心所需的时间越长，而以传导为主要传热方式的罐头更为显著。

2）食品的种类和装罐状态。对于流质食品，如果汁、清渍类罐头等由于对流作用而传热较快，但糖液、盐水或调味液等传热速度随其浓度增加而降低。对于块状食品，加汤汁的比不加汤汁的传热快。果酱、番茄沙司等半流质食品，随着浓度的升高，其传热方式以传导为主，故传热较慢。糖水水果罐头、清渍类蔬菜罐头由于固体和液体同时存在，加热杀菌时传导和对流传热同时存在，但以对流传热为主，故传热较快。食品块状大小、装罐状态对传热速度也会直接产生影响，块状大的比块状小的传热慢，装罐紧密的传热较慢。综上所述，各种食品含水率多少、块状大小、装填松紧、汁液多少与浓度、固液食品比例等都会影响传热速度。

3）罐内食品的初温。罐头在杀菌前的中心温度（即冷点温度）叫作初温。通常，罐头的初温越高，初温与杀菌温度之间的温差越小，罐中心加热到杀菌温度所需的时间越短。因此，杀菌前应提高罐内食品初温（装罐时提高食品和汤汁的温度，排气密封后及时杀菌），这对于不易形成对流和传热较慢的罐头尤为重要。

4）杀菌锅的形式和罐头在杀菌锅中的位置。回转式杀菌比静置式杀菌效果好，时间短。因前者能使罐头在杀菌时进行转动，罐内食品形成机械对流，从而提高传热性能，加快罐内中心温度升高，因此可缩短杀菌时间。

（4）海拔高度。海拔高度影响气压的高低，故能影响水的沸点温度。若海拔高，水的沸点低，杀菌时间应相应增加。一般海拔每升高 300 m，常压杀菌时间在 30 min 以上的，应延长 2 min。

二、罐藏容器

（一）罐头对包装容器的要求

包装容器对食品的安全卫生和长期保存有着重要的作用，而容器的材料又是关键。罐头食品对包装容器的要求是无毒、无臭、无味，不与食品起化学反应，耐腐蚀、耐高温高压，密封性好，能适应机械化操作，重量轻，容易开启取食等。而实际上完全具备上述条件的材料是几乎没有的。目前，国内外普遍使用的罐头容器是马口铁罐和玻璃罐，还有铝罐和塑料复合薄膜蒸煮袋（又称软罐）。

（二）常用的罐头容器

1. 马口铁罐

马口铁罐是由两面镀锡的低碳薄钢板（俗称马口铁）制成的，如图 1-3-1 所示。由于镀锡的方法有两种（热浸法和电镀法），故马口铁有热浸铁和电镀铁之分。我国罐头生产中大部分采用电镀铁。含酸量较高或含蛋白质、含硫较高的食品，长期与锡层接触会发生腐蚀作用，因而常在与食品接触的锡层表面涂上涂料，经烘干制成涂料铁。涂料的遮盖性好，使罐的抗腐蚀性能显著提高。涂料的种类有抗酸涂料（如油树脂）和抗硫涂料（如环氧酚醛树脂）。

图 1-3-1　马口铁罐

2. 玻璃罐

玻璃罐是用石英砂、纯碱和石灰石等按一定比例配合后在 1 000 ℃以上的高温下熔融冷却成形铸成的。其主要成分是氧化硅、氧化钠和氧化钙的混合物。质量良好的玻璃罐应具有以下特点：瓶身透明、无色或略带绿色；罐口圆而平整，底部平坦；罐身平整光滑，厚薄均匀，无严重气泡、裂纹、石屑和条痕。

玻璃罐根据密封形式的不同，有卷封式、旋转式、抓式和螺纹式等。目前使用得最多的是旋盖式玻璃罐（图 1-3-2），其有三旋罐、四旋罐和六旋罐之分。相应的罐颈上有 3 ～ 6 根螺纹线，罐盖内侧有相应的爪，正好和罐颈上的螺纹吻合。罐盖内注入塑

图 1-3-2　旋盖式玻璃罐

1—螺纹线；2—罐口密封线

料溶胶并烘烤固化，当罐盖内的爪与罐颈螺纹旋紧时，罐盖衬胶便压紧在罐口密封面上，将罐密封。

3. 蒸煮袋

蒸煮袋通常由聚酯（PET）、铝箔（Ai）和聚烯烃（PP 或 PE）三层薄膜借助胶粘剂复合而成。

蒸煮袋的膜层有时可用 4 ～ 5 层，多者达 9 层。外层为聚酯（12 μm），聚酯耐高温，有极好的尺寸稳定性和印刷性；中层的铝箔（9 μm）可避光、隔汽，隔绝性好，利于食品的贮存；内层采用聚烯烃薄膜（7 μm），热封性能和耐化学性能较好。蒸煮袋横断面如图 1-3-3 所示。

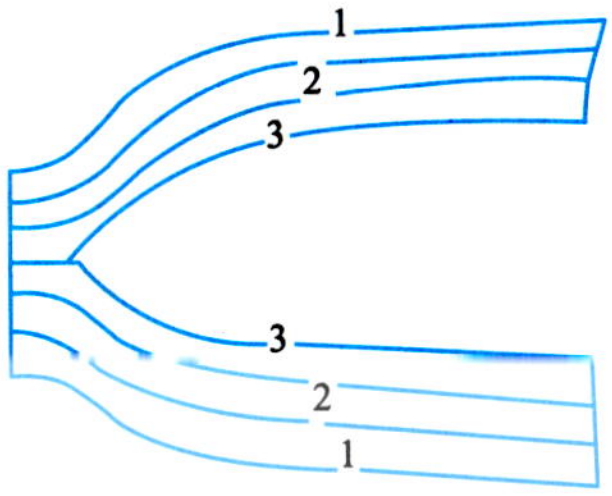

图 1-3-3　蒸煮袋横断面

1—聚酯；2—铝箔；3—聚烯烃

蒸煮袋的特点：重量轻，封口简便牢固，取食方便；传热快，杀菌时间较短；常温下贮存，质量稳定。

三、蔬菜罐头加工技术

（一）蔬菜罐头的分类

根据加工方法和要求不同，蔬菜罐头可分为清渍类、醋渍类、调味类、盐渍（酱渍）类几种。

1. 清渍类蔬菜罐头

清渍类蔬菜罐头是蔬菜罐头中最常见的一类。这类罐头是选用新鲜或冷藏良好的蔬菜原料（包括适于罐藏的脱水蔬菜原料——莲子、豌豆、红豆、蚕豆等）经加工处理、预煮漂洗（或不预煮）、分选装罐后，加入稀盐水、糖盐混合液、沸水、蔬菜汁，再经排气密封杀菌后制成的。清渍蔬菜罐头的特点是能基本保持各种新鲜蔬菜原料应有的色、形、味。如清水笋、整番茄、青刀豆、蘑菇、清水荸荠、清水花椰菜等蔬菜罐头均属于这类。

2. 醋渍类蔬菜罐头

醋渍类蔬菜罐头都是选用鲜嫩的或盐腌的蔬菜原料，经加工整理或切块（萝卜、卷心菜等需经过预煮处理）装罐并根据要求装入适量鲜茴香、月桂叶、辣椒、胡椒、蒜头等香辛配料，然后加入醋酸或食醋及食盐混合液密封后经杀菌制成的。根据产品要求，有的醋渍蔬菜罐头装罐时没有另装鲜茴香、辣椒等香辛小配料，而是在醋盐混合液中加入砂糖及丁香、桂皮、月桂叶等制成的香料水。

对于醋渍类蔬菜罐头，一般要求产品中含醋酸量为 0.4% ～ 0.9%，含盐量为 2% ～ 3%，大多以玻璃罐为容器，有的以抗酸涂料的镀锡薄板罐为容器。由于这类产品的含酸量较高，故装罐密封后，一般采用巴氏杀菌法或用沸水杀菌。

适合生产醋渍罐头的蔬菜原料很多，如蒜头、洋葱、花椰菜、胡萝卜等。

3. 调味类蔬菜罐头

调味类蔬菜罐头一般选用新鲜蔬菜原料及其他小配料，经加工整理切块（片）、油炸或不油炸，再经调味装罐制成。如油焖笋、卷心菜、茄汁茄子等蔬菜罐头，均属于此类品种。

4. 盐渍（酱渍）类蔬菜罐头

盐渍类蔬菜罐头是以新鲜蔬菜为原料，经盐腌或盐渍装罐加工而成的蔬菜制品，如盐水青豆、盐水胡萝卜均属于此类品种。

酱渍类蔬菜罐头是将新鲜的蔬菜原料经过脱盐、脱水后，装入布袋或丝袋里扎口入缸或池酱渍，然后装罐制成的，如什锦酱菜。

（二）蔬菜罐头加工工艺要点

1. 原料挑选和分级

各种原料投产前，必须剔除霉烂、病虫害、畸形、成熟度不足或过度成熟、变色等不合格原料并选除杂质。合格的原料，按大小、成熟度、色泽分组，使每批原料品质趋于一致，便于去皮、预煮、装罐和杀菌等操作。

2. 清洗

蔬菜原料的洗涤，较水果洗涤困难，特别是根菜类及块茎类蔬菜，如马铃薯、胡萝卜、荸荠、莲藕等，由于携带泥沙多，原料表面粗凹不平，必须经过浸泡、刷洗和喷洗才能洗涤干净。蔬菜原料洗涤彻底，对于减少附着于原料表面的微生物，特别是耐热性芽孢菌具有十分重要的意义，必须认真对待。

随着生产的大型化，今后要向机械化洗菜的方向发展，使用的洗菜机如图 1-3-4 和图 1-3-5 所示。

图 1-3-4　洗菜机（一）

图 1-3-5　洗菜机（二）

3. 去皮及整理

原料的种类不同，去皮方法和要求也不同，莲藕、荸荠、马铃薯、莴笋、青豆、笋类等原料一般采用手工去皮工具（图 1-3-6）和机械去皮（壳）机如马铃薯去皮机（图 1-3-7）、青豆剥壳机（图 1-3-8）。

番茄一般采用蒸汽或热水去皮，常用的几种去皮方法如下：

（1）碱液去皮：整番茄，先用 0.7% 的辛酸液于 65 ～ 77 ℃处理 15 ～ 60 s，再用 11%

的碱液于 77 ～ 99 ℃浸泡 10 ～ 30 s，其去皮损失要比只用碱液处理的低，且去皮完全，这是由于去皮助剂能快速穿透或除去番茄表面的蜡质层。

（2）冷却加热去皮：番茄采用食品级 F12 浸泡或喷淋 20 ～ 30 s，再用 85 ℃热水浸泡 5 ～ 15 s，然后用擦皮机除皮，此法去皮率为 72% ～ 99%，去皮损失 48% ～ 14.6%。其优点是损耗低，外皮还可回收另作他用。

（3）真空去皮：先将番茄放于 96 ℃热水中处理 20 ～ 40 s，再放于 0.078 ～ 0.092 MPa 的真空室内用混合机处理，以除去松散的皮。

胡萝卜、红甜椒等可用浓碱液去皮。有的蔬菜去皮后易变色及品质恶化，如莲藕、荸荠等，因此必须迅速浸于稀食盐水或稀酸液中护色，并尽快进行预煮。部分蔬菜原料不需去皮，如刀豆、黄瓜、叶菜类、花菜类、菇类等，这类原料只需去蒂柄或适当修整处理即可。整只装的笋类、花椰菜等原料，需按产品标准要求，保持该品种特有形态和大小。无论采用什么方法去皮或修整，均应保持切面整齐光滑、完整、美观，防止出现不应有的刀痕、毛边等缺陷。

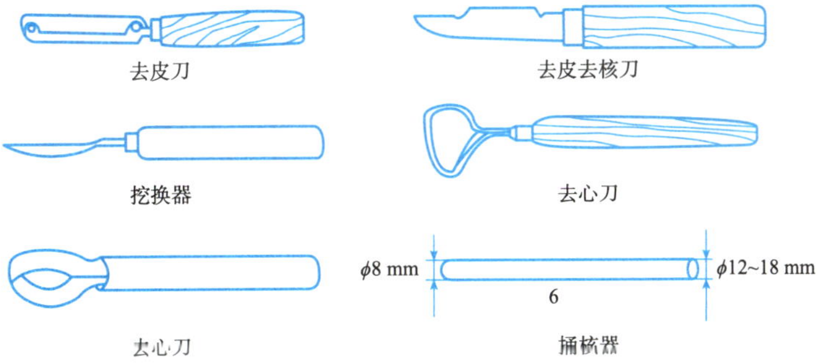

图 1-3-6　手工去皮工具

图 1-3-7　马铃薯去皮机

图 1-3-8　青豆剥壳机

4. 预煮和漂洗

大部分蔬菜原料在装罐前均须经预煮处理。预煮的主要目的：软化组织，便于装罐，排除原料组织中的空气；破坏酶的活性，稳定色泽，改善风味和组织，脱除部分水分，保护开罐固形物稳定；杀灭部分附着于原料中的微生物。

通常采用连续预煮机以沸水或蒸汽加热预煮。预煮用水需经常更换，保持清洁；特别是对于含硝酸根等腐蚀因子多的原料，以及易变色的原料，如刀豆、莲藕等，其预煮用水更应注意更换。对于易变色的原料，需在预煮水中加入适量柠檬酸（加酸量以不影响产品风味和色泽为准）进行护色，如蘑菇等原料。预煮的时间和温度，一般根据原料种类、块形大小、工艺要求等条件而定。预煮后必须急速冷透，严防冷却缓慢，影响质量。不需漂洗的原料，应立即捞起分选装罐。需漂洗的原料，则捞于漂洗槽（池），按规定漂洗条件进行漂洗。注意漂洗过程中应经常换水，防止变质。

5. 切分

原料经过预处理后，要按要求切分成片、块、丝、丁、粒等各种规格，切分可人工进行，但有些大规模企业采用机械切制（多功能切菜机、切丁机），如图 1-3-9 和图 1-3-10 所示。

图 1-3-9　多功能切菜机

图 1-3-10　切丁机

6. 汤汁配制

大部分蔬菜罐头在装罐时都要注入一定量的汤汁，所用汤汁主要有清渍液、调味液两大类。

（1）配制汤汁用水和盐。蔬菜罐头用盐要求纯度高，不允许含有微量的重金属和杂质。盐中所含微量的铜、铁等可使蔬菜中的单宁、花色素、叶绿素等变色；铁的存在还将使部分蔬菜罐头中形成硫化铁。因此，要求所用盐中的氯化钠含量不低于 99%，钙、镁含量以钙计不得超过 0.1 g/kg，铁不得超过 0.001 5 g/kg，铜不得超过 0.001 g/kg。

配制汤汁用的水除需符合国家饮用水标准外，还必须是符合果蔬装罐用水的特殊要求的不含铁和硫化物的软质水，尤其是水硬度，水中和盐中的钙、镁盐类都将造成汤汁（如盐水）硬度过高而使一些罐藏蔬菜变硬，如豌豆、玉米等。

（2）汤汁的制备。

1）清渍液的制备。清渍液是指用于清渍类蔬菜罐头的汤汁，包括稀盐水、盐和糖的混合液及沸水或蔬菜汁，其中以使用盐水的为多，大多数清渍类蔬菜罐装用盐水的浓度为 1% ～ 2%。

2）调味液的制备。调味液的种类很多，但配制的方法主要有两种：一种是将香辛料先经一定时间的熬煮制成香料水，然后将香料水与其他调味料按一定比例配制调味液；另一种是将各种调味料、香辛料（可用布袋包裹，配成后连袋去除）一起配成调味液。

7. 分选和装罐

各种蔬菜在装罐前必须按产品质量标准要求进行分选，将不同色泽、大小形态的蔬菜分开装罐。

（1）每罐装入蔬菜量，应根据产品要求的开罐固形物含量，结合原料品种、老嫩、预煮程度及杀菌后的脱水率等因素进行调整。

（2）汤汁要求加满，防止由于罐内顶隙度过大而引起氧化圈出现，或蔬菜露出液面变色。

（3）配制汤汁的用水，必须符合饮用水标准，严防带不良气味；用水中的硝酸根离子和铁离子含量防止过高。

8. 排气和密封

注入汤汁后，必须迅速加热排气或抽气密封。注意事项如下：

（1）加热排气时，应注意排气温度和时间。整番茄、青豌豆等品种，如排气温度太高，易导致罐内物料软烂破裂、净重不足等问题；排气不充分，罐内真空度太低，容易引起罐头凸盖、假胀罐及罐内腐蚀等质量问题。一般以排气至密封罐内中心温度达到 70 ～ 80 ℃为宜。

（2）对于热传导慢的品种，如整装笋类，则宜在装罐前复煮后趁热装罐，并加入沸水再排气。整番茄、整花椰菜等品种，除加入 90 ℃以上的汤汁外，还应注意适当延长加热排气时间。

（3）排气后立即密封。为防止密封时汁水溢出污染罐外，密封后必须用热水洗净罐外，及时进行杀菌，严防积压。

（4）排气过程须防止蒸汽冷凝水滴入罐内。例如对于四川榨菜等，则宜采用抽气密封或预封后排气密封。采用抽气密封时，应根据罐型、品种、加入汤汁温度等控制抽真空的程度。对于带汤汁的品种，若真空度太高，汤汁易被抽出；若太低，往往造成罐内真空度太低，一般控制真空为 0.04 ～ 0.067 MPa。

9. 杀菌和冷却

蔬菜类（包括菇类）罐头，除番茄、醋渍、酱（盐）渍等产品外，均属于低酸性或接近中性的食品。由于原料在土壤中感染耐热性芽孢菌机会多，故大部分产品必须采用高温杀菌，才能达到长期保存的目的。但蔬菜类由于组织娇嫩、色泽和风味对热较敏感，稍高的温度，或较长的时间，极易引起组织软烂和风味色泽的恶化，严重损害制品的质量。因此，杀菌和冷却过程必须注意以下几点：

（1）杀菌条件必须根据蔬菜原料的品种、老嫩、内容物的 pH 值、罐内热的传导方式和快慢、微生物污染程度、罐头杀菌前的初温、杀菌设备的种类等条件而定。

（2）在不影响产品的风味和色泽前提下，适当降低 pH（使内容物偏酸性），可以缩短杀菌时间。

（3）原料的新鲜度越高，工艺流程的速度越快，微生物污染越轻。对于罐内热传导速度快的产品，可以缩短杀菌时间。

（4）罐内汤汁易于对流传热的产品，如刀豆、蘑菇等，宜采用高温度短时间杀菌。采用连续或连续振动式杀菌机，较间歇静止式杀菌锅杀菌速度快且效果好。

（5）要严格执行杀菌工序的操作规程。杀菌过程必须严格保持温度的准确性，特别是高温短时间杀菌，温度稍有误差，则对杀菌强度影响很大。还要保证升温、降温和主杀菌时间的准确。如采用反压降温冷却，则应考虑适当增加主杀菌时间。抽气密封的产品，一般延长升温时间为 5 min 即可。

（6）蔬菜罐头杀菌后必须快速冷却，一般以冷却至罐内中心温度至 37 ℃左右为宜，以防止继续受热而影响内容物的色、形、味，并严防嗜热性芽孢菌的繁殖生长。冷却方式以在杀菌锅内用压缩空气或水反压降温冷却较好，特别是采用高温短时杀菌及大罐型的产品。反压冷却不仅冷却速度快，且有防止罐盖凸角减少次废品率的效果。反压冷却，进入杀菌锅的冷却水压头，稍高于锅内压力即可，不要太高，以免由于冲力太大造成瘪罐。反压需用的压力，一般高于杀菌式规定的杀菌压力即可。反压降温时间以 5 min 左右为宜，某些特殊罐型和品种如盆形罐及汤汁少的玻璃罐装，则降温冷却宜稍缓慢或分段冷却。

目前，用于蔬菜罐头杀菌的设备有立式或卧式杀菌锅、回转式加压杀菌机、静水压加压杀菌机等。提高杀菌温度，缩短杀菌时间，对于改善蔬菜罐头内容物的色泽、组织和风味，减轻铁罐的腐蚀均有明显效果。

10. 贴标（商标）、包装

罐头食品的贴标目前多用手工操作，但有的采用半自动贴标机械和自动贴标机械。罐头贴标后要进行包装，便于成品的贮存、流通和销售。罐头多采用纸箱包装。包装作业一般包括纸箱成型、装箱、封箱、捆扎四道工序。

四、果蔬罐头加工中常见的质量问题与控制

（一）罐头的败坏

罐头食品在贮存期间仍然会进行各种变化。如果罐头加工过程中操作不当，加上贮存条件不良，往往会加速质量的变化而使罐头败坏。罐头的败坏分胀罐的败坏和不胀罐的败坏两种。

1. 胀罐的败坏

胀罐的败坏是指罐头的一端或两端向外凸出。其发生的原因主要有以下几种。

（1）物理性胀罐。罐内食品装量过多，顶隙过小或几乎没有，杀菌时内容物膨胀造成胀罐；排气不足，真空度较低，罐头冷却时降压速度太快，使内压大大超过外压而胀罐；寒冷地区生产的罐头运往热带地区销售或平原生产的罐头运到高山地区销售，外界气压的改变也易导致胀罐。

防治措施：应严格控制装罐量，切勿过多；装罐时，罐头的顶隙大小要适宜，要控制在 3 ～ 8 mm ；提高排气时罐内的中心温度，排气要充分，封罐后能形成较高的真空度，即达 4.0×10^4 ～ 5.0×10^4 Pa；加压杀菌后的罐头消压速度不能太快，使罐内外的压力较平衡，切勿悬殊；控制罐头制品适宜的贮存温度（0 ～ 10 ℃）。

（2）化学性胀罐。高酸性食品中的有机酸（果酸）与罐头内壁（露铁）起化学反应，放出 H_2，H_2 积累使内压升高而发生胀罐。

防治措施：防止空罐内壁受机械损伤，以防出现露铁现象；宜采用涂层完好的抗酸全

涂料钢板制罐，以提高对酸的抗腐蚀性能。

（3）细菌性胀罐。细菌性胀罐是指由于杀菌不彻底，或罐盖密封不严细菌重新侵入而分解内容物，产生气体使罐内压力增大而造成的胀罐。

防治措施：对罐藏原料充分清洗或消毒，严格注意加工过程中的卫生管理，防止原料及半成品的污染；在保证罐头食品质量的前提下，对原料进行充分的热处理（预煮、杀菌等），以消灭产毒致病的微生物；在预煮水或糖液中加入适量的有机酸（如柠檬酸等），降低罐头内容物的 pH 值，提高杀菌效果；严格控制封罐质量，防止由于密封不严而泄漏，冷却水应符合食品卫生要求，经氯化处理的冷却水更为理想；罐头生产过程中，及时抽样保温处理，发现带菌问题，要及时处理。

2. 不胀罐的败坏

不胀罐的败坏主要是细菌作用和化学作用引起的，通常表现为罐内食品已经败坏，但并不胀罐。例如：平酸菌在罐内繁殖时不产生气体，但会使食品变色变酸；食品中的蛋白质在高温杀菌和贮存期间分解放出硫或硫化氢，与铁皮接触产生黑色的硫化铁、硫化锡等。

防治措施：在预煮水或糖液中加入适量的有机酸（如柠檬酸等），降低罐头内容物的 pH 值，可以抑制平酸菌的生长繁殖，使用抗硫涂料罐作为罐藏容器。

（二）罐壁的腐蚀

1. 罐内壁腐蚀

镀锡薄板的镀锡层其连续性并不是完整无缺，尚有一些露铁点存在，加上空罐制作过程的机械冲击和磨损，使铁皮表面有锡层损伤，造成铁皮与罐头中所含的有机酸、硫及含硫化合物和残存的 O_2 等发生化学反应。

防治措施：在生产过程中加强对原料的清洗、提高排气效果、容器使用抗酸抗硫涂料等可减轻腐蚀问题。

2. 罐外壁锈蚀

若贮存时环境湿度过高，罐外壁易生锈（图 1-3-11）。

防治措施：可通过控制罐头的冷却温度、擦干罐身、涂抹防锈油、控制贮藏环境稳定的温度和较低的相对湿度来避免。

图 1-3-11　罐外壁锈蚀

（三）变色和变味

变色和变味是果蔬中的某些化学物质在酶或罐内残留氧的作用下，或长期贮温偏高而产生的酶褐变和非酶褐变所致（图 1-3-12）。罐头内平酸菌（如嗜热性芽孢杆菌）的残存，会使食品在变质后呈酸味，不胀罐。橘络及种子的存在会使制品带有苦味。

图 1-3-12　苹果罐头果块褐变前后对比

防治措施：选用含花青素及单宁低的原料制作罐头。如加工桃罐头时，核洼处的红色素应尽量去净。加工过程中，要注意工序间护色。装罐前根据不同品种的制罐要求，采用适宜的温度和时间进行热烫处理，破坏酶的活性，排除原料组织中的空气。配制的糖水应煮沸，随配随用。加工中，防止果实与铁、铜等金属器具直接接触，所有用具应采用不锈钢制品，并注意控制加工用水的重金属含量。杀菌要充分，以杀灭平酸菌之类的微生物，防止制品酸败。对于橘子罐头，由于其橘瓣上的橘络及种子必须去净，选用无核橘为原料更为理想。

（四）罐内汁液的混浊和沉淀

罐内汁液产生混浊和沉淀的原因：加工用水中钙、镁等金属离子含量过高（水的硬度大）；原料成熟度过高，热处理过度，罐头内容物软烂；制品在运销中震荡过剧，而使果肉碎屑散落；保管中受冻，解冻后内容物组织松散、破碎；微生物分解罐内食品。

防治措施：加工用水进行软化处理；控制温度不能过低；严格控制加工过程中的杀菌、密封等工艺条件；让原料保持适宜的成熟度。

任务实施

糖水桃罐头加工

一、任务准备

（1）主要材料：桃、白砂糖、柠檬酸、苹果酸等。

（2）工具设备：不锈钢刀、洗瓶机、夹层锅、排气箱、封罐机、杀菌锅、糖度计等。

二、任务实操

1. 工艺流程

糖水桃罐头的工艺流程：选料→清洗→去皮→切半、挖核→烫漂、冷却→修整、冲洗→装罐→注液→排气→密封→杀菌→冷却→擦罐→入库。

2. 操作要点

（1）选料。选择组织致密、肉质肥厚、不易变色的品种，如大久保、玉露、黄露等，要求成熟度 8 成左右，横径 55 mm 以上，无机械伤，无病虫害。

（2）清洗。用流动水洗去泥沙和污物。

（3）去皮。采用碱液去皮。将桃子放入温度为 90 ～ 95 ℃、浓度为 3% ～ 5% 的氢氧化钠溶液中处理 1 ～ 2 min，然后迅速捞出，放入流动水中冷却，用手搓，使表皮脱落，再放入 0.3% 的盐酸液中浸泡 2 ～ 3 min，以中和残碱。

（4）切半、挖核。沿桃子缝合线将其切成两半，不要切偏。将其切半后，立即浸入清水或 1% ～ 2% 的盐水中护色并挖去果核。

（5）烫漂、冷却。将桃块放入 95 ～ 100 ℃的热水中热烫 4 ～ 8 min，待桃块呈现半透明状时捞出并立即用冷水冷透。

（6）修整、冲洗。用小刀削去果肉的残留果皮并用水冲洗，沥水后即可装罐。

（7）装罐、注液。500 g 玻璃罐中装入果肉 310 g，注入 80 ℃以上、25% ～ 30% 的热糖水（糖水中加入 0.2% ～ 0.3% 的柠檬酸）。

（8）排气、密封。用 95 ～ 100 ℃热水排气 6 ～ 7 min，趁热密封。

（9）杀菌、冷却。沸水杀菌 15 ～ 20 min，分段冷却至 38 ℃。

（10）擦罐、入库。擦干罐身，在 25 ℃库房中存放 1 周，经敲罐检验合格后，贴标入库。

三、任务评价

（1）糖水桃罐头感官评价指标。请按照表 1-3-1 的标准评价罐头质量（包括罐头容器和罐头内容物检验），可以采用自评、互评等形式。

表 1-3-1　糖水桃罐头感官评价指标

评价指标	评价标准	分数	实得分数	备注
罐头容器检验	检查罐与盖结合是否紧密牢固，罐形是否正常，有无胀罐；检查罐体是否清洁及锈蚀；检查罐盖的凹凸变化情况等	25		
色泽	呈淡黄色或青黄色，色泽大体一致，糖水中允许有少量果肉碎屑	25		
滋味和气味	具有糖水桃罐头应有的滋味，香味浓郁，无异味	25		
组织形态	软硬适度，块形完整，同一罐内果块的大小均匀	25		
合计		100		

（2）糖水桃罐头生产过程评价指标。请按照表 1-3-2 的标准评价本次任务完成情况。

表 1-3-2　糖水桃罐头生产过程评价指标

职业功能	主要内容	技能要求	相关知识	分数	实得分数	备注
准备工作	清洁卫生	能完成车间、工器具、操作台的卫生清洁、消毒等工作	食品卫生基础知识	10		
	备料	能正确识别原辅料	原辅料知识	5		
	检查工器具	能检查工器具是否完备	工具、设备结构 工具设备使用方法	5		
原料预处理	原料前处理	能根据产品要求对原料进行分级、洗涤、去皮、切分等预处理	原料挑选和分级	10		
	热烫	能根据产品要求进行原料组织的软化	预煮的目的、方法	10		
灌装、注液	装罐	能对装罐容器进行清洗、消毒，按要求进行装罐	罐制品杀菌工艺条件的确定	10		
	注液	能按要求进行注液，预留顶隙符合要求	罐液有哪些种类 汤汁配制	10		
排气、密封	排气	能按工艺要求进行排气，形成适度的真空状态	排气对罐制品质量的影响	10		
	密封	能根据产品特点控制封罐温度	密封对罐制品质量的影响	10		

续表

职业功能	主要内容	技能要求	相关知识	分数	实得分数	备注
杀菌、冷却	杀菌处理	能按工艺要求控制杀菌温度和时间	杀菌方式和条件	10		
	冷却处理	能控制产品冷却条件	冷却温度要求	10		
合计				100		

四、任务拓展

糖水橘子罐头加工请扫描下方二维码查看。

任务自测

请扫描下方二维码进行本任务自测。

任务四　蔬菜腌制品加工

任务目标

➢ **知识目标**

1. 了解蔬菜腌制品的分类和特点。
2. 掌握腌制原理及加工工艺流程、操作要点。
3. 熟悉蔬菜腌制品加工中常见的质量问题。

➢ **技能目标**

1. 能够独立设计蔬菜腌制品的加工方案。
2. 能够独立完成常见蔬菜腌制品的加工制作。
3. 能够处理蔬菜腌制加工中常见的质量问题。

➢ **素质目标**

1. 通过了解蔬菜腌制的历史、文化，增强学生的民族自豪感和文化自信心。
2. 进行蔬菜腌制的实践学习后，学生可以拥有精益求精的工匠精神和职业意识。

任务导学

我国是蔬菜腌制品（已有3 000多年的历史）的发源地之一，不少名特产品（如重庆涪陵榨菜、四川泡菜、宜宾芽菜、北京大头菜、江浙酱菜等）不仅驰名国内，也远销国外。腌制蔬菜的口味多样，口感独特，作为一种地域特色食品，具有浓郁的地方特色和文化内涵。那么，蔬菜腌制品是如何加工的呢？接下来，我们将学习蔬菜腌制品的加工方法。

思维导图

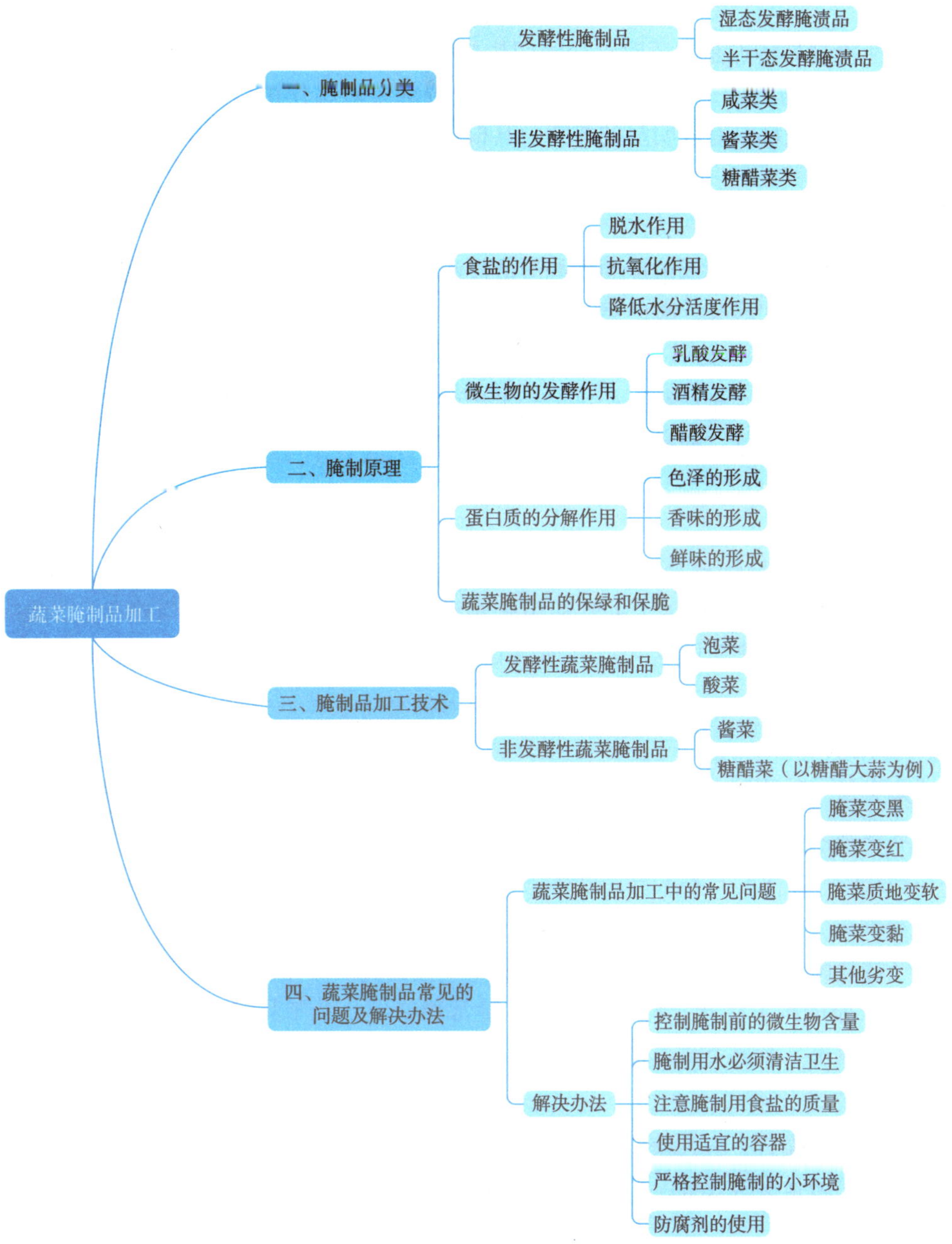

知识储备

一、腌制品分类

蔬菜腌制品简称为酱腌菜，是以新鲜蔬菜为主要原料，经盐渍或酱渍加工而成的各种蔬菜制品。蔬菜腌制品加工方法各异，种类繁多，根据所用原料、腌制过程、发酵程度和成品状态的不同，可分为两大类，即发酵性腌制品和非发酵性腌制品。

（一）发酵性腌制品

发酵性腌制品特点是腌渍时食盐的用量较低，在腌渍过程中有显著的乳酸发酵现象，利用发酵所产生的乳酸、添加的食盐和香辛料等综合防腐作用，来保藏蔬菜并增进其风味。这类产品一般都具有较明显的酸味。其根据腌渍方法和成品状态不同又分为下列两种类型。

1. 湿态发酵腌制品

湿态发酵腌制品是用低浓度的食盐溶液浸泡蔬菜或用清水发酵蔬菜而制成的一类带酸味的蔬菜腌制品，如泡菜、酸白菜等。

2. 半干态发酵腌制品

半干态发酵腌渍品是先将菜体风干或人工脱去部分水分，再用盐腌，让其自然发酵而制成的一类蔬菜腌制品，如榨菜等。

（二）非发酵性腌制品

非发酵性腌制品特点是腌制时食盐用量较高，使乳酸发酵完全受到抑制或只能微弱地进行，其间加入香辛料，主要利用较高浓度的食盐、食糖及其他调味品的综合防腐作用来保藏和增进其风味。依其所含配料、水分多少和风味不同又分为下列三种类型。

1. 咸菜类

咸菜类是一种腌制方法比较简单的大众化的蔬菜腌制品，只用盐腌，利用较高浓度的盐液来保藏蔬菜并通过腌制来改进风味。在腌制过程中，有时也伴随微弱的发酵；同时，还配以调味品和香辛料，其制品风味鲜美可口，如咸大头菜、腌雪里蕻等。

2. 酱菜类

把经过盐腌的蔬菜浸入酱内酱渍即成酱菜。经盐腌后的半成品咸坯，在酱渍过程中吸附了酱料浓厚的鲜美滋味、特有色泽和大量营养物质，其制品具有鲜、香、甜、脆的特点，如酱乳黄瓜、酱萝卜干、什锦酱菜等。

3. 糖醋菜类

蔬菜经过盐腌后，再入糖醋液中浸渍即成糖醋菜。其制品酸甜可口，还可利用糖、醋的防腐作用来增强保藏效果，如糖醋大蒜、糖醋藠头等。

二、腌制原理

蔬菜腌制的原理是利用食盐的防腐保藏作用、微生物的发酵作用、蛋白质的分解作用及其他生物化学作用，抑制有害微生物活动并增加产品的色、香、味。

（一）食盐的作用

食盐是蔬菜腌制的重要辅料，除具有调味作用外，更重要的是具有防腐保藏作用，具体体现在以下方面。

1. 脱水作用

食盐溶液具有很高的渗透压。例如，1% 的食盐溶液可产生 0.06 MPa 的渗透压力，蔬菜腌制时用盐量为 4% ～ 15%，能产生 0.244 ～ 0.915 MPa 的渗透压力，而微生物细胞液的渗透压一般在 0.3 ～ 0.6 MPa。食盐溶液的渗透压超过微生物细胞的渗透压，使微生物细胞由于水分外渗而脱水，导致细胞质壁分离，最后由于发生生理干燥而死亡。这有效地控制了微生物的活动，起到了防腐作用。

2. 抗氧化作用

与纯水相比，食盐溶液中的含氧量较低，这就减少了蔬菜中的氧气含量，从而可减少氧化作用和抑制好气性微生物的活动，降低微生物的破坏作用。

3. 降低水分活度作用

食盐溶于水后，其中的 Na^+ 与水发生水合作用，减少了溶液中的自由水分的含量，使水分活度降低。食盐溶液的浓度越高，水分活度越低，微生物因不易得到其生长活动所需的水分而被抑制。

（二）微生物的发酵作用

在蔬菜腌制过程中，由微生物引起的正常发酵作用主要是乳酸发酵，也会伴随轻度的酒精发酵和醋酸发酵。这些发酵作用的主要产物（如乳酸、酒精和醋酸），不但能抑制有害微生物的活动而起到防腐作用，还能使制品产生酸味和香气。

1. 乳酸发酵

乳酸发酵是指乳酸菌将蔬菜中的糖分分解转化为乳酸的过程。乳酸菌广泛分布于空气、水及蔬菜的表面，只要条件适宜，即可自然完成发酵。发酵过程的总反应式为

$$\underset{\text{糖}}{C_6H_{12}O_6} \longrightarrow \underset{\text{乳酸}}{2CH_3CHOHCOOH}$$

在乳酸发酵过程中，由于乳酸菌种类不同，发酵产物除乳酸外，还有许多其他产物，如酒精、乙酸和二氧化碳等。

乳酸发酵能否正常进行直接关系到发酵性腌制品腌制的成败及品质的优劣，因此，应注意控制好以下因素：

（1）食盐浓度。乳酸发酵需要在低盐下进行，3% ～ 5% 的盐水浓度最适宜乳酸发酵，浓度过高，乳酸菌的活性被抑制，使发酵受阻。

（2）温度。乳酸菌的生长适温是 26 ～ 30 ℃，在此温度范围内发酵快、产酸高。但此温度也利于腐败菌的繁殖，因此，发酵温度最好控制在 15 ～ 20 ℃，使乳酸的发酵更安全。

（3）pH 值。微生物的生长繁殖均要求有一定的 pH 值。乳酸菌较耐酸，在 pH=3 的条件下仍可发育。而腐败菌、大肠杆菌等抗酸力弱，在 pH=3 时不能生长，霉菌和酵母虽抗酸，但缺氧时不能生长。因此，发酵前加入少量酸卤水，发酵时注意密封，可减少制品的腐败和变质。

（4）空气。乳酸发酵需要嫌气条件才能正常进行，这种条件能抑制霉菌等好气性腐败菌的活动，也能防止原料中维生素 C 的氧化。因此在腌制时，务必要压实密封，还应注意盐水腌没原料以隔绝空气。

（5）含糖量。乳酸发酵需要分解蔬菜原料中的糖变成乳酸。1 g 糖经过乳酸发酵可生成 0.5 ～ 0.8 g 的乳酸，一般发酵性腌制品中含乳酸 0.7% ～ 1.5%，蔬菜原料中的含糖量常为 1% ～ 3%，基本可满足发酵的要求。有时，为了促使发酵作用，发酵前可加入少量糖。

2. 酒精发酵

酒精发酵是指酵母菌将蔬菜中的糖分分解生成酒精和二氧化碳的过程。其反应式为

$$\underset{\text{糖}}{C_6H_{12}O_6} \longrightarrow \underset{\text{酒精}}{2CH_3CH_2OH} + 2CO_2\uparrow$$

轻微的酒精发酵（一般产酒精量为 0.5% ～ 0.7%）对乳酸的发酵并无影响，且生成的少量酒精，可与酸作用形成酯，使制品带有香气。

3. 醋酸发酵

醋酸发酵是指醋酸菌将酒精氧化生成醋酸的过程。其反应式为

$$\underset{\text{酒精}}{2CH_3CH_2OH} + O_2 \longrightarrow \underset{\text{醋酸}}{2CH_3COOH} + H_2O$$

除醋酸菌外，大肠杆菌等细菌的活动，也能将糖转化成醋酸和乳酸。极少量的醋酸生成对腌制品品质并无不利影响，但含量过多则会影响质量。醋酸菌是好气性菌，需要有氧气才能活动，因此，可通过密封等抑制醋酸产生。

（三）蛋白质的分解作用

蔬菜中除含有糖分外，还含有一定量的蛋白质和氨基酸，在腌制和后熟过程中，蛋白质在蛋白质水解酶或微生物的作用下逐渐分解为氨基酸。其水解作用的反应式可概括为

$$\text{蛋白质} \longrightarrow \text{多肽} \longrightarrow RCH(NH_2)COOH\text{（氨基酸）}$$

蛋白质的这一变化对蔬菜腌制品色、香、味的形成起重要的作用。

1. 色泽的形成

蔬菜腌制品尤其是咸菜类，在后熟过程中要发生色泽变化，逐渐变成黄褐色至黑褐色。其成因如下：

（1）酶褐变引起的色泽变化。酪氨酸在酪氨酸酶或微生物的作用下，可氧化生成黑色

素，这是腌制品在腌制和后熟过程中色泽变化的主要原因。

（2）非酶褐变引起的色泽变化。蛋白质水解生成的氨基酸能与还原糖作用，发生非酶褐变，形成黑色物质。

（3）叶绿素被破坏。叶绿素在腌制过程中尤其是在酸性介质中会发生脱镁呈黄褐色，也使腌制品色泽改变。

（4）外加有色物质。蔬菜在腌制过程中添加酱油、红糖、黄酒等有色的辅料，从而使腌制品的颜色加深。

2. 香味的形成

氨基酸及酒精发酵所产生的醇本身就具有一定香气，如果在反应中能形成酯、醛等物质，其芳香味更浓。腌制品的香味主要来源有以下几个方面：

（1）原料中的有机酸或氨基酸与发酵产生的酒精进行酯化反应，产生乳酸乙酯、醋酸乙酯、氨基丙酸乙酯等芳香性物质。

（2）氨基酸与戊糖或甲基戊糖的还原产物 4– 羟基戊烯醛作用，生成含有氨基醛类香味物质。

（3）腌制过程中，乳酸菌类在将糖发酵生成乳酸的同时，还生成具有芳香的双乙酰。

（4）芥菜是腌制品的主要原料，芥菜中含有芥子苷，当原料在腌制时，搓揉或挤压使细胞破裂，芥子苷在芥子苷酶的作用下分解，产生一种气味芳香而又带有刺激性气味的芥子油香气。

另外，在腌制品中加入各种不同的花椒、辣椒等香料及调味品，也可带来各种的香味。

3. 鲜味的形成

鲜味的形成主要由于以下原因：

（1）由蛋白质水解所生成各种氨基酸都具有一定的鲜味，如谷氨酸、天门冬氨酸等。

（2）谷氨酸与食盐作用生成的谷氨酸钠（即味精）。

（3）微量的乳酸及甘氨酸、丙氨酸、丝氨酸和苏氨酸等甜味氨基酸对鲜味的丰富也大有帮助。

由此可见，蔬菜腌制品鲜味的形成是多种呈味物质综合的结果。

（四）蔬菜腌制品的保绿和保脆

酸菜、泡菜等发酵性腌制品在腌制过程中产生乳酸，糖醋菜腌制时添加醋酸，都会使叶绿素变成脱镁叶绿素而使绿色无法保存。因此，为了保持蔬菜原有的绿色，可将原料浸泡在井水中或含微量的碳酸钠、碳酸氢钠溶液中，利用这些溶液的弱碱性中和原料中的酸，使其 pH 升高，变成中性或微碱性，叶绿素变成叶绿钙盐或钠盐，可保持腌制品一定的绿色。也可在腌渍前将原料进行烫漂处理，以钝化叶绿素酶，防止叶绿素被酶催化变成脱叶醇叶绿素而退绿，从而使原料在短时间内保持绿色。若将烫漂水的 pH 值调为 7.8 ～ 8.3，可延长保持绿色效果。

另外，腌制品在腌制和保存过程中，若处理不当，组织会失去脆性而软化，这是由于蔬菜中的果胶酶或微生物活动分泌的水解酶及酸的作用使果胶物质发生了水解。因此，蔬菜腌渍时应对原料进行硬化保脆处理，一般在热烫护色并速冷后放入 0.2% 氯化钙或氧化钙溶液中浸泡 10 ～ 20 min，然后捞出，用清水漂洗干净，沥干水分；或在腌制的溶液中添加 0.1% 的氯化钙。使用此种处理方法可使菜体外观坚挺、口感脆嫩。

三、腌制品加工技术

（一）发酵性蔬菜腌制品

1. 泡菜

（1）工艺流程：原料选择→清洗→修整、切分→配制盐水→装坛→密封→发酵→管理→包装→销售。

（2）操作要点。

1）原料选择。原料宜选择质地致密、脆、泡后成品不易变软、汁液不混浊的菜种，腐烂变质的不宜用。

2）清洗。用流动的水反复冲洗，洗去蔬菜表面的泥沙污物和残留农药。

3）修整、切分。将蔬菜用清水洗净，剔除不适宜加工的部分，如粗皮、老筋、须根及腐烂斑点；对于块形过大的，应适当切分，稍加晾晒或沥干明水备用。

4）配制盐水。泡菜用水最好是井水、泉水等饮用水。

如果水的硬度较低，可加入 0.05% 的 CaC_{12}，一般先配制与原料等重的 5% ～ 8% 的食盐水（最好煮沸溶解后用纱布过滤一次），再按食盐水量加入 1% 的白糖或红糖、3% 的尖红辣椒、5% 的生姜、0.1% 的八角、0.05% 的花椒、1.5% 的白酒，还可按各地的偏好加入其他香料，将香料用纱布包好。为缩短泡制时间，通常加入 3% ～ 5% 的陈泡菜水。

5）装坛、密封。将无砂眼或裂缝的坛子洗净，加入沸水杀菌 5 ～ 10 min，沥干明水，放入半坛原料压紧，加入香料袋，再放入原料至离坛口 5 ～ 8 cm，注入泡菜水，使原料被泡菜水淹没，盖上碟形盖。在泡菜坛之外的水槽加入清水或 20% 的食盐水，并扣上碗形盖密封（图 1-4-1）。

图 1-4-1　泡菜及泡菜坛

6）发酵。将泡菜坛置于阴凉处发酵。发酵最适温度为 20 ～ 25 ℃。发酵完成后便可食用。发酵所需时间：夏季一般需 5 ～ 7 d，冬季一般需 12 ～ 16 d，春秋季则介于两者之间。

7）管理。坛子的水槽要经常清洗，并将槽内旧水换成清澈的新水，保持水槽卫生；由于不断取食和新原料的加入，使食盐浓度下降，应根据口味适当添盐，待坛内水面出现白花后，先将白花除去，再添些白酒即可；捞菜的用具要固定，勿将油脂混入。

（3）产品质量标准。清洁卫生，色泽美观，香气浓郁，质地清脆，组织细嫩，咸酸适度；含盐量为 2% ～ 4%，含酸量（以乳酸计）为 0.4% ～ 0.8%。

2. 酸菜

（1）工艺流程：选料→晾晒→修整→清洗→热烫→入缸→加水→发酵→切分→包装→销售。

（2）操作要点。

1）选料。选高帮、芯大、无病虫害的白菜为原料。

2）晾晒。白菜收获后要在通风处晾晒 2 ～ 3 d，让水分蒸发一些，外面的菜帮发软即可。

3）修整、清洗。晾晒好的白菜要去掉外面的老帮和菜根，一般要去掉 1 ～ 2 层，并把叶子切掉一些。然后用清水洗净。

4）热烫。洗净后，先用手捏住叶梢，把菜梗先伸进锅内沸水，再徐徐把叶梢全部放入锅内烫漂 2 min 左右。当菜柔软透明、菜梗变成乳白色时，将其捞入冷水中冷却。

5）入缸。缸刷洗干净，热烫消毒，擦干后，把白菜紧密地摆进去，加盐少许。最后用一些老帮盖住最上面的白菜，压上石头，用保鲜膜封闭缸口 1 d。

6）加水、发酵。次日打开缸口加入清水，以漫过菜 10 cm 为度，再封好缸口，放在阴凉的地方自然发酵，1 个月后就可取食了。

7）切分、包装。用切菜机将其切成细丝，进行真空包装后即可销售。

（二）非发酵性蔬菜腌制品

1. 酱菜

（1）工艺流程。原料选择及处理→盐腌→脱盐→酱渍→包装→成品。

（2）操作要点。

1）原料选择及处理。选择组织致密、质地脆嫩、含纤维少、无病虫害的新鲜蔬菜。不同的蔬菜种类有不同的规格要求。例如：供腌制酱萝卜的原料，以组织致密、脆嫩、含水率较少的品种为佳。选好原料后，除净泥土，削去茎盘、细根。根形较小、呈圆球形的品种，可以整个腌制；大根型的品种还应切分。供腌制酱黄瓜的原料须为瓜条匀直、颜色深绿、无籽带刺的嫩瓜。选好的原料须除去须根、老叶，根据需要切成块、片、条、颗粒等形状。

2）盐腌。食盐浓度控制在 15% ～ 20%，要求腌透，一般需 20 ～ 30 d。含水率大的蔬菜可采用干腌法，3 ～ 5 d 后要倒缸，腌好的菜坯表面柔软透亮，富有韧性，内部质地脆嫩，切开后内外颜色一致。

3）脱盐。脱除腌制品的多余盐量，析出部分盐分以利于吸收酱液。用浸泡法脱盐，每天换水 1 次，浸泡时间根据气候条件决定，一般夏季需 1 ～ 2 d，冬季需 2 ～ 3 d。浸泡过程中，要注意不要浸泡过度，使腌制品脱盐过度，必须保留部分盐分，一般在 2% 以下，以防止微生物侵入，降低质量。脱盐后要挤干水分，或采用阳光晒干除去原料内含的一部分水。

4）酱渍。酱渍的方法有两种：直接入缸酱渍和装袋入缸酱渍。一般，形体较小或切得较小的原料（如八宝菜），可采取装袋入缸酱渍法。除此之外，其他均可采用直接入缸酱渍法。当采用装袋酱渍法时，注意不可装得太满，以免影响酱汁渗入，或造成变质。

酱是制造酱菜的主要辅助原料，用酱量的多少直接影响酱菜质量的好坏。若用酱量过少，会影响产品的风味和颜色；若用酱量过多，造成浪费。通常一斤原料用酱油 250 g 或原酱 300 g，最多不超过 500 g。在酱制过程中，每天要翻动 2 ～ 3 次，直到酱好为止。经常翻动不仅能使酱制品吸收酱液和着色均匀，提高酱制效果，还可以避免由于温度升高出现变质现象。

使用各种辅料（糖、醋、辣椒等）的数量，应根据酱制的品种的口味习惯或客户要求而定。要求经 3 次浸酱。第一缸浸酱 7 d，倒入第二缸，浸 7 d，再倒入第三缸，再浸 7 d 即成，共计 21 ～ 30 d。最后一缸酱必须是未用过的酱，第一次和第二次浸酱可以是用过 1 ～ 3 次的酱。在酱渍过程中，每天必须打耙几次。打耙不仅能使酱品吸收酱液，着色均匀，提高酱渍速度，还可以避免温度过高出现变质现象。打耙方法：用酱耙在缸内上下翻动，使酱与酱制品均匀混合。酱的种类很多，有黄酱、面酱、酱油等。如果采用酱油酱制，酱油一定要用火烧开，待晾凉后加入，否则在酱菜的酱制过程中容易出现生花和发霉现象。

5）包装。把酱缸放到低温处保藏，也可先将酱菜进行包装，一般采用瓷罐、四旋口玻璃瓶和塑料袋。包装容器需进行清洗和灭菌后才能使用。

（3）酱制品的质量标准。

1）感官指标。

①组织形态。外观整齐。需保脆处理的腌制品，质地应脆嫩，削切便利；而柔软的腌制品应不绵软。

②色泽。颜色鲜艳，里外均有酱色并有光泽。保色的腌制品酱制后，应保持原来的颜色。

③滋味和气味。原料的表皮和内部滋味一致，具有酱香味和清香气味。用黄酱腌制的产品应咸味适宜，并有氨基酸的鲜味及原料的本味。甜面酱腌制的成品，味道鲜美，甜咸适口，并能保持原料的本味。如有酸味、苦味或其他的异味均为不合格，也就是说腌制过程不合理，应注意和加强腌制措施。

2）理化指标。砷（以 As 计）≤ 0.5 mg/kg；铅（以 Pb 计）≤ 1 mg/kg；食品添加剂、亚硝酸盐符合应符合相关食品安全标准的要求。

3）微生物指标。散装酱制品大肠菌群≤ 90 MPN/100 g、瓶（袋）装酱制品大肠菌群≤ 30 MPN/100 g；不得检出致病菌（系指肠道致病菌）。

2. 糖醋菜（以糖醋大蒜为例）

（1）工艺流程：选料→修整→盐腌→糖醋渍→成品。

（2）操作要点。

1）选料、修整。选鳞茎整齐、肥大、皮色洁白、肉质鲜嫩的大蒜头为原料，先切去根和叶，留假茎长 2 cm，再剥去包在外面的粗老蒜皮，洗净沥干水分。

2）盐腌。每 50 kg 蒜头，用盐 5 kg。每放一层蒜，便撒一层盐，每天倒缸一次，以使腌制均匀，腌制 15 d 左右，捞出用水冲去蒜皮，晾干备用。

3）糖醋渍。每 100 kg 晒过的干咸蒜头用食醋 70 kg、红糖 32 kg，先将食醋加热到 80 ℃，再加入红糖令其溶解，再加五香粉及山柰、八角等少许，煮沸、晾凉备用。

将盐腌好的蒜装入坛内，不要过满，以离坛口 3 ～ 4 cm 为度，倒入冷糖醋液，封坛，约经 1 个月即可腌好。

四、蔬菜腌制品的常见问题及解决办法

在蔬菜腌制过程中，采用的原料不好、加工方法不当，或是腌制条件不良等原因，会使制品遭受有害微生物的污染，导致腌制品质量下降，甚至败坏或产生一些有害物质。这种现象称为腌制品的劣变。为了生产出品质良好的腌菜，必须对腌制中容易出现的劣变现象及其产生原因和防治方法有所了解。

（一）蔬菜腌制品加工中的常见问题

1. 腌菜变黑

蔬菜腌制后，色泽都会有所加深，除一些品种的特殊要求外，腌制品一般为翠绿色或黄褐色，如果不要求产品色泽太深的腌菜变成了黑褐色，这就是一种劣变。导致劣变的原因主要有以下几点：

（1）腌制时食盐分布不均匀，含盐多的部位正常发酵菌的活动受到限制，而含盐少的部位有害菌又迅速繁殖。

（2）腌菜暴露于腌制液的液面之上，致使产品氧化严重并受到有害菌的侵染。

（3）由于腌制时使用了铁质器具，铁和原料中的单宁物质作用导致产品变黑。

（4）由于有些原料中的氧化酶活性较高，且原料中含有较多的易氧化物质，在长期腌制过程中会使产品的色泽变深。

2. 腌菜变红

当腌菜未被盐水淹没并与空气接触时，红酵母菌的繁殖会使腌菜的表面变成桃红色或深红色。

3. 腌菜质地变软

腌菜质地变软，主要是蔬菜中不溶性的果胶被分解为可溶性果胶造成的，形成原因主要如下：

（1）腌制时用盐量太少，乳酸形成快而多，过高的酸性环境会使腌菜易于软化。

（2）腌制初期温度过高，使蔬菜组织被破坏而变软。

（3）腌制器具不洁，加之高温，有害微生物的活动会使腌菜变软。

（4）腌菜表面有酵母菌和其他有害菌的繁殖导致腌菜变软。

4. 腌菜变黏

植物乳杆菌或某些霉菌、酵母菌在较高温度时迅速繁殖，形成一些黏性物质，使腌菜变黏。

5. 其他劣变

腌菜在腌制时出现的长膜、生霉、腐烂、变味等现象都与微生物的活动有关，而导致这些败坏的原因与腌制前原料的新鲜度、清洁度差，以及腌制器具不洁、腌制时用盐量不当、腌制期间的管理不当等因素有关。

（二）解决办法

1. 控制腌制前的微生物含量

腌制品的劣变很多都与微生物的污染有关，而减少腌制前的微生物含量对于防止腌制品的劣变具有极为重要的意义。要减少腌制前的微生物含量须做到四点：一是要使用新鲜脆嫩、成熟度适宜、无损伤且无病虫害的原料；二是腌制前要将原料进行认真的清洗，以减少原料带菌率；三是使用的容器、器具必须清洁卫生；四是要保持环境的卫生。

2. 腌制用水必须清洁卫生

腌制用水必须符合国家生活饮用水的卫生标准。若使用不洁的水，会使腌制环境中的微生物数量大幅增加，使腌制品极易劣变；而使用含硝酸盐较多的水，则会使腌制品中的硝酸盐、亚硝酸盐含量过高，严重影响产品的卫生质量。

3. 注意腌制用食盐的质量

用于腌制的食盐应符合国家食用盐的卫生标准。不纯的食盐不仅会影响腌制品的品质，使制品发苦、组织硬化或产生斑点，还可能因含有对人体健康有害的化学物质，如钡、氟、砷、铅等而降低腌制品的卫生安全性，因此，用于腌制的盐必须是符合国家食用盐卫生标准的食盐，最好是精制食盐。

4. 使用适宜的容器

供制作腌菜的容器应符合下列要求：便于封闭以隔离空气，便于洗涤、杀菌消毒，对制品无不良影响并无毒无害。常用的容器有陶质的缸、坛和水泥池等。对于水泥池，由于乳酸和水泥作用后使靠近水泥部分的菜容易变坏，所以应在池壁和池底的外表加一层不被乳酸所影响的隔离物，如涂上一层抗酸涂料等。

5. 严格控制腌制的小环境

在腌制过程中会有各种微生物的存在，对于发酵性腌制品，乳酸菌为有益菌，而大肠杆菌、丁酸菌等腐败菌及酵母菌等则为有害菌。在腌制过程中要严格控制腌制小环境，促进有益乳酸菌的活动，抑制有害菌的活动。对于酵母菌和霉菌，主要利用绝氧措施加以控制；对于耐高温、耐酸、不耐盐的腐败菌（如大肠杆菌），则利用较低的腌制温度或较高的盐液浓度来加以控制。乳酸菌的特点是厌氧或兼性厌氧，耐较高盐（一般可达 10%），较耐酸（pH 值为 3.0 ～ 4.0），适宜温度为 25 ～ 40 ℃，而有害菌中的酵母菌和霉菌则属好气性微生物，腐败菌中的大肠杆菌、丁酸菌等耐盐、耐酸性能均较差。

6. 防腐剂的使用

防腐剂是抑制微生物活动，有利于延长食品保藏期的一类食品添加剂。由于微生物的种类繁多，且腌制过程基本为开放式的，仅靠食盐来抑制有害微生物活动就必须使用较高的食盐浓度，但在低糖、低盐、低脂肪的趋势已成为食品发展主流的今天，为了弥补低盐腌制带来的自然防腐不足的缺陷，在大规模生产中时常会使用一些食品防腐剂以保证制品的卫生安全。目前，我国允许在酱腌菜中使用的食品防腐剂主要有山梨酸钾、苯甲酸钠、脱氢醋酸钠等。

任务实施

辣白菜的制作

一、任务准备

（1）主要材料：大白菜。

（2）工具设备：泡菜坛、瓷坛、不锈钢刀、砧板、盆、铝锅、台秤等。

二、任务实操

1. 工艺流程

辣白菜制作的工艺流程：选料→整理→清洗→盐腌→拌料→发酵→包装→成品。

2. 操作要点

（1）选料。选择菜叶鲜嫩、菜帮洁白、无病虫害的大白菜为原料。

（2）整理。先把白菜去老帮，去黄叶，洗净，切分，大棵菜纵切成四半，小菜纵切成两半。

（3）清洗。用流动的水反复冲洗，洗去蔬菜表面的泥沙污物和农药残留。

（4）盐腌。将已切分好的白菜放入 5% 的盐水中（盐水最好事先煮沸，晾凉以后使用），浸泡 1 h 后捞出，在白菜叶上撒适量盐，腌制 3 h，先去掉白菜中的部分水分，然后在盐水中洗净，沥水备用。

（5）拌料。

按以下比例配料：白菜 50 kg，辣椒面 2.5 kg，韭菜 2.5 kg，大蒜 2 kg，大葱 1 kg，生姜 0.5 kg，萝卜 2.5 kg，苹果 2 kg，白糖 1 kg，精盐 0.5 kg。

先将萝卜、韭菜、大葱洗净，切成 5 cm 长的丝，姜和蒜捣成泥，苹果去皮后榨成汁备用。拌料顺序：先将辣椒面用少量的凉开水泡开，放入萝卜丝，再将其他料放入，搅拌成糊状备用。接下来，将拌好的料一层一层地抹在白菜上。

（6）发酵。将抹好料的白菜放入洗净的缸中，装满，封好口。在 4 ℃下发酵 1 周，即可取食。夏季时间短点，冬季时间长点。

（7）包装。可采用真空小包装或内衬 PE 袋的纸箱大包装。

三、任务评价

（1）辣白菜感官评价指标。请按照表 1-4-1 的标准评价辣白菜质量，可以采用自评、互评等形式。

表 1-4-1　辣白菜感官评价指标

评价指标	评价标准	分数	实得分数	备注
色泽	应具有来自红辣椒的天然红色	20		
气味	应具有蔬菜乳酸发酵特有的芳香，不得有不正常气味	20		
味道	应具有适宜的咸味和辣味，也可带有微酸味，不得有苦味	20		
质构特性	应具有大白菜的脆嫩感和耐咀嚼性	20		

续表

评价指标	评价标准	分数	实得分数	备注
杂质	不允许存在	20		
合计		100		

（2）辣白菜加工过程评价指标。请按照表 1-4-2 的标准评价本次任务完成情况。

表 1-4-2　辣白菜加工过程评价指标

职业功能	主要内容	技能要求	相关知识	分数	实得分数	备注
准备工作	清洁卫生	能完成车间、工器具、操作台的卫生清洁、消毒等工作	食品卫生基础知识	10		
	备料	能正确识别原辅料	原辅料知识	10		
	检查工器具	能检查工器具是否完备	工具、设备结构 工具设备使用方法	10		
原料预处理	选料	能根据产品要求进行原料的选择	原料选择	10		
	整理、清洗	能根据产品要求对原料进行切分、清洗	原料修整、切分	15		
腌制	腌盐	能按工艺要求对白菜进行盐腌	腌制原理 食盐的作用	15		
拌料	配料	能按工艺要求准确称量配料并拌匀	发酵性腌制品加工技术	15		
发酵	原材料贮存	能按贮存要求进行简单操作	微生物的发酵作用 腌制品发酵操作	15		
合计				100		

四、任务拓展

腌制芥菜步骤请扫描下方二维码查看。

任务自测

请扫描下方二维码进行本任务自测。

项目二　焙烤食品加工

任务一　饼干加工

任务目标

➢ 知识目标

1. 了解饼干的概念、特点及分类。
2. 熟悉饼干制作的常用材料及作用。
3. 掌握不同类型饼干加工的工艺流程和操作要点。

➢ 技能目标

1. 能够独立处理饼干的生产原辅材料。
2. 能够制作饼干类生坯。
3. 能够使用烤箱将饼干类生坯烤熟。
4. 能够分析饼干加工中常见的质量问题。

➢ 素质目标

能够准确执行饼干加工的操作要点并进行质量控制，培养质量优先意识。

任务导学

随着“健康”“养生”概念的盛行，消费者对饼干提出了更高期待——既要吃得少，又要吃得好。“吃得少”即在成分上要尽量做减法——减糖、减盐、低 GI（血糖生成指数）；“吃得好”即在功能上做加法——选取稀有食材，强调原料配方，添加营养物质。要想做出健康养生的饼干，先要一起来学习饼干的种类和特点，根据不同食材的特点选择做法，使饼干在营养、造型等方面均有独特之处，迎合消费者的需求。

思维导图

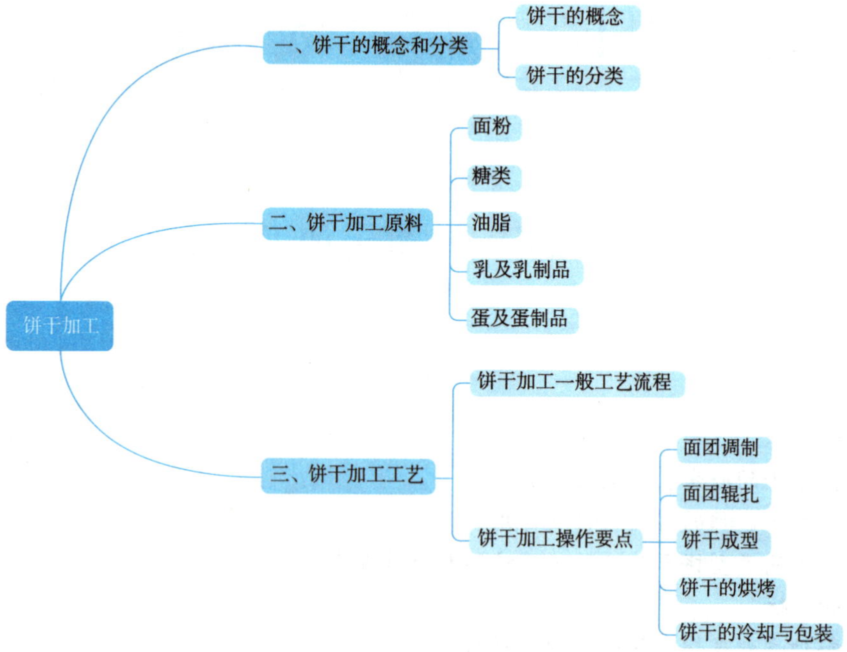

知识储备

一、饼干的概念和分类

（一）饼干的概念

饼干是以谷类粉（和/或豆类、薯类粉）等为主要原料，添加或不添加糖、油脂及其他配料，经调粉（或调浆）、成型、烘烤（或煎烤）等工艺制成的食品，以及在熟制前或/和熟制后在产品之间（或表面，或内部）添加其他配料的食品。

（二）饼干的分类

按生产工艺，可将饼干分为13类。

1. 酥性饼干

酥性饼干是指以谷类粉（和/或豆类、薯类粉）等为主要原料，添加油脂，添加或不添加糖及其他配料，经冷粉工艺调粉、成型、烘烤制成的，断面结构呈多孔状组织，口感酥松或松脆的饼干。

微课：饼干的分类与特点

2. 韧性饼干

韧性饼干是指以谷类粉（和/或豆类、薯类粉）等为主要原料，添加或不添加糖、油脂及其他配料，经热粉工艺调粉、辊压、成型、烘烤制成的，一般有针眼，断面有层次，口感松脆的饼干。置于水中易吸水膨胀的韧性饼干称为冲泡型韧性饼干。

3. 发酵饼干

发酵饼干是以谷类粉、油脂等为主要原料，添加或不添加其他配料，经调粉、发酵、辊压、成型、烘烤制成的酥松或松脆，具有发酵制品特有的香味。

4. 压缩饼干

压缩饼干是以谷类粉（和 / 或豆类、薯类粉）等为主要原料，添加或不添加糖、油脂及其他配料，经冷粉工艺调粉、成型、烘烤成饼坯后，再经粉碎，添加油脂、糖等其他配料，拌和，压缩制成的。

5. 曲奇饼干

曲奇饼干是以谷类粉、糖、油脂等为主要原料，添加或不添加乳制品及其他配料，经冷粉工艺调粉，采用挤注或挤条、切割或辊印方法中的一种形式成型、烘烤制成的，口感酥松。添加或不添加糖浆原料、口感松软的曲奇饼干称为软型曲奇饼干。

6. 夹心（或注心）饼干

夹心（或注心）饼干是在饼干单片之间（或饼干空心部分）添加夹心料而制成的。以含水率较高的果酱或调味酱等作为夹心料的夹心饼干称为酱料型夹心饼干。

7. 威化饼干

威化饼干是以谷类粉等为主要原料，添加其他配料，经调浆、浇注、烘烤制成多孔状的片状、卷状或其他形状的单片，通常在单片或多片之间添加或注入糖、油脂等夹心料制成的，有两层或多层的。

8. 蛋圆饼干

蛋圆饼干是以谷类粉、糖、蛋及蛋制品等为主要原料，添加或不添加其他配料，经搅打、调浆、挤注、烘烤制成的。

9. 蛋卷

蛋卷是以谷类粉（和 / 或豆类、薯类粉）、蛋及蛋制品等为主要原料，添加或不添加糖、油脂等其他配料，经调浆、浇注或挂浆、烘烤制成的。

10. 煎饼

煎饼是以谷类粉（和 / 或豆类、薯类粉）、蛋及蛋制品等为主要原料，添加或不添加糖、油脂等其他配料，经调浆或调粉、浇注或挂浆、煎烤制成的。

11. 装饰饼干

装饰饼干是指在其表面通过涂布、喷撒、裱粘等一种或几种工艺，添加其他配料装饰而成的。

12. 水泡饼干

水泡饼干是指以小麦粉、糖、蛋及蛋制品为主要原料，添加或不添加其他配料，经调粉、多次辊压、成型、热水烫漂、冷水浸泡、烘烤制成的，具有浓郁蛋香味且疏松轻质。

13. 其他饼干

其他饼干是指以其他工艺制成的饼干。

二、饼干加工原料

不同品种的饼干所需的原料、辅料各不相同。但无论对于何种饼干，在面团调制前都应将各种原料、辅料根据其配方，按照质量标准进行检验并经过必要的预处理。

微课：焙烤食品加工原辅材料的认识

1. 面粉

小麦面粉在使用前首先必须除杂，尤其是金属杂质。普遍采用的方法是在过筛装置中增设磁铁，以便吸附金属杂质。根据季节的不同，应采取适当的措施控制面粉的温度。夏季应将面粉贮存在干燥、低温、通风良好的场所以便降低面粉的温度。根据生产饼干的种类选择合适的面粉品种。一般生产韧性饼干使用湿面筋含量在 24% ～ 36% 的面粉为宜，而生产酥性饼干的面粉的湿面筋含量以 24% ～ 30% 为宜。

2. 糖类

在饼干生产中，常用的糖类有白砂糖、饴糖、淀粉糖浆、转化糖浆等。白砂糖晶粒在调和面团时不易充分溶化，所以一般都将砂糖磨碎为糖粉或熔化为糖浆。如果直接用砂糖会使饼干表面有可见的糖粒，或在高温烘烤时砂糖晶粒熔化造成饼干表面发麻或内部有孔洞。为了清除杂质与保证细度，磨碎的糖粉要过筛，一般使用 100 目筛。将砂糖熔化为糖浆使用，加水量一般为砂糖量的 30% ～ 40%。

3. 油脂

生产中常用的油脂有猪油、奶油、植物油（包括棕榈油、橄榄油、椰子油、菜籽油、花生油、豆油和混合植物油等）、起酥油、人造奶油等。普通液体植物油、猪油可以直接使用。奶油、人造奶油、椰子油等油脂低温时硬度较高，可以用文火加热，或用搅拌机搅拌等方法使其软化。这样，使用时可以加快面团调制速度使面团更为均匀。加热软化时要掌握火候，不宜使其完全熔化，否则会破坏其乳状结构，降低成品品质，而且会造成饼干走油。磷脂是一种很理想的食用乳化剂，在饼干及糕点生产过程中可以代替部分油脂。在同等油脂含量的饼干中，加入磷脂的饼干较为酥松。

4. 乳及乳制品

乳制品和蛋制品并不是生产每种饼干都要加入的。乳制品往往赋予产品独特的香味，提高产品的档次，增强产品的营养价值。在饼干配方中，常用的乳制品有鲜乳、乳粉、炼乳及奶油（黄油）等。

5. 蛋及蛋制品

蛋制品对改善饼干的色、香、味、形，以及提高其营养价值等方面都有一定的作用。在一些产品，如小蛋黄饼、蛋卷等的配方中，蛋制品是比较重要的成分。饼干生产过程中常用的蛋制品有鲜蛋、冰蛋和蛋粉三类。使用鲜蛋时最好经过清洗、消毒、干燥，打蛋时要注意清除坏蛋与蛋壳。使用冰蛋比较方便，但在使用前要将冰蛋箱放在水浴内，待其融化后再用。使用蛋粉前，需先加水调匀溶化为蛋液或与面粉一起过筛混匀，再进行调粉。

三、饼干加工工艺

（一）饼干加工一般工艺流程

饼干加工一般工艺流程：原辅料预处理→面团的调制→成型→烘烤→冷却→整理→包装→成品。

（二）饼干加工操作要点

1 面团调制

（1）酥性面团调制。酥性饼干的面团调粉温度低，俗称冷粉。酥性面团糖、油用量大，面筋形成量少，吸水量少，面团疏松，不具有延伸性，通过糖、油调节润胀度，胀发率较小，密度较大，宜制作中、高档产品。这种面团要求具有较大程度的可塑性和有限的弹性，使操作中面团有结合力，不粘辊筒和印模，成型后的饼干坯应具有保持花纹的能力，形态不收缩变形，烘烤后具有一定的膨胀率，使饼干内部的孔洞性好，让口感酥松。

1）投料顺序。调制酥性面团首先应将油脂、糖、水（或糖浆）、乳、蛋、疏松剂等辅料投入调粉机中充分混合、乳化成均匀的乳浊液。在乳浊液形成后加入香精、香料，以防止香味大量挥发。最后加入面粉进行面团调制。面粉在一定浓度的糖浆及油脂存在的情况下吸水胀润受到限制，这不仅限制了面筋蛋白的吸水量，控制面团的起筋，而且可以缩短面团的调制时间。

2）加水量。加水量和面团的软硬度：面筋的形成是水化作用的结果，所以控制加水量是控制面筋形成的重要措施之一。在通常情况下，加水量的多少与湿面筋的形成量有密切关系。根据实践经验，较软的面团易起筋，因此，调粉的时间宜短些。较硬的面团则要稍增加搅拌时间，否则，会形成散沙状。一般来说，油脂和糖添加量较少的面团加水量宜少些，使面团略硬些。在糖、油较多的面团调制时，即使多加水，面筋的形成也不易过度。加水量一般控制在 3% ～ 5%，使面团的最终含水率为 16% ～ 20%。冲印成型加工中，由于面团要多次经过辊轧，为了防止断裂和粘辊，要求面团有一定的强度和黏弹性，一般要求面团软一些，并有一定面筋形成。辊印成型的面团，由于不形成面皮，无头子分离阶段，是直接压入印模成型的，过软的面团反而会造成充填不足、脱模困难等问题，一般要求面团稍硬些。可以通过控制加水量来控制面团的软硬度。

3）面团的温度。面团的温度过低会造成黏性增大，结合力较差而无法操作。反之，如果酥性面团温度过高，又会使面团起筋，面团弹性增大，造成收缩变形。甜酥性面团对温度的要求尤其严格，温度过高会造成面团走油和松散，表面不光滑，使饼干结构遭到破坏。一般酥性面团的温度应控制在 22 ～ 28 ℃。

4）淀粉的添加。加淀粉是为了抑制面筋形成，降低面团的强度和弹性，增加可塑性。在调制酥性面团时，如果使用面筋含量较高的面粉，需添加淀粉，但淀粉的添加量不宜过多，一般只能占面粉量的 5% ～ 8%。

5）头子添加量。在冲印和辊切成型操作时，切下饼坯时要余下一部分头子。另外，生产线上也会出现一些无法加工为成品的面团，也称为头子。为了将这些头子充分利用，常常需要把它们掺到下次制作的面团中。头子由于已经过辊轧和长时间的胀润，所以面筋形成程度比新调粉的面团高得多。为了不使面团面筋形成过度，头子掺入面团中的量要严格控制，一般加入量为新鲜面团的 1/10 ～ 1/8。

6）调粉时间。调粉时间过短，则面筋形成不足，面团发黏，拉伸强度低，甚至无法压成面皮，不仅操作困难而且严重影响产品质量。相反，调粉时间过长，会使面团在加工成型时发生韧缩、花纹模糊、表面粗糙、起泡、凹底、胀发不良、产品不酥松等问题。调粉时间通常为 5 ～ 18 min。酥性面团调制工艺参数见表 2-1-1。

表 2-1-1　酥性面团调制工艺参数

项目		酥性饼干	甜酥性饼干
面团温度 /℃		22 ～ 28	20 ～ 26
面团最终含水率 /%		16 ～ 18	13 ～ 15
调粉时间 /min	卧式单桨	5 ～ 10	8 ～ 15
	立式双桨	10 ～ 15	12 ～ 18
面筋含量 /%		25 ～ 30	25 ～ 30
淀粉添加量（面粉量）/%		5 ～ 8	—
头子添加量（新鲜面团）/%		1/10 ～ 1/8	—

（2）韧性面团调制。韧性面团俗称“热粉”，这种面团要求具有较强的延伸性、适度的弹性，柔软，光润，并要有一定的可塑性。韧性面团调制时要控制好下两个阶段：第一阶段是使面粉在适宜的条件下充分胀润；第二阶段是使已形成的面筋在机桨不断撕裂、切割和翻动下逐渐超越其弹性限度而使弹性降低，面筋吸收的水分部分析出，面团变得较为柔软，具有一定的可塑性。

1）投料顺序。各生产厂的调制方法各不相同，一般先将油、磷脂、糖、乳等辅料加热水或热糖浆在搅拌机中搅拌均匀，再加面粉进行面团调制。如使用改良剂应在面团初步形成时加入，在调制过程最后加入疏松剂和香料，40 min 左右即可调制成韧性面团。加入疏松剂和香精是为了减少挥发损失。

2）加水量。韧性面团通常要求面团比较柔软，加水量要根据辅料及面粉的量和性质来适当确定，一般加水量为面粉的 18% ～ 24%。

3）面团温度。较高的温度有利于面筋的形成，缩短搅拌时间，但也容易使疏松剂在温度高的情况下提前分解，影响烘烤时的胀发率；若温度过低，会使面筋的形成、扩展不易进行，延长搅拌时间。因此，一般要控制面团温度在 38 ～ 40 ℃。

4）淀粉的添加。调制韧性面团，通常均需添加一定量的淀粉，一般使用量为面粉的 5% ～ 10%。

5）头子的添加量。头子的添加量控制在面团量的 1/10 ～ 1/8。

6）面团改良剂的添加。韧性面团常用的改良剂为还原剂和酶制剂，如亚硫酸氢钠、焦亚硫酸钠、亚硫酸钙等。添加面团改良剂的目的是减小面团筋力，降低弹性，增强可塑性，使产品的形态完整，表面光泽，缩短面团的调制时间。

7）面团的静置。当面团强度过大时，往往在调粉完后静置 10 ～ 30 min，其目的主要是消除面团调制过程中搅拌机桨叶对面团的拉伸、揉捏而产生的张力，还可降低面团的黏性。这种张力如果不消除，易使成品变形或破裂。韧性面团调制工艺参数见表 2-1-2。

表 2-1-2　韧性面团调制工艺参数

项目	酥性饼干
面团温度 /℃	38 ～ 40
加水量 /%	18 ～ 24
调粉时间 /min	40
静置时间 /℃	10 ～ 30
淀粉添加量（面粉量）/%	5 ～ 8
头子添加量（新鲜面团）/%	1/10 ～ 1/8

（3）发酵饼干面团调制。发酵饼干面团调制和发酵一般采用二次发酵法。

1）第一次面团调制。第一次面团调制所使用的面粉量通常是总面粉量的 40% ～ 50%，加入预先用温水溶化的鲜酵母液或用温水活化好的干酵母液，干酵母用量为面粉量的 1.0% ～ 1.5%，鲜酵母用量为面粉量的 0.5% ～ 0.7%。再加入用以调节面团温度的温水（加水量一般根据面粉品种而定，标准粉为 40% ～ 42%，精白粉为 42% ～ 45%），在卧式和面机中调和 4 ～ 6 min。冬季面团温度控制在 28 ～ 32 ℃，夏天则为 25 ～ 28 ℃。面团调制完毕即可进行第一次发酵。第一次发酵过程需要 4 ～ 6 h，发酵完毕时面团的 pH 值为 4.5 ～ 5。

2）第二次面团调制。将第一次发酵好的面团中加入其余的 50% ～ 60% 的面粉、油脂、食盐、磷脂、饴糖、乳粉、鸡蛋、温水等原辅料，在和面机中调制 5 min 左右，冬季面团温度应为 30 ～ 33 ℃，夏季为 28 ～ 30 ℃。第二次发酵过程需 3 ～ 4 h。

为了使饼干酥脆和美味，在饼干原料中往往加入大量油脂，但过多的油脂也会抑制发酵过程，为了解决这个问题，除和面时加入少量的油外，剩余的油脂和面粉、食盐等拌成油酥在辊轧时加入。

发酵饼干的用盐量也要注意，发酵饼干用盐量一般是面粉量的 1.8% ～ 2%。盐能增强面筋的弹性和坚韧性，使面团的抗胀力提高，从而提高面团的保气性。盐也是面粉中淀粉酶的活化剂，会增加淀粉的转化率，供给酵母充分的糖分。盐最显著的特性就是抑制杂菌的作用，但同样会抑制酵母的发酵作用。通常，食盐总量的 30% 在第二次发酵时加入，其余 70% 在油酥中拌入，以防止由于加盐量过多而对酵母产生不良作用。

（4）曲奇饼干面团调制。曲奇面团由于辅料用量很大，调粉时加水量较少，因油脂量较大，不能使用液态油脂，以防止面团中油脂因流散度过大而造成走油。如发生走油现象，会使面团在成型时变得完全无结合力，导致生产无法顺利进行。要避免走油，不仅要使用固态油脂，还要使面团温度为 19 ～ 20 ℃，以保证面团中油脂的凝固状态。在夏季生产时，对所使用的原料、辅料要采取降温措施。曲奇饼干面团在调粉时的配料顺序与酥性饼干的相同，调粉时间也大体相仿。

2. 面团辊轧

辊轧是饼干面团制成薄面片的工序。调好的面团经过辊轧工序，能够得到厚度均匀一致、形态平整、表面光滑、质地细腻的面片。

（1）酥性面团辊轧。由于酥性面团中油、糖含量多，轧成的面片质地较软，易于断裂，所以不应多次辊轧，更不能进行 90° 转向，一般进行 3 ～ 7 次单向辊轧即可，也有采用单向一次辊轧的。

（2）韧性面团辊轧。韧性面团辊轧的操作方法极不统一，有经辊轧压片的，也有不经辊轧直接压片的，但从质量要求来看，应以前者为佳。韧性面团辊轧次数，一般需要 9 ～ 13 次，辊轧时多次折叠并旋转 90°，通过辊轧工序以后，面团被压制成一定厚度的面片。在辊轧过程中假定不进行折叠与 90° 的旋转，则面片的纵向张力超过横向张力，成型后的饼干坯会发生纵向收缩变形。因此，当面片经数次辊轧，可将面片旋转 90°，进行横向辊轧，使纵横两向的张力尽可能趋于一致，以便使成型后的饼干坯能维持不收缩、不变形的状态。在辊轧时为了防止粘辊，往往撒上些面粉，要注意不能使面粉撒得过多或不均匀；否则，面粉会夹在辊轧后的层次中降低面带上下层之间的结合力，在炉内烘烤时会形成起泡现象。韧性饼干辊轧示意如图 2-1-1 所示。

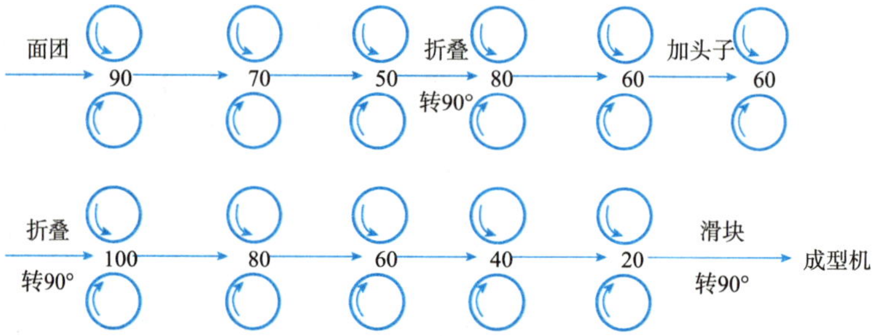

图 2-1-1　韧性饼干辊轧示意

（3）发酵面团辊轧。发酵饼干通常采用立式层轧机进行辊轧，面团分别通过两对辊筒轧成面带后在中间夹入油酥，再重叠起来压延折叠、转向，轧薄后进入成型机，使其保持连续性。

发酵面团一般需要辊轧 11 ～ 13 次，折叠 4 次，并转向 90°。一般包两次油酥，每次包入油酥两层。发酵面团在未加油酥前，压延比不宜超过 1 ∶ 3，防止压延比过大，影响饼干膨松；夹入油酥后压延比一般要求在 1 ∶ 2 ～ 2.5，否则表面易轧破，油酥外露，影响饼干组织的层次，使胀发率降低，导致饼干的颜色又深又焦，变成残次品。

3. 饼干成型

（1）冲印成型。冲印成型是一种将面团辊轧成连续的面带后，用印模将面带冲切成饼干坯的成型方法。目前，冲印成型仍是我国各饼干厂使用最为广泛的一种成型方法。这种成型方法能够适应多种大众产品的生产，如韧性饼干、酥性饼干、苏打饼干等。

微课：饼干的成型

冲印成型的基本过程：将已经调制好的面团先经过辊轧机初步轧辊，使其成为 60 ～ 100 mm 厚的扁面块（也有些食品厂不经辊轧，直接将大面团撕成小面块）；用冲印饼干机第一对轧辊前的帆布输送带把面块送入机器的压片部分，经过一对、两对或三对旋向相同轧辊的连续辊轧，形成厚薄均匀一致的面带；随后再经帆布输送带送入机器的冲压成型部分，通过冲模冲印，产生带有花纹的饼干生坯和余料（俗称头子）。冲印成型后的面带继续前进，经过拣分部分（也称提头），将饼干生坯与余料分离。饼坯由输送带排列整齐地送到钢带、网带或烤盘上，而烤盘由链条输送到烤炉内，进行烘烤。余料则经专门的输送带（也称回头机）送回辊轧机，再进行辊轧。冲印成型操作要求很高，必须使皮子不粘辊筒、不粘帆布，冲印清晰，头子分离顺利，落饼时无卷曲现象等。冲印成型机工作示意如图 2-1-2 所示。

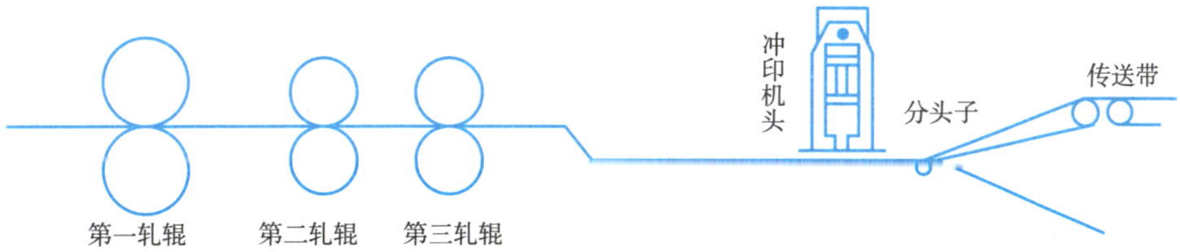

图 2-1-2　冲印成型机工作示意

（2）辊印成型。高油脂饼干一般采用辊印机成型。辊印成型的饼干花纹图案十分清晰，口感好，香甜酥脆。配方中加入椰丝、小颗粒果仁（如芝麻、花生、杏仁等）的饼干更适合辊印成型。

辊印成型就是把调制好的面团置于成型机的加料斗中，在喂料槽辊及花纹辊相向运转中，槽辊将面团压入花纹辊的凹模中，花纹辊中的饼坯受到包着帆布的橡胶辊的吸力而脱模。饼坯便由帆布输送带送至烤炉网带或钢带上。辊印成型机工作示意如图 2-1-3 所示。

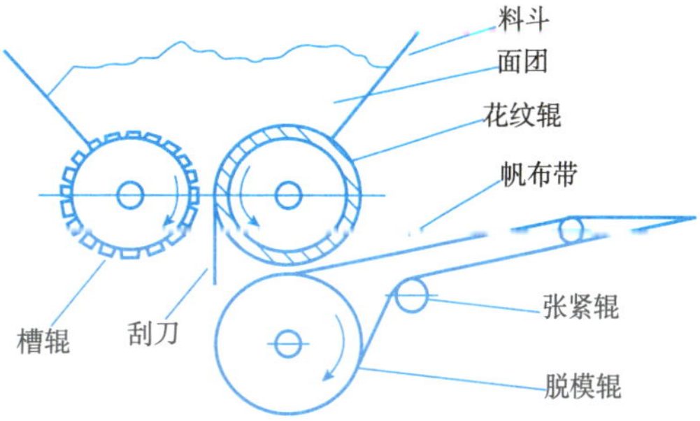

图 2-1-3　辊印成型机工作示意

（3）辊切成型。辊切成型具有冲印成型与辊印成型的优点。辊切成型的印花和切断是分两个部分完成的，面带首先经过印花辊轧印出饼坯的花纹，然后面带前进，再经同步转动的刀口辊将印好花纹的面带切成饼坯，然后由斜帆布分去头子。辊切成型适用于韧性、酥性、甜酥性、苏打饼干等多种类型的饼干。辊切成型机示意如图 2-1-4 所示。

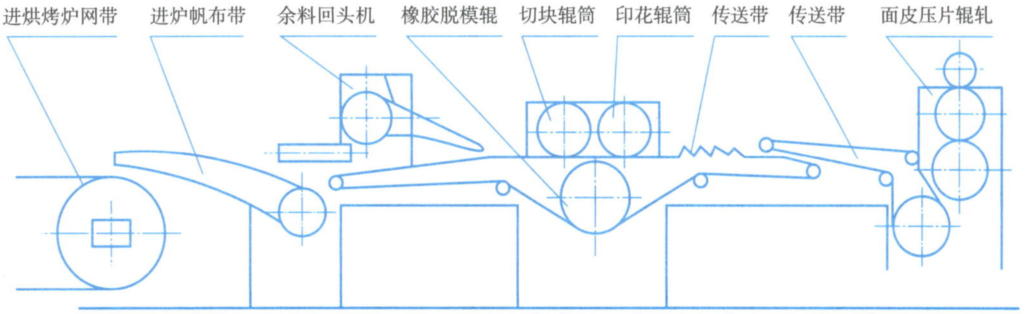

图 2-1-4　辊切成型机示意

（4）其他成型。曲奇饼干面团还可以采用挤压成型、挤条成型及钢丝切割成型等多种成型方法生产。

4. 饼干的烘烤

（1）酥性饼干的烘烤。一般来说，酥性饼干应采用高温、短时间的烘烤方法，温度为 300 ℃，时间为 3.5 ～ 4.5 min。但由于酥性饼干的配料使用范围甚广，块形各异，厚薄相差悬殊，所以，烘烤条件也有较大的差异。一般配料的酥性饼干，主要依靠烘烤来胀发体积，因此，一入炉就需要较高的底火，面火温度需要有逐渐上升的梯度，使其能在体积膨大的同时，不致在表面形成坚实的硬壳。甜酥性饼干，饼坯一进入炉口，就应有较高的温度。这是因为这种饼干含油大，面筋形成极差，若不尽快地使其定型凝固，有可能由于油脂的流动性加大，加之发粉所形成气体的压力，使饼坯发生“油滩”现象，造成饼干形态不佳和易于破碎。因此，甜酥性饼干的饼坯一入炉就要加大底火和面火，使表面和其他部分凝固。这种饼干并不要求膨发过大，由于多量的油脂保证了饼干的酥脆，膨发过大反而会导致破碎。这种面团在调制时加水量极少，烘烤失水不多，当饼坯进入脱水上色阶段后，应用较低的温度，这有利于稳定色泽。

微课：饼干的烘烤

（2）韧性饼干的烘烤。韧性饼干的面团在调制时使用了比其他饼干多的水，且搅拌时间长，淀粉和蛋白质吸水比较充分，面筋的形成量较多，面团弹性较大，在选择烘烤温度和时间时，原则上应采取较低的温度和较长的时间。在烘烤的最初阶段下火升高快一些，待下火上升至 250 ℃以后，上火才开始渐渐升至 250 ℃。进入定型和上色阶段，下火应比上火温度低些。韧性饼干一般烘烤 4 ～ 6 min。

（3）发酵饼干的烘烤。发酵饼干烘烤时，入炉初期需要下火旺盛，上火温度可以低一些，使饼干处于柔软状态，这有利于饼干坯体积的膨胀和 CO_2 气体的逸散。如果炉温过低，烘烤时间过长，饼干易成为僵硬的薄片。当饼干进入烤炉中区后，要求上火渐增而下火渐减，这样可以使饼干坯膨胀到最大限度并使体积固定下来，以获得良好的产品。如果这个阶段上火不够，饼坯不能凝固定型，可能出现塌顶，导致成品不疏松。最后阶段上色时的炉温通常低于前面各区域，以防色泽过深。箱式烤炉烘焙温度一般选择 250 ～ 270 ℃，时间为 4 ～ 5 min。

5. 饼干的冷却与包装

（1）饼干的冷却。饼干的冷却也是饼干生产的重要工艺操作过程。饼干的冷却方式、冷却时间及冷却带长度对饼干质量的影响很大。饼干刚出炉时的表面温度可达 180 ℃，中心层温度约 110 ℃，必须冷却至 38 ～ 40 ℃才能包装。如果趁热包装，不仅饼干易变形，而且会加速饼干中油脂的氧化，使饼干迅速酸败变味，从而缩短饼干的保藏期。

饼干可自然冷却，也可使用吹风的方法加速其冷却，但空气流速不宜超过 2.5 m/s。如果降温太快，热量交换过快，水分急剧蒸发，饼干内部会产生较大内应力，在内应力的作用下，饼干出现变形，甚至出现裂缝。冷却适宜的条件：温度为 30 ～ 40 ℃，室内相对湿度为 70% ～ 80%。

（2）饼干的包装。饼干冷却到一定程度以后，就要及时包装入箱，一般温度控制在 40 ℃以下为宜。包装对于饼干能够起到以下几方面的防护作用：

1）保护饼干免受物理和化学损伤。
2）保持饼干的香味、颜色、组织和必要的含水率。
3）控制空气和 O_2 对饼干的影响。
4）控制饼干中的生物化学变化和微生物的变化。
5）分装计量包装可以简化购买手续、美化商品、扩大销售范围。

任务实施

曲奇饼干加工

曲奇饼干是一种类似点心类食品的饼干，也称甜酥饼干。它是饼干中配料最好、档次最高的产品，其标准配比是油：糖=1：1.35，（油+糖）：面粉=1：1.35。其面团弹性极小，光滑且柔软，可塑性极好。曲奇饼干结构虽然比较紧密，疏松度小，但由于油脂用量高，故产品质地极为疏松，食用时有入口即化的感觉。它的花纹深，立体感强，图案似浮雕，块形一般不是很大，但较厚，不易破碎。

一、任务准备

（1）主要材料：鸡蛋、低筋面粉、黄油、糖粉、泡打粉、色拉油等。
（2）工具设备：打蛋器、烤箱、电子秤、面粉筛、裱花袋、裱花嘴等。

实训演示：曲奇饼干加工

二、任务实操

1. 工艺流程

曲奇饼干加工工艺流程如图 2-1-5 所示。

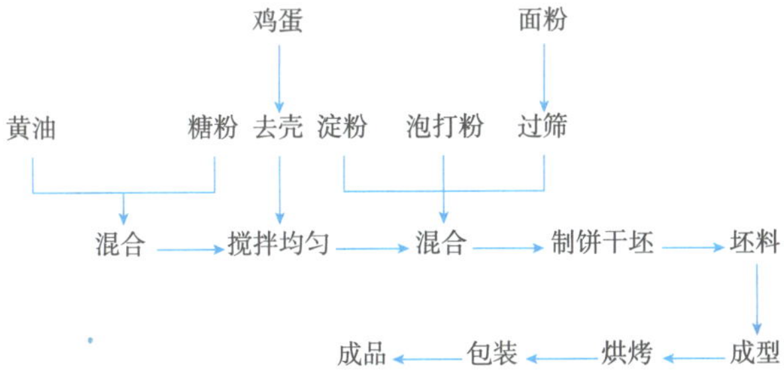

图 2-1-5　曲奇饼干加工工艺流程

2. 配方

曲奇饼干加工工艺配方见表 2-1-3。

表 2-1-3　曲奇饼干加工工艺配方

原料名称	用量 /g	原料名称	用量 /g
低筋面粉	1 360	起酥油	908
糖粉	908	鸡蛋	227
香草精	适量	盐	14

3. 操作要点

（1）黄油的打发。将黄油在室温下软化以后，倒入糖粉、细砂糖，搅拌均匀。再用打蛋器不断搅打黄油和糖粉的混合物，将黄油打发至体积膨大 2 倍，颜色变乳黄即可。打发后的黄油如图 2-1-6 所示。

（2）加入蛋液。分 2 ～ 3 次加入鸡蛋液，并用打蛋器搅打均匀。每一次都要等黄油和鸡蛋完全融合再加下一次。黄油必须与鸡蛋液完全混合，不出现分离的现象。打发好的黄油呈现膨松的质地。在黄油糊里倒入香草精并搅拌均匀。

【知识小贴士】黄油为什么需要打发？

黄油的打发原理在于，固体油脂在搅打过程中可以裹入空气，类似鸡蛋打发，在不断搅打的过程中，黄油的质地变得越来越膨松，内部充满了无数的微小气孔。经过打发的黄油和其他材料拌匀以后，在烤制过程中，能起到膨松剂的作用，让蛋糕或饼干的体积变大、变松软。

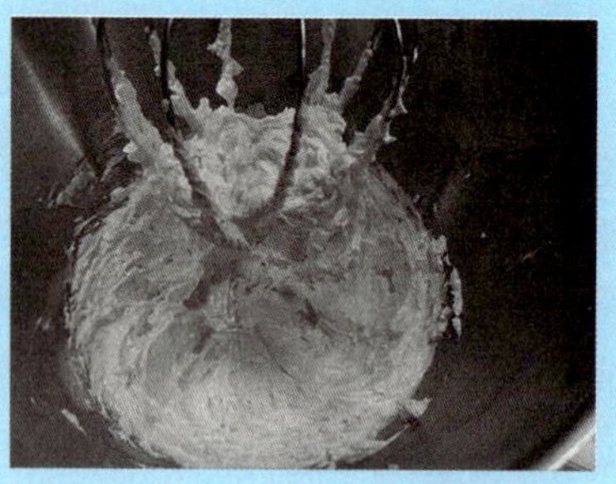

图 2-1-6　打发后的黄油

（3）面团调制。低筋面粉筛入已打发的黄油中，用橡皮刮刀把面粉和黄油糊拌匀，成为均匀的曲奇面团。

（4）成型。曲奇面团做好以后，就可以用裱花袋将曲奇面团挤在烤盘上了。曲奇饼干成型（图 2-1-7）使用的是中号菊花形裱花嘴。

【知识小贴士】如何使用裱花嘴成型？

用剪刀在裱花袋一端剪一个口。将裱花嘴放进裱花袋内部再将裱花嘴从尖端伸出来即可。把曲奇面团填入裱花袋，烤盘上垫油纸，在烤盘上挤出曲奇面团。

图 2-1-7　曲奇饼干成型

（5）烘烤。把挤好的曲奇放进预热好的烤箱，烘烤温度为 190 ℃，烘烤时间为 10 min 左右，待表面呈金黄色即可取出。冷却后密封保存。

三、任务评价

（1）曲奇饼干感官评价指标。请按照表 2-1-4 的标准评价饼干质量，可以采用自评、互评等形式。

表 2-1-4　曲奇饼干感官评价指标

评价指标	评价标准	分数	实得分数	备注
色泽	颜色符合产品特点 色泽均匀，花纹与饼体边缘允许有较深的颜色 无焦糊、过白的现象	30		
外形	外形完整，花纹清晰 饼体摊散适度，无粘连 大小一致	30		
内部组织	断面结构呈现细密的多孔状 质地均匀，无杂质和颗粒	20		
口感	具有该品种特有的香味，无异味 口感酥松、不粘牙	20		
合计		100		

（2）曲奇饼干生产过程评价指标。请按照表 2-1-5 的标准评价本次任务完成情况。

表 2-1-5　曲奇饼干生产过程评价指标

职业功能	主要内容	技能要求	相关知识	分数	实得分数	备注
准备工作	清洁卫生	能完成车间、工器具、操作台的卫生清洁、消毒等工作	食品卫生基础知识	10		
	备料	能正确识别原辅料	原辅料知识	10		
	检查工器具	能检查工器具是否完备	工具、设备结构 工具设备使用方法	10		
面团调制	配料	能读懂产品配方 能按产品配方准确称料	配方表示方法 配料性质	10		
	搅拌	能根据产品配方和工艺要求调制曲奇饼干面团	搅拌的手法 搅拌终点的判断	20		
烘烤	烘烤条件设定	能按工艺要求烘烤曲奇饼干	烤炉的分类 常用烘烤工艺要求 烤炉的操作方法	15		
冷却	冷却	能按冷却规程进行一般性操作	冷却温度、时间 产品冷却程度和保质的关系 冷却场所、包装工器具及操作人员的卫生要求	15		
贮存	原材料贮存	能按贮存要求进行简单操作	原辅料的贮存常识 原辅料质量检测国家标准	10		
合计				100		

四、任务拓展

创新产品配方请扫描下方二维码查看。

任务自测

请扫描下方二维码进行本任务自测。

任务二　蛋糕加工

任务目标

➢ **知识目标**

1. 了解蛋糕的概念、特点及分类。
2. 熟悉蛋糕加工的常用材料及设备。
3. 掌握蛋糕加工的工艺流程和操作要点。

➢ **技能目标**

1. 能够独立完成戚风蛋糕的加工。
2. 能够熟练使用蛋糕加工设备。
3. 能够根据蛋糕评价标准评价蛋糕的质量并针对常见的质量问题提出解决方法。

➢ **素质目标**

1. 通过对蛋糕创新产品和文创食品的了解，增强创新意识，培养创新思维。
2. 将“工匠精神”融入教学，初步养成严谨、认真、精益求精的工作态度。

任务导学

随着哈尔滨冰雪旅游的持续火热，一款外形与圣·索菲亚教堂一样的蛋糕成了网红爆款。正当大家还等着排队购买它的时候，一款外形和东北冻梨十分相似的冻梨蛋糕又登上了本地热搜。圣·索菲亚教堂蛋糕为什么能如此逼真？冻梨蛋糕又是什么味道？它们都是如何制作的？接下来，我们将一起学习蛋糕的加工方法。

网红蛋糕产品展示

思维导图

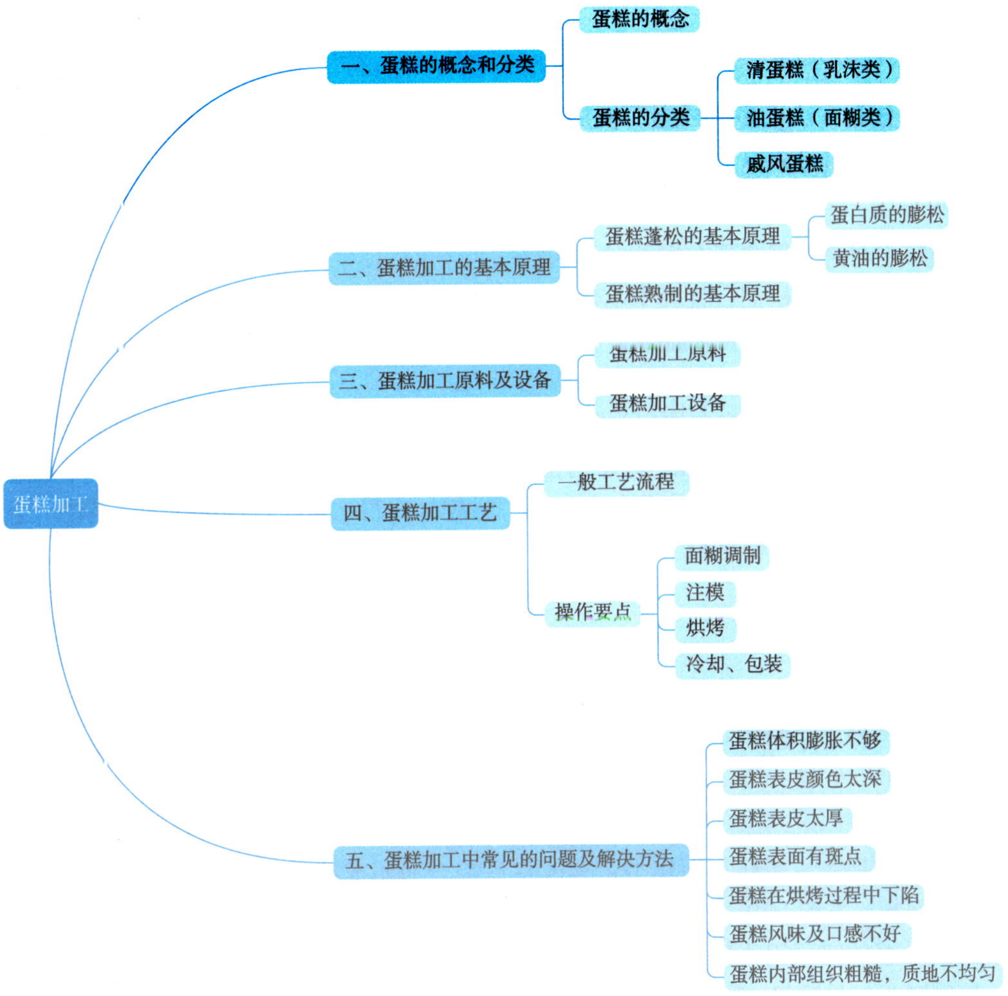

知识储备

一、蛋糕的概念和分类

（一）蛋糕的概念

蛋糕是以鸡蛋、食糖、面粉等为主要原料，经搅打充气，辅以疏松剂，通过烘烤或汽蒸而使组织膨松的一种疏松绵软、适口性好的食品。蛋糕具有浓郁的香味，新出炉的蛋糕质地柔软，富有弹性，组织细腻多孔，软似海绵，易消化，是一种营养丰富的食品。

蛋糕是传统且最具有代表性的西点，它是西点中的一大类，深受消费者喜爱。现代社会中，无论是国内还是国外，在生日聚会、周年庆典、新婚典礼、各种表演及朋友聚会等很多场合都会有蛋糕出现，在很多时候人们也把蛋糕作为点心食用。这些蛋糕有大的、有小的、有简单的，也有以奶油、鲜花装饰的，品种、花色应有尽有。蛋糕已经成为人们生活中不可或缺的一种食品。

（二）蛋糕的分类

蛋糕的分类方法很多，根据所使用原材料及搅拌方法和特征工艺不同进行分类，蛋糕可分为以下三大类。

微课：蛋糕的分类及特点

1. 清蛋糕（乳沫类）

清蛋糕主要是利用鸡蛋在搅拌时拌入空气，经烘焙使空气受热膨胀而把蛋糕胀大。这类蛋糕不需再使用膨松剂，且其中不含任何固体油脂，所以又称为清蛋糕。若需要改变清蛋糕的韧性，可酌情添加流质油脂。清蛋糕按照使用鸡蛋的不同部位，又可分为蛋白类和全蛋液类两种。

（1）蛋白类蛋糕。其主要原料为蛋白、砂糖、面粉，其中蛋白为蛋糕膨松的主要材料。产品特点：色泽洁白，外观漂亮，口感稍显粗糙，味道不算太好，蛋腥味浓。例如天使蛋糕。

（2）全蛋液类蛋糕。其主要原料为全蛋、砂糖、面粉、蛋糕油和液体油，其中，全蛋或蛋黄为蛋糕膨松的主要材料。产品特点：口感清香，结构绵软，有弹性，油脂轻。例如海绵蛋糕。

2. 油蛋糕（面糊类）

油蛋糕是利用配方中的油脂在搅拌时拌入空气，面糊在烤炉内受热膨胀而成的蛋糕。其主要原料是鸡蛋、砂糖、面粉和人造奶油（黄油）。产品特点：油香浓郁，口感浓香有回味，结构相对紧密，有一定的弹性。

3. 戚风蛋糕

戚风蛋糕是将清蛋糕和面糊类蛋糕改良后综合而制成的，其主要原料是植物油、鸡蛋、糖、面粉、发粉。由于植物油不像奶油那样容易打泡，所以需要靠把鸡蛋白打成泡沫状来提供足够的空气以支撑蛋糕的体积。戚风蛋糕调制面糊时，需将蛋黄和蛋白分开搅拌，最后混在一起搅匀。产品特点：有蛋香、油香，有回味，结构绵软，有弹性。

各类蛋糕都是在这三大基本类型的蛋糕基础上演变而来的，由此变化而来的还有各种巧克力蛋糕、水果蛋糕、果仁蛋糕、装饰蛋糕和花色蛋糕等。

二、蛋糕加工的基本原理

（一）蛋糕膨松的基本原理

蛋糕的膨松主要是物理性能变化的结果。原料经过机械搅拌，空气充分进入其中，经过加热，使空气膨胀，坯料体积疏松膨大。用于使蛋糕膨松、充气的原料主要是蛋白和黄油（又称奶油）。

1. 蛋白质的膨松

鸡蛋由蛋白和蛋黄两部分组成。蛋白是一种黏稠的胶体，具有起泡性。当蛋白液受到急速连续的搅打时，空气进入蛋液内形成细小的气泡，被均匀地包在蛋白膜内，受热空气膨胀时，凭借胶体物质的韧性，使其不至于破裂。蛋糕糊内的气泡受热膨胀至蛋糕凝固为止，烘烤中的蛋糕体积因此膨大。蛋白保持气体的最佳状态是在呈现最大体积之前产生的。因此，过分的搅打会破坏蛋白胶体物质的韧性，使保持气体的能力下降。蛋黄不含有蛋白中的胶体物质，无法保留空气，无法打发。在制作清蛋糕时，应将蛋黄与蛋白一起搅拌，因为蛋黄很容易与蛋白及拌入的空气形成黏稠的乳状液，同样可以保存拌入的空气，可以烘烤出体积膨大、疏松的蛋糕。

2. 黄油的膨松

制作油蛋糕时，在将糖和黄油进行搅拌的过程中，黄油由于拌入大量空气而产生气泡。此时，加入蛋液继续搅拌，面糊中的气泡就随之增多。这些气泡受热膨胀会使蛋糕体积膨大，质地松软。为了使油蛋糕糊在搅拌过程中能拌入大量的空气，在选用油脂时要注意油脂的以下特性。

（1）可塑性。可塑性好的油脂，触摸时有粘连感，把油脂放在手掌上可塑成各种形态。这种油脂与其他原料一起搅拌，可以提高面糊中的空气含量，使面糊内有充足的空气，促使蛋糕膨胀。

（2）融合性。融合性好的油脂，搅拌时让面糊的充气性高，能产生更多的气泡。

油脂的融合性和可塑性是相辅相成的，前者使油脂易于拌入空气，后者使油脂易于保存空气。

（二）蛋糕熟制的基本原理

熟制是蛋糕制作中最关键的环节之一。常见的熟制方法是烘烤、蒸制。熟制过程中，蛋糕内部所含的水分受热蒸发，空气受热膨胀，淀粉受热糊化，疏松剂受热分解，面筋蛋白质受热变性凝固，蛋糕体积不断增大，最后形成多孔洞的瓜瓤状结构，使蛋糕组织松软而且具有一定弹性。蛋糕外表皮层的面糊在高温烘烤下，糖类发生美拉德反应和焦糖化反应，使蛋糕外表皮颜色逐渐加深，形成悦目的黄褐色色泽，并具有令人愉快的蛋糕香味。制品在整个熟制过程中所发生的一系列物理、化学变化都是通过加热产生的，而这种加热是通过热传导、热对流、热辐射三种方式进行的。

三、蛋糕加工原料及设备

（一）蛋糕加工原料

1. 蛋及蛋制品

鸡蛋是蛋糕加工中不可缺少的原料，对蛋糕的品质起着多方面的作用，如使蛋糕膨松、提高的产品营养价值、增加蛋糕的风味和色泽、改善制品组织结构等。由于鸭蛋、鹅蛋有异味，蛋糕加工过程中所用的蛋品主要是新鲜鸡蛋及其加工品，如新鲜鸡蛋、蛋粉、冰蛋等。

2. 面粉

面粉是制作蛋糕的基本原料。蛋糕的体积与面粉的细度显著相关，而面粉越细，蛋糕体积越大。要求面粉的蛋白质含量在 7% ～ 9%，pH 值为 5.2。

3. 糖

糖在蛋糕生产过程中的作用主要包括增加甜度，产生颜色及风味，增加产品柔软性，延长保存期。蛋糕加工中一般使用白砂糖、绵白糖、蜂蜜、饴糖、淀粉糖浆等。白砂糖的粒度为佳。制作海绵蛋糕或戚风蛋糕最好用细砂糖。糖粉在重油蛋糕或蛋糕装饰上经常使用。转化糖浆可用于装饰蛋糕，起到改善蛋糕风味和保鲜的作用。

4. 油脂

油脂在蛋糕中的作用主要作用为拌和空气，使蛋糕膨大；润滑面筋，使蛋糕柔软，改善组织与口感。在蛋糕的制作中用得最多的是色拉油和黄油。

5. 乳与乳制品

在奶油蛋糕类制品中，常用牛乳来代替水，可提高制品的口感和香味。如果使用乳粉，应先加水溶解，否则与面粉结合成块影响蛋糕的品质。炼乳含糖量高，很不经济，故很少使用。

6. 塔塔粉

塔塔粉（酒石酸钾）是制作戚风蛋糕必不可少的原材料之一。戚风蛋糕是利用蛋白来起发的。蛋白偏碱性，pH ≈ 7.60，而蛋白需在偏酸的条件下（pH 值为 4.6 ～ 4.8）时才能形成疏松稳定的泡沫，起发后才能添加大量的其他配料。戚风蛋糕制作时需将蛋白、蛋黄分开搅拌，蛋白搅拌起发后需要拌入蛋黄部分的面糊。没有添加塔塔粉的蛋白虽然能打发，但是加入蛋黄面糊后会下陷，不能成型。塔塔粉添加量为全蛋的 0.6% ～ 1.5%，与蛋白部分的砂糖一起拌匀加入。

7. 食盐

食盐虽然用量不多，但是对烘托蛋糕风味起到良好作用。食盐的用量为 1% ～ 3%。如果配方中的黄油或麦淇淋含有盐分，则应减少配方中食盐的含量。

8. 化学疏松剂

蛋糕的体积增大，主要靠物理的机械搅拌充入空气，而以化学疏松剂为辅。常用的化学疏松剂有泡打粉、小苏打、碳酸氢铵，一般选用泡打粉，它对制品的风味影响较小。

（二）蛋糕加工设备

1. 打蛋机（搅拌机）

打蛋机是搅打蛋液、搅拌面团、混合原料的机器。蛋糕生产常用的搅打设备是多功能搅拌机，它还可用于馅料打制。拌打器为多功能搅拌机的附属配件，依形状可分为以下三类。

（1）钩状拌打器：搅拌面包面团。

（2）桨状拌打器：搅拌面糊类蛋糕与小西饼类。

（3）钢丝拌打器（球状）：搅拌乳沫类蛋糕与装饰材料。

2. 烤炉

烤炉是所有经处理过的面团要变成香酥可口的烘焙食品必需的设备。依产量的多少与放置地点的大小，烤炉大致有以下三种类型。

（1）旋转式烤炉。推入式车架旋转，热风对流、三道出风口，便于调节炉内温度，受热更均匀。

（2）箱式烤炉。箱式烤炉有钢板所制成的箱型外壁，内设电热管（如果为燃气，则是燃气装置）用于加热，是最常见的种类。优点：占地面积小，操作容易。缺点：烘焙数量较少。

（3）隧道式烤炉。隧道式烤炉由许多的自动化设备组成，能进行连贯作业。优点：任意形式的烤盘都能接受，保温效果好，温度控制精确且容易。缺点：占地面积大，整体操作复杂。

四、蛋糕加工工艺

（一）一般工艺流程

蛋糕加工工艺流程：原料准备→面糊调制→注模→烘烤→冷却→包装→成品。

微课：戚风蛋糕加工

（二）操作要点

1. 面糊调制

（1）泡沫面团。

1）蛋白面糊（加糖蛋白面糊）。蛋白面糊是只利用蛋白中加入砂糖打发起泡而调制成的面糊，是起泡面团中最基本的面团之一，品种多样。蛋白面糊加入坚果类（核桃等）、奶油、小麦粉等能调制出许多糕点。加糖蛋白面糊配方见表 2-2-1。

表 2-2-1　加糖蛋白面糊配方

面糊名称		原料			备注
		蛋白	砂糖	其他	
基本面糊	冷加糖蛋白糊	100 kg	糖粉 200 kg	水约 60 kg	糖粉可减少至 150 kg
	热加糖蛋白糊	100 kg	糖粉 280 kg		加热至 50 ℃起泡
	煮沸加糖蛋白糊	100 kg	果糖 200 kg		果糖制成 110 ～ 125 ℃的糖浆

①利用蛋白的起泡性调制面糊时可以使用以下三种方法：

a. 冷加糖蛋白糊：在蛋白中先加入少量的砂糖（40% ～ 50%），将蛋白慢慢搅开，开始起泡后立即快速搅打 5 ～ 6 min，然后分数次加入剩余的糖继续搅打，可制成坚实的加糖蛋白糊。

b. 热加糖蛋白糊：将蛋白水浴加热，采用冷加糖蛋白糊的调制方法搅打，温度升至 50 ℃时停止热水浴，继续搅拌冷却到室温，就可制得坚实的热加糖蛋白糊。如果过度受热，蛋白质发生变性，采用这种加糖蛋白糊加工出的产品发脆。

c. 煮沸加糖蛋白糊：先在蛋白中加入少量糖（约 20%），再采用上述方法搅拌 7 min 左右，将熬好的糖浆呈细丝状注入搅拌器，同时继续搅拌，糖浆加完后，继续搅拌时停止加热即可。由于这种加糖蛋白糊稳定性好，与稀奶油等混合，适合蛋糕的装饰。

②调制面糊的三种方法的工艺流程如下：

蛋白+
- ①砂糖（直接）—打发→冷加糖蛋白（法式）一般用打发
- ②砂糖 加热至50 ℃左右—打发→热加糖蛋白（瑞士式）精加工用打发
- ③砂糖—打发→煮沸加糖蛋白（意大利式）鲜奶油膏等用糖浆（110～125 ℃）

2）乳沫面糊（海绵蛋糕面糊）。乳沫面糊是西式糕点中的基本面糊（不加油脂或仅加少量油脂）。它充分利用蛋白、全蛋的起泡性，先将蛋白搅打起泡，再利用全蛋的起泡性，加入砂糖搅拌，最后加入过筛的小麦粉调制而成。这种面糊广泛应用于海绵蛋糕的制作，所以也称为海绵蛋糕面糊。产品具有细密的气泡结构，质地柔软且富有弹性。典型配方见表 2-2-2。

表 2-2-2　油脂面糊配方　　kg

面糊名称		原料					备注
		鸡蛋	绵白糖	面粉	油脂	其他	
基本面糊	1	100	100	100	50～100	发粉 1～2	发粉、牛乳可以不用，添加朗姆酒、柠檬汁、香草香精等
	2	85	65	100	65	发粉 1～2.5，牛乳 10～30	
	3	70	85	100	85	发粉 1～2.5，牛乳 10～30	

海绵面糊调制方法主要有分开搅打法、全蛋搅打法、乳化法三种。

①分开搅打法（冷起泡法）。将全蛋分成蛋白和蛋黄两部分。蛋白中分数次加入 1/3 的糖搅打，制成坚实的加糖蛋白膏；用 2/3 的糖与蛋黄一起搅打起泡；将前两次搅拌的原料充分混合后加入过筛的小麦粉，拌匀即可。除此以外，也可用 2/3 的糖与蛋白一起搅打成蛋白膏；面粉与 1/3 的糖加入搅打好的蛋黄中，再与加糖蛋白混匀。

②全蛋搅打法（热起泡法）。在全蛋中加入少量砂糖并充分搅拌，分数次加入剩余的砂糖，一边水浴加热一边打发，温度至 40℃左右去掉水浴，继续搅打成一定稠度的光洁且细腻的白色泡沫。在慢速搅拌下加入色素、风味物（如香精）、甘油、牛乳、水等液体原料，最后加入已过筛的小麦粉，混合均匀即可。一般分开搅打法不用水浴，全蛋搅打法使用水浴，主要是为了保证蛋液的温度，使蛋液充分发挥搅打起泡性，所以全蛋搅打法也称为热起泡法。

微课：海绵蛋糕加工

③乳化法。蛋糕乳化剂能够维持泡沫及油、水分散体系的稳定性，它的应用是对传统工艺的一种改进，比较适合大批量生产。使用乳化剂的优点：蛋液容易打发，不需水浴加温，可缩短打蛋时间，可减少蛋和糖的用量，并可补充较多的水，产品冷却后不易发干，可延长保鲜期，产品内部组织细腻，气孔均匀，弹性好。但如果乳化剂用量过多和 / 或减少蛋的用量，会使蛋糕失去应有的特色和风味。调制方法：先用牛乳、水将乳化剂充分化开，再加入鸡蛋、砂糖等一起快速搅打至浆料呈乳白色细腻的膏状，在慢速搅拌下逐步加入筛过的面粉，混匀即可。也可采用一步调制法，即先将牛乳、水、乳化剂

充分化开，再加入其他所有原料一起搅打成光滑的面糊。如制作含奶油的面糊时，可先将蛋和糖一起打发后，在慢速搅拌下缓慢加入熔化的奶油，混匀后再加入面粉搅打均匀即可。

3）油脂面糊（奶油蛋糕面糊）。奶油蛋糕所使用的原料成分有多种，小麦粉、砂糖、鸡蛋、油脂的比例为 1 ∶ 1 ∶ 1 ∶ 1，这是比较基本的配比，如果改变此配比并选择添加牛乳、果料、发粉等其他原料，就可以制作出品种多样的油脂蛋糕。油脂蛋糕搅打时间和气泡的稳定性的弹性及柔软度不如海绵蛋糕，但质地酥散、滋润，带有油脂（特别是奶油）的香味。油脂的充气性和起酥性是形成产品组织与口感特征的主要因素。

油脂面糊的调制方法主要有糖油法、粉油法和混合法三种。

①糖油法。将油脂（奶油、人造奶油等）搅打开，加入过筛的砂糖充分搅打至呈淡黄色、膨松而细腻的膏状，再将全蛋液呈缓慢细流状分数次加入上述油脂和糖的混合物中，每次均需充分搅拌均匀，然后加入筛过的面粉（如果需要使用乳粉、发粉，需预先过筛混入面粉中），轻轻混入浆料中（注意不能有团块，不要过分搅拌以尽量减少面筋的生成），最后加入水、牛乳（香精、色素若为水溶性可在此时加入，若为油溶性则在刚开始时加入），如果有果干、果仁等可在此时加入，混匀即成糖油法油脂面糊。除上述全蛋搅打糖油法外，蛋白和蛋黄还可以分开搅打，即先将蛋白搅打发泡至一定程度，加入 1/3 的砂糖，充分搅打成厚而光滑的糖蛋白膏，再将奶油与剩余的糖（2/3）一起搅打成膨松的膏状，加入蛋黄搅打均匀，然后加入糖蛋白膏拌匀，最后加入过筛的面粉。

微课：重油蛋糕的加工

②粉油法。将油脂（奶油、人造奶油等）与过筛的面粉（比奶油量稍少）一起搅打成膨松的膏状，加入砂糖搅拌，再加入剩余过筛的小麦粉，最后分数次加入全蛋液混合成面糊（牛乳、水等液体在加完蛋后加入）。还有一种方法就是将小麦粉过筛分成两份。一份面粉与油脂搅打混合，全蛋液与砂糖搅打成泡沫状（5 ～ 7 min），将蛋、糖混合物分数次加入油脂与面粉的混合物中，每次均要搅打均匀，再将另一份面粉（需要使用发粉时，过筛加入这份面粉中）加入浆料中，混匀至光滑、无团块，最后加入牛乳、水、果干、果仁等混匀。手工调制油脂面糊（粉油法）时经常采用后一种方法。

③糖 / 粉油法（混合法）。混合法又称两步法，即将糖油法和粉油法相结合的调制方法。将小麦粉过筛等分为两份。一份面粉与油脂（奶油、人造奶油等）、砂糖一起搅打，全蛋液分数次加入搅打，每次均需搅打均匀，另一份小麦粉与发粉、乳粉等过筛混匀再加入，最后加入牛乳、水、果干（仁）等搅拌均匀即可。也可以将所有的干性原料（如面粉、糖、乳粉、发粉等）一起混合过筛，加入油脂中一起搅拌至“面包渣”状。另外，还要将所有湿性原料（如蛋液、牛乳、水、甘油等）一起混合，呈细流状加入干性原料与油脂的混合物中，将其不断搅拌成无团块的光滑浆料。

（2）加热面团（糊）（烫面面团）。加热面团（糊）是在沸腾的油和水的乳化液中加入小麦粉，小麦粉中的蛋白质变性，降低面团筋力，提高可塑性，同时淀粉糊化，产生胶凝性。再加入较多的鸡蛋搅打成膨松的面糊。面团（糊）调制好后进炉烘烤，借助于鸡蛋的发泡力，烘烤时产品可较大程度地胀发，同时在产品内部形成较大的空洞结构（中空状结构），可以充填不同的馅料。产品口感松软，外酥内软，风味主要取决于所填装的馅料。另外，有些西点使用加热面糊经油炸或蒸煮而制成。加热面糊配方见表 2-2-3。

表 2-2-3　加热面糊配方　　单位：kg

面糊种类		原料				其他
		鸡蛋	绵白糖	面粉	油脂	
基本面糊	1	270	10	100	100	水 180，盐 2
	2	235		100	100	水 160，盐 2
	3	245		100	75	水 120，盐 2
	4	200		100	33	猪油 33，水 167，盐 2
奶酪面糊	1	160	—	100	50	半硬干酪 40，牛乳 200，盐 2
	2	250		100	50	干酪 150，水 196，盐 1.7

2. 注模

蛋糕成型一般都要借助模具。常用模具的材料一般为不锈钢、马口铁、金属铝，其形状有圆形、长方形、桃心形、花边形等，还有高边和低边之分。

面糊类及海绵蛋糕于装模前需要先垫入烤模纸，或涂上薄油后再撒少许干粉，使其烘烤完成后易于脱模。而戚风蛋糕和天使蛋糕则因面糊的密度低，装模前不可垫纸或涂油，否则产品烘烤后会因热胀冷缩而下陷。

3. 烘烤

烘烤是完成蛋糕制品的最后加工步骤，对产品的色泽、体积、内部组织、口感和风味有重要的作用。烘烤温度和时间通常是依据蛋糕的配方、种类、制品体积、制品形态和使用的烤炉特性等因素确定的。海绵蛋糕烘烤温度以 180 ～ 220 ℃为宜；面糊类蛋糕烘烤温度为 160 ～ 180 ℃；戚风蛋糕的烘烤温度较其他蛋糕低。戚风蛋糕的烘烤原则是面火大，底火低。一般来说，厚坯的炉温为上火 180 ℃、下火 150 ℃，烘烤时间以 35 ～ 45 min 为宜。薄坯的炉温应为上火 200 ℃、下火为 170 ℃，烘烤时间以 15 ～ 20 min 为宜。当烘烤时间到达 2/3 时，将烤盘掉头，以使所有产品都能均匀受热，从而获得最佳的产品品质和色泽。

4. 冷却、包装

海绵蛋糕出炉后，应趁热从烤模中取出，放在凉网上自然冷却。大圆蛋糕应立即翻倒，底面向上冷却，防止蛋糕顶面遇冷收缩。面糊类蛋糕出炉后，应继续留置在烤模内，待温度降低至烤模不烫手时，将蛋糕取出进一步冷却。蛋糕冷却后，要迅速根据需要进行包装，以减少环境条件对蛋糕品质的影响。

五、蛋糕加工中常见的问题及解决方法

蛋糕在生产过程中经常会出现各种各样的质量问题。若要制作出高质量的蛋糕产品，必须了解造成蛋糕质量下降的各种原因，掌握改善、提高蛋糕质量的各种措施和方法。

微课：蛋糕加工常见质量问题

（一）蛋糕体积膨胀不够

（1）原因：鸡蛋不新鲜；配方中柔性原料太多；油脂可塑性、融合性不佳；面糊搅拌不当；油脂添加时机与方法不当，造成蛋泡面糊消泡；面糊搅拌后停放时间过长；面糊装

盘数量太少；烘烤炉温过高，上火过大，使表面定型太早。

（2）解决方法：使用的原料要新鲜、适当；注意配方平衡；注意面糊搅拌方法；面糊搅拌后应马上烘烤；面糊的装盘数量不可太少；进炉炉温要避免太高。

（二）蛋糕表皮颜色太深

（1）原因：配方内水分用量太少或糖的用量过多；烤炉温度过高，尤其是上火太强。

（2）解决方法：调整配方中总水量和糖的用量；降低烤炉上火温度。

（三）蛋糕表皮太厚

（1）原因：配方内糖的用量过多或水分不足；烤炉温度太低，蛋糕烘烤时间过长；进炉时上火过大，表皮过早定型。

（2）解决方法：调整配方中的总水量和用糖量；控制适宜的烘烤炉温与时间。

（四）蛋糕表面有斑点

（1）原因：糖的颗粒太粗；泡打粉与面粉拌和不均匀；搅拌过程中部分原料未能完全搅拌均匀；面糊内水分不足。

（2）解决方法：尽量不要用颗粒太粗的糖；泡打粉与面粉一起过筛；搅拌过程中随时注意缸底和缸壁未被搅拌到的原料，及时刮缸搅匀；加水量要合适。

（五）蛋糕在烘烤过程中下陷

（1）原因：面粉筋度不足；配方中的水太多；面糊中糖、油的用量过多；泡打粉用量过多；面糊密度过低，拌入的空气过多；烘烤炉温过低；烘烤过程中还未成熟定型而受震动。

（2）解决方法：选用性能适宜的原料；注意配方平衡；搅拌时不要搅打过度；烘烤时炉温适当；蛋糕进炉或烘烤过程中的移动应小心。

（六）蛋糕风味及口感不好

（1）原因：油脂品质不良，面粉、糖、牛乳、食盐储存不当，香料调配不当或使用超量，原材料内掺杂其他的不良物质；使用不良的装饰材料；烤盘或烤模不清洁；烤炉内部不清洁；蛋糕烘烤不足；蛋糕表皮烤焦；蛋糕未冷却到适当温度即包装；蛋糕冷却环境不卫生；存放产品的橱柜不清洁；冷藏设备污染了不良气味；包装设备不清洁。

（2）解决方法：选择新鲜的、品质优良的原料；冷却和包装方法要正确；注意烤盘或烤模、烤炉、冷却环境、包装设备、存放及冷藏设备的卫生；注意判定蛋糕是否烘烤成熟。

（七）蛋糕内部组织粗糙，质地不均匀

（1）原因：配方中糖、油量过多；配方中水分不足，面糊太干；泡打粉过多；糖的颗粒太粗；发粉与面粉拌和不均匀；搅拌不当，有部分原料未搅拌溶解；烘烤炉温太低。

（2）解决方法：注意配方平衡与选用适当原料；泡打粉与面粉一起过筛；注意搅拌顺序和原则，原料要充分拌匀；调整好烤炉的温度。

任务实施

戚风蛋糕加工

一、任务准备

（1）主要材料：鸡蛋、低筋面粉、食盐、白砂糖、泡打粉、色拉油等。

（2）工具设备：打蛋器、烤箱、电子秤、面粉筛、温度计、模具等。

实训演示：戚风蛋糕的加工

二、任务实操

1. 工艺流程

戚风蛋糕加工工艺流程如图 2-2-1 所示。

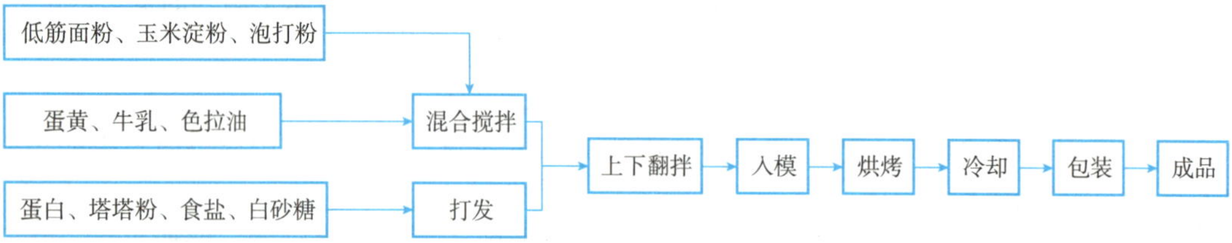

图 2-2-1　戚风蛋糕加工工艺流程

2. 操作要点

（1）原料准备。

1）蛋白糊：蛋白 400 g、塔塔粉 4 g、白砂糖 200 g、食盐 1 g。

2）蛋黄糊：牛乳 120 g、色拉油 120 g、蛋黄 200 g、低筋面粉 150 g、玉米淀粉 3 g、泡打粉 1 g。

（2）原料预处理。

1）将鸡蛋洗干净，按照配方称取物料。要求：容器干净，无油脂、蛋黄、水分等。

2）蛋白与蛋黄分开放入不同容器。要求：蛋白内不能混入蛋黄、蛋壳等杂物。

（3）蛋黄糊制作。将水、油、牛乳加热至 65 ℃，一边加热一边搅拌，防止糊底，将粉状物料和加热后的水性物料混合后放入搅拌器慢速搅拌均匀（约 1 min），再加入蛋黄慢速搅拌即可（约 0.5 min）。糖、油、水混合如图 2-2-2 所示，加入蛋黄如图 2-2-3 所示。

图 2-2-2　糖、油、水混合

图 2-2-3　加入蛋黄

彩图二维码

（4）蛋白打发。先将蛋白加入搅拌机，慢速搅打 1 min，再加入塔塔粉慢速搅匀（约 1 min），将砂糖分三次加入，转快速至湿性发泡（11 ～ 12 min）。蛋白打发如图 2-2-4 所示。

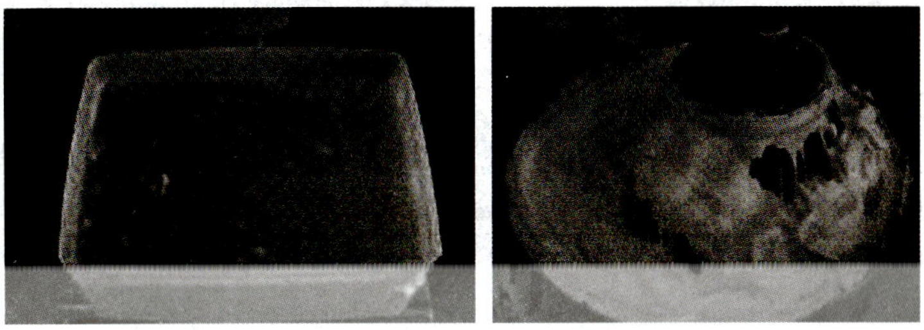

图 2-2-4　蛋白打发

【知识小贴士】蛋白打发状态变化视频

实训演示：蛋白打发

（5）混合搅拌。先取 1/3 蛋白与蛋黄糊搅拌，再将剩余的蛋白加入搅拌均匀。

补充　混合搅拌的操作要点

本工序需要手工搅拌，由底部向上翻动，不能画圈搅拌，避免消泡。搅拌均匀即可，避免过度搅拌，否则容易由于消泡而造成质量问题。面糊温度 14 ～ 18 ℃。蛋糕糊混合如图 2-2-5 所示，混好的蛋糕糊如图 2-2-6 所示。

图 2-2-5　蛋糕糊混合

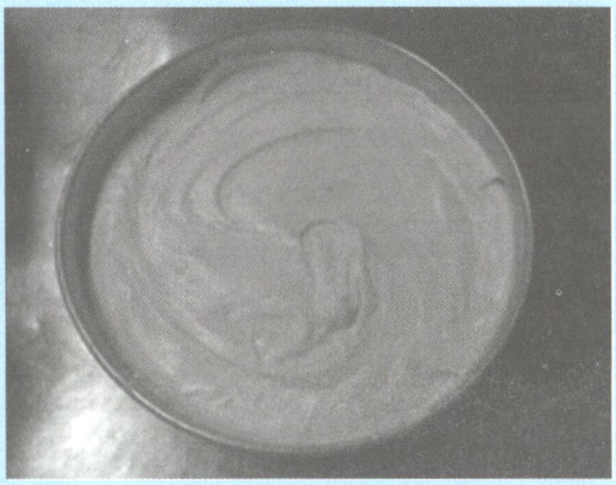

图 2-2-6　混好的蛋糕糊

彩图二维码

（6）成型。蛋糕模具 6 寸，清洗干净，擦干后将蛋糕糊入模，轻顿模具，使面糊表面平整。

（7）烤制。入炉烘烤，上下火均为 145 ℃，烤制时间 45 min。

【知识小贴士】蛋糕在烘烤过程中一般会经历哪些阶段？有何变化？

蛋糕在烘烤过程中一般会经历胀发、定型、上色和熟化 4 个阶段。

（1）胀发：制品内部的气体受热膨胀，体积迅速增大。

（2）定型：蛋糕糊中的蛋白质凝固，制品结构定型。

（3）上色：当水分蒸发到一定程度后，再加上蛋糕表面温度的上升，表面发生了焦糖化反应和美拉德反应，使表皮色泽逐渐加深变成金黄色，蛋糕同时散发出特殊的香味。

（4）熟化：随着热的进一步渗透，蛋糕内部温度继续升高，原料中的淀粉由于糊化而使制品熟化，制品内部组织烤至最佳程度，既不粘手，也不发干，表皮的色泽和硬度适中。

（8）出炉冷却。出炉时要轻敲模具，防止收缩塌陷，出炉后迅速放到冷却架上倒置冷凉，注意不能用冷风直接吹，产品中心温度降至 32 ～ 38 ℃即可。手工脱模，检查蛋糕的成熟度和色泽。

补充　如何检查蛋糕成熟度？

用手按压蛋糕表面能迅速反弹，蛋糕中心无硬块，表面不粘手，蛋糕表面应呈金黄色，内部为乳黄色（特殊风味除外），产品完整无破损，可用下列辅助判断法来测试。

（1）眼试法：烘烤过程中面糊中央已微微收缩下陷，有经验者可以根据收缩比率判断。

（2）触摸法：眼试法无法正确判断时，可用手指触击蛋糕顶部，如有沙沙声及硬挺感，此时可出炉。

（3）探针法：初学者最适合的判断法，此方法是，取一竹签直接刺入蛋糕中心部位，当拔出竹签时，若上面无生面糊粘住即可出炉。

三、任务评价

（1）戚风蛋糕感官评价指标。请按照表 2-2-4 的标准评价蛋糕质量，可以采用自评、互评等形式。

表 2-2-4　戚风蛋糕感官评价指标

评价指标	评价标准	分数	实得分数	备注
色泽	蛋糕表面应呈金黄色，内部为乳黄色（特殊风味除外），色泽应均匀一致，无斑点	25		
外形	蛋糕成品形态规范，厚薄一致，无塌陷和隆起，不歪斜	25		
内部组织	蛋糕内部组织应细密，蜂窝均匀，无大气孔，无生粉、糖粒等疙瘩，无生心，富有弹性，膨松柔软	25		
口感	蛋糕入口绵软甜香，松软可口，有纯正蛋香味（特殊风味除外），无异味	25		
合计		100		

（2）戚风蛋糕生产过程评价指标。请按照表 2-2-5 的标准评价本次任务完成情况。

表 2-2-5　戚风蛋糕生产过程评价指标

职业功能	主要内容	技能要求	相关知识	分数	实得分数	备注
准备工作	清洁卫生	能完成车间、工器具、操作台的卫生清洁、消毒等工作	食品卫生基础知识	10		
	备料	能正确识别原辅料	原辅料知识	10		
	检查工器具	能检查工器具是否完备	工具、设备结构 工具设备使用方法	10		
面糊调制	配料	能读懂产品配方 能按产品配方准确称料	配方表示方法 配料性质	10		
	搅拌	能根据产品配方和工艺要求调制戚风蛋糕面糊	搅拌的手法 搅拌终点的判断	20		
烘烤	烘烤条件设定	能按工艺要求烘烤戚风蛋糕	烤炉的分类 常用烘烤工艺要求 烤炉的操作方法	15		
冷却	冷却	能按冷却规程进行一般性操作	冷却温度、时间 产品冷却程度和保质的关系 冷却场所、包装工器具及操作人员的卫生要求	15		
贮存	原材料贮存	能按贮存要求进行简单操作	原辅料的贮存常识 原辅料质量检测国家标准	10		
合计				100		

四、任务拓展

巧克力蛋糕 1、巧克力蛋糕 2 和全蛋海绵蛋糕加工请扫描下方二维码查看。

实训演示：巧克力蛋糕 1　　实训演示：巧克力蛋糕 2　　实训演示：全蛋海绵蛋糕加工

任务自测

请扫描下方二维码进行本任务自测。

任务三　月饼加工

任务目标

➢ **知识目标**

1. 了解月饼的种类及其特点。
2. 掌握月饼的制作技术及操作要点。
3. 理论联系实际，在实践操作中分析月饼在生产过程中常见的质量问题及解决方法。

➢ **技能目标**

1. 能够独立处理月饼生产所需的原辅材料。
2. 能够熟练进行月饼加工操作。
3. 能够分析月饼加工中常见的质量问题。

➢ **素质目标**

能够准确执行月饼加工的操作要点并进行质量控制，培养质量优先的意识。

任务导学

月饼，又称月团、丰收饼、团圆饼等，是我国汉族的传统美食之一。月饼最初是用来拜祭月神的供品。在中秋节，月饼是应时应景且具有文化特征的“食用艺术品”。月饼一词，在现存文献中最早收录于南宋吴自牧的《梦粱录》。月饼与各地饮食习俗相融合后，发展出了广式、晋式、京式、苏式、潮式、滇式等品种，被中国南北方人们所喜爱。

月饼源自汉族农历八月十五中秋节饮食习俗。宋代大诗人苏东坡有诗句“小饼如嚼月，中有酥与饴”赞美月饼，从中可知宋时的月饼已内有酥油和糖作馅了。经过元、明两代，中秋节吃月饼、馈赠月饼的风俗日盛，且月饼有了“团圆”的象征意义。清代至今，月饼在质量、品种上都有了新发展。由于原料、调制方法、形状等的不同，月饼的种类更为丰富多彩。月饼不仅是别具风味的节日食品，而且成为四季常备的精美糕点，颇受人们的欢迎。

思维导图

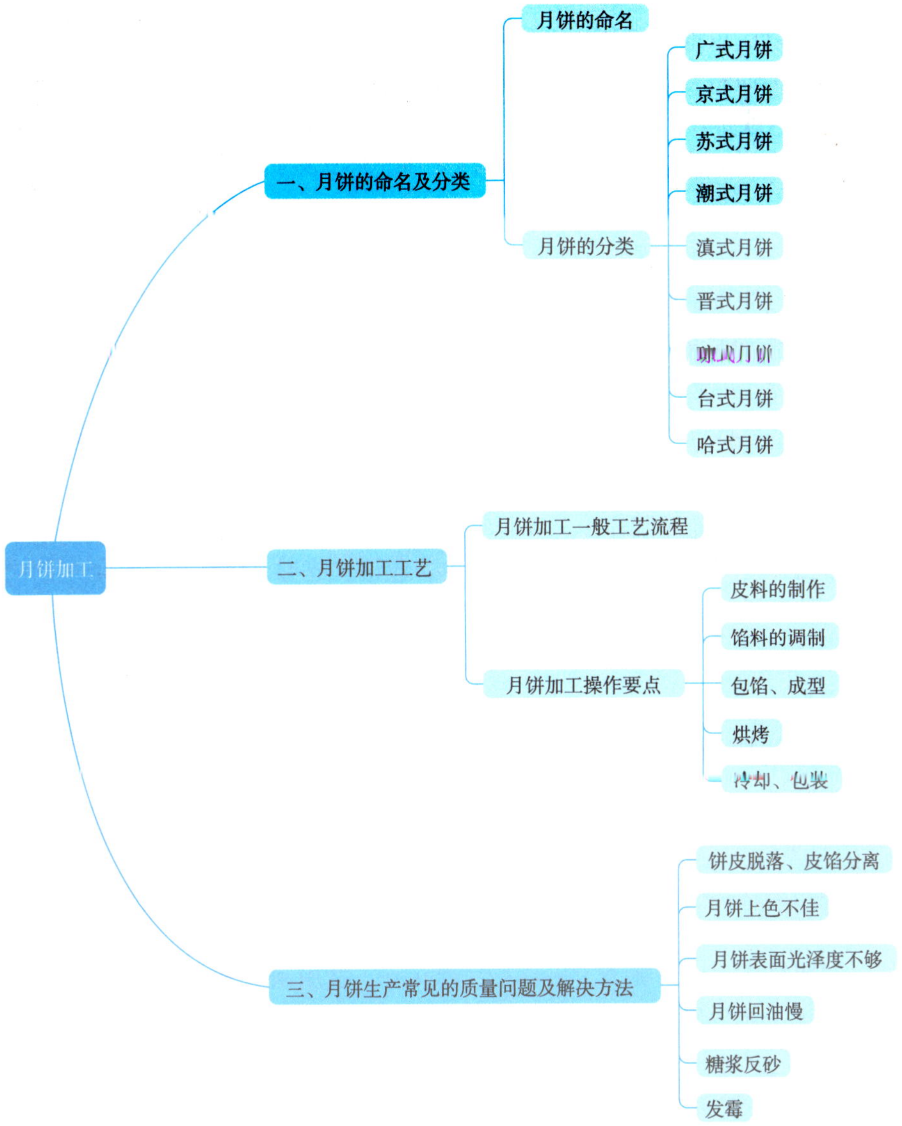

知识储备

一、月饼的命名及分类

（一）月饼的命名

月饼是以小麦粉等谷物粉和 / 或食用淀粉、薯类粉、豆类、食用油脂等为原料，添加（或不添加）糖制成饼皮，包裹各种馅料经加工而成，主要在中秋节食用的传统节日糕点。

（二）月饼的分类

1. 广式月饼

广式月饼是以广东地区制作工艺和风味特色为代表，以小麦粉等谷物粉、食用油脂等为原料，添加或不添加糖浆制成饼皮，经包馅、成型、刷蛋或植物蛋白液（或都不刷）、烘烤（或不烘烤）等工艺加工制成的口感柔软的月饼。广式月饼的代表品种有广式蓉沙月饼、广式果仁月饼、广式蛋黄月饼等。

微课：月饼的分类及特点

2. 京式月饼

京式月饼是以北京地区制作工艺和风味特色为代表，以小麦粉、食用油脂等为原料，使用提浆工艺制作糖浆皮面团，或以糖、水、油、小麦粉等为原料制成松酥皮或酥皮面团，经包馅、成型、烘烤等工艺加工制成的口感松酥或松软的月饼。京式月饼的代表品种有京式提浆月饼、京式自来白月饼、京式自来红月饼、京式大酥皮（翻毛）月饼等。

3. 苏式月饼

苏式月饼是以苏州地区制作工艺和风味特色为代表，以小麦粉、糖、食用油脂等制成饼皮，以小麦粉、食用油脂等制酥，经制酥皮、包馅、成型、烘烤等工艺加工制成具有酥层且口感松酥的月饼。苏式月饼的代表品种有苏式蓉沙月饼、苏式果仁月饼、苏式果蔬月饼等。

4. 潮式月饼

潮式月饼是以潮汕地区制作工艺和风味特色为代表，以小麦粉或食用淀粉及其制品、食用油脂等为原料，添加或不添加糖（或糖浆）制成饼皮，包裹各种馅料，经加工制成的月饼。潮式月饼的代表品种有潮式酥皮月饼、潮式水晶皮月饼、潮式奶油皮月饼等。

5. 滇式月饼

滇式月饼是以云南地区制作工艺和风味特色为代表，以小麦粉和 / 或杂粮粉、食用油脂等为原料制成饼皮，以云腿肉、果仁、食用花卉、食用菌等其中的一种或几种为馅料，经烘烤等工艺加工制成的月饼。滇式月饼的代表品种有滇式云腿月饼、滇式食用花卉月饼等。

6. 晋式月饼

普式月饼是以山西地区制作工艺和风味特色为代表，以小麦粉、食用油脂、鸡蛋等为原料，添加或不添加糖制成饼皮，包裹各种馅料，经加工制成的月饼。晋式月饼的代表品种有晋式蛋月烧月饼、晋式郭杜林月饼、晋式夯月饼、晋式提浆月饼等。

7. 琼式月饼

琼式月饼是以海南地区制作工艺和风味特色为代表，使用小麦粉、花生油、糖浆等原料制成糖浆皮，小麦粉、猪油等制成酥，经包酥、按酥、折叠工艺后形成糖浆油酥皮，再经包馅、成型、烘烤等工艺制成的口感松酥、酥软的月饼。琼式月饼的代表品种有琼式果蔬月饼、琼式蓉沙月饼、琼式果仁月饼、琼式蛋黄月饼等。

8. 台式月饼

台式月饼是以中国台湾地区制作工艺和风味特色为代表，以白豆和 / 或芸豆等豆类、奶油和 / 或其他乳制品等为饼皮原料，经制皮、包馅、成型、烘烤等工艺加工制成的口感松酥或绵软的月饼。台式月饼的代表品种有台式桃山皮月饼等。

9. 哈式月饼

哈式月饼是以哈尔滨地区制作工艺和风味特色为代表，使用提浆工艺制作糖浆皮面团，或以小麦粉、食用油脂、糖浆等制成松酥皮面团（或以小麦粉、糖、奶油或其他乳制品制成松酥奶皮面团），经包馅、成型、刷蛋（奶酥除外）、烘烤等工艺加工制成的饼皮绵软、口感松酥的月饼。哈式月饼的代表品种有哈式川酥月饼、哈式提浆月饼、哈式奶酥月饼等。

二、月饼加工工艺

（一）月饼加工一般工艺流程

月饼加工一般工艺流程：原料→预处理→称量→制馅、制皮→包馅→成型→烘烤→冷却→包装→成品。

（二）月饼加工操作要点

1. 皮料的制作

（1）糖浆的调制。糖浆的种类很多，其调制方法因其配方不同而异，比较简单的一种是，每 1 kg 砂糖中加 0.5 kg 水，煮沸熔化即成，但必须待糖浆冷却并完全转化后（两周）才能使用，也可在其中加适量饴糖或添加 2.5% 的柠檬酸。这两种物质对糖有抗结晶作用，有利于制品保持外皮柔软。

（2）面团的调制。首先将煮沸熔化过滤后的白糖糖浆及已溶化的碳酸氢铵投入调粉机中，再启动调粉机，充分搅拌，使其乳化成为乳浊液。然后加入面粉，继续搅拌，调制成软硬适中的面团。停机以后，将面团放入月饼成型机的面料斗中待用。或将调制好的软硬适中的面团搓成长圆条形并根据产品规格大小要求，将其分成小块，用擀棍或用手捏成面皮即可。

2. 馅料的调制

先将糖粉、油及各种辅料投入调粉机中，待搅拌均匀后，再加入熟制面粉继续搅拌均匀，即成为软硬适中的馅料，放入月饼机的馅料斗中待用。

3. 包馅、成型

启动月饼成型机，让面团制皮机构、馅料定量机构与印花机构相互配合即可制出月饼生坯。包馅时，皮要厚薄均匀，不露馅。成型时，面皮收口位于饼底。

4. 烘烤

将月饼生坯摆盘、烘焙。温度、时间要严格控制。如果烘烤过熟，则饼皮破裂、露馅；如果烘烤时间不足，则饼皮不膨胀，带有青色或乳白色，饼皮出现收缩和“离壳”现象，且不易保存。

5. 冷却、包装

月饼的水、油、糖含量较高，刚刚出炉的制品很软，不能挤压，不可立即包装，否则会破坏月饼的造型，而且热包装的月饼容易给微生物的生存繁殖创造条件，使月饼变质。因此，月饼出炉以后应进入输送带，待其凉透后可装箱入库。

三、月饼生产常见的质量问题及解决方法

月饼生产的工艺可以说在各个方面都比较成熟，但由于种种原因，在实际生产中不可避免地会出现各种各样的质量问题，如月饼开裂、塌陷、皮馅分离，花纹不清晰等。月饼生产过程中存在的问题及常用的解决方法如下。

（一）饼皮脱落、皮馅分离

1. 原因

由于饼皮与馅料不黏结而发生脱落分离现象的主要原因有以下三个方面。

（1）馅料总含油量过高，或因馅料炒制方法有误，使馅料泻油，即油未能完全与其他物料充分混合，油脂渗出馅料。这种情况会引起月饼在包馅时皮与馅不能很好黏结，烤熟后导致皮馅分离。

（2）饼皮配方中油分过高，糖浆不够或太稀，也会引起饼皮泻油，进而可能导致皮馅分离。

（3）炉温过高和在操作时撒粉过多等也会引起饼皮脱落。

微课：月饼加工常见质量问题

2. 解决方法

防止饼皮脱落、皮馅分离发生的主要方法是防止出现泻油现象。如果馅料泻油，可以在馅料中加入 3% ~ 5% 的糕粉，将馅料与糕粉搅拌均匀；若皮料泻油，可在配方中减少油脂用量，增加糖浆用量。另外，在搅拌饼皮时，还应按正常的加料顺序和搅拌程度操作。

（二）月饼上色不佳

月饼的颜色主要取决于两方面：一是饼皮的颜色，其与枧水浓度和用量有关，当饼皮的酸碱度偏酸性时，饼皮着色困难，当枧水用量增加时，饼皮碱性增大，饼皮着色快，枧水越多，饼皮颜色越深；二是糖浆的颜色，若糖浆过稀，月饼烘烤时不易上色，糖浆转化率过高，又会导致月饼颜色过深。另外，烘烤时间和烘烤温度，以及烘烤所用的设备等都会影响月饼的着色。炉温过低，烘烤时间长，会使月饼腰部鼓起或爆裂；炉温过高则会使表面过早着色，导致焦化或内部烘烤不透，影响保质期。

（三）月饼表面光泽度不够

月饼表面光泽度与饼皮配方、搅拌工艺、打饼技术及烘烤过程有关。使用的配方决定

了糖浆与油脂的用量比例是否得当，面粉的面筋质量是否优良。由于搅拌过度将影响表面的光泽，打面时尽量少用干面粉。

影响月饼光泽度最重要的因素是烘烤过程。月饼入炉前喷水是保证月饼光泽的首要操作；其次，蛋液的配方及刷蛋液的过程也是相当重要的，蛋液的配方最好是 2 个蛋黄和 1 个全蛋，打散后过滤掉不分散的蛋白，静置 20 min 才能使用，刷蛋液时要均匀并多次进行，并且刷上去的蛋液要有一定的厚度。

（四）月饼回油慢

1. 原因

造成月饼不回油的原因很多，主要有以下几个方面：糖浆转化不够；糖浆水分过少；煮糖浆时炉火温度过猛；柠檬酸过多；糖浆返砂；馅料油少；糖浆、油和枧水的比例不当；面粉筋度太高；等等。

2. 解决方法

月饼的饼皮是否回油主要取决于转化糖浆的质量、饼皮的配方及制作工艺。

（1）转化糖浆的质量。糖浆的质量关键在其转化度和浓度。转化度是指蔗糖转化为葡萄糖和果糖的程度，转化度越高，饼皮回油越好。影响转化度的因素主要有煮糖浆时的加水量、加酸量及种类、煮制时间等。浓度是指含糖量，常用的转化糖浆浓度在 75% 左右即可。

（2）饼皮的配方及制作工艺。月饼皮的配方和制作工艺对其是否回油起着重要作用。配方中加油量为面粉质量的 25% ～ 30% 即可。如果只考虑糖浆、油和枧水三者的比例，再根据软硬来调节面粉用量，面皮中的面粉用量则会不稳定。

（五）糖浆返砂

1. 原因

引起糖浆返砂的主要原因：煮糖浆时用水量少；没有添加柠檬酸或柠檬酸过少；煮糖浆时炉火过猛；煮糖浆时搅动不恰当等。

2. 解决方法

在糖浆煮沸前可以顺着一个方向搅动，当水开后则不能再搅动，否则易出现糖粒；煮好后的糖浆最好让其自然放凉，不要多次移动，因为经常移动容易引起糖浆返砂；煮糖浆时加入适量的麦芽糖。

（六）发霉

1. 原因

月饼发霉的主要原因：月饼馅料原材料不足，包括糖和油；月饼皮的糖浆或油量不足；月饼烘烤时间不足；制作月饼时的卫生条件不合格；月饼没有完全冷却就包装；包装材料不卫生；等等。

2. 解决方法

（1）生产防霉。月饼霉变是霉菌在月饼上繁殖的结果，要防止月饼霉变就必须控制月饼生产这一主要环节。首先，要控制原料质量，对每批馅料、原料都要检测其水分、糖分等质量指标。高糖和高油能够抑制霉菌的生长，有一定的保鲜效果。月饼皮是由糖浆、油和低筋粉制成的，经过烘烤杀菌后有一定的抑制霉菌繁殖的作用。其次，要改善生产环境，防止交叉污染，冷却和包装车间应该保持洁净环境，严格划分功能区，完善卫生设施，尽量避免污染。严格按照生进、熟出的流程进行生产布局，应设立相对独立的冷却车间、熟加工车间和包装车间。另外，还要控制月饼烘烤质量，烘烤是使月饼成熟的必要措施，也是使霉菌失活的必要手段，烘烤时应尽可能采用中火慢烘，以保证饼成熟及尽可能烘干饼身。

（2）出炉防霉。月饼出炉后的过程是污染各种菌类的高发期，需要严格控制。主要采取以下几种方法防霉：烘烤结束后，表面立即冷却，但由于内部仍处于高温，使内部水分不断向外散发，所以不能立即包装，否则会使包装容器上凝结许多水珠，造成饼皮表面发黏，在保存中容易发生霉变；另外，月饼出炉后温度降低，易感染杂菌，可以采用专用防霉剂对其喷雾；冷却过程中不要换烤盘，减少二次污染。

（3）包装防霉。首先尽量减少月饼中的微生物，目前国内月饼包装主要是通过向月饼包装物内添加能抑制或灭月饼及包装物和环境中的微生物为主的抗菌剂、抑菌剂。其次是尽量减少包装内的氧气含量：一方面是在包装内装入脱氧剂，这样可以有效去除包装过程中残留在包装内的微量氧气；另一方面是采用优质的隔氧性能的阻隔性包装材料，如铝箔、K 膜等，以及由它们制成的复合薄膜，并与真空或充氮包装结合使用。

任务实施

广式月饼加工

一、任务准备

（1）主要材料：鸡蛋、中筋面粉、转化糖浆、枧水、细砂糖、花生油、乳粉等。

（2）工具设备：打蛋器、烤箱、电子秤、面粉筛、温度计、月饼模具等。

微课：广式月饼加工

二、任务实操

1. 工艺流程

广式月饼加工工艺流程：原料准确→五仁馅加工→浆皮调制→分皮→包馅→成型→烘烤→冷却→包装→成品。

2. 操作要点

（1）原料准备。

饼皮：中筋面粉 100 g、乳粉 5 g、转化糖浆 75 g、枧水 1 g、花生油 25 g。

五仁馅：核桃仁 40 g、葵花籽仁 60 g、腰果 40 g、西瓜子仁 60 g、白芝麻 40 g、糖冬瓜 40 g、桔饼 20 g、玫瑰糖 10 g、细砂糖 80 g、水 80 g、高度白酒 10 g、精炼植物油（或食用调和油）30 mL、熟糯米粉（糕粉）115 g。

表面刷液：蛋黄水（蛋黄 1 个 + 蛋清 1 大勺调匀而成）。

（2）五仁馅加工。将干果放入烤箱，于 160 ℃烤 5 ～ 8 min，烤出香味即可，白芝麻要烤到颜色发黄。待烤好的干果冷却后，将核桃仁、腰果切成小碎块。不同种类干果的烤制时间不同，应尽量将不同种类的干果分批烤熟，不要将它们一起放入烤箱。将桔饼和糖冬瓜切成小丁备用。把所有准备好的干果、桔饼、糖冬瓜全部放入容器内混合均匀，先倒入细砂糖、玫瑰糖、白酒、植物油、水，再用筷子搅拌均匀。最后加入糕粉，然后揉成团，即成五仁馅。加入糕粉时要注意，糕粉的用量根据实际情况而定，不一定需要全部加入，只要揉好的五仁馅软硬程度合适就行了。给做好的五仁馅盖上保鲜膜静置 0.5 h，如果不出现渗油、分离等现象，则表示制作成功。

（3）浆皮调制。把转化糖浆倒入容器中，加入枧水、花生油搅拌均匀，筛入中筋面粉和乳粉，用手揉成面团，把揉好的面团静置醒发 1 ～ 2 h。

【知识小贴士】如何制作转化糖浆？

配料：细砂糖 400 g、水 180 mL、新鲜柠檬汁 50 mL。

制作过程：

（1）准备一个不锈钢锅或陶瓷锅（不要用铁锅和铝锅），将糖放入锅里。

（2）加入水，用筷子稍微搅拌一下，让糖和水混合，开中火加热，之后不要再搅拌。

（3）等糖水煮开以后，倒入新鲜柠檬汁。再度煮开以后，转小火，慢慢熬煮。从这个时候一直到煮糖浆结束，切记不要再搅拌糖水。

（4）这个时候可能有一部分糖水粘在了锅壁上。为了防止这部分糖产生糖晶颗粒，可以拿一支毛刷沾上水在锅壁上刷一圈。当水沿着锅壁流下时，可以将锅壁上的糖洗刷到锅里。

（5）用小火慢慢熬煮，持续 10 min 至 1 h。煮的时间越长，糖浆的颜色越深。我们可以看到糖浆颜色慢慢变深的过程。

（6）煮好糖浆后，关火，等糖浆冷却后，找一个密封罐把糖浆装起来，放置 1 d 以后使用。

【知识小贴士】加枧水的作用

枧水的作用：中和转化糖浆中的酸，防止月饼产生酸味而影响口味；使月饼皮的 pH 值达到易于上色的程度；枧水与酸中和时产生的 CO_2 气体可使月饼适度膨胀，从而使口感疏松。在选择枧水时，应以其碱度 60° 左右为好，若碱度太低会造成加入量增大而减少糖浆的使用量，影响月饼的质量。

枧水配比：碱粉 25 kg 加小苏打 0.95 kg，用 100 kg 沸水溶解，待冷却后使用。

（4）分皮、包馅。饼皮静置好以后，将饼皮和五仁馅按照 3 ∶ 7 或 2 ∶ 8 的比例分好（如 75 g 模具，按 2 ∶ 8 的比例：饼皮 15 g，五仁馅 60 g）。取一块饼皮面团，压扁，放入五仁馅，然后将面团放于左手虎口位置，用大拇指的大鱼际部位，推面皮。推的过程中转动面团，让面皮慢慢地包裹在馅上并收口。

（5）成型。月饼模具内撒上一些面粉防粘。把包好的面团放入模具，用模具将面团压成月饼形状。月饼的成型如图 2-3-1 所示。

彩图二维码

图 2-3-1　月饼的成型

（6）烘烤。烤箱下火 150 ～ 160 ℃，上火 200 ～ 220 ℃。在月饼生坯表面轻轻喷一层水，放入烤箱最上层烤 5 min 左右；待饼面呈微黄色后取出，刷上蛋液，再入烤箱烤 7 min 左右；取出再刷一次鸡蛋液，再烤 5 min 左右，待饼面呈金黄色、腰边呈象牙色即可。

【知识小贴士】烘烤月饼前，为何在生坯表面轻轻喷一层水？

糖浆皮月饼在进炉前需刷清水，其原因是：能在饼皮上形成一层水膜，水膜在烘烤中能使表皮上的干粉湿润，防止烘烤后出现白色斑点；同时，还能使表皮变得细腻且光滑，可增加色泽；可防止表皮过早上色从而焦糖化。

（7）成品。刚出炉月饼的饼皮很干硬，等月饼冷却后，密封保存，等待 2 ～ 3 d，饼皮会渐渐变得柔软油润，这个过程叫作“回油”，因此，刚出炉的月饼不要急着吃，要等其“回油”后再食用。

【知识小贴士】什么是“回油”？

饼皮经过烘焙后，皮的含水率很低，大概在 5%，但馅的含水率还比较高，通常为 20% 左右；月饼在放置过程中，馅中的水分会向皮中迁移，干燥的饼皮在吸了足够多的水分后，由于水油互不相溶，原来的乳化体系就会被破坏，油自然就会向外渗透，即“回油”。“回油”后的月饼给人的感觉是饼皮比较柔软、油润、光泽、通透。

三、任务评价

（1）广式月饼感官评价指标。请按照表 2-3-1 的标准评价广式月饼质量，可以采用自评、互评等形式。

表 2-3-1　广式月饼感官评价指标

项目	要求	分数	实得分	备注
形态	外形饱满，轮廓分明，花纹清晰，不坍塌，无跑糖及露馅现象	20		
色泽	饼面棕黄或棕红，色泽均匀；腰边呈乳黄色或黄色；底部棕黄色不焦，无污染	20		
组织	饼皮厚薄均匀，皮馅无脱壳现象，馅料无夹生；果仁月饼的果仁颗粒大小适宜，蛋黄月饼馅料应完全包裹蛋黄，流心月饼馅料具有一定的流动性	20		
滋味与口感	饼皮绵软，具有该品种应有的风味，无异味	20		
杂质	正常视力下无可见异物	20		
合计		100		

（2）广式月饼生产过程评价指标。请按照表 2-3-2 的标准评价本次任务完成情况。

表 2-3-2　广式月饼生产过程评价指标

职业功能	主要内容	技能要求	相关知识	分数	实得分	备注
准备工作	清洁卫生	能发现并解决卫生问题	食品卫生基础知识	10		
	备料	能进行原辅料选择和预处理	不同原辅料处理知识	10		
	检查工器具	检查设备运行是否正常	不同设备操作常识	10		
面团调制	配料	能按产品配方计算出原辅料实际用量	计算原辅料的方法	10		
	和面	能正确按照月饼面皮投料的顺序和面	搅拌注意事项	10		
	面团控制	能正确地进行面团的分割和称量	度量衡器、工具的使用方法	10		
成型	成型	能根据不同产品特点进行整型	分量、称重	10		
烘烤	烘烤条件设定	能按工艺要求烘烤月饼	烤炉的分类 常用烘烤工艺要求 烤炉的操作方法	10		
冷却	冷却	能正确使用冷却装置 能控制产品冷却时间及冷却完成时的内部温度	冷却基本常识 产品中心温度测试方法	10		

续表

职业功能	主要内容	技能要求	相关知识	分数	实得分	备注
贮存	原材料贮存	能按贮存要求进行简单操作	原辅料的贮存常识 原辅料国家、行业标准	10		
合计				100		

四、任务拓展

京式月饼加工请扫描下方二维码查看。

任务自测

请扫描下方二维码进行本任务自测。

任务四　面包加工

任务目标

➢ 知识目标

1. 了解面包的概念、分类及特点。
2. 熟悉不同类型面包的加工工艺流程。
3. 掌握不同类型面包的操作要点。

➢ 技能目标

1. 能够独立处理面包生产原辅料。
2. 能够面包面团调制和面团发酵方法。
3. 能够使用烤炉将面包类生坯制熟。
4. 能够分析面包加工中常见的质量问题。

➢ 素质目标

能够准确执行面包加工的操作要点并进行质量控制，培养质量优先的意识。

任务导学

世界面包双冠军——
朋福东

思维导图

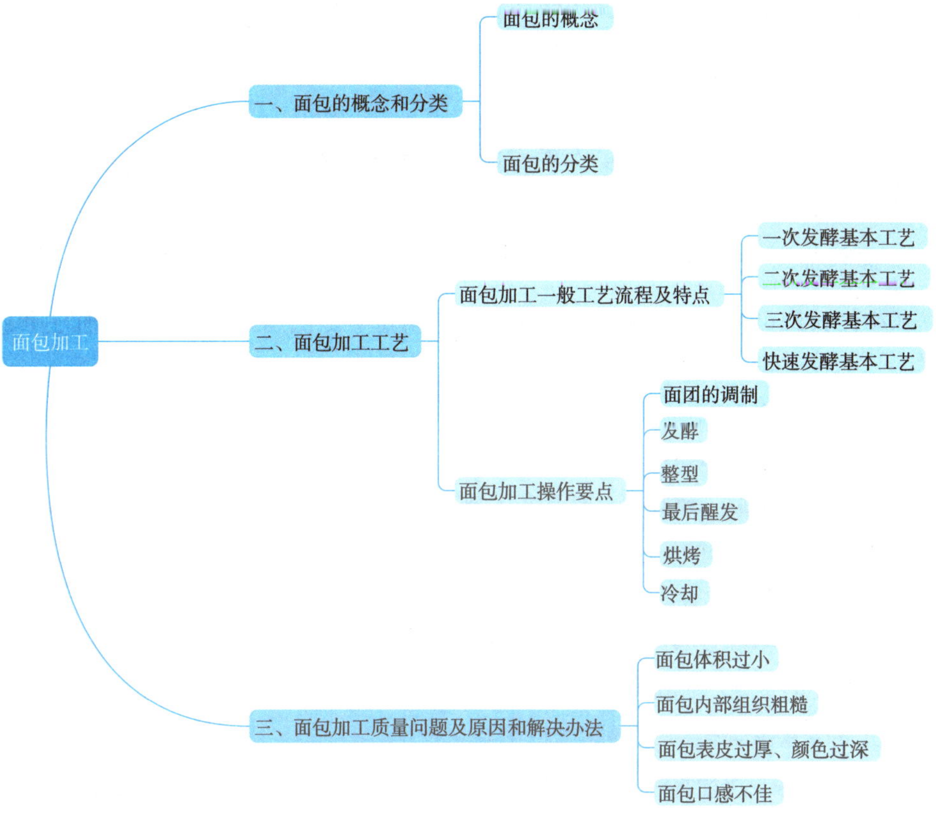

知识储备

一、面包的概念和分类

1. 面包的概念

面包是以小麦粉、酵母、水等为主要原料，添加或不添加其他配料，经搅拌、发酵、整型、最后醒发、烘烤、冷却等工艺制成的，以及熟制前或熟制后在产品表面或内部添加其他配料等的食品。

2. 面包的分类

（1）软式面包。软式面包是指组织松软、气孔较均匀的面包。

（2）硬式面包。硬式面包是指表皮较硬或有裂纹，内部组织柔软的面包。

微课：面包的分类及特点

（3）起酥面包。起酥面包是指层次清晰、口感酥软的面包。

（4）调理面包。调理面包是指烤制成熟前或后在面包坯表面或内部添加奶油、食用油脂制品、蛋制品、肉制品、可可制品、果酱等配料的面包。

（5）其他面包。其他面包是指除以上分类外的面包。

（6）面包干制品。面包干制品是指面包经切片或切段后烘烤或油炸，添加或不添加其他配料制成的口感松脆或酥脆的面包制品。

二、面包加工工艺

面包生产工艺均要经过搅拌、发酵、整型、最后醒发、烘烤五个主要工序，还有冷却与包装等成品处理工序。

（一）面包加工一般工艺流程及特点

按照生产过程可将面包加工工艺分为一次发酵法、二次发酵法、三次发酵法和快速发酵法。

1. 一次发酵基本工艺

配料→搅拌→发酵→切块→搓圆→成型→醒发→饰面→烘烤→冷却→包装→成品。

产品优点是周期短，风味好，口感好。产品缺点是表皮厚，容易硬化。

2. 二次发酵基本工艺

部分配料→第一次搅拌→第一次发酵→第二次搅拌（全部余料）→第二次发酵→撤粉→切块→搓圆→整型→醒发→饰面→烘烤→冷却→包装→成品。

产品优点是表皮薄，制品软，老化慢。产品缺点是周期长，易发酵。

3. 三次发酵基本工艺

部分配料→第一次搅拌→第一次发酵→第二次搅拌（部分余料）→第二次发酵→第三次搅拌（全部余料）→第三次发酵→切块→搓圆→整型→醒发→饰面→烘烤→冷却→包装→成品。

产品优点是酵母用量很少，软而大，香味足，口感好，老化慢。产品缺点是周期长，耗工多，易发酵。

4. 快速发酵基本工艺

全部配料→搅拌→压片→卷条→切块→醒发→烘烤→冷却→包装→成品。

产品优点是生产周期短，出品率高。产品缺点是缺乏发酵产品特有的口感和香气，产品易老化，成本高。

（二）面包加工操作要点

1. 面团的调制

微课：面包面团的调制

面团的调制又称调粉、打粉、搅拌或和面，是将配方中的原辅料按照一定的顺序和操作工艺将其调和成具有弹性和可塑性的含水固形物的过程。面团搅拌是面包生产的第一道工序，也是一道关键工序，它的正确与否在很大程度上影响着后续工序的进行和成品质量。

（1）面团调制的目的。面团搅拌时，所有原料逐渐混合均匀，形成一个质量均一的整体。其目的是加速面粉吸水，促进蛋白质吸水胀润形成面筋，缩短面筋形成时间；扩展面筋，使面团具有良好的弹性、伸展性和流动性，改善面团的加工性能。

（2）面团调制过程。

1）拾起阶段。这是搅拌的第一个阶段，所有配方中的干性与湿性原料混合均匀后，成为一块粗糙的面团，此时面团较硬，无弹性和伸展性。面团呈泥状，容易撕下，说明水化作用只进行了一部分，而面筋的结合还未形成。

2）卷起阶段。此时，面团中的面筋已经开始形成，面团中的水分已全部被面粉均匀吸收。由于面筋网络的形成，将整个面团结合在一起，并产生强大的筋力。

面团成为一体绞附在搅拌钩的四周随之转动，搅拌缸上粘附的面团也被粘干净。此阶段的面团表面很湿，用手触摸时，仍会粘手；用手拉取面团时，无良好的伸展性，易致断裂，而面团仍硬，缺少弹性；水化已经完成，但是面筋的结合只进行了一部分。

3）面筋扩展、结合阶段。面团表面逐渐干燥，变得较为光滑，且有光泽，用手触摸时面团已具有弹性并较柔软；但用手拉取面团时，虽具有伸展性，但仍易断裂。这时，面团的抗张力（弹性）并没到最大值，面筋的结合已达一定程度，若再搅拌，弹性渐减，伸展性加大。

4）完成阶段。面团在此阶段因面筋已达到充分扩展，变得柔软且具有良好的伸展性，搅拌钩在带动面团转动时，会不时发出噼啪的打击声和嘶嘶的粘缸声。此时面团的表面干燥而有光泽，细腻整洁而无粗糙感。用手拉取面团时，感到面团变得非常柔软，有良好的伸展性和弹性。此时，面团已搅拌至最佳状态，可停机把面团从搅拌缸中倒出进行下一步发酵工序了。

5）搅拌过度。如果面团搅拌至最佳程度后仍不予停止，而继续搅拌，面团则会再度出现含水的光泽，并开始粘附在缸的边沿，不再随搅拌钩的转动而剥离。当停止搅拌时，面团向缸的四周流动，失去了良好的弹性，也变得粘手且柔软。很明显，此时面筋已开始断裂，面筋分子间结合键断裂，水分子析出。若面团搅拌到这种程度，对面包的品质就会有严重的影响。如果用的是强力粉，应立即停止搅拌，马上开始补救，即在以后工序中延长发酵时间，以恢复面筋组织的弹性。

6）面筋打断。面筋中的结合水大量析出，面团表面变得非常的湿润和粘手，搅拌停止后，面团向缸的四周流动，搅拌钩已无法再将面团卷起。面团用手拉取时，手掌中有一丝丝的线状透明胶质。此种面团用来洗面筋时已无面筋洗出。这说明面筋中的大部分蛋白质已在酶的作用下分解，此时已无法补救。

（3）影响面团搅拌的因素。

1）加水量。面团加水量要根据面粉的吸水率而定，一般为面粉质量的 45% ～ 55%

（其中包括液体辅料中的水分）。水分的多少会影响面团的软硬，因此一定要掌握用于制作面包的面粉的吸水量。

2）面团温度。面团温度低，所需卷起的时间较短，而扩展的时间应予以延长；如果面团温度高，则所需卷起的时间较短；如果温度超过标准太多，则面团会失去良好的延展性和弹性，卷起后已无法达到扩展的阶段，使面团变成脆和湿的性质，对烤好的面包品质影响也很大。控制水的温度是控制面团温度的一个重要手段。

3）搅拌机速度。搅拌机的速度对搅拌和面筋扩展的时间影响很大。快速搅拌面团卷起时间快，达到完成的时间短，面团搅拌后的性质较好。如慢速搅拌则所需卷起的时间较久，面团达到完成阶段的时间就长。

4）投料量。搅拌面团时，搅拌机也有一定的负荷力，投料量过少和过多都会影响到搅拌的时间，原则上面团的一次搅拌量以不低于规定量的 1/3 和不超过规定量为原则。

5）配方的影响。配方中如果柔性原料过多，则所需卷起的时间较久，搅拌的时间也相应延长；如果韧性原料过多，则所需卷起的时间较短，其面筋的扩展时间也短。

2. 发酵

发酵是继面团的调制后面包生产中的第二个关键环节。发酵好与否，对面包产品的质量影响极大。发酵就是在一定的温度和湿度条件下，酵母利用面团中糖类充分地繁殖生长，产生大量的 CO_2 和各类风味物质，同时发生一系列复杂的生物化学变化，使面团膨松、富有弹性。

微课：面包的发酵

（1）面团发酵成熟度的判断方法。

1）手触法。用手指轻压面团顶部后，观察面团的变化情况。如果四周的面团不向凹处塌陷，被压凹处也不立即复原，仅在凹处周围略微下落，表示面团成熟；如果被压凹处很快恢复原状，表示发酵不足；如果凹处随手指离开而很快塌落，表示面团发酵过度。

2）看面团状态：用手将面团撕开后，如果内部呈丝瓜瓤状并有酒香，说明面团已经成熟。用手将面团握成团后，如果手感发硬或粘手表明面团嫩；如果手感柔软且不粘手，表明成熟适度；如面团表面有裂纹或很多气孔，说明面团已经老了。

3）温度法。发酵成熟的面团，一般温度比发酵初期上升 4 ～ 6 ℃。

4）pH 法。面团发酵前 pH 值为 6.0 左右，发酵成熟后 pH 值为 5.0。如果 pH 值低于 5.0，则说明面团发酵过度。

（2）影响发酵速度及时间的因素。发酵的温度、面团 pH 值、各种原辅料如糖、盐、酵母、改良剂用量和面粉性质等，以及整型操作、产品类型均对发酵有影响，应注意掌握各种因素。

3. 整型

面包的整型是指把完成发酵的面团按不同品种所规定的要求进行分割、称量、滚圆、中间醒发、成型装饰、和装盘（入模）等的工序。

微课：面包的整型

（1）分割与称量。分割是通过称量把大面团分切成所需重量的小面团。按照成品规格的要求，将面团分块称量。一般面包坯经烘烤后，其质量损失为 7% ～ 10%，所以在切块称量时要把质量损失考虑在内。称量一定要准确，称量关系到面包成品大小是否一致，避免超重和不足。分割与称量有手工操作和机械操作两种。面团的全部分割应控制在 20 min 内完成，不可超时。

（2）滚圆。分割后的面团不能立即进行整型，而要进行滚圆。滚圆也称搓圆，是将分割后的不规则小块面团搓成圆球状，使面团外表有一层薄的表皮，以保留新产生的气体，使面团膨胀。同时，光滑的表皮有利于以后工序的机器操作中不会被粘附，烘出的面包表皮光滑，内部组织的颗粒均匀。

滚圆分为手工搓圆和机械搓圆。手工搓圆是掌心向下，五指握住面块，在案面上向一个方向旋转，将面块搓成圆球状。机械搓圆是由搓圆机完成的。目前我国采用的搓圆机有三种，即伞形搓圆机、锥形搓圆机、桶形搓圆机。

在滚圆操作中要注意撒粉不要太多，防止面团分离；用机器操作时，除撒粉不要太多外，还要尽量均匀，以免面包内部有大孔洞或出现条状硬纹。

（3）中间醒发。中间醒发也称静置。小块面团经切块、搓圆后，排除了一部分气体，内部处于紧张状态，面团缺乏柔软性，如立即成型，面团表面易破裂，内部裸露出来，具有黏性，面筋会受到极大损伤，包不住气体，最终导致面包体积小，外观差，保存时间短。中间醒发虽然时间短，但对提高面包质量具有不可忽视的作用。

1）作用。可缓和由切块、搓圆工序产生的紧张状态；可使酵母恢复活性，内部产生气体，使面筋恢复弹性，调整面筋延伸方向，增强持气性，使面团柔软，表面光滑，易于成型；使处于紧张状态的极薄的表皮层不会在整型加工时黏附在压延辊上。

2）工艺条件。中间醒发环境一般都在常温环境下，大多数都是依靠面块本身的温度和水分的蒸发来调节的。不过，环境温度如果太低，就要求容器密闭性佳，以防止温度和湿度下降。在夏季时，还要注意降温，否则面团表面会出现软化、风干等的不良现象。

机械化生产线则有中间醒发箱设备，面团运行时间可任意调整，并可控制温度和湿度。面团经滚圆后自动落入中间醒发箱的布袋上，到了规定时间，即自动送到压片机。

3）判断醒发的程度。判断醒发的程度的方法主要是观察面团体积膨大的倍数。通常以搓圆时的体积为基数。当面团膨大到原来体积的 1.7 ～ 2 倍时，就可认为是合适的程度。假定面团体积膨胀不足，面块伸展性就比较差；如面团体积膨胀过度，在成型时将急速起发，容易引起表皮开裂。

（4）成型。成型是指把面包做成产品所要求的形状。

手工成型包括压片和成型两个过程。压片是把面团中原来不均匀大气泡排除掉，使面团内新产生的气体均匀分布，保证面包成品内部组织均匀。压片可用擀面杖或手压排气。成型是把压片后的面团薄块做成产品所需的形状，使面包外观一致、式样整齐。成型时应用手搓卷。

常见的花色面包形状有圆形、方形、长方形、蛋形、多边形、三角形、椭圆形等。

面团的性质取决于配方原料、搅拌程度、发酵情况等。如搅拌不足，面团较硬且脆，整型困难；如搅拌过度，则面团延展性过大，成型不够紧密。

（5）装饰。可以作为面包装饰用的原辅料很多，主要有以下几种。

1）刷蛋液。若用毛刷将蛋液涂刷在面包表面，待进炉烘烤以后，面包表面会出现棕黄的光泽。

2）撒砂糖。将白砂糖撒在面包表面，用稍低的炉温烘烤，面包表面形成一层晶莹的砂糖粒；将白糖粉撒在烤熟后涂油或糖浆面包的表面，增加其美观度和甜度。

3）果仁。将果仁包括花生、芝麻、核桃及椰丝之类撒在面包表面，可增加营养价值，改善外观；将五颜六色的水果蜜饯切成小丁撒在表面可增加美观度，改善口味和营养价值。

4）其他。冰淇淋浆是一种特殊的面包表面涂料，能增加美观度；白马糖是一种特制的面包表面装饰料，能增加美观度与甜味。

（6）装盘。装盘就是把成型后的面团装入烤盘，然后置于醒发室醒发。

装盘分为手工装盘和机械装盘两种。在装入面包坯前，烤盘必须先刷一层薄薄的油，防止面团与烤盘粘连，不易脱模。而刷油前应将烤盘先预热到 60 ～ 70 ℃；否则，凉盘刷油比较困难，拉不开刷子，而且浪费油。

装盘时要注意面团的间距必须一致，四周靠边沿部位应距盘边 3 cm；装盘时不能出现“一头沉”现象——大部分面团靠烤盘一端，而另一端出现空盘的现象。

4. 最后醒发

面包最后醒发的目的是使面团重新产气膨松，以得到制成品所要求的体积，并使面包成品有较好的食用品质。在醒发阶段可对前几道工序所出现的失误进行适当补救，但若醒发时发生失误，则无法挽回，只能制作出品质极差的面包成品。

（1）影响醒发的因素。

1）温度。醒发温度维持在 32 ～ 38 ℃，相对湿度在 80% ～ 85%。在此条件下，面团的发酵速度最快，使面团体积膨胀到原来体积的 2 倍以上，可防止面团在发酵时表面干皮。

2）湿度。醒发的湿度低，面团表面结皮快，因而失去弹性，抑制面包在烤炉内的膨胀，结果是面包体积小；同时，面包顶部有盖，而且干皮，导致烤出的面包表皮颜色浅，欠缺光泽，且有许多斑点。醒发的湿度也不可太大，如太大，则会使烤出来的面包表皮韧性增大，且多泡易碎裂，内部组织粗糙，影响外观及食用口感。

3）醒发的时间。最后醒发的时间应尽量缩短。最后醒发的时间越短，做出的面包组织越好。其长短依照醒发室的温度、湿度及其他有关因素（如产品类型、烤炉温度、发酵程度、搅拌情况等）来确定，一般以达到成品体积的 80% ～ 90% 为准，通常所用时间为 55 ～ 65 min。过度的最后醒发会使面包表皮白、颗粒粗、组织不良、贮存时间短、味道太酸。而最后醒发不足的面包，体积小、顶上有盖，表皮颜色为红褐色，边有烧焦的现象。

（2）最后醒发程度的判断。最后醒发到什么程度才可以入炉烘烤，这是关系到面包质量的一个关键问题。面团最后醒发程度主要根据面粉的性能和品种的不同凭经验来判断，常采用的方法有以下几种。

1）看体积。如果根据经验知道烤后面包的大小，那么发酵膨胀到烤后体积的 80% 的程度即可，其余 20% 留在烘烤时膨胀，这样即可烤成预期大小的面包。

2）看膨胀倍数。发酵好的面包坯体积是整型时的 3 ～ 4 倍，这是凭经验来确定的。

3）看形状、透明度和触感。与上述两种方法不同，这种方法不是按照量的方法而是按照质的方法来判断。面包坯随着发酵的进行，不仅体积增大，还会横向扩展。另外，面团开始时有不透明“发死”的感觉，随着膨胀而变得柔软，膜变薄，接近半透明的感觉。体积膨胀到一定程度时，用手轻轻触一触，有暄松的感觉，此时面团已发酵到合适的程度。发酵过度时用手一触则面团破裂塌陷。

5. 烘烤

烘烤是面包加工的最后一道工序，也是保证面包质量的关键工序。俗语说：“三分做，七分烤。”这说明了烘烤的重要性。面包坯在烘烤过程中，在炉内高温的作用下，生的面团变成了松软、多孔、易于消化、表面呈现金黄色、散发香甜气味的面包。

微课：面包的烘烤

（1）面包在烘烤过程中的温度变化。面包皮各层的温度都达到并超过 100 ℃，最外层可达 180 ℃以上，与炉温几乎一致。

面包皮与面包芯分界层的温度，在烘烤将近结束时达到 100 ℃，并且一直保持至烘烤结束。

面包芯内任何一层的温度均不超过 100 ℃，直到烘烤结束。

（2）面包在焙烤过程中的结构变化。面包焙烤过程中，形成的面包气孔结构受到焙烤条件、入炉前各工序条件等制约。发酵不成熟的面团制作的面包，气孔壁厚，坚实而粗糙，孔洞大；发酵过度的面团制出的面包，气孔壁薄，易破裂，多呈圆形；炉温的高低对面包气孔的形成起着重要作用。理想的气孔结构应壁薄，孔小而均匀，形状稍长，手感柔软而平滑。

（3）面包表皮色泽的形成。面包在烘烤中产生金黄色或棕黄色的表面颜色，主要由以下两种途径来实现：一是美拉德反应，该反应在炉温很低的情况下可进行；二是焦糖化反应，即糖在高温下发生的变色作用。另外，鸡蛋、乳粉、饴糖、果葡糖浆等均有良好的着色作用。

生产面包时添加不同的氨基酸或铵盐与葡萄糖，会使面包表面产生不同的颜色。但由于铁盐与糖反应时会生成一些有毒的物质，故在面包生产中应控制其使用量。

（4）香味。在高温烘烤的过程中，面包坯的表皮在褐变的同时，还产生特有的风味。这些特有风味是由各种羰基化合物形成的，其中醛类起主要作用，它是构成面包风味的主体；另外，还有醇和其他物质。这些物质在面包表皮中的含量远比内部的含量多。随着烘烤时间的延长，面包的褐变程度加强，这些物质形成得越多，面包的特有风味也越浓郁。

6. 冷却

冷却是面包生产中必不可少的生产程序。面包出炉以后温度很高，表皮干脆，瓤心很软，缺乏弹性，经不起压力，也没有一定的机械承受力。如果立即进行包装或切片，必然会造成面包断裂、破碎或变形，增加损耗，且很难顺利进行，切好后面包两边也会凹陷；如果立即包装，热蒸汽不易散发，遇冷产生的冷凝水便吸附在面包的表面或包装纸上，使面包容易发霉。因此，为了减少这种损失，面包必须冷却后才能包装。

冷却的方法一般有自然冷却、通风冷却、空调冷却和真空冷却四种方法。

（1）自然冷却。自然冷却是指在室温下冷却。该法无需添置冷却设备，节省资金，但不能有效地控制损耗，冷却时间也太长，如果卫生条件不好，易使制品被污染，受季节的影响也较大。

（2）通风冷却。该法是指用风扇吹冷，冷却室是一个圆形旋转密闭室，空气从底部吸入，由顶部排出。面包出炉后倒在输送带上，随着输送带慢慢运转，由上而下直到出口，由于空气的对流，辐射热被带走，水分蒸发，面包得以冷却。这种方法的冷却时间比自然冷却少得多，但仍不能有效地控制水分损耗。现如今，大部分工厂采用通风冷却法。

（3）空调冷却。该法调节冷却空气的温度和湿度，使冷却时间减少，同时可控制面包水分的损耗。目前国外已有很多工厂采用该法。空调形式有箱式、架车式、旋转式、输送带式等。箱式较简单且经济，输送带式则在大型工厂中应用得较多，因所占空间较少。

（4）真空冷却。真空冷却是目前较为先进的冷却方法。其优点：在适当温度和湿度的真空条件下，面包能在极短时间内冷却（只需半小时），而不受季节的影响。

三、面包加工质量问题及原因和解决办法

1. 面包体积过小

（1）酵母添加量不足或酵母活性受到抵制。针对前者可以适当地添加酵母用量。酵母活力受到抵制可能有以下几个原因：盐或糖的用量过多致使渗透压过高；面团的温度过低，不适合酵母的生长。应根据配方适当降低糖、盐的用量，控制发酵所需的温度。

（2）普通面粉的品质不适合做面包，一般是由于面粉筋力不足，可以改用高筋面粉或添加 0.3% ～ 0.5% 的改良剂来增加筋力，改善面团的保气性。

（3）搅拌不足或搅拌过度。搅拌不足会使面团发酵不完全，而搅拌过度会破坏面团的网络结构使持气力降低。因此，应该严格控制面团的搅拌时间。

微课：面包的质量评价

2. 面包内部组织粗糙

（1）普通面粉的品质不佳。应该使用面包粉（高筋力的面粉）。

（2）水的添加量不足或水质不好。应适当增加用水量并控制用水的硬度。

（3）油脂的添加量不足。应适当添加油脂的用量使之不少于 6%。

（4）发酵时间过长，面包内的气孔无法保持均匀细密，影响口感。应控制发酵时间，不要超过 4 h。

（5）搅拌不足，面包未完全发酵。应延长搅拌时间。

（6）搓圆不够。必须使造型紧密，不能太松。

（7）撒手粉用量过多。应减少撒手粉用量。

3. 面包表皮过厚、颜色过深

（1）烘烤过度。适当减少烘烤时间。

（2）炉温过低。适当提高炉温。

（3）炉内湿度过低。应中途喷洒一些水，最好用可调节湿度的烤炉。

（4）油脂、糖、牛乳用量不足。适当增加其用量。

（5）面团发酵过度。减少发酵时间。

（6）最后醒发不当。一般最后醒发温度为 32 ～ 38 ℃，相对湿度为 80% ～ 85%。

4. 面包口感不佳

（1）原材料不佳。应选用品质好的新鲜原材料。

（2）发酵所需的时间不足或过长。根据不同制品的要求掌握发酵所需的时间。

（3）最后醒发过度。严格控制最后醒发的时间及面坯胀发的程度，面坯醒发后的体积一般是原体积的 2 ～ 3 倍。

（4）生产用具不洁净。应经常清洗生产用具。

（5）面包变质。应注意面包的贮藏温度及存放时间。

任务实施

豆沙面包加工

一、任务准备

（1）主要材料：高筋面粉、水、干酵母、细砂糖、食盐、乳粉、鸡蛋、黄油、豆沙馅等。

（2）工具设备：打蛋器、烤箱、电子秤、面粉筛、裱花袋、裱花嘴等。

二、任务实操

1. 工艺流程

豆沙面包加工工艺流程：配料→面团调制→发酵→分割→揉圆→成型→最后醒发→装饰→烘烤→冷却→成品。

2. 配方

面包面团：高筋面粉 140 g、水 80 g、干酵母 1 小勺、细砂糖 25 g、食盐 0.5 g、乳粉 6 g、全蛋 15 g、黄油 15 g。

馅料：红豆沙 125 g。

表面刷液：适量全蛋液。

3. 操作要点

（1）配料。按配方准确称量各种原、辅料，备用（干料过筛，糖、乳等用水制成溶液）。

（2）面团调制。将高筋面粉、水、细砂糖、乳粉和全蛋一起加入调粉机内，慢速搅拌 1 min 后，加入活化好的酵母溶液，启动开关，先用慢速搅拌，使搅拌缸内的干性原料和湿性原料全部搅匀，形成一个表面粗糙的面团，再改为中速继续搅拌，把面团搅拌至表面呈光滑状。然后加入食盐继续搅拌，待面团表面有光泽、柔软细腻、具有良好延伸性时，则表明搅拌成熟。最后加入油脂，搅拌至面筋完全形成。调制面团的温度最好为 26 ～ 28 ℃。

【知识小贴士】如何活化酵母？

先用酵母质量的 4 ～ 5 倍的温水（水温为 35 ～ 40 ℃），把酵母活化 15 min，再加在面粉上，并记住，配方中的水量包括活化酵母的水量。另外还要注意，酵母不能先与盐或糖等混合在一起，以防止在高渗透压的情况下死亡。

（3）发酵。将调制好的面团放入发酵室，醒发温度 32 ～ 38 ℃，醒发湿度 80 ～ 85%，醒发时间 80 ～ 90 min（醒发至原体积的 2.5 ～ 3 倍），可以根据酵母的使用量来调节。

（4）整型。将发酵好的大面团分割成 70 g 的小面团后进行滚圆，包入 25 g 豆沙馅，擀成长 25 ～ 27 cm、宽 10 ～ 11 cm 的椭圆形片，对折后等切为 6 ～ 7 条，然后将面展开反拧 1 圈并打结成皇冠状，半成品高 4 ～ 4.5 cm，直径 6 ～ 7 cm，质量 95 ± 5 g，再进行中间醒发。面包制作过程如图 2-4-1 所示。

（5）醒发。将装盘的面包坯放入醒发箱醒发，醒发温度 32 ～ 38 ℃，醒发湿度 80% ～ 85%，醒发时间 80 ～ 90 min。醒发后直径 9 ～ 10 cm，高 5 ～ 6 cm。

（6）烘烤 。醒发好的半成品摆盘后，表面刷蛋液，然后入炉烘烤，上火 195 ℃，下火 180 ℃，时间 10 ～ 14 min。当时间达到 10 ～ 12 min 时需观察色泽，确定其出炉时达到规定的要求。

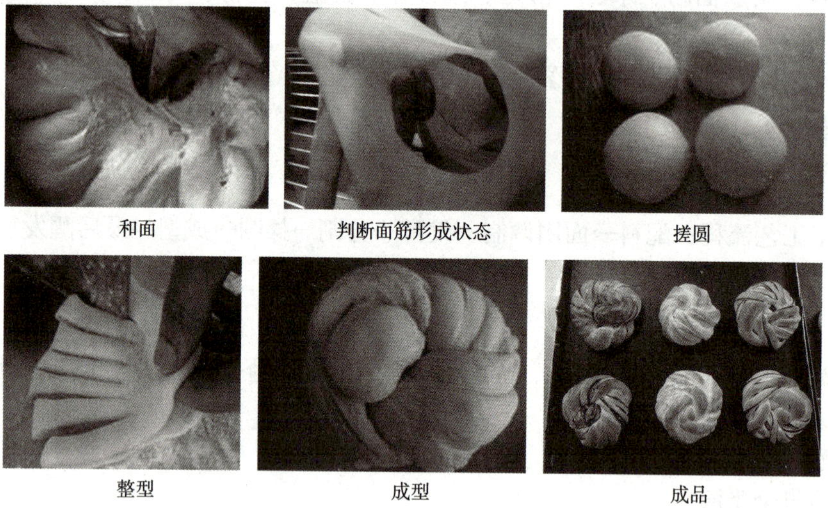

彩图二维码

图 2-4-1　面包制作过程

（7）冷却、包装。出炉时，应轻颠烤盘，防止收缩。将成品摆入筐子，成品长 10 ～ 12 cm，宽 5 ～ 6 cm，质量 80 ± 5 g，呈金黄色。

三、任务评价

（1）面包的感官指标。请按照表 2-4-1 的标准评价面包质量，可以采用自评、互评等形式。

表 2-4-1　面包感官评价指标

评价指标	评价标准	分数	实得分数	备注
色泽	呈金黄色、淡棕色或棕灰色，色泽均匀； 正常视力无可见外来杂质	30		
外形	完整，丰满，无黑泡或明显焦斑，形状应与品种造型相符	30		
内部组织	细腻，有弹性，气孔均匀，纹理清晰，呈海绵状，切片后不断裂	20		

续表

评价指标	评价标准	分数	实得分数	备注
口感	具有发酵和烘烤后的面包香味，松软适口，无异味	20		
合计		100		

（2）面包生产过程评价指标。请按照表 2-4-2 的标准评价本次任务完成情况。

表 2-4-2　面包生产过程评价指标

职业功能	主要内容	技能要求	相关知识	分数	实得分数	备注
准备工作	清洁卫生	能完成车间、工器具、操作台的卫生清洁、消毒等工作	食品卫生基础知识	5		
	备料	能正确识别原辅料	原辅料知识	5		
	检查工器具	能检查工器具是否完备	工具、设备结构 工具设备使用方法	5		
面团调制	配料	能读懂产品配方 能按产品配方准确称料	配方表示方法 配料性质	5		
	搅拌	能根据产品配方和工艺要求调制软面包面团	搅拌的手法 搅拌终点的判断	10		
发酵	发酵条件	能正确调控发酵温度、发酵湿度和发酵时间	发酵温度、发酵湿度、发酵时间	10		
	发酵终点	能正确判断发酵时间	发酵终点的判断	10		
整型	分割称量	正确使用切刀和电子秤进行分割和称量	工具、设备结构 工具设备使用方法	5		
	中间醒发	正确调控发酵温度、发酵湿度和发酵时间	发酵温度、发酵湿度和发酵时间	5		
	成型	按照所需形状进行包馅、切分和造型	切分和造型	5		
	装盘	能选择适当的面包间距	面包间距	5		
最后醒发	醒发	正确调控发酵温度、发酵湿度和发酵时间	发酵温度、发酵湿度和发酵时间	10		
烘烤	烘烤条件设定	能按工艺要求烘烤面包	烤炉的分类 常用烘烤工艺要求 烤炉的操作方法	10		
冷却	冷却	能按冷却规程进行一般性操作	冷却温度、时间 产品冷却程度和保质的关系 冷却场所、包装工器具及操作人员的卫生要求	5		
贮存	原材料贮存	能按贮存要求进行简单操作	原辅料的贮存常识 原辅料质量检测国家标准	5		
合计				100		

四、任务拓展

面包面团的加工和面包醒发、成型和烘烤请扫描下方二维码查看。

实训演示：面包面团的加工

实训演示：面包醒发、成型和烘烤

任务自测

请扫描下方二维码进行本任务自测。

项目三　软饮料加工

任务一　包装饮用水加工

任务目标

➢ **知识目标**

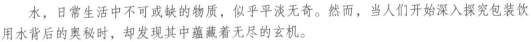

1. 了解包装饮用水的概念、特点及分类。
2. 熟悉包装饮用水加工常用设备及使用方法。
3. 掌握包装饮用水加工的工艺流程和操作要点。

➢ **技能目标**

1. 能够独立完成包装饮用水的加工。
2. 能够熟练使用包装饮用水加工设备。
3. 能够根据包装饮用水评价标准评价产品质量并提出常见质量问题的解决方法。

➢ **素质目标**

通过对包装饮用水创新产品和文创食品的了解，增强创新意识，培养创新思维。

任务导学

水，日常生活中不可或缺的物质，似乎平淡无奇。然而，当人们开始深入探究包装饮用水背后的奥秘时，却发现其中蕴藏着无尽的玄机。

水，地球上最丰富的自然资源，也是生命之源。它滋养着万物，维持着生态平衡。然而，随着现代工业的发展，水污染问题日益严重，纯净的水资源变得越来越稀缺。在此背景下，包装饮用水应运而生，成为人们生活中不可或缺的一部分。

思维导图

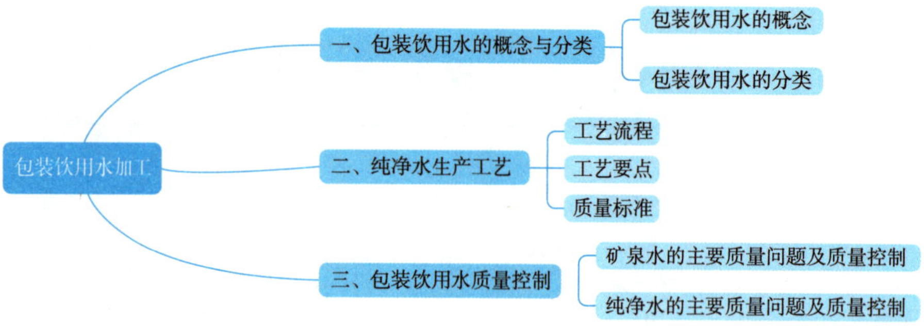

知识储备

一、包装饮用水的概念与分类

（一）包装饮用水的概念

根据《〈饮料通则〉国家标准第 1 号修改单》（GB/T 10789—2015/XG1—2018）的规定，以直接来源于地表、地下或公共供水系统的水为水源，经加工制成的密封于容器中可直接饮用的水称为饮用水。

（二）包装饮用水的分类

包装饮用水根据成分和来源的不同，可分为以下品种：

（1）饮用天然矿泉水。饮用天然矿泉水是指从地下深处自然涌出的或经钻井采集的，含有一定量的矿物质、微量元素或其他成分，在一定区域未受污染并采取预防措施避免污染的水。在通常情况下，其化学成分、流量、水温等动态指标在天然周期波动范围内相对稳定。

（2）饮用纯净水。饮用纯净水是指以直接来源于地表、地下或公共供水系统的水为水源，经适当的水净化加工方法制成的制品。

（3）其他类饮用水。

1）饮用天然泉水。饮用天然泉水是指以地下自然涌出的泉水或经钻井采集的且未经过公共供水系统的自然来源的水为水源制成的制品。

2）饮用天然水。饮用天然水是指以水井、山泉、水库、湖泊、高山冰川等为来源且未经过公共供水系统的水制成的制品。

3）除饮用天然泉水、饮用天然水外的饮用水。此种饮用水是直接来源于地表、地下或公共供水系统，经适当的加工方法制成的制品。为调整口感，此类水中加入了一定量矿物质，但不得添加糖或其他物质。

二、纯净水生产工艺

瓶装饮用纯净水是以符合生活饮用水卫生标准的水为水源，采用蒸馏法、去离子法或离子交换法、反渗透法及其他适当的加工方法制得的，密封于容器中，不含任何添加物，可直接饮用的水。纯净水包括蒸馏水、超纯水、太空水等。由于纯净水在加工过程中除去了水中的矿物质、有机物和微生物，因此具有“纯”“净”等特点。

衡量纯净水纯度的指标是电阻率（MΩ · cm）或电导率（μS/cm）（电阻率与电导率互为倒数）。电阻率与水中的无机离子有关，电阻率越大表明水中的无机离子越少，水的纯度越高。

我国桶装饮用水市场上主要有纯净水、矿泉水、泉水和天然水、矿物质水等。矿泉水、泉水等受资源限制产量有限。纯净水是利用符合国家生活饮用水标准的城市供水系统的水经过一定的生产流程生产的，因此，可有效地避免各类病菌入侵人体，能有效安全地给人体补充水分，与人体细胞的亲和力很强，有促进新陈代谢的作用。

（一）工艺流程

工艺流程：原水→粗滤→去离子净化（离子交换、反渗透、蒸馏等）→杀菌→灌装→贴标→喷码→成品。

（二）工艺要点

1. 原水的选择

纯净水水源没有矿泉水的要求严格，但是良好的水源依然是生产优质纯净水的前提条件。要选用符合国家饮用水标准，而且矿化度低、硬度低、滋味甘美的水源。

2. 粗滤

将原水进行预处理，主要是降低原水的色度和浑浊度，采用的方法有砂滤、深层过滤（机械过滤）、活性炭吸附等。

（1）初滤。初滤是指原水在一定的压力作用下，通过过滤介质滤除水中悬浮物、不溶性颗粒，除去色味，脱氧从而达到净化的目的。当净化一定量的原水后，通过反冲洗方式对过滤介质进行净化清洗使之恢复过滤功能。例如，可以选用机械过滤器即压力过滤器初滤；也可以选用砂滤棒初滤，原水从砂滤棒外壁通过棒上的微孔进入棒的内部，滤掉悬浮物和少量微生物，砂滤棒使用时要注意及时清洗或更换。

（2）微孔过滤。微孔过滤主要是利用过滤介质微孔将水中的杂质截留，从而使水净化。应根据水质情况及水处理能力的要求，选择不同规格型号的微孔过滤器。当过滤管上的污垢增多、滤阻增大时，可利用压缩空气反吹或清水反冲洗的方法清洗过滤管。

（3）超滤。一般用聚砜中空纤维超滤膜技术装置过滤，截留相对分子质量范围是 6 000 ～ 400 000。滤去胶粒状小颗粒及经灭菌后的菌体。超滤作业在较低的压力下即可进行工作，一般提高压力不能加快流速，但对于浓度极低的溶液进行过滤分离时，可适当提高压力以提高水的流量。

3. 脱盐

作为生产纯净水的原水，生活饮用水中溶解性固体的含量不超过 1 000 mg/L，相当于电阻率不超过 120 ～ 160 μS/cm。除盐的目的是除去水中的盐分，使电导率降低到 10 μS/cm 以下，达到饮用纯净水的标准。除盐的方法主要有蒸馏法、离子交换法、电渗析法、反渗透法几种。生产中不是采用单一方法，往往多种方法组合使用。

（1）蒸馏法。蒸馏法是先将原水加热蒸发，使其变成水蒸气，而后将水蒸气冷却凝结，即可得到蒸馏水。为保证产品的纯度要求，至少采取两次以上的蒸馏处理。

（2）离子交换法。离子交换法主要利用离子交换剂将原水中人们不需要的离子暂时占有，而后再将之释放到再生液中，使水得到纯化。为了获得高度纯净的水，通常将阴阳离子交换树脂按比例配制后放入统一交换柱进行混床式处理，该操作可同时除去水中的金属离子和酸根离子。

（3）电渗析法。电渗析法不需要酸碱再生，只要有电能即可运行，但该法的脱盐率较低，且不能除去水中的非电解质类物质。电渗析器运行中，浓水室一侧的阳膜和阴膜上会产生沉淀结垢现象，不仅会减少交换膜的有效面积，还会增加能耗，减少膜的使用寿命。可定期用 2% 的盐酸或 0.1 mol/L 的氢氧化钠溶液进行洗涤。

（4）反渗透法。反渗透法广泛用于海水和苦咸水淡化、医药用纯水制取、饮用纯水制取等方面，具有脱盐率高、水利用率高、自动化程度高、能耗低等优点。反渗透作业时，如果一次操作达不到浓缩和淡化的效果，可将其产品水送至另一个反渗透单元中进行再次淡化。

在这几种净化处理方法中，反渗透法、电渗析法、蒸馏法、离子交换法清除原水中的杂质效果较好，其中效果最好的是反渗透法、电渗析法，这两种方法已经广泛应用，它们的普及应用与近年来膜分离技术的迅速发展是分不开的。

4. 杀菌

在水质处理过程中，大部分微生物已被去除，但并不能将水中的细菌全部去除。为了确保产品在保质期内合格，保证消费者的健康，必须进行消毒处理。消毒的目的是杀灭水中的致病菌，并使水中的细菌含量符合国家标准，采用的杀菌方法是紫外线消毒和臭氧消毒，其中臭氧消毒的效果较好。

为了提高臭氧的消毒效果、降低臭氧用量，原水先经过反渗透和超滤处理，可将水中 99% 的有机物除去。臭氧发生器一般采用喷射投加方式，使臭氧与水充分接触 20 min，检测出水口臭氧浓度，约为 0.4 mg/L。

5. 灌装

用臭氧洁水灭菌后，应立即进行灌装。因为经灭菌后，水中含有残留的臭氧不仅对灌装中使用的瓶盖等起到杀菌作用，而且可抑制细菌及其芽孢的生长繁殖，保证产品质量。

（三）质量标准

饮用纯净水感官要求见表 3-1-1。

表 3-1-1　饮用纯净水感官要求

项目	要求
色度（度）	≤ 5
混浊度（NTU）	≤ 1
状态	无正常视力可见外来异物
滋味、气味	无异味、异嗅

三、包装饮用水质量控制

（一）矿泉水的主要质量问题及质量控制

1. 矿泉水的主要质量问题

矿泉水在生产和贮藏过程中经常出现的质量问题有微生物污染、产生沉淀、变色等。

（1）微生物污染。微生物污染是矿泉水生产中影响其质量的关键因素。与其他种类饮料相比，矿泉水生产既不经热杀菌，也不添加防腐剂，微生物指标难以控制。霉菌污染又是矿泉水微生物污染中常见的问题。霉菌污染矿泉水主要是通过空气，灌装车间设计不合理，未安装净化设备，空气洁净度不够或管理不严，室外空气进入车间未进行净化处理，造成霉菌污染；贮水和输水系统受到污染，水泵、贮水池和输水管道容易受到污染；包装容器清洗、消毒不彻底，导致二次污染。

（2）产生沉淀。矿泉水在贮藏过程中经常会出现红、黄、褐和白等各色沉淀，沉淀产生的原因有很多。矿泉水在低温中长时间贮藏时，会出现轻微白色絮状沉淀，高温下又会消失，此现象是矿物盐低温下溶解度降低所致。其他常见的沉淀物有以下几种：

1）红色、黄色和褐色沉淀，主要是铁、锰离子含量较高引起的。

2）白色结晶沉淀，主要是矿物盐沉淀造成的。

3）白色棉花状悬浮物，一般是霉菌污染造成的。

（3）变色。瓶装矿泉水贮藏一段时间后，会出现发绿和发黄的现象。发绿主要是矿泉水中的藻类（如绿藻）和一些光合细菌（如绿硫细菌）引起的。藻类污染来自回收容器、灌装车间空气、管道、敞口的曝气池或贮水池等。防治措施是隔断或阻断藻类污染。发黄主要是管道和生产设备材质不佳、产生铁锈所致，更换优质材质不锈钢或高压聚乙烯即可。

2. 矿泉水质量问题的控制

矿泉水质量问题的控制主要从水源的卫生防护和矿泉水生产的严格管理两方面考虑。

（1）加强水源的卫生防护。严格按照国家标准规定，在水源地设立卫生防护区，强化管理，确保水源不受细菌或其他有害物质污染，确保矿泉水的安全、卫生。加强水源的水质监测和年检工作，强化动态检测，根据实际情况及时调整水处理工艺，保障矿泉水的产品质量。

（2）矿泉水生产实行严格的科学管理。

1）加强矿泉水生产工艺管理。

①优化生产布局和生产工艺：科学布局不同功能区，实行人流和物流分开，防止交叉污染；依据不同水源的特点，选择合适的生产工艺和生产设备并进行科学细致论证，做到技术先进、经济合理、操作方便。

②强化生产管理：切实做好灌装车间的空气净化、杀菌措施，做好灌装设备和输送管道的杀菌工作，做好包装材料的杀菌和使用，确保无菌灌装。加强在线重要工艺参数的检测，确保生产线的正常运转和产品质量。

2）加强矿泉水生产的全程质量管理。

①建立、健全全程质量管理体系：建立、健全质量机构和质量管理制度，建立严格的岗位责任制和操作规程，对关键工序严格控制，并建立预警和应急处理机制。引入

HACCP 管理制度，编制危害分析工作表，在贮存水，杀菌，瓶、盖的消毒，灌装和灯检等关键控制环节采取严格的预防控制措施，切实提高产品质量。所有输水管道、贮水池、灌装设备及容器必须进行彻底和严格的清洗和消毒，并定期检查和消毒。

②实行全员质量管理制度：对生产各环节生产人员进行技术和管理制度定期培训，建立全员质量管理制度，强化全员质量意识，增强食品生产卫生意识，自觉、认真执行各项规章制度，确保产品质量。

（二）纯净水的主要质量问题及质量控制

1. 纯净水的主要质量问题

纯净水生产中的主要问题是细菌总数和电导率超标。

纯净水细菌总数超标说明纯净水受杂菌污染程度较高，其原因很多，如水源、管道设备被污染，瓶、盖包材清洗不彻底，杀菌设备失灵，灌装车间空气洁净度不够，消毒时间和消毒方法不正确，杀菌后没及时使用导致二次污染等。控制微生物污染是改善纯净水质量的首要问题。

电导率与水中的无机离子含量有关，电导率超标表明饮用纯净水中无机离子含量较高，水的纯度不高。电导率超标产生的原因主要有生产企业管理存在漏洞，如反渗透膜没有及时更换、水处理设备没有定时冲洗等。

2. 纯净水质量问题的控制

针对纯净水出现的质量问题，根据企业实际情况应该做到以下几个方面：

（1）加强人员培训，规范操作。定期组织管理人员、生产操作人员学习专业技能和质量管理制度，强化全员的质量意识，培养自觉、认真执行各项规章制度的能力，确保产品质量。严格规范和管理纯净水生产工艺流程及各段操作工艺指标。让全员掌握消毒液的配制方法、使用方法和消毒时间，提高检测水平。

（2）建立、健全质量监控体系，严把生产关。加强企业检验部门的监督职能，更新检验设备，增加人员，提升检测能力，建立、健全质量监控体系并建立完善的应急纠错机制，严把生产关。同时，还要注意生产工艺各流程的控制模块的检验。

（3）加强企业自身基础建设。不断更新陈旧老化设备，提升车间的洁净等级；优化企业生产布局，减少相互干扰和交叉污染；调整生产工艺，更新生产设备；定期对生产设备、生产车间进行彻底消毒，尤其是设备、管道死角。

任务实施

饮用矿泉水加工

一、任务准备

（1）原辅材料：水源水、活性炭、碳酸氢钠、氯化钙、氯化镁、二氧化碳等。

（2）工具设备：不锈钢罐、调配罐、微滤过滤器、柱塞泵、喷码机、灌装机等。

二、任务实操

1. 工艺流程

（1）天然矿泉水生产工艺如图 3-1-1 所示。

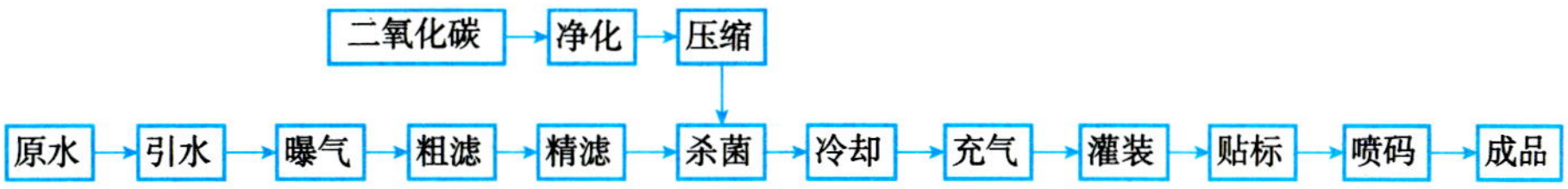

图 3-1-1　天然矿泉水生产工艺

（2）人工矿泉水生产工艺。

1）直接溶化法：原水→氯消毒→脱氢→加盐调配→杀菌→灌装→贴标→喷码→成品。

2）二氧化碳浸蚀法如图 3-1-2 所示。

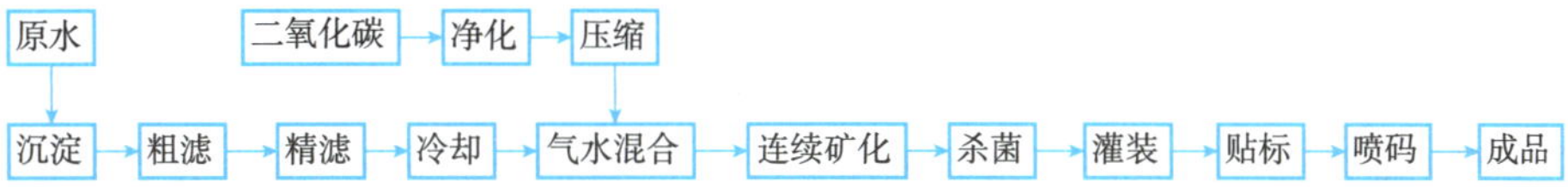

图 3-1-2　二氧化碳浸蚀法

2. 操作要点

（1）直接溶解法。

1）原水处理。原水可使用天然矿泉水、井水或自来水。天然矿泉水、井水需要经过沉淀、粗滤、精滤和氯消毒等工序处理。处理好的天然矿泉水、井水或自来水经过活性炭脱氯后进入调配罐。

【知识小贴士】引水有哪些注意事项？

为了自然允许情况下取水方便并得到最大可能流量，同时防止水和气体的损失，防止地表水和潜水的混入，完全排除有害物质的污染，防止物理、化学性质发生变化，一般将矿泉水的引水分为地上引水和地下引水两部分。矿泉水的引水点最好进行封闭处理，以防污染。水泵、输水管要采用与矿泉水不发生反应的材料，如不锈钢等。水泵最好用齿轮泵或活塞泵，离心泵容易导致游离二氧化碳损失。

2）调配。根据设定配方（配方一经确定，不得随意更改），将一些可溶性无机盐（使用级原料），如碳酸氢钠、氯化钙、氯化镁等加入调配罐溶解。

3）过滤。将调配好的矿泉水通过微滤过滤器等进行精滤，将滤液存入中间罐中备用。

【知识小贴士】矿泉水进行过滤的目的及常用的方法

矿泉水进行过滤的目的是除去水中的不溶性悬浮杂质和微生物，其主要为泥沙、细菌、霉菌及藻类等，防止矿泉水装瓶后浑浊变质。

矿泉水生产中的过滤方法一般包括粗滤和精滤。粗滤是指采用多介质深层过滤，能截留水中粒度>0.2 μm的悬浮颗粒物质，达到初步过滤的作用。精滤可以采用砂滤棒过滤或微滤的方法进行。微滤是以静压差为推动力，利用膜的筛分作用进行分离的膜过程，可以截留小悬浮物、微生物、微粒、细菌、酵母、红细胞等，操作压力为0.01～0.2 MPa，被分离粒子直径范围为0.08～10 μm。超滤是以压力为推动力，利用超滤膜不同孔径对液体分离的物理筛分过程，能有效滤除去水中99.99%的胶体、细菌、悬浮物等有害物质。

4）杀菌。采用加热、臭氧、紫外线等方法进行杀菌，其中冷杀菌比热杀菌经济得多。

5）充气。人工矿泉水制取方法：原水经配料调整过滤后，先冷却至3～5 ℃，充入二氧化碳，再杀菌灌装得到成品。

【知识小贴士】充气的目的及方法

生产含有二氧化碳气体的矿泉水产品需要充气工序。充气的目的是向矿泉水中充入二氧化碳气体。原水经引水、曝气、过滤、杀菌和冷却后，再充入二氧化碳气体或因水质条件特殊不经曝气而直接装瓶。充气用的二氧化碳气体可以是从原水分离得到的，也可以是市售饮料专用的。充气一般在气水混合机中完成，我国规定成品含气矿泉水中游离的二氧化碳含量≥250 mg/L。

6）灌装。将杀菌充气后的矿泉水装入消毒过并清洗干净的瓶中，经压盖封口包装后入库。

（2）二氧化碳浸蚀法。

1）原水处理。原水可以使用天然泉水、井水或自来水，处理方法同直接溶解法。

2）二氧化碳预处理与混合。将净化压缩后的二氧化碳与处理后的冷却水在气水混合机中充分混合。

3）连续矿化。将石灰石、白云石、文石等碱土碳酸盐矿石粉末投入连续矿化装置中，通入汽化水，在循环泵的作用下不断循环溶解，为加速矿化剂的溶解，可在罐侧加装一台超声波发生器。

【知识小贴士】矿化时主要发生哪些化学反应？

$$MgCO_3 + CO_2 + H_2O \longrightarrow Mg(HCO_3)_2$$

$$CaCO_3 + CO_2 + H_2O \longrightarrow Ca(HCO_3)_2$$

4）过滤、杀菌、灌装。当原料水达到一定矿化度后，进行过滤、杀菌、装瓶处理。

【知识小贴士】灌装方法

灌装是将杀菌后的矿泉水装入已灭菌的包装容器的过程。矿泉水生产中均在无

菌车间内进行自动灌装，从瓶坯到吹制，再到装水、压盖、贴标、喷码、瓶检、大包装、入库各工序连接，已形成高度连续化、机械化、自动化的灌装生产线，这就保证了产品的质量和卫生要求。灌装方式有两种，不含气矿泉水采用负压灌装，含气矿泉水采用等压灌装。

三、任务评价

（1）水质评价指标应符合表 3-1-2 的规定。请按照表 3-1-2 的标准评价饮用天然矿泉水质量，可以采用自评、互评等形式。

表 3-1-2　饮用矿泉水感官要求

评价指标	评价标准	分数	实得分数	备注
色度 / 度	≤ 10（不得呈现其他异色）	25		
混浊度 /NTU	≤ 1	25		
滋味、气味	具有矿泉水的特征性口味，无异味，无异嗅	25		
状态	允许有极少量的天然矿物质盐沉淀，无正常视力可见外来异物	25		
合计		100		

（2）饮用矿泉水生产过程评价指标。请按照表 3-1-3 的标准评价本次任务完成情况。

表 3-1-3　饮用矿泉水生产过程评价指标

职业功能	主要内容	技能要求	相关知识	分数	实得分数	备注
准备工作	卫生整理	能清理操作台、地面，并能在工作中保持整洁；能保持工作服、围裙、帽子、工作靴等个人用品卫生	食品卫生基础知识	10		
	工具、设备准备	能使用清洗和保养常用工具、设备	工具、设备结构 工具设备使用方法	10		
	备料	按照产品类型选择原辅料	原辅料知识	10		
水的净化	精滤	根据原水情况选择精滤设备型号，并能使用精滤设备	精滤设备工作原理使用方法	10		
	电渗析	对电渗析设备进行正确选型并能使用电渗析设备	电渗析净化原理 设备使用方法	10		
	活性炭过滤	对活性炭设备及活性炭粒径进行正确选择并能使用活性炭过滤设备	活性炭的作用、使用要求及注意事项	10		
	反渗透	根据水质分析选择反渗透设备并能使用反渗透设备	反渗透设备工作原理及使用方法	10		

续表

职业功能	主要内容	技能要求	相关知识	分数	实得分数	备注
灭菌	瓶装水灭菌	能选择适宜的灭菌方法进行瓶装水的灭菌处理	灭菌温度、时间设定要求，灭菌设备的选择	10		
封口与灌装	灌装封口	能使用灌封一体机进行瓶装水的灌封操作	灌封操作环境卫生要求、设备的使用方法	10		
感官检验	产品感官评价	能对产品的品质、规格、包装进行鉴别	产品感官指标参数	10		
合计				100		

四、任务拓展

你会喝水吗？请扫描下方二维码查看。

任务自测

请扫描下方二维码进行本任务自测。

任务二　果蔬汁类及其饮料加工

任务目标

➢ **知识目标**

1. 了解果蔬汁类及其饮料的基本概念和种类。
2. 掌握果蔬汁类及其饮料加工的基本过程和单元操作要点。
3. 掌握果蔬汁类及其饮料常见的质量问题和控制措施。

➢ **技能目标**

1. 能够独立完成果蔬汁类及其饮料的加工。
2. 能够熟练使用果蔬汁类及其饮料的加工设备。
3. 能够根据果蔬汁类及其饮料评价标准评价产品质量并提出常见质量问题的解决方法。

➢素质目标

1. 能够根据不同果蔬汁标准对其进行质量控制，培养解读、执行国家标准的意识。
2. 将法律法规意识融入学习，树立知法懂法守法的观念，积极推进法治建设。

任务导学

我国是水果生产大国，年产量达 9 000 万多吨，占世界水果总产量的 15%。其中，苹果的产量居世界第一，柑橘的产量居世界第三，梨、桃等的产量位于世界前列。近几年，我国果汁饮料产销量快速增长。果汁市场的迅速崛起与消费者健康意识增强密不可分。果汁饮料（尤其是纯果汁）中富含身体必需的维生素和微量元素，因此，健康美味成为其吸引消费者购买的主要原因。

南方游客不会吃冻梨？切盘安排上！近期，哈尔滨旅游热度持续攀升。有的商家为适应外地游客的食用习惯，将惯例整个出售的冻梨进行切盘，视频火上热搜。东北网友见状惊呼："尔滨"，你让我感到陌生！商家还制作了各种冻梨饮料。那么冻梨饮料什么味道？它们都是如何制作的？接下来我们将一起学习果蔬汁的加工方法。

思维导图

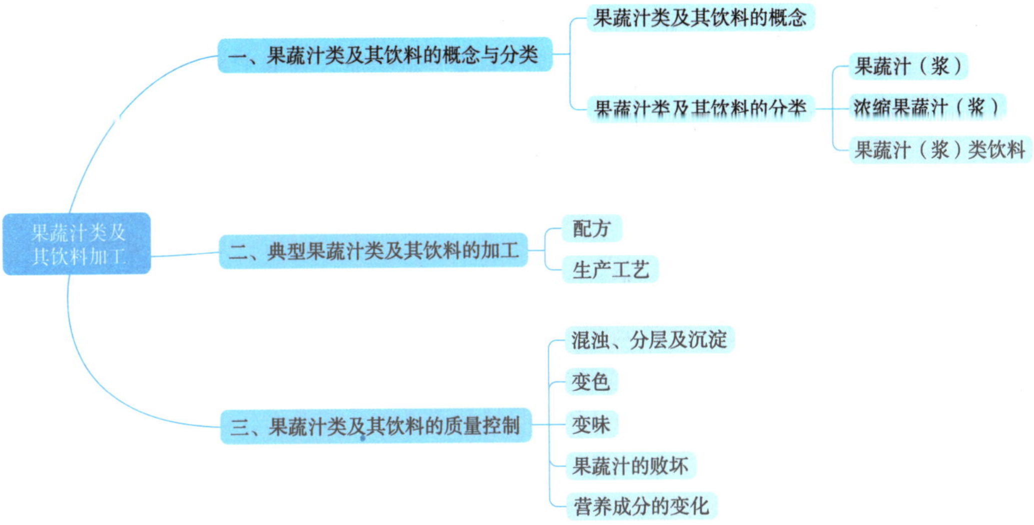

知识储备

一、果蔬汁类及其饮料的概念与分类

（一）果蔬汁类及其饮料的概念

果蔬汁类及其饮料是以水果和（或）蔬菜（包括可食的根、茎、叶、花、果实）等为

原料，经加工或发酵制成的液体饮料。果蔬汁是果蔬中最有营养的部分，易被人体吸收，有“液体果蔬”之称。以果蔬汁为基料，通过加糖、酸、香精、色素等调制而成的产品称为果蔬汁类及其饮料。

（二）果蔬汁类及其饮料的分类

根据《〈果蔬汁类及其饮料〉国家标准第1号修改单》（GB/T 31121—2014/XG1—2018），可将果蔬汁类饮料分为以下几类。

1. 果蔬汁（浆）

果蔬汁（浆）是指以水果或蔬菜为原料，采用物理方法（机械方法、水浸提法等）制成的可发酵但未发酵的汁液、浆液制品；或在浓缩果蔬汁（浆）中加入其加工过程中除去的等量水分复原制成的汁液、浆液制品。

（1）原榨果汁（非复原果汁）。原榨果汁（非复原果汁）是指以水果为原料，采用机械方法直接制成的可发酵但未发酵的、未经浓缩的汁液制品。采用非热处理方式加工或巴氏杀菌制成的原榨果汁（非复原果汁）可称为鲜榨果汁。

（2）果汁（复原果汁）。果汁（复原果汁）是指在浓缩果汁中加入其加工过程中除去的等量水分复原而成的制品。

（3）蔬菜汁。蔬菜汁是指以蔬菜为原料，采用物理方法制成的可发酵但未发酵的汁液制品，或在浓缩蔬菜汁中加入其加工过程中除去的等量水分复原而成的制品。

（4）果浆/蔬菜浆。果浆/蔬菜浆是指以水果或蔬菜为原料，采用物理方法制成的可发酵但未发酵的浆液制品，或在浓缩果浆或浓缩蔬菜浆中加入其加工过程中除去的等量水分复原而成的制品。

（5）复合果蔬汁（浆）。复合果蔬汁（浆）是指含有不少于两种果汁（浆）或蔬菜汁（浆），或果汁（浆）和蔬菜汁（浆）的制品。

2. 浓缩果蔬汁（浆）

浓缩果蔬汁（浆）是指以水果或蔬菜为原料，从采用物理方法制取的果汁（浆）或蔬菜汁（浆）中除去一定量的水分制成的、加入其加工过程中除去的等量水分复原后具有果汁（浆）或蔬菜汁（浆）应有特征的制品。含有不少于两种浓缩果汁（浆），或浓缩菜汁（浆），或浓缩果汁（浆）和浓缩蔬菜汁（浆）的制品为浓缩复合果蔬汁（浆）。

3. 果蔬汁（浆）类饮料

果蔬汁（浆）类饮料是指以果蔬汁（浆）、浓缩果蔬汁（浆）、水为原料，添加或不添加其他食品原辅料和（或）食品添加剂，经加工制成的制品。可添加通过物理方法从水果和（或）蔬菜中获得的纤维、囊胞（来源于柑橘属水果）、果粒、蔬菜粒。

（1）果蔬汁类及其饮料。果蔬汁类及其饮料是指以果汁（浆）、浓缩果汁（浆）或蔬菜汁（浆）、浓缩蔬菜汁（浆）、水为原料，添加或不添加其他食品原辅料和（或）食品添加剂，经加工制成的制品。

（2）果肉（浆）饮料。果肉（浆）饮料是指以果浆、浓缩果浆、水为原料，添加或不添加果汁、浓缩果汁、其他食品原辅料和（或）食品添加剂，经加工制成的制品。

（3）复合果蔬汁类及其饮料。复合果蔬汁类及其饮料是指以不少于两种果汁（浆）、浓缩果汁（浆）、蔬菜汁（浆）、浓缩蔬菜汁（浆）、水为原料，添加或不添加其他食品原辅料和（或）食品添加剂，经加工制成的制品。

（4）果蔬汁类及其饮料浓浆。果蔬汁类及其饮料浓浆是指以果汁（浆）、蔬菜汁（浆）、浓缩果汁（浆）或浓缩蔬菜汁（浆）中的一种或几种为原料，添加或不添加其他食品原辅料和（或）食品添加剂，经加工制成的，按一定的比例加水稀释后方可饮用的制品。

（5）发酵果蔬汁类及其饮料。发酵果蔬汁类及其饮料是指以水果或蔬菜，或果蔬汁（浆），或浓缩果蔬汁（浆）经发酵后制成的汁液及水为原料，添加或不添加其他食品原辅料和（或）食品添加剂的制品。如苹果、橙、山楂、枣等经发酵后制成的饮料。

（6）水果饮料。水果饮料是指以果汁（浆）、浓缩果汁（浆）、水为原料，添加或不添加其他食品原辅料和（或）食品添加剂，经加工制成的果汁含量较低的制品。

二、典型果蔬汁类及其饮料的加工

粒粒橙饮料属于典型的果蔬汁（浆）类饮料，颗颗果肉悬浮在饮料之中，外观晶莹、饱满，果粒悬浮性、流动性好。

1. 配方

粒粒橙饮料配方见表 3-2-1。

表 3-2-1　粒粒橙饮料配方

原料名称	用量 /%	原料名称	用量 /%
白砂糖	8.00	山梨酸钾	0.03
柑橘砂囊	5.00	护色剂 HA	0.07
悬浮剂 XC	0.25	橘子香精	0.05
甜赛糖 TR50	0.04	β- 胡萝卜素	适量
柠檬酸	0.25 ～ 0.30		

2. 生产工艺

（1）溶胶：将悬浮剂与少量白砂糖混合，在不断搅拌下加入 70 ℃的纯净水 300 mL，然后加热到 90 ～ 95 ℃，溶解完全后保温 2 ～ 3 min。

（2）糖浆制备：在 200 mL 纯净水中加入山梨酸钾、甜赛糖与白砂糖，煮沸后保温 5 min，搅拌均匀后，用 200 目滤布过滤，加入悬浮剂料液中。

（3）果肉的处理：将柑橘砂囊用纯净水清洗过后，煮沸 3 ～ 5 min，过滤、冷却后备用。

（4）酸化：将柠檬酸用 70 ℃纯净水 100 mL 充分溶解，缓慢加入料液中。

（5）灌装：将果粒加入料液中搅拌均匀，定容至 1 000 mL。

（6）杀菌：把封好的瓶放入热水中加热使温度迅速升到 85 ～ 90 ℃，在此温度下保温 20 min。

（7）冷却：将杀菌后的样品放置水浴中冷却至常温。

三、果蔬汁类及其饮料的质量控制

（一）混浊、分层及沉淀

果蔬汁按其透明与否可分成澄清汁和混浊汁两种。澄清汁在加工和储藏中很容易重新出现不溶性悬浮物或沉淀物，这种现象称为后混浊现象。而混浊汁（包括果肉果汁饮料）在存放过程中容易发生分层及沉淀现象。澄清汁的后混浊、混浊汁的分层及沉淀是果蔬汁类及其饮料生产中的主要质量问题。

1. 澄清汁的后混浊现象

澄清汁发生后混浊现象主要是由于汁中存在多酚类化合物、淀粉、果胶、蛋白质、阿拉伯聚糖、右旋糖酐、微生物及助滤剂等。这些化合物在一定条件下发生酶促反应、美拉德反应及蛋白质的变性反应等，产生沉淀而使果蔬汁混浊。防止后混浊的产生有以下方法。

（1）采用成熟而新鲜的原料。多酚类化合物的含量与原料的成熟度和新鲜度有关。未成熟的原料多酚类物质含量较高，受到外源性损伤的原料多酚类化合物也会成倍增加。多酚类化合物含量越高，后混浊现象越严重。因此，应选择成熟、新鲜的原料。

（2）加强原料和设备的清洗，保证生产的卫生条件。原料、设备及生产环境中，如果卫生条件不好，就可能带入肠膜明串珠菌，这种菌会使果蔬汁中的糖在储存期间合成右旋糖酐，而引起果蔬汁混浊。另外，加强原料和设备的清洗，也能消除设备管道中积存的不溶性的微粒，防止沉淀的发生。

（3）适量加入澄清剂。如明胶、交联聚维酮（PVPP）、聚酰胺等可使果蔬汁中的多酚类物质和蛋白质的含量降低。

（4）澄清时，合理地加入酶制剂。使用酶制剂可使果胶、淀粉完全分解，但不可过量使用，否则会引起后混浊。

（5）制汁工艺要求合理。压榨时采用较为轻柔的方法，尽管会降低原料的出汁率，但也可降低引起后混浊的成分，尤其是阿拉伯聚糖含量。阿拉伯聚糖存在于细胞壁中，当出汁率达到90%时，阿拉伯聚糖从细胞壁中溶出而进入汁液中，储存数周后，会产生阿拉伯聚糖沉淀现象，从而引起后混浊。

（6）加强原辅料管理与正确使用。加工用水若未达到软饮料用水的要求，就可能带来沉淀和混浊的物质，并可与果蔬汁中的某些成分发生反应而产生沉淀和混浊现象。调配时所用的糖及其他食品添加剂的质量差，可能会有致混浊沉淀的杂质。添加香精时，所选用的香精水溶性低或香精用量过大，在果蔬汁储藏过程中，香精可能从果蔬汁中分离出来而引起混浊。

（7）采用超滤技术。超滤可以降低多种引起后混浊的成分含量，但并不能完全防止后混浊的产生。合理的超滤系统与正确的操作方法可以降低后混浊的可能性。

（8）采用低温储藏。若储藏温度低，可降低引起后混浊的各类化学反应的速度。

（9）避免果蔬汁对设备、马口铁罐内壁的腐蚀。果蔬汁对设备、马口铁罐内壁腐蚀，会使果蔬汁中金属离子含量增加，金属离子与果蔬汁中的有关物质发生反应，产生沉淀。

2. 分层级沉淀

混浊果蔬汁发生分层与沉淀主要是果肉颗粒下沉而引起的。根据 Stockes 定律，果肉的沉降速度与颗粒直径的平方、颗粒密度与流体密度之差成正比，与流体黏度成反比。沉降速度越小，悬浮液的动力稳定性就越大，汁液不会发生分层。据此，可从以下几方面着手：

（1）进行汁液的微粒化处理。

（2）降低颗粒和液体之间的密度差：其一，增加汁液的浓度；其二，加入高脂化和亲水的果胶分子；其三，进行脱气处理，防止存在空气泡和空气夹杂物。

（3）添加稳定剂，增加分散介质的黏度。

（二）变色

果蔬汁生产中一个常见的问题是色泽的改变。根据变色产生的原因，果蔬汁可分为三种类型：一是本身所含色素的改变；二是酶促褐变；三是非酶褐变。

1. 果蔬本身所含色素的改变

（1）绿色蔬菜汁失绿。绿色蔬菜的颜色来源于叶绿素，叶绿素在酸性条件下易变成脱镁叶绿素而使色泽变暗。酸性蔬菜汁要保持绿色有以下处理方法：

1）将清洗后的绿色蔬菜在稀碱液中浸泡 15 ～ 30 min，使游离出的叶绿素皂化水解为叶绿酸盐等产物，绿色更为鲜亮。

2）用稀 NaOH 沸腾溶液烫漂 2 min，使叶绿素酶钝化并中和细胞中释放出来的有机酸。

3）用极稀的锌盐或铜盐溶液（如醋酸锌、醋酸铜、硫酸铜、葡萄糖酸锌），pH 为 8 ～ 9，浸泡蔬菜原料数小时，使叶绿素中的镁被锌离子、铜离子取代。生成的叶绿素盐对酸、热较稳定，从而达到护绿效果。由于 Cu^{2+} 对人体的健康不利，因此，虽然铜盐的护绿效果最佳，但生产上不提倡多用。

（2）橙黄色饮料褪色。这类饮料以柑橘汁、胡萝卜汁为代表，内含丰富的天然类胡萝卜素。一般类胡萝卜素耐 pH 变化，而且较耐热，在锌、铜、锡、铝、铁等金属离子存在下也不易破坏褪色，但光敏氧化作用极易使其褪色。因此，含类胡萝卜素的果蔬汁类及其饮料必须采用避光包装材料或避光储存。

（3）花青素褪色。许多水果的颜色是由于其富含的花青素、花黄素等水溶性色素而表现出来的。花青素的种类很多，颜色从红色到紫色都有，是一类极不稳定的色素。花青素的颜色随环境 pH 值的改变而改变，易由于被氧化剂氧化而褪色。花青素对光和温度也极敏感，SO_2 可以使花青素褪色或变成微黄色。花青素还可与铜、镁、锰、铁、铝等金属离子形成络合物而变色。含花青素的果蔬汁类及其饮料在光照下或稍高的温度下会很快变成褐色，生产中应严格避免与金属离子相接触，最好依据原料种类加入相应色泽的色素来稳定产品质量。

花黄素主要是黄酮及其衍生物，在自然情况下，花黄素的颜色自浅黄色至无色，偶尔为鲜明橙黄色，但遇碱会变成明显的黄色，遇铁离子可变成蓝绿色。可见，如果可以控制果蔬汁类及其饮料的铁离子含量，则花黄素对果蔬汁类及其饮料色泽的影响较小。

2. 酶促褐变

酶促褐变是由原料组织中的酚酶催化内源性的酚类底物及酚类衍生物（如花青素）而发生复杂的化学反应，最终生成褐色或黑色物质。酶促褐变的发生必须具备三个条件，即多酚类物质、酚酶和氧气，三者缺一不可。只要控制其中一个条件，就可防止其褐变的发生。防止酶促褐变常用的方法有以下几种：

（1）加热处理。加热可以使酶失活。蔬菜中最耐热的过氧化物酶在 90 ～ 100 ℃下加热 5 min 失去活性。

（2）降低 pH 值。酚酶在 pH 值为 6 ～ 7 时表现出最大活力。如环境中 pH 值低于 6，酚酶已明显无活力。因此，可以通过加入柠檬酸、抗坏血酸等来降低原料汁的 pH。

（3）隔绝或驱除氧气。果蔬汁加工过程中，最有效地减弱色泽变化的措施就是进行脱气处理。脱气处理既可以抑制褐变，也可以防止维生素等营养成分的氧化，防止挥发性物质的氧化及异味的出现。除此之外，果蔬汁加工的整个过程中都要减少或避免氧气与汁液的接触；成品包装时，应充分排除容器顶部间隙的空气，阻断产品与氧气的接触，防止褐变的发生。

（4）减少原料中的多酚类物质。选择充分成熟的新鲜原料。原料可用适量的 NaCl 溶液浸泡，NaCl 能使多酚类衍生物盐析出。原料浸泡后应用清水充分漂洗，除去多余的 NaCl。

3. 非酶褐变

非酶褐变是没有酶参与下所发生的化学反应而引起的褐变，包括美拉德反应、抗坏血酸的氧化及焦糖化作用等引起的褐变，防止非酶褐变有以下方法：

（1）调节 pH 值。美拉德反应在碱性条件下较易发生，而抗坏血酸氧化在 pH 值为 2.0 ～ 2.5 范围内易发生，并且 pH 值越接近 2 越易发生抗坏血酸褐变。因此，果蔬汁的 pH 值应调节为 3.5 ～ 4.5。这样即可抑制褐变，还可使口感柔和。

（2）低温储藏。低温可以延长非酶褐变的过程。

（3）正确选用甜味剂。调配时应选用蔗糖作甜味剂，不宜使用还原性糖类，以防美拉德反应的发生。

（4）加工过程中应避免进行长时间的高温处理，还要避免使用铁、锡、铜类工具和容器。可用不锈钢、玻璃、搪瓷等材料的设备和容器进行加工。

（三）变味

果蔬汁的风味是感官质量的重要指标。适宜的风味可以令人增加食欲。但加工和储藏过程中风味是很容易变化的。因为风味物质是热敏性成分，高温加热会使果蔬汁带有“焦味”或“煮熟味”。另外，在加工和储藏过程中发生的酶促反应和非酶反应的产物或微生物的污染都会使产品的风味发生改变。为了保持良好的风味，应采取以下措施。

（1）工艺上采取措施，除掉不良风味。例如，胡萝卜在加热过程中会产生不愉快的胡萝卜怪味，大多数人不能接受。实践中采用切片软化或蒸煮，再用清水冲洗迅速冷却、浸泡的方法，可有效地去除胡萝卜怪味。

（2）不同果蔬汁进行混合调配，取长补短。例如，胡萝卜汁可用红枣汁进行调配，同时加入适量的白糖、柠檬酸制成一种具有浓郁枣香及胡萝卜味的混合汁。

（3）采用先进的加工工艺。例如，对于柑橘类果汁，在榨汁时可以用锥形榨汁机分别取汁和取油，或先行磨油再行榨汁，且压榨时不要压破种子和过分地压榨果皮，这样可以防止香精油和苦味物进入果汁。在制出的柑橘类果汁中再加入少量经过除萜处理的橘皮油，这样可以突出柑橘汁特有的风味。

（4）运输、储藏过程中严格管理，注意在低温下储藏，储藏时间不宜过长。

（四）果蔬汁的败坏

果蔬汁在储藏期间经常发生混浊和沉淀，有的表面长霉，发酵产生二氧化碳及醇，甚至产生醋酸，这些都是果蔬汁败坏的表现。发生败坏的原因是果蔬汁被微生物污染。能使果蔬汁败坏的微生物主要有细菌、酵母菌和耐热性的霉菌。这些微生物一是来源于水果、蔬菜原料，二是来源于加工、运输和储藏过程。因此，要防止果蔬汁败坏，就必须将控制微生物的措施贯穿于原料、加工、成品的整个生产过程。具体的方法如下：

（1）选用新鲜、完整、无腐烂、无虫害的果蔬原料，加工用水及各种食品添加剂都必须符合有关卫生标准。

（2）在保证果蔬汁类及其饮料质量的前提下，杀菌处理必须充分，以彻底消灭果蔬汁中的有害微生物。适当降低果蔬汁的 pH 值，可以提高杀菌效果。蔬菜汁多为低酸性的，pH 值较高，普通的杀菌工艺难以达到商业无菌，需要进行超高温杀菌。例如：番茄汁的杀菌温度是 120 ℃，杀菌时间为 30 ～ 40 s；胡萝卜汁和芹菜汁的杀菌温度是 125 ℃，杀菌时间为 3 ～ 5 min。

（3）严格注意生产过程中的卫生条件。车间、设备、用具、包装容器等应严格消毒，并严格加工工艺规程。

（4）严格控制密封质量，防止泄漏，冷却水必须符合饮用水卫生标准。

（5）果蔬汁类及其饮料生产过程中，及时抽样保温处理，若发现带菌现象，应及时找出原因，以便指导生产。

（五）营养成分的变化

果蔬汁在加工和储藏过程中，原料中所含的维生素、芳香成分、矿物质等营养成分都会发生不同程度的损失。损失的程度主要取决于加工工艺及储藏条件。尤其是维生素，其具有很强的还原性，因此，很容易由于氧化而损失。为了减少营养成分的损失，一般采取以下措施：

（1）在整个加工过程中，即从破碎开始直至成品灌装和容器封口，要减少或避免果蔬汁与氧气的接触。这就要求加工时尽量在封闭的无氧或缺氧环境下进行。如压榨、过滤、灌装等工序采用管式输送，并要求尽量缩短时间。

（2）采用真空脱气处理，可以减少维生素 C 的损失。

（3）加强加工工艺及储藏管理，应用先进的加工技术，如酶技术、膜分离技术等。这些都有利于营养成分及风味颜色的保持。可以低温、隔氧储藏，时间不宜过长。

以上所阐述的是果蔬汁生产中常遇到的五大质量问题，这些问题如不解决，就会影响成品饮料的销量和货架期。要防止问题发生，就必须从原料的选择、制汁工艺及包装储藏等生产过程中的每个环节加以控制。

任务实施

混合果蔬汁饮料

一、任务准备

（1）主要材料：胡萝卜、番茄、浓缩苹果汁、白砂糖、柠檬酸、柠檬酸钠、山梨酸钾、香精等。

（2）工具设备：磨浆机、榨汁机、真空脱气机、夹层锅、灌装机、胶体磨、组织捣碎机等。

二、任务实操

1. 工艺流程

混合果蔬汁饮料工艺流程如图 3-2-1 所示。

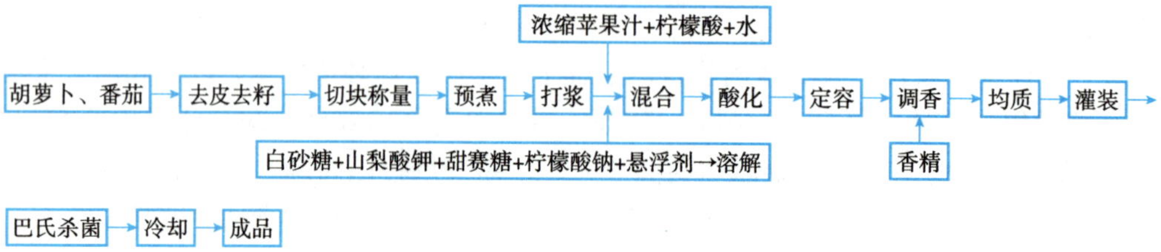

图 3-2-1　混合果蔬汁饮料工艺流程

2. 操作要点

（1）混合果蔬汁饮料配方见表 3-2-2。

表 3-2-2　混合果蔬汁饮料配方

原料名称	用量 /%	原料名称	用量 /%
胡萝卜	15.00	柠檬酸	0.20
番茄	5.0	柠檬酸钠	0.02
7 倍浓缩苹果汁	4.30	山梨酸钾	0.02
白砂糖	4.00	苹果香精	0.03
悬浮剂 XF3	0.25	番茄香精	0.02
TR50 甜赛糖	0.12	胡萝卜香精	0.01

（2）操作要点。

1）胡萝卜、番茄的处理：将番茄放入煮沸的水中 1 min 后取出，将番茄皮、籽去掉，切块称重备用；将胡萝卜削皮后称取一定量，切片后加入约 400 mL 纯净水煮 30 min；将煮好的胡萝卜、水与番茄打浆，后经胶体磨细化处理，备用。

2）溶胶：将白砂糖、甜赛糖、山梨酸钾、柠檬酸钠与悬浮剂干混均匀，撒入 300 mL、

80 ℃纯净水中，搅拌加热使其充分溶解。

3）酸化：将苹果汁、柠檬酸用大约 50 mL、50 ℃的纯净水溶解，将稀释后的酸液缓慢加入料液中并搅拌均匀。

4）均质：用 60 ℃纯净水进行定容，调香后均质条件为 60 ℃、18 ～ 20 MPa/5 MPa。

5）杀菌：将料液灌装后进行巴氏杀菌，85 ～ 90 ℃ /15 ～ 20 min。

6）冷却：将彻底杀菌的样品放入冷水水浴中冷却至常温。

三、任务评价

（1）混合果蔬汁饮料评价指标应符合表 3-2-3 的规定。请按照表 3-2-3 的标准评价混合果蔬汁饮料质量。可以采用自评、互评等形式。

表 3-2-3　混合果蔬汁饮料感官要求

评价指标	评价标准	分数	实得分数	备注
色泽	具有所标示的该种（或几种）水果、蔬菜制成的汁（浆）相符的色泽，或具有与添加成分相符的色泽	30		
滋味和气味	具有所标示的该种（或几种）水果、蔬菜制成的汁液（浆）应有的滋味和气味，或具有与添加成分相符的滋味和气味；无异味	40		
组织状态	无外来杂物	30		
合计		100		

（2）混合果蔬汁饮料生产过程评价指标。请按照表 3-2-4 的标准评价本次任务完成情况。

表 3-2-4　混合果蔬汁饮料生产过程评价指标

职业功能	主要内容	技能要求	相关知识	分数	实得分数	备注
准备工作	卫生整理	能清理操作台、地面，并能在工作中保持整洁；能保持工作服、围裙、帽子、工作靴等个人用品卫生	食品卫生基础知识	3		
	工具、设备准备	能使用、清洗和保养常用工具、设备	工具、设备结构，工具设备使用方法	3		
原料选择	选择合适原料	会选择合适的果蔬饮料的原料	果蔬汁原料要求	4		
	原料挑选分级	能按照要求挑选出病虫、霉烂果，将原料按等级挑选分级	果蔬汁原料等级分类及挑选方法	4		
	选择生产用水	能按照相关生产要求选择生产用水	果蔬汁生产用水要求	4		
	选择合适的食品添加剂，并进行预处理	能按照产品特点选择合适的食品添加剂，能对选择的食品添加剂进行预处理	果蔬汁食品添加剂使用要求	4		

续表

职业功能	主要内容	技能要求	相关知识	分数	实得分数	备注
原料的预处理	原料清洗	能选择合适的方法清洗果蔬原料	原料清洗方法	4		
	去皮、去核	能根据不同原料特征选择不同的去皮和去核设备及方法	去皮方法及设备的选用	4		
	节约意识	操作规范，能尽可能节约原料	节约意识、成本核算	5		
	破碎	能根据原料的特征选择合适的破碎工具	原料破碎方法及工具选用原则	5		
	原料保护	能采用一定的保护措施防止原料品质劣变	防止褐变方法	5		
榨汁	前处理	能选择合适的榨汁前处理方法	前处理目的及方法	5		
	设备选择	能选择合适的榨汁方法、榨汁设备	榨汁设备的种类及适用对象	5		
	问题解决	能解决榨汁过程中出现的一般问题	分析解决问题的能力	5		
	过滤	能使用锥形厚滤布袋	过滤目的及方法	5		
杀菌	杀菌	能选择合适的杀菌条件和掌握杀菌的方法	杀菌条件的设定及设备安全使用	5		
澄清	澄清	能使用不同的澄清方法，能将两种澄清方法配合使用，能使用精滤机	澄清方法及配合使用的好处	5		
调和	调和	能根据原料的糖度与酸度计算出补充的糖量与酸量，能选择其他果蔬汁进行复配	调和计算方法 各种物料加入量的计算	5		
脱气均质	脱气均质	能正确使用高压匀浆机	均质机工作原理及使用方法	5		
杀菌	杀菌	能选择合适的杀菌条件	杀菌条件的设定及设备安全使用	5		
包装	包装	能使用正确的包装条件	包装材料的要求及包装车间卫生要求	5		
感官检验	产品感官评价	能对产品的品质、规格、包装进行鉴别	产品感官指标参数	5		
合计				100		

四、任务拓展

桑葚果汁的加工和果汁豆奶的加工请扫描下方二维码查看。

桑葚果汁的加工　　果汁豆奶的加工

任务自测

请扫描下方二维码进行本任务自测。

任务三　蛋白饮料加工

任务目标

➢ **知识目标**

1. 了解蛋白饮料的基本概念及种类。
2. 掌握蛋白饮料加工的基本过程及单元的操作要点。
3. 掌握蛋白饮料常见的质量问题及控制措施。

➢ **技能目标**

1. 能够独立完成蛋白饮料的加工。
2. 能够熟练使用蛋白饮料的加工设备。
3. 能够根据蛋白饮料评价标准评价产品质量并提出常见质量问题的解决方法。

➢ **素质目标**

1. 通过对蛋白饮料创新产品和文创食品的了解，增强创新意识，培养创新思维。
2. 将“工匠精神”融入教学中，让学生初步养成严谨、认真、精益求精的工作态度。

任务导学

我国植物蛋白饮料工业化生产虽然起步较晚，但发展速度较快，自20世纪80年代初广东引进第一条豆乳生产线至今，国内已有数千家豆乳工厂，开发出了具有民族特色的椰子汁、杏仁露、花生乳、核桃露等产品并进行了工业化、规模化生产。但从软饮料的总量来看，其产量仍然偏低，品种也偏少。随着人们消费水平的不断提高，对饮料的要求趋于营养、保健、安全、卫生、回归自然，植物蛋白饮料必将受到广大消费者的青睐，发展前景广阔。

思维导图

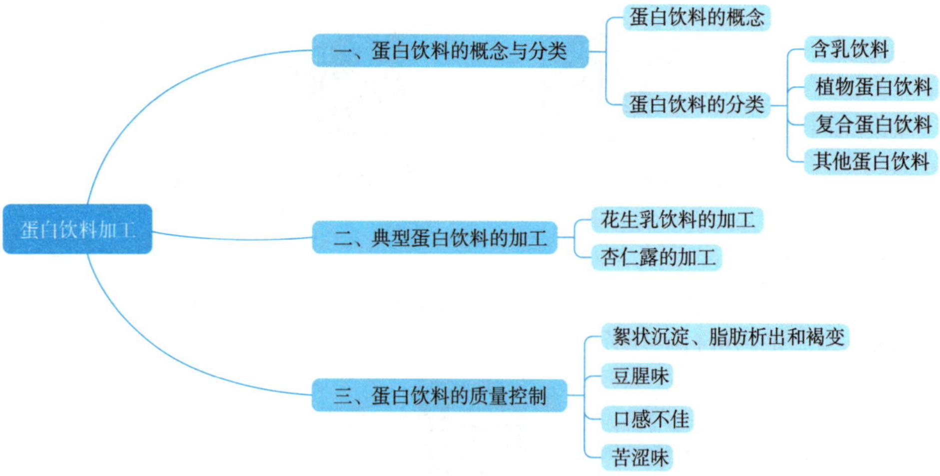

知识储备

一、蛋白饮料的概念与分类

（一）蛋白饮料的概念

蛋白饮料是以乳或乳制品，或其他动物来源的可食用蛋白，或含有一定蛋白质的植物果实、种子或种仁等为原料，添加或不添加其他食品原辅料和（或）食品添加剂，经加工或发酵制成的液体饮料，如豆奶（乳）、豆浆、豆奶（乳）饮料、椰子汁（乳）、杏仁露（乳）、核桃露（乳）、花生露（乳）等。其成品中蛋白质含量不低于 5 g/L。

（二）蛋白饮料的分类

1. 含乳饮料

含乳饮料是以乳或乳制品为原料，添加或不添加其他食品原辅料和（或）食品添加剂，经加工或发酵制成的制品，如配制型含乳饮料、发酵型含乳饮料、乳酸菌饮料等。

2. 植物蛋白饮料

植物蛋白饮料是以一种或多种含有一定蛋白质的植物果实、种子或种仁等为原料，添加或不添加其他食品原辅料和（或）食品添加剂，经加工或发酵制成的制品，如豆奶（乳）、豆浆、豆奶（乳）饮料、椰子汁（乳）、杏仁露（乳）、核桃露（乳）、花生露（乳）等。

以两种或两种以上含有一定蛋白质的植物果实、种子、种仁等为原料，添加或不添加其他食品原辅料和（或）食品添加剂，经加工或发酵制成的制品也可称为复合植物蛋白饮料，如花生核桃、核桃杏仁、花生杏仁等。

（1）豆乳类饮料。豆乳类饮料是以大豆为主要原料，在经磨碎、提浆、脱腥等工艺制得的浆液中加入水、糖液等调制而成的制品，成品中蛋白质含量不低于 0.5%（质量分数）。其可分为纯豆乳、调制豆乳及豆乳饮料。

1）纯豆乳。纯豆乳是用水提取大豆中的蛋白质和其他成分，除去豆渣后所得的乳状液，其大豆固形物含量在 8.0%（折光计法）以上，也可添加营养强化剂。

2）调制豆乳。在纯豆乳中，添加糖、精炼植物油（或不加）等，经调制而成的乳状饮料。其大豆固形物含量在 5.0%（折光计法）以上，也可添加风味料及营养强化剂。

3）豆乳饮料。

a. 非果汁型乳状饮料：在纯豆乳中添加糖、风味料（除果汁外），经调制而成的乳状饮料。其大豆固形物一级品在 3.5% 以上，二级品在 2.0% 以上，也可添加营养强化剂。

b. 果汁型乳状饮料：在纯豆乳中添加糖、风味料等，经调制而成的乳状饮料。其大豆固形物含量在 2.0%（折光计法）以上，原果汁含量在 2.5%（折光计法）以上，也可添加营养强化剂。

c. 酸豆乳饮料：纯豆乳用乳酸发酵（或加入酸味剂），加入糖、乳化剂、着色剂等辅料制得的制品。其大豆固形物含量不低于 4.0%（折光计法）。

（2）椰子乳（汁）饮料。椰子乳（汁）饮料是以新鲜的、成熟适度的椰子为原料，取其果肉加工制得的椰子浆中加入水、糖液等调制而成的制品。

（3）杏仁乳（露）饮料。杏仁乳（露）饮料是以杏仁为原料，经浸泡、磨碎等工艺制得的浆液中加入糖液等调制而成的制品。

（4）核桃露（乳）。核桃露（乳）是以核桃仁为原料经磨碎等工艺制得的浆液中加入水、糖液等调制而成的制品。

（5）花生露（乳）。花生露（乳）是以花生为原料经磨碎等工艺制得的浆液中加入水、糖液等调制而成的制品。

3. 复合蛋白饮料

复合蛋白饮料是以乳或乳制品，和一种或多种含有一定蛋白质的植物果实、种子或种仁等为原料，添加或不添加其他食品原辅料和（或）食品添加剂，经加工或发酵制成的制品。

4. 其他蛋白饮料

其他蛋白饮料是指除上述饮料外的蛋白饮料。

二、典型蛋白饮料的加工

（一）花生乳饮料的加工

花生乳饮料是以花生仁为原料制成的乳浊型蛋白饮料。它是一种营养价值较高的植物蛋白饮料，含人体必需的 8 种氨基酸，不饱和脂肪酸含量较高，维生素 E 的含量也较高，色泽乳白，香气纯正，口感细腻润滑，适合大众饮用。

1. 花生乳饮料的加工工艺流程

花生乳饮料的加工工艺流程：花生→脱壳→去皮→浸泡→磨浆→浆渣分离→调配→脱气→均质→加热杀菌→灌装→密封→二次杀菌→冷却→检验→成品。

2. 工艺要点

（1）去皮。给花生去皮，即脱除花生仁外表的红衣。脱红衣可以改善和提高饮料的色泽，避免带入花生衣产生的涩味。脱红衣目前有以下两种方法：

1）烘烤脱衣。烘烤温度为 110 ～ 130 ℃，时间为 10 ～ 20 min。花生干燥时的烘烤温度相对低一些，时间也长一些。烘烤以产生香味而不太熟为宜。烘烤的目的如下。

①灭酶。烘烤可钝化脂肪氧化酶，去除花生中胰蛋白酶抑制素、甲状腺肿素和血球凝集素等抗营养因子。

②增加风味。花生中含有 20 多种氨基化合物，其中乙醛是花生“生腥”味来源的主要物质，花生烘烤既可避免这种生腥味的产生，又可产生醇类和烯类物质，提高乳香味。

③有助于脱除红衣。烘烤后，用机械很容易脱除红衣。

2）热烫脱衣。脱壳花生仁在 95 ℃以上热水中浸渍几十秒，以花生衣刚润透而未渗入果肉为宜，然后用机械摩擦脱衣。目前，推荐热烫脱衣工艺时主要考虑以下因素。

①烘烤温度和时间对饮料制品影响较大，烘烤不够，不仅风味差，还有豆腥味。烘烤过度，花生乳化性能差，蛋白质热稳定性受到影响，致使饮料制品出现类似“豆腐花”的絮凝现象。

②烘烤灭酶属于干法灭酶，需要较高温度和较长时间，这会造成蛋白质变性，降低花生蛋白提取率。

③花生性味偏凉，烘烤后性味变温燥，降低了其清凉效果。

④花生烘烤后成为烘烤香型，易为消费者接受，但热水浸泡和以后的杀菌处理也能产生花生固有的清香。

（2）浸泡。花生蛋白质贮藏于果仁子叶的亚细胞颗粒蛋白体内。为了提高花生营养物质的提取率，同时便于磨浆，在磨浆前需将花生仁浸泡，使果仁充分吸水膨胀，组织软化，使花生仁中的脂肪氧化酶失活并破坏果仁可能污染的黄曲霉毒素，浸泡时料水比一般是 1 ∶ 3。

1）浸泡温度和浸泡液的 pH 值。浸泡温度一般在 45 ℃以下，温度高，浸泡时间可相应缩短。为了提高花生提取率有时采用热法浸泡，浸泡温度为 80 ～ 85 ℃。浸泡温度过高，加热过度，会使花生蛋白质热变性，反而影响提取率。为了提高浸泡效率，在浸泡时可添加 0.25% ～ 0.5% 的碳酸氢钠。浸泡液 pH 值一般控制为 7.5 ～ 8.5。

2）浸泡时间。浸泡时间是影响提取率的重要因素，花生的浸提扩散距离比大豆大，而且油脂含量高，不利于浸提，因此花生浸泡时间比大豆长，一般冬季浸泡 12 ～ 14 h，夏季 8 ～ 10 h。

（3）磨浆。花生磨浆一般采用两次磨浆法。粗磨用砂轮磨，磨浆时料水比一般为 1 ∶ 8 ～ 10，有时为 1 ∶ 15，根据生产条件和饮料种类确定。粗浆分离采用 100 目筛网，精磨用胶体磨，花生浆粒细度达到 100 ～ 200 目。精磨的浆粒过粗，细胞组织未能充分破坏，蛋白质不能充分提取出来，会降低饮料的营养价值，影响饮料的质量，但精磨的浆粒过细，不利于浆渣分离，影响过滤。

花生提取率一般为 60% ～ 70%。磨好的花生浆应组织细腻、光滑。为了提高花生蛋白的提取率，可以采用热碱水磨浆，因为油脂在热碱水中溶解度增大，用这种方法可以将花生仁中 95% 以上的油脂提取出来。另外，热碱水还可以抑制脂肪氧化酶的活力，有利于提高花生乳的风味，减少在花生渣中的可溶性固形物含量，提高花生提取率。在生产中可以将分离的浆渣进一步磨细，再经分离，得到的浆液可一并作为配料原料。

（4）调配。制造花生乳的原料除花生浆外，还有砂糖、乳化剂、稳定剂（增稠剂）和香料等。配料时可以将乳化剂、稳定剂等与部分花生浆混合，通过胶体磨均匀混合后加入其余花生浆中，然后将其与糖浆混合。配料时料液温度为 60 ～ 65 ℃。生产每吨花生乳的原料消耗量如下：花生仁为 60 ～ 80 kg，砂糖为 60 ～ 80 kg，乳化剂和稳定剂用量为 2 ～ 3 kg。

（5）脱气与均质。均质前先行脱气，脱气真空度为 70 ～ 80 kPa，均质压力为 20 ～ 30 MPa。有时采用两次均质，目的是使产品充分乳化，提高乳化稳定性。第一次均质压力为 20 ～ 25 MPa，第 2 次均质压力为 25 ～ 36 MPa，均质温度为 75 ～ 80 ℃。

（6）加热杀菌与灌装。均质后进行巴氏杀菌，杀菌温度为 85 ～ 90 ℃，然后进行热灌装。用玻璃瓶作包装容器时，灌装温度一般为 70 ～ 80 ℃。

（7）二次杀菌与冷却。灌装密封后进行二次杀菌，杀菌公式为 10′–20′–15′/121 ℃，然后冷却至 37 ℃。玻璃瓶则采用 20′–20′–20′/121 ℃的杀菌工艺，杀菌后冷却至 37 ℃左右。

（二）杏仁露的加工

杏仁中含有丰富的蛋白质、维生素以及人体不能合成的 7 种必需氨基酸。另外，杏仁还具有很高的药用价值，杏仁性温，味辛、苦、甘，微毒，具有润肺祛痰、止咳平喘、养颜润肤、增加心肌韧性、保护心脏、防止高血压、抗衰老、防癌等药用价值。

以杏仁、水和糖等为原料经乳化而成的杏仁露是一种乳浊型蛋白质饮料。杏仁脂肪含量较高，加工饮料时一般需经脱油。杏仁蛋白质的等电点是 pH 值为 4.8 ～ 5.0，因此杏仁露产品的 pH 值应控制在 7.1 ± 0.2 范围内，一方面远离杏仁蛋白质等电点，同时控制产品为中性或微碱性，避免在高温杀菌时产生皂化味。

1. 一般加工工艺流程

杏仁露的一般加工工艺流程：杏仁→去皮→脱苦→消毒、清洗→磨浆→过滤→调配→真空脱臭→均质→灌装→杀菌→检验→成品。

2. 操作要点

（1）去皮、脱苦。由于杏仁具有一定毒性和苦味，因此生产前必须先脱苦、去毒。先将杏仁放入 90 ～ 95 ℃的水中浸 3 ～ 5 min，使杏仁皮软化。放入脱皮机中进行机械脱皮，再将脱皮的杏仁放入 50 ℃左右的水中浸泡。每天换 1 ～ 2 次水，浸泡 5 ～ 6 d 后捞出待用。浸泡能够软化细胞，疏松细胞组织，提高胶体分散程度和悬浮性，提高蛋白提取率。通常夏季浸泡温度稍低，时间稍短；冬季浸泡水温可稍高，时间可适当延长。浸泡不充分，蛋白质等营养物质提取率低；浸泡时间过长，会导致蛋白质变性，甚至出现异味。

（2）消毒、清洗。将脱皮苦杏仁浸泡在浓度 0.35% 的过氧乙酸中消毒 10 min 后取出，用水洗净。

（3）磨浆。杏仁可以采用两级研磨，磨浆时的料水比为 1 ∶ 8 ～ 20，杏仁糊需经 200

目筛过滤，控制微粒细度 20 μm 左右。磨浆水及配料用水一般需要经过处理。杏仁糊 pH 一般为 6.8 左右。磨浆时可添加 0.1% 的焦磷酸钠和亚硫酸钠的混合液进行护色。

（4）调配。杏仁露中的可溶性固形物含量是重要的质量指标，也是决定产品质量的主要因素。经验表明，杏仁原浆固形物含量为 1% 时，产品呈乳白色，风味好，无挂杯现象。其含量 >1% 时口感黏稠，轻微挂杯，而 <1% 时风味较淡。杏仁露所用原料除杏仁浆外，还有砂糖、柠檬酸、乳化剂及香精。一般杏仁含量为 5%，砂糖含量为 6% ～ 14%，以 8% 为佳，乳化剂含量为 0.3%，杏仁香精含量为 0.02%。

（5）均质。对调配好的杏仁液均质，均质温度为 60 ～ 70 ℃，压力为 40 MPa。传统工艺采用两次均质，均质压力分别为 30 MPa 和 35 MPa。均质后的杏仁颗粒直径 <5 μm。

（6）杀菌。在进行灌装前，杏仁露采用巴氏杀菌，杀菌温度为 70 ～ 80 ℃，杀菌后及时进行热灌装。灌装密封后的杏仁露产品需经二次杀菌和冷却，杀菌公式为 10′–20′–15′/121 ℃，冷却温度为 37 ℃。先将杏仁露产品在常温下保存 5 ～ 7 d 后打检，再将合格品入库或出厂。

三、蛋白饮料的质量控制

（一）絮状沉淀、脂肪析出和褐变

（1）经过二次杀菌的全脂豆乳，可能会因蛋白质变性产生少量絮状沉淀。为减少沉淀的形成，可在浸泡时加入 $NaHCO_3$，提高水的比例，豆与水的最大比例为 1 ∶ 20，控制磨浆后豆浆的 pH 在 6.5 以上，过滤后进行调配时，加入 0.3% ～ 0.4% 的明胶等稳定剂，然后搅拌均质，再灌装杀菌。

（2）出现脂肪圈是由于脂肪析出附着在玻璃瓶颈部。杀菌前采用 24.5 MPa 的压力均质，如果能够进行两次均质则效果更好，彻底打碎脂肪球；同时，加入适量的乳化剂，如此可有效地防止脂肪圈的出现。

（3）生产中加入的糖，经二次杀菌高温处理会因美拉德反应而出现褐变浆。采取以下措施，均可减少褐变反应：经脱臭、灭菌、均质后，待冷却到 30 ℃左右时加入糖，再灌装进行二次杀菌；少加糖或用不参与褐变反应的甜味剂代替蔗糖，或控制二次杀菌时的温度、时间及采取反压降温；等等。

（二）豆腥味

大豆的豆腥味主要是脂肪氧化酶作用于不饱和脂肪酸产生醛、酮、醇、呋喃、环氧化物等挥发性成分的结果，生产豆乳时要防止豆腥味的产生就必须钝化脂肪氧化酶。

脂肪氧化酶的失活温度为 80 ～ 85 ℃，用加热的方法可使其丧失活性。在实际生产过程中，有干豆加热再浸泡制浆和先浸泡再热烫后磨浆两种方法，使用后一种方法后，豆腥味仍较重，这可能是由于浸泡时脂肪氧化酶活性增强且有利于脂肪氧化反应进行。

用加热的方法钝化酶的过程中，存在加热使酶钝化的同时使其他蛋白质受热变性的问题，此时降低蛋白质的溶解性，不利于磨浆时蛋白质的抽提。因此，在生产中不仅要防止豆腥味的产生，也要保持大豆蛋白质有较高的溶解性，即在保证脂肪氧化酶钝化的同时尽可能抑制其他蛋白质发生变性。

（三）口感不佳

品质优良的豆奶应组织细腻，口感柔和、舒适，产品存放时稳定性好；反之，质量不佳的豆奶，组织、口感粗糙，口腔和喉咙中有不适感，产品的稳定性差，在存放时会产生沉淀。若要生产质地优良的豆奶，除将大豆磨碎时应达到一定细度外，均质处理的方法也要选对。

（四）苦涩味

豆乳中苦涩味来自加工过程中产生的具有各种苦涩味的物质，包括卵磷脂氧化生成的磷脂胆碱、蛋白质水解产生的苦味肽、相对分子质量为 800 以下的二肽至四肽，以及部分具有苦涩味的氨基酸、有机酸、不饱和脂肪酸的氧化产物黄酮类物质。苦涩味的产生在于化学结构中是否存在疏水基团，尤其是环状疏水基团。防止方法是在生产豆乳时尽量避免生成这些苦味物质，如控制蛋白质水解度、添加葡萄糖内酯、控制加热温度和时机，以及控制溶液接近中性。另外，生产调制豆乳不但可掩盖大豆异味，还可以增加豆乳的营养成分及新鲜的口感。

任务实施

豆乳加工

一、任务准备

（1）主要材料：大豆、白砂糖、稳定剂（蔗糖酯）、乳粉或鲜乳等。

（2）工具设备：磨浆机、均质机、脱臭设备、灌装设备、灭菌设备等。

二、任务实操

1. 工艺流程

豆乳加工工艺流程：大豆→筛选→清洗→浸泡→脱皮→氧化酶钝化→磨浆→分离→调配→杀菌与脱臭→均质→包装→评价→成品。

2. 操作要点

（1）大豆原料的选择。豆乳的质量主要取决于原料的品质，选用优质的原料是豆乳生产中最基本的条件。理想原料首要条件是蛋白质含量高，这样，大豆中的蛋白质提取率才会相应提高。一般采用豆脐（或称豆眉）大豆，它色浅，含油量低，含蛋白质高。以白眉大豆为最好，其色泽光亮，籽粒饱满，无霉变、虫蛀、病斑，并且以在良好的条件下贮存 3～9 个月的新大豆为佳，杂质控制在 1% 以下，水分应在 12% 以下。大豆在收获、运输、仓储过程中，可能混入一些泥沙及其他杂物，会影响产品质量，甚至损坏加工设备。因此选用的原料应首先进行风选或筛选，去除金属、柴草、尘土、砂石等杂质，以及破碎及其他不合格颗粒，常用精选设备来完成此项工作。

（2）清洗与浸泡。大豆表面有很多细微褶皱，其中附着了许多尘土和微生物，浸泡前应进行清洗。一般使用清水洗大豆 3 次，将清洗好的大豆按照 1 ∶ 3 的豆水比，加入 0.5% 碳酸氢钠溶液中。根据季节温度的变化控制浸泡时间，夏季为 8～10 h，冬季为 16～

20 h。注意随时检查浸泡情况，确定浸泡程度。以水面上有少量泡沫，豆皮平滑涨紧，将豆粒搓成两瓣后，子叶表面平滑，中心部位与边缘色泽一致，沿横向剖面易于断开为准。

【知识小贴士】碳酸氢钠的作用

加入碳酸氢钠的目的是软化细胞组织，降低磨浆时的能耗与磨损，提高胶体分散度和悬浮性，缩短浸泡时间，提高均质效果，减轻豆腥味的产生，改善豆乳的风味。在生产过程中，常在浸泡前将大豆用 95 ～ 100 ℃ 热水烫处理 1 ～ 2 min。将浸泡后的大豆沥干备用，此时，大豆增重 2.0 ～ 2.2 倍。

（3）脱皮。

1）烘干。原料大豆的含水率一般为 13% ～ 14%，为了有利于豆皮的脱除，要求含水率在 11% 左右，为此，在脱皮之前需采用 105 ～ 110 ℃的干热空气进行处理，冷却后即可脱皮。如果采用 120 ～ 200 ℃的干热空气处理 10 ～ 30 s，或采用远红外高温瞬间加热处理，然后迅速冷却，也可脱除部分水分，还可起到钝化脂肪氧化酶的作用，蛋白质的热变性也低。采用的设备有振动干燥机、振动流化床干燥机、远红外加热设备等。

2）脱皮。脱皮一般采用干法脱皮，要求大豆的含水率不得超过 13%；否则，应先进行干燥，可用 105 ～ 110 ℃的热风干燥，待大豆水分干燥至 9.5% ～ 10.5% 时进行冷却，然后脱皮。

【知识小贴士】脱皮的目的

脱皮是豆乳生产中的一个重要工序。脱皮不仅可以去除大豆表面的杂质，减少细菌，而且可以去除胚轴及皮的涩味（胚轴具有苦味、收敛味，可抑制起泡性），改善豆乳风味及缩短灭酶所需要的加热时间。因此，可以减少蛋白质变性和防止褐变，减少豆乳加工中泡沫的生成，减少对豆乳质量的影响。脱皮率一般要求为 80% ～ 90%。

大豆原料净化和去皮的主要设备包括磨碎机和各种分离与集尘装置（如旋风分离器、筛分机、风选机、布袋除尘等）。根据要求合理脱皮时应调节好磨片之间的间隙，以能将多数大豆分成 2 ～ 4 瓣为宜，应避免将豆粒过于破碎，否则易使油脂在脂肪氧化酶的作用下氧化，产生豆腥味。大豆脱皮的质量损失一般在 15% 左右。脱皮大豆需及时加工。

（4）氧化酶钝化。干热处理过的大豆直接磨碎制豆乳，往往稳定性不好，但若在高温下先用碱性钾盐（如 $KHCO_3$、K_2CO_3 等）进行浸泡处理后，再磨碎制浆，则可以大幅提高豆乳的稳定性，阻止沉淀分离。目前豆奶生产中普遍采用的是加热钝化法，将脱皮后的豆仁放入专用失活设备中通入干热蒸汽（压力约为 0.25 MPa）并辅以稀碱液进行处理。这样的处理方式能达到使脂肪氧化酶钝化的目的并保留了蛋白的可溶性。

（5）磨浆。大豆经浸泡去皮后，加入适量的水直接磨成浆体，浆体经过滤得到浆液。一般要求浆体的细度应有 95% 的固形物通过 150 目滤网。传统磨浆法豆水比例一般为 1 ∶ 5 ～ 10，二次磨浆法可以提高固形物的提取率。磨浆后，通常采用离心操作进行浆渣分离，要求豆渣含水率在 80% 以下。

【知识小贴士】磨浆的设备

胶体磨是一种磨制胶体或近似胶体物料的超微粉碎、均质机械，按结构和安装方式的不同，分为立式和卧式两种。立式胶体磨研磨粉碎能力强，适合黏度较高的物料。

（1）胶体磨结构。立式胶体磨的转动件垂直于水平轴旋转，其结构如图 3-3-1 (a) 所示。图 3-3-1 (b) 是现场使用的胶体磨。

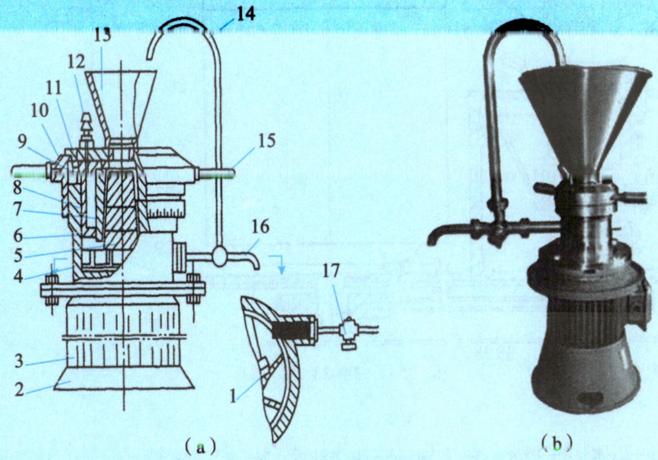

图 3-3-1　胶体磨结构

(a) 立式胶体磨结构；(b) 立式胶体磨

1—叶轮；2—机座；3—电动机；4—座体；5—动磨盘；6—固定磨套；7—定盘；8—密封圈；9—限位螺钉；10—调节环；11—盖板；12—进、出冷却水管；13—料斗；14—循环管；15—调节手柄；16—第一级阀管；17—三通塞

（2）胶体磨的工作过程。物料通过齿间间隙时，动磨盘高速旋转，产生强烈的剪切、摩擦、挤压、冲击作用，使物料产生分散、混合和乳化均质作用。动、静磨盘两表面间隙可调，形成粗、中、细三个环带的三道粉碎区。调节时，可以通过转动调节手柄由调节环带动定盘做轴向移动而使间隙改变。若需要大的粒度比，则调整定盘 7 往下移。一般调节范围为 0.005 ～ 5 mm。为避免无限制地调节而引起定、动盘相碰，应在调节环下方设定限位螺钉，当调节环顶到螺钉时，便不能再进行调节。一般胶体磨在出料管处设有三通管，可循环操作，直到物料达到所需要的细度为止。立式胶体磨的转速为 3 000 ～ 10 000 r/min。粉碎度一般为 5 ～ 20 μm，最细者可达 1 μm。

（6）分离。磨浆后，进行浆渣分离，而分离的目的是将浆液和豆渣分开。此操作对蛋白质和其他可溶性固形物回收影响较大。分离时，一般将豆渣的含水率控制在 80% 以下，因为豆渣的含水率越高，蛋白质回收率就越低。分离后可用自动排渣式澄清机进一步去除不溶性物质。大规模生产时采用的分离设备是卧式螺旋沉降分离机，小型则用锥篮式离心机。

【知识小贴士】进行豆乳生产时，采用哪种设备进行浆渣分离？

生产豆乳多采用自动豆乳磨浆机，其可自动实现分离过滤，使豆浆液与豆渣分开。其结构如图 3-3-2 所示。其工作过程为加料斗的物料通过磨轮座的中部到达土磨盘的弧形腔内，以便在上、下磨盘间磨成浆料，豆浆经滤网过滤后，从出料口输出，从而分离出的豆渣从出料渣口输出。

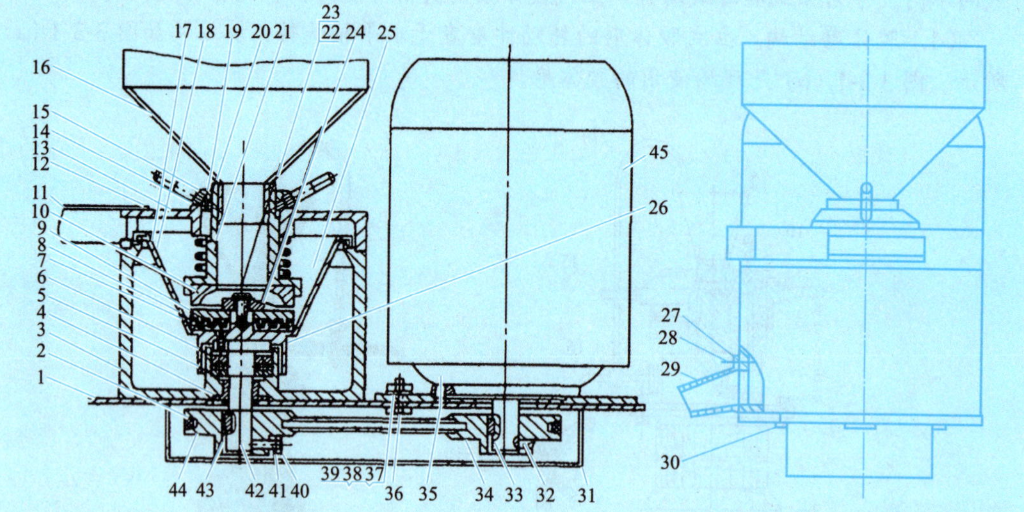

图 3-3-2　自动豆乳磨浆机

1—底板；2—V 带；3—机体；4—挡环；5—瓦轴；6—推力轴承；7—密封圈；8，12，22，25，28，30，32，35，37，41—螺丝；9—上下磨盘；10—上磨盘；11—出渣挡板；13—机盖；14，38—螺母；15—手柄；16—加料斗；17—螺旋盘；18—滤网；19—压缩弹；20—导向平键；21—磨轮座；23，39—垫圈；24—布料器；26—定位环；27—垫片；29—出料口；31—带轮罩；33，43—键；34，44—带轮；36—连接板；40—弹簧挡圈；42—轴；45—电机

（7）调配。分离后的原豆乳蛋白质含量高，但原豆乳的营养平衡比牛乳差，风味也不佳，因此，可以参照牛乳和人乳的组成或根据需要进行营养的补充和强化，以调制成不同风味的饮料。豆乳饮料的调配，即按照产品配方和标准要求，在调制罐中将豆乳与各种添加剂调和在一起，充分搅拌均匀并用水调整至规定浓度，从而达到改善豆乳稳定性和质量的目的。

豆乳调配在混合机内进行。混合机的结构如图 3-2-3 所示，它负责将添加剂与豆浆混合均匀。工作时将豆乳和各种添加剂从进料口输入罐内，开动搅拌器进行搅拌，使各种物料分布均匀。在罐体上有一液面指示器。在豆乳生产线上，混合机应配置两台交替使用，以保证整个生产过程的连续进行。

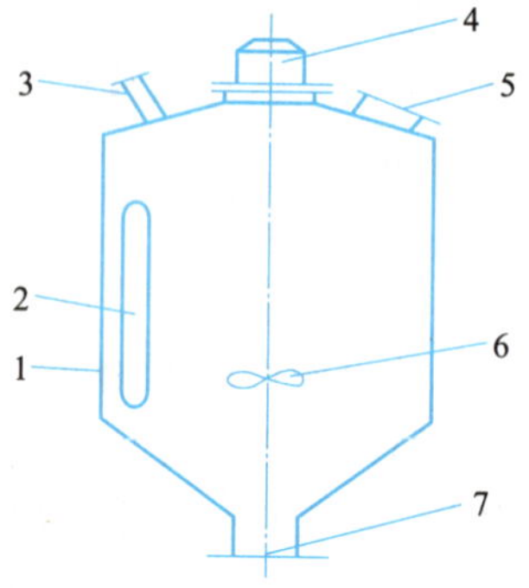

图 3-3-3　混合机

1—罐体；2—液面指示器；3—进料口；4—电动机；5—视窗；6—搅拌器；7—出料口

调配有助于改善豆乳稳定性和质量。调制豆乳经过调配，可以调制成各种风味的豆乳产品。各种添加物应做必要的预处理，营养补充剂及其他辅剂也应预调成水溶液，油脂类则需进行乳化处理等。添加剂种类及用量如下。

1）甜味料。调制豆乳的加糖量一般为 6% ～ 8%。为了防止加热杀菌时发生褐变，应避免使用与氨基酸容易结合的单糖类和混合糖，最好用甜味温和的双糖类（主要为砂糖），还可以使用淀粉糖和非营养型甜味剂。作为甜味剂的蔗糖需要溶化成 50% 的水溶液后滤去杂质。

2）脂肪。豆乳中加入油脂可以改善口感和色泽，油脂添加量在 1.5% 左右，一般选用不饱和脂肪酸亚油酸和维生素 E 含量高的油脂。这种油脂熔点低，流动性好，但容易被氧化，易上浮形成“油圈”，使用时需要加乳化剂进行乳化。由于豆乳中原来含有卵磷脂，而且大豆蛋白质主要是容易乳化的球蛋白，因此，调制液可不用水而用豆乳直接调制，当调制液为 3% 左右时可以避免使用乳化剂。

3）稳定剂。乳化剂的添加量主要根据乳化剂的品种来确定。使用蔗糖脂肪酸酯作为乳化剂，其添加量一定要控制在 0.003% ～ 0.5%。豆乳的乳化稳定性不但与乳化剂有关，还与豆乳本身的黏度等因素有关。因此，良好的乳化剂常与一定量的增稠稳定剂和分散剂配合使用。

4）营养强化剂。虽然豆乳的营养价值很高，但也有一些不足之处。豆乳中最常增补的无机盐是钙盐，即 $CaCO_3$。由于 $CaCO_3$ 溶解度低，宜均质处理后添加，避免 $CaCO_3$ 沉淀。

5）香味料。豆腥味虽然大多数人可以适应，但仍有很多人，尤其是儿童和青少年对它不适应。因此，除采用一些措施尽量减少豆腥味外，还经常使用香味料来提高豆乳的风味。最好使用乳粉或鲜乳调味，乳粉使用量一般为 5%（占总固形物）左右，鲜乳为 30%（占成品）左右。也可以使用香兰素进行调香，可得乳味鲜明的豆乳。

（8）杀菌。杀菌主要采用超高温的板式或管式杀菌机于 120 ～ 140 ℃进行 1 min 左右的杀菌处理。向豆乳中吹入蒸汽而进行的超高温杀菌，被认为是一种较理想的杀菌方法，但会导致豆乳被稀释。豆乳固形物含量一般为 8% ～ 12%，用热交换器加热时局部温度常在沸点以上，豆乳被迅速浓缩使换热面结垢，妨碍热交换，因此板式换热器必须经常清洗，不能长时间连续运行。

（9）脱臭。一般采用真空脱臭法，控制真空度为 26.7 ～ 40 kPa 为佳。脱臭时的温度一般为 75 ℃以下，此温度对以后的乳化和均质也是适合的。

补充　脱臭使用什么设备？

脱臭时适合使用大型真空罐。真空脱臭罐用于对高温杀菌灭酶的豆乳进行脱除异味处理及降温处理，如图 3-3-4 所示。

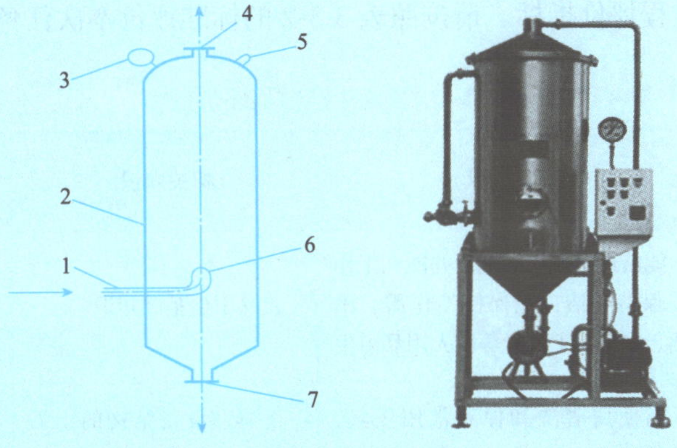

图 3-3-4　真空脱臭罐

1—进料罐；2—磁体；3—真空表；4—废汽出口；5—清洗水进管；6—豆奶喷嘴；7—出料口

（10）均质。均质处理可以提高豆乳的口感和稳定性，增加产品的乳白度。豆乳在高压下从均质阀的狭缝中压出，油滴、蛋白质等粒子在剪切力、冲击力与空穴效应的共同作用下进行细微化，形成稳定、良好的乳状液。

豆乳均质的效果取决于均质的压力、物料的温度和均质次数。均质的压力越大，效果越好，但均质压力受设备性能的限制，在生产过程中常用 20 ~ 25 MPa 的均质压力；均质时物料的温度越高，效果越好，一般控制物料的温度为 80 ~ 90 ℃为宜；均质次数越多，效果也越好，从经济和生产效率的角度出发，在生产过程中一般进行两次均质处理。

均质工序可以放在杀菌之前，也可以放在杀菌之后。由于加热会引起脂肪游离，所以杀菌之前均质，不能使混合物完全均质；同时，豆乳在高温杀菌时，会引起部分蛋白质变性，产品杀菌后会有少量沉淀存在；均质放在杀菌之后，豆乳的稳定性高，但需采用无菌型均质机或无菌包装系统，以防杀菌后的二次污染。

（11）包装。由于豆乳营养丰富，很容易由于被微生物污染而变质，所以除散装形式供应或销售外，豆乳均要以一定的包装形式供应市场。

三、任务评价

（1）豆奶（豆乳）评价指标应符合表 3-3-1 的规定。请按照表 3-3-1 的标准评价豆乳质量，可以采用自评、互评等形式。

表 3-3-1　豆乳感官要求

评价指标	评价标准	分数	实得分数	备注
色泽	具有乳白色、微黄色，或具有与原料或添加成分相符的色泽	30		
滋味和气味	具有豆奶或发酵型豆奶应有的滋味和气味，或者有与添加成分相符的滋味和气味；无异味	40		
组织状态	组织均匀，无凝块，允许有少量蛋白质沉淀和脂肪上浮，无正常视力可见的外来杂质	30		
合计		100		

（2）豆乳生产过程评价指标。请按照表 3-3-2 的标准评价本次任务完成情况。

表 3-3-2　豆乳生产过程评价指标

职业功能	主要内容	技能要求	相关知识	分数	实得分数	备注
准备工作	卫生整理	能清理操作台、地面并能在工作中保持整洁；能保持工作服、围裙、帽子、工作靴等个人用品卫生	食品卫生基础知识	5		
	工具、设备准备	能使用清洗和保养常用工具、设备	工具、设备结构的，工具设备的使用方法	5		

续表

职业功能	主要内容	技能要求	相关知识	分数	实得分数	备注
原料选择	选择合适原料	能按照要求等级选择砂糖，按照配方要求选择相应等级原料	豆乳制备原料要求	10		
原料的预处理	原料清洗	能选择合适的方法清洗大豆	原料清洗方法	5		
	浸泡	能计算出浸泡所用的水，掌握不同季节下浸泡所需时间并对浸泡终点进行判定	原料浸泡要求	5		
	去皮	能正确使用相关的脱皮设备	去皮原理方法	5		
钝化酶	钝化酶	要求掌握几种灭酶的方法	灭酶方法	10		
分离	分离	能正确使用离心机进行浆液和豆渣的分离	离心机的正确使用	10		
调制	调制	能确定调制不同风味饮料时添加各种辅料的量	调制原则	10		
加热杀菌	杀菌	能进行加热杀菌操作	杀菌的方法	10		
真空脱臭	真空脱臭	能进行脱臭处理	真空脱臭的目的 正确使用真空脱臭罐	10		
均质	均质	能使用均质机完成均质操作	均质的作用及操作方法	10		
感官检验	产品感官评价	能对产品的品质、规格、包装进行鉴别	产品感官指标参数	5		
合计				100		

四、任务拓展

椰奶加工请扫描下方二维码查看。

任务自测

请扫描下方二维码进行本任务自测。

任务四　碳酸饮料加工

任务目标

➢ 知识目标

1. 了解碳酸饮料的基本概念及种类。
2. 掌握碳酸饮料加工的基本过程及单元操作要点。
3. 掌握碳酸饮料常见的质量问题及控制措施。

➢ 技能目标

1. 能够独立完成碳酸饮料的加工。
2. 能够熟练使用碳酸饮料加工设备。
3. 能够根据碳酸饮料评价标准评价产品质量并提出常见质量问题的解决方法。

➢ 素质目标

1. 具有食品加工操作基本素养和规范操作能力。
2. 通过小组合作加工碳酸饮料的方式，培养学生的团队合作和互助意识。

任务导学

碳酸饮料是人们日常生活中必不可少的饮品，尤其是在炎热的夏季，人们常用其来消暑解热，是餐桌上必备之品。碳酸饮料中的二氧化碳能够很快带走身体的热量，刺激的口感和咖啡因能让被暑气蒸得昏昏欲睡的人们精神顿时为之一振，再加上在冰箱里冷藏后，真是“晶晶亮，透心凉”。“爽感”是碳酸饮料吸引人最直接的原因。

思维导图

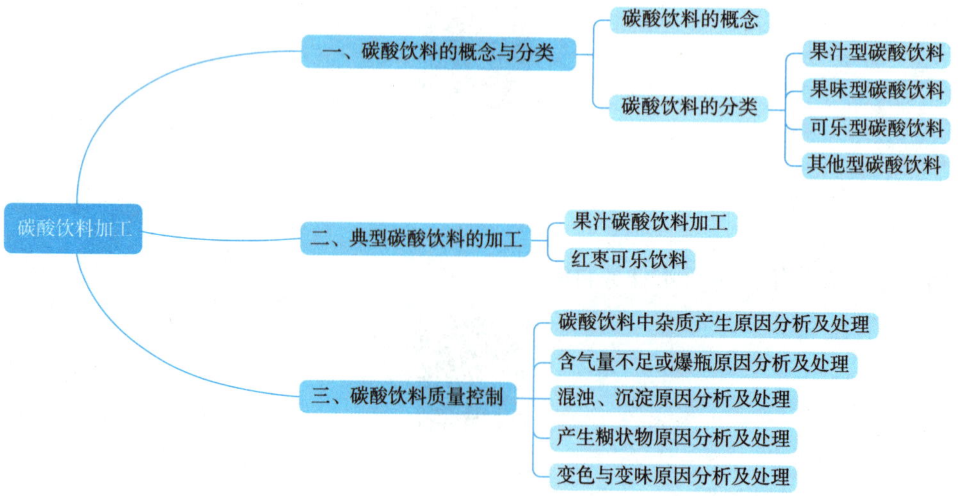

知识储备

一、碳酸饮料的概念与分类

（一）碳酸饮料的概念

碳酸饮料就是在一定条件下充入 CO_2 气体的饮料，不包括由发酵法自身产生气体的饮料。碳酸饮料中包括水、甜味剂、酸味剂、香精香料、色素、CO_2 或果汁等原辅料。由于含有 CO_2 气体，这种饮料不仅风味突出，口感强烈，还能让人产生清凉爽口的感觉，是人们在炎热夏季消暑解渴的优良饮品。

（二）碳酸饮料的分类

根据《〈饮料通则〉国家标准第 1 号修改单》（GB/T 10789—2013/XG1—2018），碳酸饮料分为以下类型。

1. 果汁型碳酸饮料

果汁型碳酸饮料是指含有一定量果汁的碳酸饮料，如橘汁汽水、橙汁汽水、菠萝汁汽水或混合果汁汽水。

2. 果味型碳酸饮料

果味型碳酸饮料是指以果味香精为主要香气成分，含有少量果汁或不含果汁的碳酸饮料，如橘子味汽水、柠檬味汽水。

3. 可乐型碳酸饮料

可乐型碳酸饮料是指以可乐香精或类似可乐果香型的香精为主要香气成分的碳酸饮料。

4. 其他型碳酸饮料

其他型碳酸饮料是指上述三类以外的碳酸饮料，如苏打水、盐汽水、姜汁汽水、沙士汽水。

二、典型碳酸饮料的加工

（一）果汁碳酸饮料的加工

1. 生产工艺流程

果汁碳酸饮料加工生产工艺流程如图 3-4-1 所示。

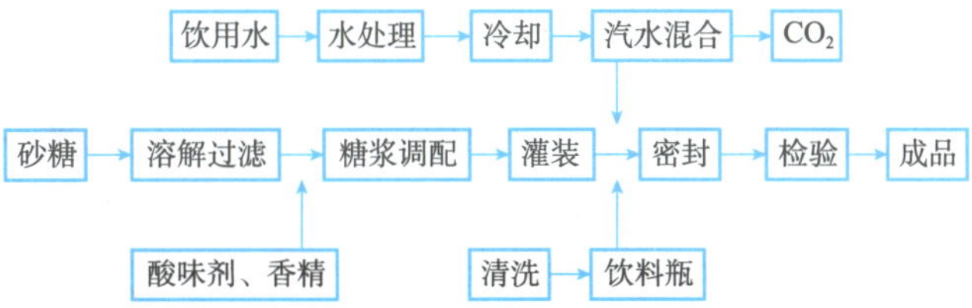

图 3-4-1　果汁碳酸饮料加工生产工艺流程

2. 操作要点

（1）洗瓶。先将空瓶于 30 ～ 40 ℃清水内浸泡，然后放入 2% ～ 3.5% 的氢氧化钠溶液，在 55 ～ 65 ℃条件下浸泡 10 ～ 20 min，再放入 20 ～ 30 ℃清水内进行刷瓶、冲瓶、控水处理。

（2）溶糖。边加热边搅拌，升温至沸腾，撇除浮在液面上的泡沫。然后维持沸腾 2 min，达到杀菌的目的。过滤除掉杂质，冷却到 30 ℃以下。

（3）糖浆调配。将防腐剂、香精、着色剂等分别溶解，按比例将饮料添加剂加入糖液中，配制糖浆时的加料顺序十分重要，加料次序不当，将有可能失去各原料应起的作用，加料顺序应为：糖液→防腐剂→果汁→香精→着色剂→加水到规定浓度和体积→调和糖浆。按上述配制顺序将各种原料逐一加入，根据设计的口味加入果汁和相应的香精，调节碳酸饮料的颜色与相应果蔬汁颜色相近，混合均匀，但不宜过分搅拌，防止糖浆吸收空气。

（4）碳酸化。碳酸饮料加工用水必须经过澄清、过滤、软化、灭菌等过程，再经冷冻机降温到 3 ～ 5 ℃，制成冷冻水，把冷冻水经气水混合机，在一定压力下形成雾状，与二氧化碳混合形成理想的碳酸水，使二氧化碳的倍数达到 2.5 ～ 3 倍。

（5）灌装。将调和糖浆与处理后的饮料用水按比例混合，并搅拌均匀。糖浆与碳酸水按 1 ∶ 5 的比例进行灌装。

（6）压盖。用手动压盖机压盖密封，应封闭密封，保证内容物的质量。

（7）温罐（洗瓶）。将灌装好的饮料罐或饮料瓶通过温罐机，用 70 ℃左右的热水洗去罐或瓶壁上附着的糖浆，也起到巴氏杀菌的作用。

（8）评价。果汁碳酸饮料的口感，重点评价甜酸比。各种碳酸饮料都有其独特的风味，配方是决定风味的关键，其核心是甜酸比。

（二）红枣可乐饮料

红枣可乐饮料是按照可乐的生产加工工艺，利用我国特有的植物浸提液并辅以红枣，研制出既营养丰富又风味独特的天然保健饮品。

1. 生产工艺流程

红枣可乐饮料生产工艺流程如图 3-4-2 所示。

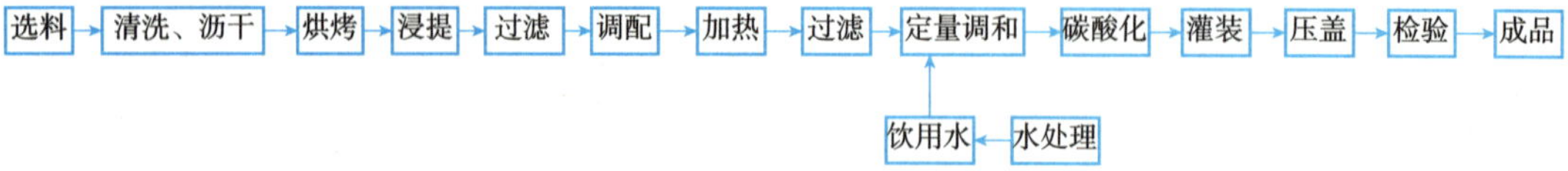

图 3-4-2　红枣可乐饮料生产工艺流程

2. 操作要点

（1）选料。选用成熟度高、颜色紫红、果肉紧密、枣香浓郁的乐陵小枣，剔除成熟度过低、霉烂、虫蛀的枣，去除原料中的杂物。

（2）清洗、沥干。用清水浸泡，冲洗干净后放于带孔的箩筛中，沥干水分。

（3）烘烤。把洗净的枣铺于烘烤盘中，烘烤温度为 60 ℃，时间为 1 h 左右，直至枣发出香味为止，然后将温度升至 90 ℃，再烘烤 1 h，至枣发出焦香、枣肉紧缩、枣皮微绽即可，取出晾凉。

（4）浸提、过滤。先用清水浸泡已经烘烤过的枣，用水量以浸没枣为度，浸泡至枣肉微涨为止。加 2 倍量的清水，添加 0.03% 果胶酶，保持 50 ～ 55 ℃，保温浸提 24 h。浸提时要经常搅动，以促进枣内容物的渗出，但要避免将枣弄破。浸提完毕，用 200 目纱布过滤浸出液即可得枣汁。

（5）辅料的制备。每升清水中加入灵芝 11 g、甘草 13 g、川芎 13 g、陈皮 5 g、枸杞 30 g、桂皮 7 g、豆蔻 6 g，将上述各辅料混合粉碎后，以热水回流方式提取浸出液，用 200 目纱布过滤，得辅料汁。

（6）调配。将上述各种原料放在夹层锅中混合，边搅拌边升温，待汁液温度达 85 ～ 95 ℃时，捞取泡沫，迅速进行 200 目过滤，冷却至 3 ～ 5 ℃。

（7）定量调和与碳酸化。将经过处理的水与调配后的汁液通过定量调和机，再由泵抽吸均匀混合，通过定量阀、静态混合器储存罐。经过预碳酸化的物料进入静态混合器进口的同时，通入 0.6 MPa 的净化 CO_2 气体，最终使其达到所需的含气量。

（8）灌装、压盖。灌装时混合机的压力需高于灌装机的压力 2.0×10^4 Pa，灌装机的压力高于最终产品含气量所需的压力 1.0×10^5 Pa，灌装后压盖封口。

3. 质量标准

（1）色泽：具有类似焦糖色泽。

（2）香味：具有枣香及可乐果的辛香，香气柔和、协调。

（3）滋味：味感协调，上口柔和，酸甜适当。

（4）透明浊度：有轻微混浊。

（5）杂质：无外来杂质。

三、碳酸饮料质量控制

（一）碳酸饮料中杂质产生原因分析及处理

碳酸饮料中的杂质是指肉眼可见、有一定形状的非化学反应产物。杂质一般不影响口味，但影响产品的商品价值。饮料中的杂质一般可分为不明显杂质、明显杂质和使人厌恶的杂质。不明显杂质包括数量极少的、体积极小的灰尘、小白点、小黑点等；明显杂质包括数量较多的小体积杂质；使人厌恶的杂质包括刷毛、大片商标纸、草棍、苍蝇、蚊子及其他昆虫，使人一看就感到厌恶。造成这些杂质的原因主要有以下原因：

（1）瓶子或瓶盖不干净带入的杂质。瓶或盖未洗净，如瓶底残留碳酸饮料干固成膜，刷瓶时洗刷不净，经过饮料的浸泡，沉于底部形成膜片状沉淀。必须按操作规程进行浸瓶、刷瓶、清洗，洗瓶后要认真检查，加强对洗瓶工序的管理。

（2）原料带入的杂质。原料带入的杂质主要是用量大的原料带入的杂质，一般水和糖最易带入杂质。水过滤处理不好易带入杂质，采用多级过滤或膜过滤即可清除杂质。砂糖带的小微粒黑点不易除去，可将糖浆先过滤，然后将调配后制备的调和糖浆进行过滤，则能清除杂质。另外，要定期清洗贮水罐、过滤器，所有的水管、料管、碳酸水管都要定期清除沉淀物，使其保持清洁。注意贮罐的密封，以免混入空气中的杂质。

（3）机件碎屑或管道沉积物。为了避免机件碎屑混入碳酸饮料，要注意混合机、灌装机、压盖机等易损件的磨损，尤其是防止橡胶件的磨损。定期清除管道壁上附着的沉淀污垢。

（二）含气量不足或爆瓶原因分析及处理

1. 含气不足

碳酸饮料产品开盖无声，没有气泡冒出或气泡很少，表明 CO_2 含量低或根本不含 CO_2。CO_2 溶解于水后，溶液呈微酸性，有一定的灭菌作用，可抑制需氧微生物的生长繁殖，有防止变质的作用。若 CO_2 含量不足，碳酸饮料会失去特有的风味和口感，也会减少保质期。CO_2 含量不足主要原因及解决办法如下。

（1）CO_2 气纯度不够标准。选用纯净的 CO_2 生产碳酸饮料，不纯净的必须进行净化处理。

（2）CO_2 溶解量少。碳酸化时水的温度高或 CO_2 的压力低，混合效果差，管线空气排除不好等都会使 CO_2 的溶解量降低；碳酸化时降低水温，增加气水接触面积和接触时间，保证混合机的混合效果，经常检查管路、阀门等，保证各环节保持正常状态，严格执行操作规程。严防空气混入，要正确使用混合机和灌装机的排气阀。注意管路、阀门等的严密性。

（3）CO_2 损失。CO_2 损失主要是在灌装和压盖过程中造成的。以下原因都易造成 CO_2 的损失：灌装至压盖的时间过长；灌装的冲击及压盖不紧；盖不合格，瓶口不合格，造成瓶、盖不配套；灌装机胶嘴漏气，簧筒弹簧太软，瓶托位置太低，造成边灌边漏气，或自动机灌装位置太低。要确保灌装机灌装嘴的严格密封，需经常检查更换灌装机的金属嘴及胶嘴。要经常检查弹簧的压力，随时调整瓶托的位置。灌装后的汽水要及时轧盖，轧盖操作要认真，并保持轧盖机正常良好的工作状态；严格盖、瓶的质量控制。

2. 爆瓶

爆瓶是 CO_2 含量太高、压力太大，或贮存时温度过高、气体体积膨胀超过瓶子的耐压程度，或瓶子质量太差造成的。应控制 CO_2 含量，低温贮存，并保证瓶子耐压 1.18 MPa。

（三）混浊、沉淀原因分析及处理

碳酸饮料可能会出现白色絮状沉淀，使饮料混浊不透明，有时在瓶底生成白色或其他色的沉淀。碳酸饮料的沉淀变质原因是多方面的，主要是由原料处理过程中产生物理、化学变化及细菌的繁殖造成的。

1. 产生杂质、混浊、沉淀原因分析

（1）物理性变化引起的混浊沉淀。碳酸饮料外观主要呈现沉淀状态，往往生产出来不到 1 ～ 2 周，瓶底即呈现一层云雾状，或有矿物性微小颗粒沉积，还出现混浊杂质，不透明。产生此现象的物理因素如下：

1）瓶或盖未洗净（瓶底残留汽水干固成膜，刷瓶时洗刷不净，放一段时间后泡下，沉于底部形成膜片状沉淀）。

2）原辅料中特别是糖中含有杂质。

3）水未处理好、硬度过高等。

（2）化学反应引起混浊沉淀。其主要原因在于水质和滤水器械，即滤水器不能使水中的矿物质彻底清除，或水质不达标。

1）原料中的成分引起的混浊沉淀及与其他成分发生反应引起的混浊沉淀，主要有以下方面：瓶底残留汽水干固成膜，白砂糖中含有蛋白质或其他胶质物过多，这些果胶开始是均匀分布的，在外因（如 pH）作用下，慢慢聚合而沉淀。

2）香料或色素质量不合格（或受冻后的香精），或用量过多也会导致沉淀。在可乐汽水中含植物提取物，它带负电荷，焦糖也带电荷，如带正电荷则产生电性中和而沉淀。

3）水的硬度高，柠檬酸与水中的 Ca^{2+} 发生化学反应生成柠檬酸钙而沉淀。配料方法不当，如生产调和糖浆，苯甲酸、糖精应在加酸之前加入，在加酸之后加入则产生沉淀。当苯甲酸钠用量过多时，与柠檬酸作用也会由于生成苯甲酸而析出沉淀。

（3）微生物引起的混浊沉淀。如微生物与糖作用，使糖变质产生混浊，与柠檬酸作用时会形成丝状或白色云状沉淀。其原因是：封盖不严，使 CO_2 溢出，侵入的空气中带有细菌，从而使产品产生酸败；设备未清洗干净或生产中没有及时将糖浆冷却装瓶，以致感染杂菌产生酸败味。

2. 产生杂质、混浊、沉淀解决措施

造成碳酸饮料混浊沉淀的原因很复杂，为了保证产品质量，应采取以下措施：

（1）加强原料的管理，尤其是砂糖、水质的检测工作，砂糖应做絮凝试验，不合格原料不能用于生产。

（2）保证产品含有足够的 CO_2。

（3）减少生产各环节的污染。水处理、配料、瓶子清洗、灌装、压盖等工序都必须严格要求，并注意卫生（如生产卫生、环境卫生、个人卫生、产品卫生等）。

（4）对所用容器、设备有关部分，以及管道、阀门要定期进行消毒灭菌。对采用钙盐作为冷媒剂的，要经常检测冷却软水出口的水质，检查是否含有钙盐，可用硝酸银溶液滴定检测。

（5）一般不用长时间贮存的混合糖浆生产汽水，若不得已使用必须采用消毒密封措施，在下次使用前先做理化和微生物检测，合格后方可继续使用。

（6）饮料用水一定要符合标准要求，加强过滤介质的消毒灭菌工作。

（7）防止空气混入。空气进入一是降低了 CO_2 含量，二是有利于微生物的生长。因此，应对设备、管道、混合机等部位的密封程度进行检查，及时维修。

（8）配料工序要合理，注意加入防腐剂和酸味剂的次序。

（9）选用优质的香精、食用色素，注意用量和使用方法，一般要先做小试验，将合格后再投入生产。

（10）回收玻璃瓶一定要严格执行清洗程序，保证将其清洗干净，注意清洗后的瓶子里是否还残留碱液，应经常检测。

（四）产生糊状物原因分析及处理

碳酸饮料生产出来放置几天后，有些会变成乳白色胶体状态，形成糊状物。引起这种现象的原因主要有：砂糖质量差，含有较多的蛋白质和胶体物质；CO_2 含量不足或空气

混入过多，为一些好氧微生物生长繁殖提供了条件；瓶子清洗不彻底，残留的细菌繁殖所致。

为了防止这种现象的发生，应加强设备、原料、操作等环节的卫生管理；生产时选用优质的白砂糖；洗瓶要彻底；充入的 CO_2 量要足够。

（五）变色与变味原因分析及处理

碳酸饮料在贮存中受外界条件的影响会出现变色、褪色等现象。当饮料受到外界条件影响，如受到日光照射时，饮料中的色素在紫外线的复杂作用下发生氧化作用。另外，色素在受热或在氧化酶作用下发生分解或饮料贮存时间太长，也会使色素分解，失去着色能力，在酸性条件下形成色素酸沉淀，饮料原有的颜色也会逐渐消失。因此，碳酸饮料应尽量避光保存，避免过度曝光；产品贮存时间不能过长；贮存温度不能过高；每批存放的产品数量也不能过多。

碳酸饮料生产后，放置一段时间后有些会生成很难闻的气味，不能入口或变得无味。碳酸饮料变味一般是微生物引起的。因为碳酸饮料的组成成分很适合微生物生长繁殖，生产过程中一旦受到微生物污染，就会引起碳酸饮料变味。碳酸饮料如污染了产酸酵母就会有一种不愉快的乙醛味和酸味；如污染了醋酸菌，则会产生强烈的醋酸味；果汁类碳酸饮料中，肠膜明串珠菌和乳酸杆菌可使其产生不良气味。

综上所述，若要解决这些问题，就必须做好生产过程中的质量控制及原料的质量控制工作。

任务实施

可乐加工

一、任务准备

（1）主要材料：果葡糖浆、焦糖色、可乐香精、柠檬酸、食用磷酸、咖啡因、苯甲酸钠等。

（2）工具设备：碳酸化仪器、饮料玻璃瓶等压灌装机、压盖机、糖度计、锥形厚绒布滤袋等。

二、任务实操

1. 工艺流程

（1）一次灌装法（图 3-4-3）。

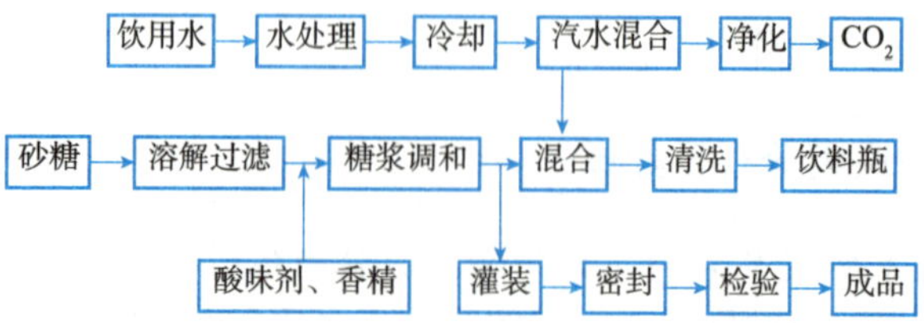

图 3-4-3　一次灌装法

（2）二次灌装法（图 3-4-4）。

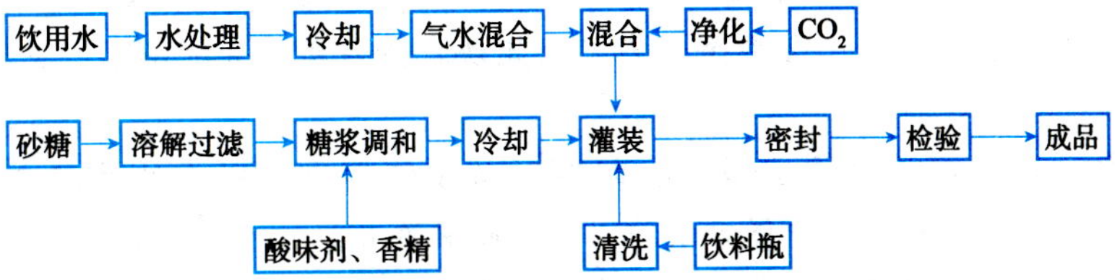

图 3-4-4　二次灌装法

一次灌装法和二次灌装法的比较见表 3-4-1。

表 3-4-1　一次灌装法和二次灌装法的比较

项目	一次灌装法	二次灌装法
区别	糖浆和碳酸水先混合，再灌装	先灌装糖浆，再灌碳酸水，容器内混合
优点	糖浆和水比例准确，灌装容易控制；糖浆和碳酸水温差小，气泡少，产品质量稳定，含气足，生产速度快	传统方法，设备简单，投资少；可用于含果肉碳酸饮料生产；方便清洗；生产中能较好地抑制微生物
缺点	不适于带果肉碳酸饮料灌装；设备复杂；清洗、消毒不易	糖浆和水分别灌装，产品质量不稳定；两者存在温差，灌装不同步，导致灌气量不足，液面高度不一
应用	适合大、中型企业	适合中、小型企业

2. 操作要点

（1）配料。每 1 000 L 可乐饮料加工所需材料见表 3-4-2。

表 3-4-2　每 1 000 L 可乐饮料加工所需材料

配料	质量 /kg	配料	质量 /kg
果葡糖浆（果糖 55%）	128	焦糖色	2
苯甲酸钠	0.15	可乐香精	1
咖啡因	0.1	水	1 000 L
85% 磷酸	1		

（2）操作要点。

可乐加工过程中需要重点注意的是糖浆的配制。

1）原糖浆的制备。先按照配方的要求精确称取白砂糖加水搅拌使其充分溶解，制成 55° Bx 浓度的糖液（温度为 20 ℃），再将配制的糖液通过锥形厚绒布过滤袋（内加纸浆滤层），过滤澄清后备用。

【知识小贴士】原糖浆配制的方法

将定量砂糖溶解于水中所制得的一定浓度的糖液称为原糖浆或单糖浆。制备原糖浆时，需要先将砂糖溶解，溶解的方法有间歇式和连续式，而间歇式又可分为热溶和冷溶两种。配制短时间饮用的饮料可用冷溶法，生产高纯度、储藏期长的饮料用糖浆需要热溶法。热溶又可采用蒸汽加热溶解和热水溶解。连续式溶解自动化程度较高，设备要求也较高，大型企业多采用此法。待砂糖充分溶解后，先脱气过滤，再进行杀菌，冷却后备用。

原糖浆是调和糖浆的主要成分，配制时必须使用一级以上的优质白砂糖为原料；制备糖液过程中必须充分保证清洁卫生，而且器具和管道要进行定期及不定期的清洗消毒；砂糖充分溶解于水后必须过滤，以除去砂糖中和溶解过程中带入的杂质及异色。一般糖液的浓度应控制在55% ～ 60%。若浓度太高，黏度大，会影响注入和其他原料的混合，温度较低还会出现白砂糖析出；若浓度太低，易腐败变质，不利用贮存。

2）调和糖浆的配制。

原糖浆：测定其浓度为 55° Bx，用量筒量取原糖浆 200 mL。

苯甲酸钠：用移液管移取 4 mL 浓度为 25% 苯甲酸钠溶液加入原糖浆中。

85% 磷酸：用移液管移取 13 mL 浓度为 85% 的磷酸溶液加入原糖浆中。

咖啡因：加入 0.1 g。

香精：按说明书要求使用。

色素：用移液管量取 1 mL 浓度为 10% 的焦糖溶液加入原糖浆中。

【知识小贴士】调和糖浆配制的方法

调和糖浆与碳酸、水混合后即成最终产品。调和糖浆的优劣直接影响到饮料产品的质量，所以调和糖浆的配制是饮料生产中的关键工序。调和糖浆的配制主要在配料室进行，配料室是饮料生产中最重要的工作场所。首先，要求配料室清洁卫生，具备良好的清洗、消毒、排水、换气、防尘、防鼠、防蝇等设施；其次，操作人员进入配料室必须穿戴专用的工作帽、工作服和工作鞋等，手要经过严格的洗涤、消毒。

调和糖浆的配制需要的原料有甜味剂、酸味剂、果汁、色素、防腐剂、香精等。为了使配方中的物料混合均匀，减少局部浓度过高而造成反应，物料不能直接加入，而需要预先制成一定浓度的水溶液，过滤后进行混合配料。

配制调和糖浆时的加料顺序是十分重要的，若加料顺序不当，将有可能使原料失去应起的作用。配制糖浆有一定的顺序：糖液 → 防腐剂 → 甜味剂 → 酸味剂 → 果汁 → 色素 → 香精 → 加水 → 定容。各种原料先配制成溶液过滤后，边搅拌边徐徐加入糖液中，以避免局部浓度过高或混合不均匀，同时搅拌不能太激烈，以避免空气混入影响碳酸化效果、灌装和储藏。

（3）灌浆。量取 50 mL 调味糖浆加入洗净的饮料瓶中备用。

（4）碳酸化。碳酸化是在一定的气体压力和液体温度下，在一定的时间内进行的。一般要求尽量扩大气液两相接触面积，降低液温和提高 CO_2 压力。碳酸化的过程包括 CO_2 气体的调压净化、水或混合液冷却及碳酸化。水或混合液的碳酸化过程具体是在碳酸化系统中碳酸化器或气水混合机内完成的。气水混合机的类型很多，主要是在其内部安装喷头或塔板，将液体分散成薄膜或雾状，使液体和 CO_2 充分接触，然后混合。常用的混合机形式主要有薄膜式、喷雾式和喷射式三种

将糖浆与碳酸水按照 1 ∶ 5 的比例进行灌装，加入 200 mL 的碳酸水。

【知识小贴士】CO_2 在碳酸饮料中的作用及碳酸化方法

（1）清凉。CO_2 溶解在饮料中生成一定浓度的碳酸，在人体内，由于温度升高，压力降低，碳酸又分解，此反应为吸热反应。因此，喝碳酸饮料能吸收和带走人体内热量，起到清凉解热的作用。

（2）抑制微生物生长，延长汽水保存期。碳酸饮料的 pH 值为 2.5 ～ 4，酸味强，除耐酸菌外其他微生物难以繁殖。另外，由于 CO_2 含量高，O_2 含量非常低，好氧微生物生长受到抑制。当汽水中的含气量为 3.5 ～ 4 倍时，饮料的保存性能大大提高。国际上认为，此含气量是汽水的安全区。

（3）突出香味。CO_2 在饮料中能与其他成分相互作用产生一种特殊的风味，从汽水中逸出时能带出香味，增强饮料风味。

（4）具有特殊的杀口感。饮用碳酸饮料时，饮料逸出大量的碳酸气泡沫，对口腔产生刺激性的杀口感，能给人以快感，使人愉悦。

（5）刺激消化液分泌，增进食欲。碳酸饮料可刺激口腔唾液和肠胃消化液的分泌，从而增进食欲。

（5）灌装。用手工压盖机压盖密封，应密封紧密，以保证内容物的质量。灌装时应注意保持合理和一致的灌装高度，保证糖浆和水的配比准确；混合液和水要达到预期的碳酸化水平，容器顶隙应保持最低的空气量，密封严密有效，保持产品的稳定性。

三、任务评价

（1）可乐评价指标应符合表 3-4-3 的规定。请按照表 3-4-3 的标准评价可乐质量，可以采用自评、互评等形式。

表 3-4-3　可乐感官要求

评价指标	评价标准	分数	实得分数	备注
色泽	产品色泽应与品名相符，应有焦糖色泽或类似焦糖的色泽	20		
香味与滋味	具有本品应有的香气，柔和协调，酸甜适口，有清凉感，不得有异味	20		
外观形态	澄清透明，无沉淀	20		
液面高度	液面与瓶口的距离为 2 ～ 4 cm	10		
瓶盖	不漏气，不带锈	10		
杂质	无肉眼可见的外来杂质	20		
合计		100		

（2）可乐生产过程评价指标。请按照表 3-4-4 的标准评价本次任务完成情况。

表 3-4-4　可乐生产过程评价指标

职业功能	主要内容	技能要求	相关知识	分数	实得分数	备注
准备工作	卫生整理	能清理操作台、地面，并能在工作中保持整洁；能保持工作服、围裙、帽子、工作靴等个人用品卫生	食品卫生基础知识	5		
	工具、设备准备	能使用清洗和保养常用工具、设备	工具、设备结构，工具设备使用方法	5		
原糖浆制备	计算配方	能按产品配方计算砂糖和水的实际用量	配方原则	10		
	溶糖	掌握一两种溶糖的方法	溶糖方法及要求	10		
	测甜度	能正确使用糖度表或折光仪	折光仪使用方法	10		
	过滤	能使用锥形厚绒布袋	过滤方法	5		
调和糖浆的制备	投料	能根据配方确定经预处理辅料的加入量和加入顺序	物料加入顺序要求	10		
	搅拌	能解决搅拌过程中出现的一般问题	搅拌方法及问题解决	10		
制碳酸水与调和	制碳酸水	掌握碳酸水的制备方法	碳酸水制备方法	10		
	调和	会使用碳酸化设备	调和设备使用	10		
封盖	封盖	能使用压盖机对瓶装饮料压盖密封	压盖机对瓶装饮料压盖密封	10		
感官检验	产品感官评价	能对产品的品质、规格、包装进行鉴别	产品感官指标参数	5		
合计				100		

四、任务拓展

枸杞可乐饮料生产请扫描下方二维码查看。

任务自测

请扫描下方二维码进行本任务自测。

项目四　肉制品加工

任务一　酱卤制品加工

任务目标

➢ 知识目标

1. 了解酱卤制品的概念、特点及分类。
2. 熟悉酱卤制品加工常用的材料及设备。
3. 掌握酱卤制品加工的工艺流程和操作要点。

➢ 技能目标

1. 能够独立完成酱卤制品的加工。
2. 能够熟练使用酱卤制品加工设备。
3. 能够根据酱牛肉评价标准评价酱牛肉的质量并提出常见质量问题的解决方法。

➢ 素质目标

1. 在加工过程中培养良好的卫生习惯和一丝不苟的食品安全意识。
2. 细致、认真地处理好每一道工序，具有精益求精的工匠精神。

任务导学

酱卤制品是我国传统的一类肉制品，其主要特点为：成品都是熟的，可以直接食用；产品酥润，有的带有卤汁，不易包装和贮藏，适合就地生产、就地供应。近年来，由于包装技术的发展，精包装产品已开始出现。酱卤制品几乎在全国各地均有生产，但由于各地的消费习惯和加工过程中所用配料、操作技术不同，形成了许多具有地方特色风味的产品。有的已成为社会名产或特产，如苏州酱汁肉、北京月盛斋酱牛肉、南京盐水鸭、德州扒鸡、道口烧鸡等，不胜枚举。那么，风味独特的酱卤制品是如何制作的呢？接下来，我们将一起学习酱卤制品的加工方法。

思维导图

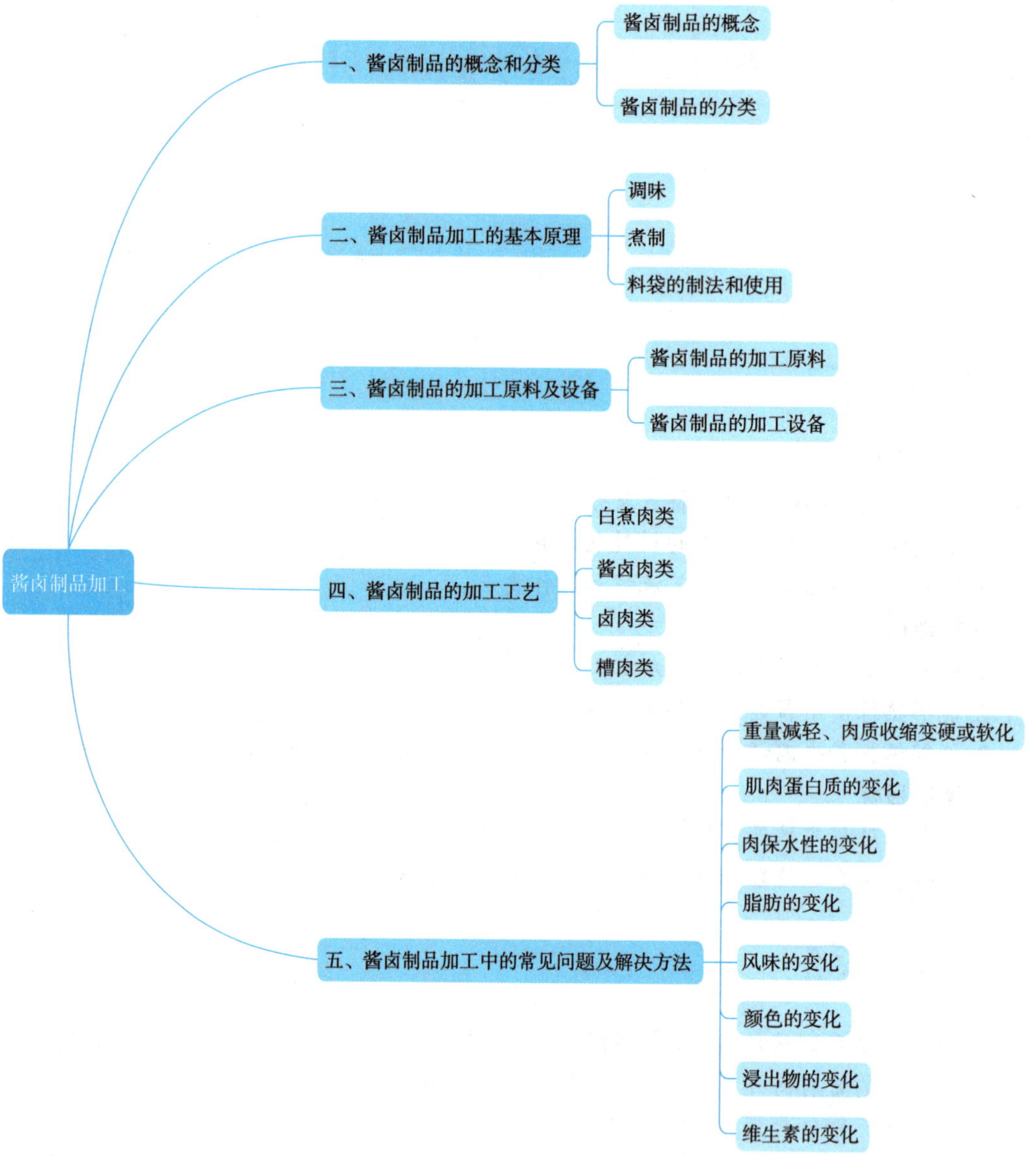

知识储备

一、酱卤制品的概念和分类

（一）酱卤制品的概念

酱卤制品是指以鲜（冻）畜禽肉或可食副产品为主要原料，经预处理后，配以食品辅料，再经腌制（或不腌制）、酱制或卤制、包装（或不包装）、杀菌（或不杀菌）、冷却等工艺加工而成的熟肉制品。

（二）酱卤制品的分类

酱卤制品按照产品原料的不同可分为以下三种。

（1）酱卤畜肉类：以畜肉为主要原料加工而成的酱卤肉制品。

（2）酱卤禽肉类：以禽肉为主要原料加工而成的酱卤肉制品。

（3）酱卤其他类：以畜、禽动物的可食副产品（包括畜禽的头、颈、翅、爪、蹄、尾、皮、骨、内脏等部位）为主要原料加工而成的酱卤肉制品。

二、酱卤制品加工的基本原理

调味和煮制是加工酱卤制品的关键工序。调味应用科学的配方，选用优质原料，形成产品独特的风味和色泽。煮制直接影响产品的口感和外形，故必须严格控制温度和加热时间。

（一）调味

1. 调味的定义和作用

调味是加工酱卤制品的一个重要过程。调味要根据地区消费习惯、品种的不同，加入不同种类和数量的调味料，加工成具有特定风味的产品。根据调味料的特性和作用，使用优质调味料和原料肉一起加热煮制，奠定产品的咸味、鲜味和香气，同时增进产品的色泽和外观。在调味料使用上，卤制品主要使用盐水，调味料和香辛料的用量偏低，故产品色泽较淡，突出原料的原有色、香、味，而酱制品中其用量偏高，故酱香味浓、调料味重。调味是在煮制过程中完成的，调味时要注意控制水量、盐浓度和调料用量，要有利于酱卤制品颜色和风味的形成。

通过调味还可以去除和矫正原料肉中的某些不良气味，起调香、助味和增色作用，以改善制品的色、香、味、形。同时，通过调味还能生产出不同品种的制品。

2. 调味的分类

根据加入调味料的时间，调味大致可分为基本调味、定性调味和辅助调味。

（1）基本调味。整理加工原料之后，经过加盐、酱油或其他配料腌制，奠定产品的咸味。

（2）定性调味。当原料下锅后进行加热煮制或红烧时，随之加入主要配料，如酱油、盐、酒、香料等，它们可以决定产品的口味。

（3）辅助调味。加热煮制之后或即将出锅时加入糖、味精等来增进产品的色泽和鲜味。

（二）煮制

1. 煮制的定义

煮制是对原料肉用水、蒸汽、油炸等加热方式进行加工的过程。煮制可以改变肉的感官性状，提高肉的风味和嫩度，达到熟制的目的。

2. 煮制的作用

煮制对产品的色、香、味、形及成品化学性质都有显著的影响。煮制使肉黏着、凝固，具有固定制品形态的作用，使制品可以切成片状；煮制时原料肉与配料的相互作用，可改善产品的色、香、味；同时，煮制也可杀死微生物和寄生虫，提高制品的贮藏稳定性和保鲜效果。煮制时间的长短，要根据原料肉的形状、性质及成品规格要求来确定，一般体积大、质地老的原料，加热煮制时间较长，反之较短。总之，煮制必须达到产品的规格要求。

3. 煮制的方法

在煮制过程中，会有部分营养成分随汤汁而流失。因此，煮制过程中汤汁的多少和利用与产品质量有一定关系。煮制时，根据加入的汤的数量多少，可分为宽汤和紧汤两种煮制方法。宽汤煮制是将汤加至和肉的平面基本相平或淹没肉体，宽汤煮制方法适于块大、肉厚的产品，如卤肉等；紧汤煮制时加入的汤应低于肉的平面 1/3 ～ 1/2，紧汤煮制方法适于色深、味浓的产品，如蜜汁肉、酱汁肉等。许多名优产品都有其独特的操作方法，但一般有以下两种方法：

（1）清煮。清煮又称白煮、白锅。其方法是将整理后的原料肉投入沸水中，不加任何调味料进行烧煮，同时撇除血沫、浮油、杂物等，然后把肉捞出，除去肉汤中的杂质。在肉汤中不加任何调味料，只是清水煮制。清煮作为一种辅助性的煮制工序，其目的是消除原料肉中的某些不良气味。清煮后的肉汤称为白汤，通常作为红烧时的汤汁基础再使用，但清煮下水（如肚、肠、肝等）的白汤除外。

（2）红烧。红烧又称红锅、酱制，是制品加工的关键工序，起决定性的作用。其方法是将清煮后的肉料放入加有各种调味料的汤汁中进行烧煮。这不仅能将制品加热至熟，而且可使之产生自身独特的风味。红烧的时间应因产品和肉质不同而异，一般为数小时。红烧后剩余的汤汁称为红汤或老汤，应妥善保存，待以后继续使用，存放时应装入带盖的容器中，减少污染；长期不用时要定期烧沸或冷冻保藏，以防变质。由于不断使用，红汤的成分与性能已经发生变化，在使用过程中要根据其变化情况酌情调整配料，以稳定产品的质量。

4. 火候

在煮制过程中，根据火焰的大小、强弱，火候可分为旺火、中火和微火三种。旺火（又称大火、急火、武火）火焰高强而稳定，锅内汤汁剧烈沸腾；中火（又称温火、文火）火焰低弱而摇晃，一般锅中间部位的汤汁沸腾，但不强烈；微火（又称小火）火焰很弱而摇摆不定，勉强保持火焰不灭，锅内汤汁微沸或缓缓冒泡。

酱卤制品煮制过程中除个别品种外，一般早期使用旺火，中后期使用中火和微火。旺火烧煮时间通常比较短，其作用是将汤汁烧沸，使原料肉初步煮熟。中火和微火烧煮时间一般比较长，其作用是使肉在煮熟的基础上变得酥润可口；同时，也使配料渗入内部，达到内外品味一致的目的。

有的产品在加入砂糖后，往往再使用旺火，其目的在于使砂糖深化。卤制内脏时，由于口味要求和原料鲜嫩的特点，在加热过程中，自始至终要用文火煮制。

目前，许多厂家早已使用夹层釜生产，利用蒸汽加热，加热程度可通过液面沸腾的状况或温度指示来决定，以生产出优质的肉制品。

（三）料袋的制法和使用

酱卤制品制作过程中大多采用料袋。料袋是用两层纱布制成的长方形布袋，可根据锅的大小、原料多少缝制大小不同的料袋。将各种香料装入料袋，用粗线绳将料袋口扎紧。最好在原料未入锅之前，将锅中的酱汤打捞干净，将料袋投入锅中煮沸，使料在汤中串开后，再投入原料酱卤。

料袋中所装香料可使用 2 ～ 3 次，然后以新换旧，逐步淘汰，这样可根据品种实际味道减少辅料，降低成本。

三、酱卤制品的加工原料及设备

（一）酱卤制品的加工原料

（1）原料。选自来自非疫区、健康无病、“三证”齐全并经兽医卫检人员检验合格的肉，要求新鲜、完整，无病变，无小块淤血及污物。

（2）辅助材料。要求质量必须符合《食品安全国家标准 食品添加剂使用标准》（GB 2760—2024）的规定。

（3）老汤。老汤是优质酱卤肉制品的“传家宝”。“老汤”是指使用多年的煮制禽、肉的汤汁，老汤保存的时间越长，芳香物质越丰富，香味越浓，鲜味越大，酱卤的肉制品风味越美。一锅经年老汤是长期反复熬煮制成的。第一锅卤汤制作配料和方法是共通的，经过一周以上的反复熬煮成为初级老汤。初级老汤能够用于制作酱卤产品，在产品制作过程中因品种不同调配不同的香辛料。熬制老汤所用原材料主要是鸡骨架和大骨棒，大骨棒可以选用猪大骨棒或牛大骨棒，如制作清真酱卤肉制品应选用牛大骨棒。老汤中食盐浓度应控制在 3.5% 左右，根据地域不同可适当调整。味精添加量为食盐添加量的 15%。

（二）酱卤制品的加工设备

（1）蒸煮锅。蒸煮锅是以水或水蒸气为传热介质，对肉及其制品进行加热熟制的设备。蒸煮常用的设备有蒸汽夹层锅和电热夹层锅两种。

（2）油炸设备。油炸常用的设备有电热式油炸机和电加热油水分离油炸机。

（3）包装机。包装常用的设备有真空包装机和充气包装机。

四、酱卤制品的加工工艺

（一）白煮肉类

盐水鸭是南京有名的特产，久负盛名，至今已有一千多年的历史。南京盐水鸭的加工、制作不受季节的限制，一年四季皆可生产，产品严格按“炒盐腌、清卤复、烘得干、煮得足”的传统工艺制作而成。南京盐水鸭的特点是腌制期短，复卤期也短，现做现卖。盐水鸭表皮洁白，鸭肉娇嫩，入口香醇味美，肥而不腻，咸度适中，具有香、酥、嫩的特点。

1. 南京盐水鸭加工工艺流程

南京盐水鸭加工工艺流程：宰杀→干腌→抠卤→复卤→烘焙→上通→煮制→成品。

2. 操作要点

（1）原料鸭的选择。盐水鸭以秋季制作的最为有名。盐水鸭都是选用经过稻场催肥的当年仔鸭制作的，饲养期一般为一个月左右。这种仔鸭长得膘肥肉壮，制作出的盐水鸭更为肥美、鲜嫩。

（2）宰杀。选用当年生肥鸭，宰杀、放血、拔毛后，切去两节翅膀和脚爪，在右翅下开口并去除内脏，用清水把鸭体洗净。

（3）整理。将宰杀后的鸭放入清水中浸泡 2 h 左右，以利于浸出肉中残留的血液，使鸭皮洁白，提高产品质量。浸泡时，注意将鸭体腔内灌满水，并浸没在水面下，浸泡后将鸭取出，用手指插入肛门再拔出，以便排除排出体腔内的水分。接下来，把鸭挂起沥水，约 1 h。取晾干的鸭放在案板上，用力向下压，将肋骨和三叉骨压脱位，将胸部压扁。这时，鸭子呈扁而长的形状，外观显得肥大而美观，在腌制时可节省空间。

（4）干腌。干腌要用炒盐。将食盐与茴香按 100 ∶ 6 的比例在锅中炒制，炒干并出现大茴香的香味时即成炒盐。炒盐要保存好，防止回潮。

将炒制好的盐按 6% ～ 6.5% 的盐量腌制。其中的 3/4 从右翅开口处放入腹腔，然后将鸭体反复翻转，使盐均匀布满整个腔体；其中的 1/4 用于鸭体表腌制，重点擦抹在大腿、胸部、颈部开口处。擦盐后叠入缸中，叠放时使鸭腹向上背向下，头向缸中心，尾向周边，逐层盘叠。气温高低决定干腌的时间，一般为 2 h 左右。

（5）抠卤。干腌后的鸭子，鸭体中有血水渗出，此时提起鸭子，用手指插入鸭子的肛门，使血卤水排出。随后将鸭叠入另一缸中，待 2 h 后再一次扣卤。接着进行复卤。

（6）复卤。复卤的盐卤有新卤和老卤之分。新卤就是用扣卤的血水加清水和盐配制而成。每 100 kg 水加食盐 25 ～ 30 kg、葱 75 g、生姜 50 g、大茴香 15 g，入锅煮沸后，冷却至室温即成新卤。100 kg 盐卤可每次复卤约 35 只鸭，每复卤一次要补加适量食盐，使食盐浓度始终保持饱和状态。盐卤用 5 ～ 6 次后必须煮沸 1 次，撇除浮沫、杂物等，同时加盐或水调整浓度，加入香辛料。新卤使用过程中经煮沸 2 ～ 3 次即为老卤，老卤越老越好。

复卤时，用手将鸭右腋下切口撑开，使卤液灌满体腔，然后抓住双腿提起，头向下尾向上，使卤液灌入食管通道。再次把鸭子浸入卤液中并使之灌满体腔。最后，将上面用竹签压住，使鸭体浸没在液面以下，不得浮出水面。复卤 2 ～ 4 h 即可出缸挂起。

（7）烘坯。腌制后的鸭体沥干盐卤，逐只挂于架子上，推至烘房内，以除去水蒸汽，其温度为 40 ～ 50 ℃，时间约 20 min。烘干后，鸭体表色未变时即可取出散热。注意，要给烘炉内通风，温度不宜过高，否则将影响盐水鸭的品质。

（8）上通。用直径 2 cm、长 10 cm 左右的中空竹管插入肛门，俗称“插通”或“上通”。再从开口处填入腹腔料，姜 2 ～ 3 片、八角 2 粒、葱 1 根，然后用开水浇淋鸭体表，使鸭子肌肉收缩，外皮绷紧，外形饱满。

（9）煮制。在煮制过程中，火候对盐水鸭的鲜嫩口味相当重要，这是制作盐水鸭的关键。一般制作要经过两次“抽丝”。方法是向锅内清水中加入适量的姜、葱、大茴香，待烧开后停火，再将“上通”后的鸭子放入锅中，因为肛门有管子，右翅下有开口，开水很快注入鸭腔。这时，鸭腔内外的水温不均，应马上提起左腿倒出汤水，再放入锅中。但这时鸭腔内的水温还是低于锅中水温，再加入总水量 1/6 的冷水进锅中，使鸭体内外水温趋于均衡。然后盖好锅盖，再烧水，焖 15 ～ 20 min，等到水面出现一丝一丝的褶皱，即沸未沸（约 90 ℃）、可以“抽丝”时住火。停火后，第二次提腿倒汤，加入少量冷水，再焖 10 ～ 15 min。然后再烧水，进行第二次“抽丝”，水温适中，维持在 85 ℃左右。这时才能打开锅盖看生熟，如大腿和胸部两旁肌肉手感绵软，并油膨起来，说明鸭子已经煮熟。煮熟后的盐水鸭必须等到冷却后切食。这时，脂肪凝结，不易流失，香味扑鼻，鲜嫩异常。

（10）成品食用方法。煮制后的鸭子冷却后切块，取煮鸭的汤水适量，加入少量的食盐和味精，调制成最适口味，浇于鸭肉上即可食用（必须晾凉后再切块）。

（二）酱卤肉类

苏州酱汁肉又名五香酱肉，是江苏省苏州市著名产品。苏州酱汁肉的生产始于清代，历史悠久，享有盛名。产品鲜美醇香，肥而不腻，入口化渣，肥瘦肉红白分明，皮呈金黄色，适于常年生产。

1. 苏州酱汁肉加工工艺流程

苏州酱汁肉加工工艺流程：原料选择与整理→煮制→酱制→冷却包装。

2. 操作要点

（1）原料选择与整理。选用江南太湖流域的地方品种猪，俗称湖猪，这种猪毛稀、皮薄，小头细脚，肉质鲜嫩，每头猪的质量以出白肉 35 kg 为宜，取其整块肋条（中段）为酱汁肉的原料。

将带皮的整块肋条肉用刮刀将毛、污垢刮除干净，剪去奶头，切下奶脯，斩下大排骨的脊椎肉，暂时不要直接斩到肥膘上，斩至留有瘦肉 3 cm 左右处，以便剔除脊椎骨。整块肋条肉斩好后形成带有大排骨的整方肋条肉，然后开条（俗称抽条子），肉条宽 4 cm，长度不限。条子开好后，斩成 4 cm^2 的方块，尽量做到每千克肉约 20 块，排骨部分每千克 14 块左右。肉块切好后，把五花肉和排骨分开，装入竹筐中，将肥瘦肉分开放。

（2）产品配料。猪肉 100 kg，绍兴酒 4 ～ 5 kg，白糖 5 kg，盐 3 ～ 3.5 kg，红曲米 1.2 kg，桂皮 0.2 kg，茴香 0.2 kg，葱（打成把）2 kg，生姜 0.2 kg。

（3）煮制。锅内放满水，用旺火烧沸。先将肥肉的一小半倒入沸水内氽 1 h 左右，六七成熟时捞出，另外一大半倒入锅中氽 0.5 h 左右捞出。再将五花肉一半倒入沸水中氽

20 min 左右捞出，另一半余约 10 min 左右捞出。把余原料的白汤加盐 3 kg（略有咸味即可），待汤快烧沸时，撇去浮沫，舀入另一锅中，留下 10 kg 左右在原来锅内。

（4）酱制。

1）制备红曲米水。红曲米磨成粉，盛入纱布袋内，放入钵内，倒入沸水，加盖，待沸水冷却不烫手时，用手轻搓轻捏，使色素加速溶解，直至袋内红米粉成渣，水发稠为止，即成红米水。

取竹筐 3 只，叠在一起，把葱、姜、桂皮和装在布袋里的茴香放于竹筐内（桂皮、茴香可用 2 次），再将猪头肉 3 块（猪脸 2 块、下巴肉 1 块）放入竹筐内，置竹筐于锅的中间，然后以竹筐为中心，在其四周摆满竹筐（一般锅中约放 6 只），其目的是以竹筐垫底，防止成品粘贴锅底。将余 10 min 左右的五花肉均匀地倒入锅内，然后倒入余 20 min 左右的五花肉，再倒入余 0.5 h 左右的肥肉，最后倒入余 1 h 左右的肥肉，不必摊平，自成为宝塔形。下料时因为旺火在烧，汤易发干，故可边下料边烧汤，以不烧干为原则。待原料全部倒入后，舀入白汤，汤需放到宝塔形坡底与锅边接触能看到为止。加盖用旺火烧开后，加入绍兴酒 4 ~ 5 kg，加盖再烧开后，将红曲米汁用小勺均匀地浇在原料上面，务使所有原料都挂着红曲米汁为止，再加盖蒸煮，看肉色是不是深樱桃红色，如果不是，酌量增烧，直至适当为止。加盖烧 1.5 h 左右以后就需注意掌握火候，如火过旺，则汤烧干而肉未烂；如火过小，则汤不干，肉泡在汤内，时间一长，就会使肉泡糊变碎。烧到汤已收干发稠，肉已开始酥烂时可准备出锅。出锅前将白糖（用糖量的 1/5）均匀地撒在肉上，再加盖，待糖熔化后，就出锅为成品。出锅时，用尖筷把肉夹起来，一块块平摊在盘上晾冷。

2）酱汁的调制。酱汁肉的质量关键在于酱汁。上品的酱汁色泽鲜艳，品味甜中带咸，以甜为主，具有黏稠、细腻、无颗粒等特点。酱汁的制法：将余下的白糖加入成品出锅后的肉汤锅中，用小火煎熬，并用铲刀不断地在锅内翻动，以防止发焦起锅巴，待调拌至酱呈胶状，能粘贴勺子表面为止，用笊篱过滤，舀出倒在钵上或小缸等容器中，用盖盖严，防止昆虫及污物落入。出售时就在酱汁肉上浇上酱汁，如果天气凉，酱汁冻结，需要将其加热，待溶化后再用。

（三）卤肉类

道口烧鸡是河南省的名优产品，距今已有 300 多年的历史。成品烧鸡呈浅红色，微带嫩黄，色泽鲜艳，鸡皮不破不裂，鸡身完整，造型独特，整体看呈元宝形，具有浓郁的五香味。食之咸淡适口、肥而不腻，熟烂如酥，用手抖时，骨头与肉自然脱落。

1. 道口烧鸡加工工艺流程

道口烧鸡加工工艺流程：选鸡→宰杀→配料→清洗→造型→上色→油炸→投料→煮制→冷却→包装→杀菌。

2. 操作要点

（1）原料鸡的选择。选用活鸡作为原料。活鸡是产品风味和质量的载体，所以要严格把好选鸡关。通常选用鸡龄半年以上 2 年以内的（理想鸡龄应该是 1 年左右），体重 1 ~

1.25 kg 的优质健康活鸡。健康鸡体貌特征：活动敏捷，喜欢进食；活鸡鸡冠鲜红、挺直；活鸡眼睛明亮有神；活鸡两翅自然紧贴鸡体，羽毛披覆整齐；活鸡肛门周围绒毛洁净无粪便。

（2）宰杀。鸡宰杀前断食 10 h，可以少量饮水。

1）晕鸡，可以采用水晕法也可采用电晕法。

2）宰杀，用刀割破鸡颈部血管，沥血时间 100 s 左右，至血放尽，60 ℃热水烫毛 30 s，去毛，洗净，在鸡肩颈背侧开 3 ～ 4 cm 小口，取出嗉囊，腹下开膛，口要小，取内脏，以利于造型。

（3）配料。按 100 只鸡算，肉桂 90 g，砂仁 15 g，良姜 90 g，丁香 5 g，白芷 90 g，肉豆蔻 15 g，草果 30 g，硝酸钠 10 ～ 15 g，陈皮 30 g，食盐 2 ～ 3 kg。

（4）清洗。将去除内脏的鸡用清水冲洗干净，将鸡投入浸泡池水中浸泡 2 ～ 3 h，至鸡体表干净洁白为止。

同时将大葱去皮、去根、去叶后用清水冲洗干净，鲜姜从丫杈处分开后用清水冲洗干净。大葱切成 2 ～ 3 cm 的葱段，姜切成 2 ～ 3 mm 的姜片。

（5）造型。造型是对鸡腿、鸡翅、鸡头、鸡身整体形状进行塑造，以形成特色鲜明的独特外形，便于售卖和区分。道口烧鸡的造型呈元宝状。

用尖刀沿腿关节处割掉鸡爪，用利刃将鸡肋骨、椎骨中间处切断，选一段长约 15 cm 竹棍，放鸡腹内，撑开鸡身，将鸡腿交叉插入腹腔内（鸡爪已经去掉）；将两翅于颈后交叉，使头颈向脊背折抑，翅尖绕至颈腹侧放血刀口处，将两翅从刀口向口腔交叉穿出，使整鸡呈两头尖的半圆形，洗净后悬挂，晾干表皮上的水分。

（6）上色。将经过造型的鸡浸入上色料液中，取出，将鸡摆放在阴凉处，沥干水分。上色料液可以采用蜂蜜水或饴糖水，配制比例为蜂蜜（饴糖）：水 =1 ： 100。

（7）油炸。将经过上色的鸡投入油炸机中油炸。油炸温度为 170 ℃，时间为 1 ～ 2 min，至鸡身表面金黄色捞出。

（8）投料。将经过油炸的鸡体整齐码入夹层锅，加入老汤、适量清水及香料袋，同时将补充的食盐、白糖、味精、料酒、酱油、葱段、姜片等辅料投入老汤锅，上面用网帘压好。注意保证夹层锅内煮制汤汁没过鸡体 3 cm 以上。

（9）煮制。将投料结束的夹层锅大火（蒸汽控制阀满开）煮至沸腾，撇去浮沫，15 min 后变为小火（蒸汽控制阀开至 1/3）煮制 120 min，关火（关闭蒸汽阀）焖煮 90 min，至肉烂脱骨为止，出锅。

（10）冷却。将煮制好的烧鸡摆放在冷却架上，鸡体之间留有空隙，不能贴靠，在冷却间内冷却鸡体内部中心点温度至室温以下。

（11）包装。冷却后的烧鸡装入包装袋（可以采用铝箔袋，也可采用透明袋）进行真空包装。有的包装产品经杀菌后还要用彩袋进行二次包装。

（12）杀菌。将包装后的产品推入高压杀菌罐内杀菌，通常杀菌温度为 115 ℃，时间为 5 min。

（四）糟肉类

糟制品是传统名产。我国生产糟肉的历史悠久，早在《齐民要术》一书中就有关于糟肉加工方法的记载。到了近代，逐渐出现了糟蹄膀、糟脚爪、糟猪舌、糟猪肚及糟鸡、糟鹅等品种，这些统称为糟货。它们按各自的整理方法进行清洗整理，均与糟肉同时糟制，其制作方法基本相同。上海市每年夏季均生产糟肉，深受消费者喜欢，成为上海市特色肉制品。糟制肉的加工环节较多，需要有制冷设备。糟肉是夏季佐酒的佳肴，需冷冻保存，随销随切，适宜冷食，风味特殊。由于糟肉需保持一定的凉度，食用时又需加冻汁，因此携带不便，保存较难，不宜远销。

1. 糟肉加工工艺流程

糟肉加工工艺流程：原料整理→白煮→配制糟卤→糟制→产品→包装→成品。

2. 操作要点

（1）原料整理。选用新鲜的皮薄而鲜嫩的方肉、腿肉或夹心肉。方肉照肋骨横斩对半开，再顺肋骨直切成长 15 cm、宽 11 cm 的长方块，成为肉坯。若采用腿肉、夹心肉，也切成同样规格。

（2）白煮。将整理好的肉坯倒入锅内烧煮。锅中水量需超过肉坯表面，用旺火烧，待肉汤将要烧开时，撇去浮沫，烧开后减小火力继续烧，直到骨头容易抽出、不粘肉为止。用尖筷和铲刀出锅。出锅后一面拆骨，一面趁热在热坯的两面敷盐。

（3）配制糟卤。

1）陈年香糟。香糟 50 kg，用 1.5 ～ 2 kg 花椒加盐搅拌后，置入瓮内扣好，用泥封口，待第二年使用。这样处理存放的香糟称为陈年香糟。

2）搅拌香糟。100 kg 糟货需陈年香糟 3 kg、五香粉 30 kg、盐 500 g。将香糟等佐料放入容器内，先加入少许上等的绍兴酒，用手边挖边搅拌，并徐徐加入绍酒和高粱酒 200 g，直到酒糟和酒完全拌和，不再有结块。这样拌和而成的香糟称为糟酒混合物。

3）制糟露。用白纱布罩于搪瓷桶上，四周用绳扎牢，中间凹下。在纱布上摊上表芯纸（表芯纸是一种具有极细孔洞的纸张，也可以用其他韧性的纸来代替）一张，把糟酒混合物倒在纱布上，加盖，使糟酒混合物通过表芯纸和纱布过滤，徐徐将汁滴入桶内，即成糟露。

4）制糟卤。将白煮的白汤撇去浮油，用纱布过滤后倒入容器内，加盐 1.2 kg、味精 100 g、上等绍兴酒 2 kg、高粱酒 300 g，拌和冷却。若白汤不够或汤太浓，可加凉开水，以 30 kg 左右的白汤为宜。将拌和配料的白汤倒入糟露内，拌和均匀，即成糟卤。用纱布结扎在盛器盖子上的糟渣，待糟货生产结束后，糟渣可作为喂猪的上等饲料。

（4）糟制。将已经凉透的糟肉坯皮朝外，圈砌在盛有糟卤的容器内，盛放糟货的容器须事先放入冰箱，另一盛冰容器置于糟货中间以加速冷却，直到糟卤凝结成冻为止。

（5）保存方法。糟肉的保存较为特殊，必须放在冰箱内保存，并且要做到以销定产，当日生产，现切现卖，若有剩余，放入冰箱中，待第二天洗净、糟卤后放在白汤内重新烧开，然后进行糟制。回汤糟货原已有咸度，用盐量可酌减，需重新冰冻，否则会失去其特殊的风味。

五、酱卤制品加工中的常见问题及解决方法

1. 重量减小、肉质收缩变硬或软化

肉类在煮制过程中最明显的变化是失去水分、重量减小，如以中等肥度的猪、牛、羊肉为原料，在 100 ℃的水中煮沸 30 min，其中各成分的减少率见表 4-1-1。

表 4-1-1　肉类水煮时其中各营养成分的减少率　　%

名称	水分	蛋白质	脂肪	其他	总量
猪肉	21.3	0.9	2.1	0.3	24.6
牛肉	32.2	1.8	0.6	0.5	35.1
羊肉	26.9	1.5	6.3	0.4	35.1

为了减少肉类在煮制时营养物质的损失，提高出品率，在原料加热前可进行预煮。将小批原料放入沸水中进行短时间预煮，使产品表面的蛋白质立即凝固，形成保护层，减少营养成分的损失，提高出品率。用 150 ℃以上的高温油炸，也可减少营养成分的流失。肌肉中肌浆蛋白质受热之后，蛋白质的凝固作用使肌肉组织收缩硬化，并失去黏性。若继续加热，随着蛋白质的水解及结缔组织中胶原蛋白质水解成动物胶等变化，肉质又变软。

2. 肌肉蛋白质的变化

肌肉蛋白质受热凝固。肉在加热煮制时，有大量的汁液分离，体积缩小，这是构成肌肉纤维的蛋白质因热变性发生凝固导致的。肌球蛋白的凝固温度是 45 ～ 50 ℃，当有盐类存在时，30 ℃即开始变性。肌肉中可溶性蛋白的热凝固温度是 55 ～ 65 ℃，肌球蛋白由于变性凝固，再继续加热则发生收缩，肌肉中水分被挤出，当加热到 60 ～ 75 ℃时失水量多，随温度的升高，失水量反而相对减少。这是因为动物肉煮制时随着温度的升高和煮制时间的延长，胶原转变成明胶需要吸收一部分水分，从而弥补了肌肉中流失的水分。

3. 肉保水性的变化

由于加热，肉的保水性降低，其下降幅度因加热的温度而不同。在 20 ～ 30 ℃时，保水性没有发生变化。30 ～ 40 ℃时保水性逐渐降低，40 ℃时急剧下降，到 50 ～ 55 ℃时大体停止了，到 55 ℃以上又继续下降，但不像 40 ～ 50 ℃时那样迅速，到 60 ～ 70 ℃时就大体结束了。肉的 pH 值也随着加热温度升高而增大。其 pH 值的变化也可分为 40 ～ 50 ℃和 55 ℃以上两个阶段。在加热过程中，随着加热温度的升高、酸性基的减少，pH 值上升。

肉的保水性最低点是在等电点 pH 值时，等电点随着加热温度的升高而向碱性方向移动，这种现象表明肌肉蛋白质因加热而酸性基减少。

4. 脂肪的变化

加热时，包围脂肪滴的结缔组织由于受热收缩使脂肪细胞受到较大的压力，细胞膜破裂，使脂肪熔化流出。脂肪在熔化过程中释放出某些与脂肪相关联的挥发性化合物，这些物质给肉和肉汤增加了香气。脂肪在加热过程中有一部分发生水解，生成脂肪酸，因此，使酸价有所增高；同时，也发生了氧化作用，生成了氧化物和过氧化物。

5. 风味的变化

生肉的香味是很弱的，但是加热之后，不同种类动物肉会产生浓郁的特有风味。通常认为，这是加热使肉中的水溶性成分和脂肪发生变化形成的。肉的风味与氨、硫化氢、胺类、羰基化合物、低级脂肪酸等有关。

6. 颜色的变化

肉加热时的颜色受加热的方法、时间、温度的影响。例如，温度在 60 ℃以下时，肉的颜色几乎没有变化，仍呈鲜红色；而升高到 60 ℃时，变为粉红色；温度提高到 70 ℃时，肉呈淡灰色，这主要是肌肉中的色素肌红蛋白热变性引起的。肌红蛋白变性之后成为不溶于水的物质。肉类在煮制时，以沸水下锅为好。一方面，肉表面蛋白质会迅速凝固，可阻止可溶性蛋白质溶入汤中；另一方面，可以减少大量肌红蛋白质溶入汤中，保持肉汤的清澈。

7. 浸出物的变化

在加热过程中，蛋白质变性和脱水的结果，使汁液从肉中分离出来，汁液中含有浸出物质，这些浸出物溶于水，易分解，并赋予煮熟肉特殊的风味。

8. 维生素的变化

肌肉与脏器组织中 B 族维生素的量高，如硫胺素、核黄素、烟酸、维生素 B_6、泛酸、生物素、叶酸及维生素 B_{12} 等，脏器组织中含一些维生素 A 和维生素 C。在热加工过程中，通常维生素的含量会降低，其损失的量取决于处理的程度和维生素的敏感性。

任务实施

酱牛肉的加工

一、任务准备

（1）主要材料：瘦牛肉 50 kg、食盐 3 kg、黄酱 4 kg、小茴香 0.15 g、白酒 0.2 g、五香粉 0.2 g、大蒜 0.05 kg、葱 0.5 kg、鲜姜 0.5 kg。

（2）工具设备：解冻架、水槽、操作台、蒸煮锅、包装机等。

二、任务实操

1. 工艺流程

酱牛肉的加工工艺流程：原料选择与整理→配料→预煮→调酱→酱制→出锅。

2. 操作要点

（1）原料选择与整理。应选用肥瘦相宜的新鲜的优质牛肉。肉质不宜过嫩，否则煮后容易松散，不能保持形状。将原料肉用冷水浸泡，清除淤血，洗干净后进行剔骨，按部位分切成 1 kg 左右的肉块。接下来，把肉块倒入清水中洗涤干净；同时，还要把肉块上面覆盖的薄膜去除干净。

（2）预煮。将选好的原料肉按不同的部位、嫩度放入锅中大火煮 1 h，此举的目的是除去腥膻味。可在水中加入几块胡萝卜。煮好后把肉捞出，再放在清水中洗涤干净，洗至无血水为止。

（3）调酱。用一定量的水和黄酱拌和，把酱渣捞出，煮沸 1 h，并将浮在汤面的酱沫撇净，盛入容器内备用。

（4）酱制。将预煮好的原料肉按不同部位分别放在锅内。通常将结缔组织较多、肉质坚韧的部位放在底部，较嫩的、结缔组织较少的放在上层，然后倒入调好的汤液进行酱制。要求水与肉块平齐，待煮沸之后再加入各种调味料。锅底和四周应预先垫以竹棍，使肉块不贴锅壁，避免烧焦。用旺火煮制 4 h 左右后，为使肉块均匀煮烂，每隔 1 h 左右倒锅一次，再加入适当的老汤和食盐。务使每块肉均匀浸入汤中，再用小火煮制约 1 h，使各种调味料均匀地渗入肉中。等到浮油上升、汤汁减少时，将火力减小，最后封火焖制。焖制的火候掌握在汤汁沸动，不能冲开上浮油层的程度。全部煮制时间为 8 ～ 9 h。煮好后将肉取出，淋上浮油，使肉色光亮、润滑。

（5）出锅。出锅时，应注意保持肉块完整，用特制的铁铲将肉逐一托出，并将锅内的余汤浇在肉上，即为成品。

三、任务评价

（1）酱牛肉感官评价指标。请按照表 4-1-2 的标准评价酱牛肉质量，可以采用自评、互评等形式。

表 4-1-2　酱牛肉感官评价指标

评价指标	评价标准	分数	实得分数	备注
色泽	酱制品表面为酱色或褐色，内外色泽一致	25		
口感风味	咸淡适中，具有酱卤制品特有的风味	25		
外观形态	外形整齐，无异物，组织紧密	25		
杂质	无肉眼可见的外来杂质	25		
合计		100		

（2）酱牛肉生产过程评价指标。请按照表 4-1-3 的标准评价本次任务完成情况。

表 4-1-3　酱牛肉生产过程评价指标

职业功能	主要内容	技能要求	相关知识	分数	实得分数	备注
准备工作	清洁卫生	能完成车间、工器具、操作台的卫生清洁、消毒等工作	食品卫生基础知识	10		
	备料	能正确识别原辅料	原辅料知识	10		
	检查工器具	能检查工器具是否完备	工具、设备结构 工具、设备的使用方法	10		

续表

职业功能	主要内容	技能要求	相关知识	分数	实得分数	备注
配料及煮制	配料	能读懂产品配方 能按产品配方准确称料	配方表示方法 配料性质	10		
	调味	能根据产品特色选配调味料进行调味 能调制卤汁，并使卤汁浓度和风味在煮制前后保持一致	调味的原理和技巧 卤汁调制的方法和要求	20		
煮制	煮制条件设定	能使用不同的煮制设备进行煮制	煮制的要求 酱卤制品加工工艺要求	15		
冷却	冷却	能按冷却规程进行一般性操作	冷却温度、时间 产品冷却程度和保质的关系、冷却场所、包装工器具及操作人员的卫生要求	15		
贮存	原材料贮存	能按贮存要求进行简单操作	原辅料的贮存常识 原辅料质量检测国家标准	10		
合计				100		

四、任务拓展

德州扒鸡的加工和镇江肴肉的加工请扫描下方二维码查看。

德州扒鸡的加工

镇江肴肉的加工

任务自测

请扫描下方二维码进行本任务自测。

任务二　干肉制品加工

任务目标

➢ 知识目标

1. 了解干肉制品的概念、特点及分类。
2. 熟悉干肉制品加工常用材料及设备。
3. 掌握干肉制品加工的工艺流程和操作要点。

➢ 技能目标

1. 能够独立完成干肉制品的加工。
2. 能够熟练使用干肉制品加工设备。
3. 能够根据肉干评价标准评价肉干的质量并提出常见质量问题的解决方法。

➢ 素质目标

1. 能够控制肉制品加工的关键环节，树立质量重于泰山的意识。
2. 将“工匠精神”融入教学，让学生初步养成严谨、认真、精益求精的工作态度。

任务导学

肉类经脱水干制后易于贮藏和运输，食用方便，风味独特，即干肉制品。这类肉制品深受我国消费者的喜爱，也非常适宜出口。我国干肉制品的加工方法对世界肉制品加工有很大影响，亚洲其他国家在干肉制品加工中所用配方和加工方法起源于我国。近年来，远红外线干燥设备和微波加热干燥设备的发展，使传统干肉制品的加工方法发生了很大变化。营养学的发展和卫生的发展对传统干肉制品产生了影响，因此，干肉制品的加工工艺及配方也得以丰富和发展，出现了更为营养、卫生的新型干肉制品。那么，干肉制品是如何制作的？接下来，我们将一起学习干肉制品的加工方法。

思维导图

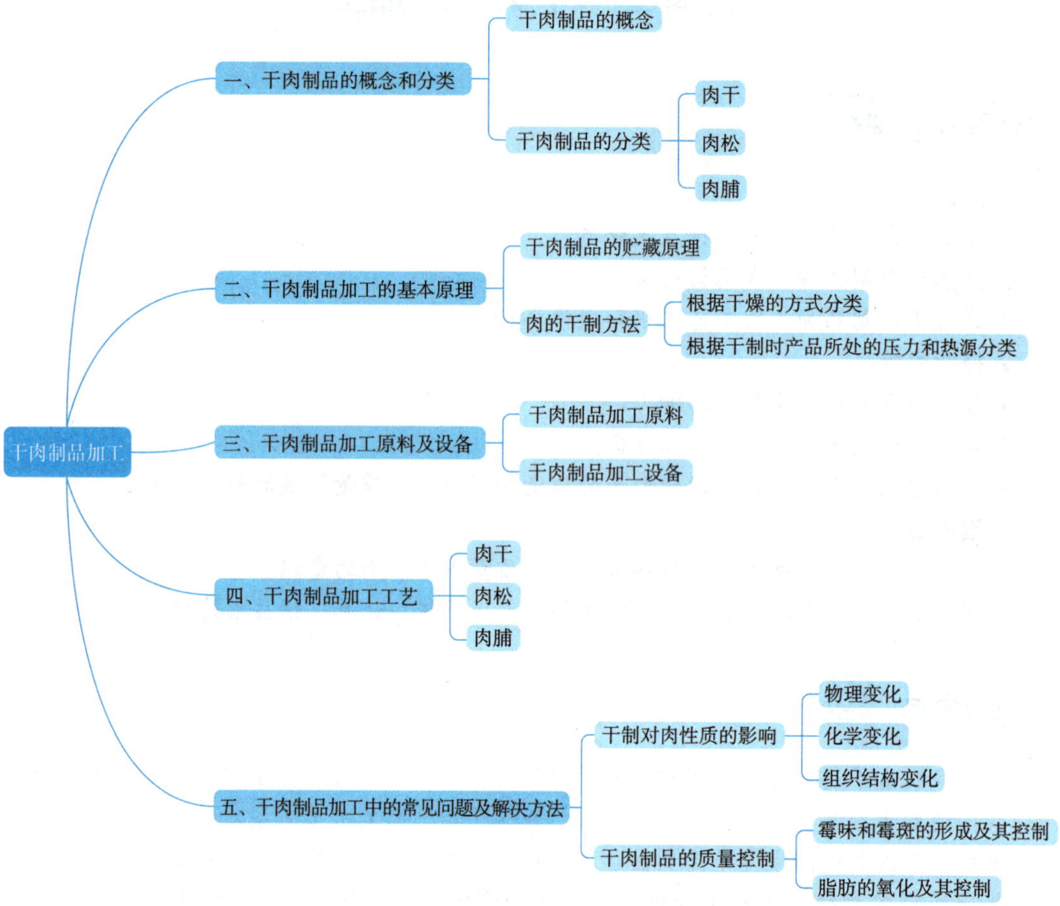

知识储备

一、干肉制品的概念和分类

（一）干肉制品的概念

干肉制品是指肉经过脱水干制，成品中含水率控制在 20% 左右的熟肉制品。新鲜肉类食品不仅含有丰富的营养物质，而且含水率一般都在 60% 以上，如保管贮藏不当极易引起腐败变质。经过脱水干制，其含水率可降至 20% 以下。各种微生物的生命活动，是以渗透的方式摄取营养物质的，必须有一定的水分存在。如蛋白质性食品适于细菌生殖发育最低限度的含水率为 25% ～ 30%，适于霉菌的最低含水率为 15%，因此，肉类食品脱水之后使微生物失去获取营养物质的能力，从而抑制了微生物的生长，可达到贮藏的目的。

干肉制品中含有丰富的营养成分，主要为蛋白质和脂肪，仅此而言，等于将鲜肉中的蛋白质和脂肪浓缩 3 倍以上。肉中的蛋白质为优质蛋白质，生物有效利用率在 80% 以上。其含有人体必需的各种氨基酸，且氨基酸的组成很接近人体氨基酸组成。干肉制品中含有丰富的钙、磷等无机成分，除能满足人体的营养需要外，还具有重要的生理作用，其中，铁的存在形式主要为血红素铁，生物利用率高，不受食物和其他因素的干扰。干肉制品中维生素的含量较低，主要是一些脂溶性维生素。

（二）干肉制品的分类

干肉制品主要包括肉干、肉松和肉脯三大类。

1. 肉干

肉干是指瘦肉经预煮、切丁（条、片）、调味、浸煮、干燥等工艺制成的干、熟肉制品。由于原料肉、辅料、产地、外形等不同，其品种较多。根据原料肉不同，肉干可分为牛肉干、猪肉干、羊肉干等；根据形状，肉干可分为片状、条状、粒状等肉干；按辅料不同，肉干可分为五香肉干、麻辣肉干、咖喱肉干等。尽管肉干种类很多，配方也不尽相同，但根据其加工工艺主要分为传统工艺和改进工艺两种。

2. 肉松

肉松是指瘦肉经煮制、调味、炒松、干燥并加入食用动植物油炒制而成的肌纤维疏松成絮状或团球状的干熟肉制品。由于原料、辅料、产地等不同，我国生产的肉松品种繁多，名称各异，但主要分为太仓式肉松和福建式肉松两大类。

3. 肉脯

肉脯是指瘦肉经切片（或绞碎）、调味、摊筛、烘干、烤制等工艺制成的干、熟薄片型的肉制品。成品特点是干爽薄脆，红润透明，瘦不塞牙，入口化渣。与肉干加工方法不同的是，肉脯不经水煮，直接烘干制成。与肉干一样，因原料、辅料、产地等的不同，肉脯的名称及品种不尽相同，但就其加工工艺而言，主要有传统肉脯和新型肉糜脯两大类。

二、干肉制品加工的基本原理

（一）干肉制品的贮藏原理

食品的干燥是指从食品中除去水分，因此又称为脱水，但有人认为，干燥与脱水不完全相同。就处理方法而言，用自然日光处理属于干燥，而人工干燥则为脱水。

肉类等易腐食品的脱水干制，既是一种古老的贮藏手段，也是一种加工方法。对某种肉类制品来说，干燥是主要的加工过程；而对另一些肉制品来说，干燥则可能是工艺过程中的一个环节。

微生物的繁殖和肉的腐败变质不仅与肉的含水率有关，更与肉的水分活性（Aw）有关。各种微生物的繁殖对 Aw 都有一定的要求。当 Aw 低于最低值时，微生物不能繁殖；Aw 高于最低值时，微生物易繁殖。各种微生物的生命活动，是用渗透的方式摄取营养物质来维持的，必须要有水分存在，因此，肉类脱水之后使微生物失去获取营养物质的能力，从而达到贮藏的目的。食品的贮藏性除与微生物有关外，还与酶的活力、脂肪的氧化等有关。随着 Aw 的降低，食品的稳定性增加。但脂肪的氧化与其他因素不同，当 Aw 为 0.3 ～ 0.4 时，其反应速度最慢；接近无水状态时，反应速度又增加。一般来说，脱脂干燥肉的含水率为 15% 时，其 Aw 低于 0.7，因此，干肉制品含水率应低于 20%。

在营养物质含量相同的情况下，脱水干制肉品较其他贮藏或加工方法得到的肉制品质量轻、体积小，便于携带、运输，适于贮藏，适于军用和某些特种工作的需要。

干制品也有一定的缺点：食用时常要复水，且需要较长的时间或特殊的条件，如干制的牛蹄筋等，食用时需较长时间复水；干制过程中某些芳香物质和挥发性成分常随水分的蒸发而散到空气中去；在干燥时（非真空的条件）易发生氧化作用，在高温变化下尤为严重。我国传统的肉松或肉干等干制品，有的不是直接用鲜肉加工干制的，而是一种调味性的干制品，它几乎完全失去对水分的可逆性，不能恢复鲜肉状态。而近代的肉制品工业生产可以将接近新鲜状态的肉直接脱水干燥，既能达到减轻重量、缩小体积、便于携带、食用方便的目的，又能保持肉的组织结构和营养成分不发生变化，添加适量的水分即可使原料恢复原来的状态。

（二）肉的干制方法

1. 根据干燥的方式分类

（1）自然干燥。自然干燥法是古老的干燥方法，设备简单，费用低，但受自然条件的限制，温度条件很难控制，大规模的生产很少采用，只在某些产品加工中作为辅助工序，如风干香肠的干制等。

（2）烘炒干制。烘炒干制也称传导干制，靠间壁的导热将热量传给与壁接触的物料，由于湿物料与加热的介质（载热体）不直接接触，故又称为间接加热干燥。传热干燥的热源可以是水蒸气、热空气等，可以在常温下干燥，也可在真空下进行。加工肉松可采用这种方式。

（3）烘房干燥。烘房干燥也称对流热风干燥，直接以高温的热空气为热源，借对流传热将热量传给物料，故称为直接加热干燥。热空气既是热载体又是湿载体。对流干燥多在常压下进行。在真空干燥情况下，气体处于低压状态，热容量很小，不能直接以空气为热源，必须采用其他热源。对流干燥室中的气温调节比较方便，物料不至于过热，但热空气离开干燥室时，带有相当大的热能。因此，对流干燥热能的利用率较低。

（4）低温升华干燥。在低温下一定真空度的封闭容器中，物料中的水分直接从冰升华为蒸汽，使物料脱水干燥，称为低温升华干燥。此法不仅干燥速度快，而且能最大程度地保持原来产品的性质，加水后能迅速恢复原来的状态，保持原有成分，很少发生蛋白质变性。但其设备较复杂，投资大，费用高。

2. 根据干制时产品所处的压力和热源分类

根据干燥的热源，肉制品的干燥可分为自然干燥和加热干燥，干燥的热源有蒸汽、电热、红外线及微波等；根据干燥时的压力，肉制品干燥方法包括常压干燥和减压干燥。减压干燥包括真空干燥和冷冻干燥。

（1）常压干燥。鲜肉在空气中放置时，其表面的水分会蒸发，使内外水分形成密度差，从而导致内部水分向表面扩散。因此，其干燥速度是由水分在表面蒸发速度和内部扩散的速度决定的。在干燥初期，水分含量高，可适当提高干燥温度，随着水分减少，应及时降低干燥温度。

（2）微波干燥。用蒸汽、电热、红外线烘干肉制品时，耗能大，时间长，易造成外焦内湿现象，利用新型微波能技术则可有效地解决以上问题。微波是电磁波的一个频段，频率范围为 300 ～ 3 000 MHz。微波发生器产生电磁波，形成带有正负极的电场。食品中有大量的带正负电荷的分子。在微波形成的电场作用下，带负电荷的分子向电场的正极运动，而带正电荷的分子向电场负极运动。分子间的运动经常产生阻碍、摩擦而产生热量，使肉块得以干燥。而且这种效应在微波一旦接触到肉块时就会在肉块内外同时产生，而无需热传导、辐射、对流，在短时内即可达到干燥的目的，且使肉块内外受热均匀，表面不易焦糊。但微波干燥设备有投资费用较高、干肉制品的特征性风味和色泽不明显等缺点。

（3）减压干燥。食品置于真空中时，随真空度的不同，在适当温度下，其所含水分蒸发或升华。采用减压干燥，随着真空度的不同，无论是水的蒸发还是冰的升华，都可以制得干制品。因此肉制品的减压干燥分为真空干燥和冻结干燥两种。真空干燥是指肉块在未达结冰温度的真空状态（减压）下加速水分的蒸发而进行干燥。与常压干燥相比较，真空干燥时间缩短，表面硬化现象减小。真空干燥虽使水分在较低温度下蒸发干燥，但因蒸发而芳香成分的逸失及轻微的热变性在所难免。冻结干燥是指将肉块冻结后，在真空状态下，使肉块中的冰升华而进行干燥。这种干燥方法对色、味、香、形几乎无任何不良影响，是现代最理想的干燥方法。

三、干肉制品加工原料及设备

（一）干肉制品加工原料

（1）原料。选自来自非疫区、健康无病，“三证”齐全并经兽医卫检人员检验合格的肉，要求新鲜、完整，无病变，无小块淤血及污物。干肉制品一般选择脂肪和筋膜含量少、瘦肉含量高的部位肉，PSE 肉、DFD 肉不适于制作干肉制品。

（2）辅助原料。辅助原料要求质量必须符合《食品安全国家标准 食品添加剂使用标准》（GB 2760—2024）的规定。

（二）干肉制品加工设备

（1）换气干燥设备。换气干燥设备利用直接加热方式或间接加热方式使干燥设备内的空气产生对流来进行干燥作业。这类设备简单、投资少、费用低，与自然干燥结合使用效果比较好。这类设备有直接干燥设备和间接加热干燥设备。

（2）热风干燥设备。热风干燥设备采用强制循环送热风的干燥方法，设备形式较多，有强制循环干燥机、隧道式干燥设备、多层网带式干燥机等。

（3）真空干燥设备。真空干燥设备在密闭的容器内，在真空状态下，于 30 ～ 60 ℃的低温下进行干燥作业。适合将肉制品干燥处理的真空设备主要有真空干燥箱和搅拌式真空干燥机两种。

真空干燥具有以下特点：

1）在真空情况下干燥，蒸发的水分易被抽出，水分含量减少速度较快。

2）可脱除异味，并能较好地保持原料的色、香、味。

3）营养成分损失较小。

4）干燥过程中防止原料成分被氧化。

5）干燥过程中产生发泡现象，制品体积大，具有多孔性和水溶性。

6）防止二次污染，卫生条件好。

（4）远红外干燥设备。远红外干燥设备利用远红外线辐射器发出的远红外线加热被干燥物料，使其直接转变为热能而达到烘烤干燥的目的。这种设备具有高效、节能、烘烤干燥速度快、设备占地面积小、制品干燥质量好等优点，适用于小块或片状肉类的烘烤干燥，如五香牛肉干、猪肉脯、调味肉制品和香肠、火腿肠的烘烤干燥。这类设备常用的有厢式和连续隧道式两种。

（5）旋转式调料炒松机。炒松机是肉松制品生产设备，操作简单耐用，突破传统肉松制作难度高、产量低、人工费用高的生产难点，是现代化肉松生产的最佳选择。旋转式调料炒松机适用于肉松加工中的调料焙炒用，特别适合福建肉松（细小肉末）的焙炒。

（6）自动打松机。将调料烘干后的精肉条通过打松机制成的蓬松肉纤维，称为肉松。这种肉松的质地十分蓬松，是我国具有民族特色的肉制品，尤以江苏太仓著名，故又称太仓肉松。常见的打松机有卧式和立式两种，前者是长方形的，后者是圆筒形的。

四、干肉制品加工工艺

（一）肉干

1. 肉干传统加工工艺流程

肉干传统加工工艺流程：原料预处理→初煮→切坯→复煮、收汁→脱水→冷却、包装。

2. 操作要点

（1）原料预处理。肉干加工多用牛肉，现如今也用猪、羊、马等肉。无论选择什么肉，都要求新鲜，以前后腿瘦肉为佳。将原料肉剔去皮、骨、筋腱、脂肪及肌膜后顺着肌纤维切成 1 kg 左右的肉块，用清水浸泡 1 h 左右，除去血水、污物，沥干后备用。

（2）初煮。初煮的目的是通过煮制进一步挤出血水，并使肉块变硬以便切坯。初煮是将清洗、沥干的肉块放在沸水中煮制。煮制时以水盖过肉面为原则。一般初煮时不加任何辅料，但有时为了去除异味，可加 1% ~ 2% 的鲜姜。初煮时水温保持在 90 ℃以上，并及时撇去表面污物。初煮时间随肉的嫩度及肉块大小而异，以切面呈粉红色、无血水为宜。通常初煮 1 h 左右。肉块捞出后，汤汁过滤待用。

（3）切坯。肉块冷却后，可根据工艺要求放在切坯机中切成小片、条、丁等形状。无论切成什么形状，大小都要一致。

（4）复煮、收汁。复煮是将切好的肉坯放在调味汤中煮制的过程，其目的是进一步熟化和入味。复煮汤料配制时，按肉坯质量的 20% ～ 40% 过滤初煮汤，将配方中不溶解的辅料装袋入锅煮沸后，加入其他辅料及肉坯。用大火煮制 30 min 左右，随着剩余汤料的减少，减小火力以防焦锅。用小火煨 1 ～ 2 h，待卤汁基本收干，即可起锅。复煮汤料配制时，盐的用量各地相差无几，但糖和各种香辛料的用量差别较大，无统一标准，以适合消费者的口味为原则。

（5）脱水。肉干常规的脱水方法有以下三种。

1）烘烤法。将收汁后的肉坯铺在竹筛或铁丝网上，放置于三用炉或远红外烘箱中烘烤。烘烤温度前期可控制在 80 ～ 90 ℃，后期可控制在 50 ℃左右，一般需要 5 ～ 6 h，含水率可下降到 20% 以下。在烘烤过程中要注意定时翻动。

2）炒干法。收汁结束后，肉坯在原锅中文火加温，并不停搅翻，炒至肉块表面微微出现蓬松茸毛时，即可出锅，冷却后即为成品。

3）油炸法。先将肉切条后，用 2/3 的辅料（其中白酒、白糖、味精后放）与肉条拌匀，腌渍 10 ～ 20 min 后，投入 135 ～ 150 ℃的菜油锅中油炸。油炸时要控制好肉坯量与油温之间的关系。如油温高、火力大，应多投入肉坯；反之，则少投入肉坯。油温过高，容易炸焦；油温过低，脱水不彻底，且色泽较差。可选用恒温油炸锅，成品质量易控制。炸到肉块呈微黄色后，捞出并滤净油，再将酒、白糖、味精和剩余的 1/3 辅料混入并拌匀即可。

在实际生产中，也可先烘干再上油衣。例如，四川丰都的麻辣牛肉干，在烘干后用菜籽油或麻油炸酥起锅。

（6）冷却、包装。成品在清洁室内摊晾、自然冷却，必要时，可用机械排风，但不宜在冷库中冷却，否则易吸水返潮。包装以复合膜为好，尽量选用阻气、阻湿性能好的材料。最好选用 PET/AL/PE 等膜，但其费用较高；PET/PE，NY/PE 效果次之，但费用较低。

（二）肉松

我国著名的肉松品种——太仓肉松的生产即采用传统工艺加工而成。下面以太仓肉松为例介绍肉松的传统加工工艺。

1. 肉松加工的一般工艺流程

肉松加工的一般工艺流程：原料肉的选择与整理→配料→煮制→炒压→炒松→擦松→跳松→拣松→包装。

2. 操作要点

（1）原料肉的选择与整理。传统肉松是由猪瘦肉加工而成的。现如今除猪肉外，牛肉、鸡肉、兔肉等均可用来加工肉松。将原料肉剔除皮、脂肪、膜等结缔组织。结缔组织的剔除一定要彻底，否则加热过程中胶原蛋白水解后，导致成品黏结成团块而不能呈良好的蓬松状。将修整好的原料肉切成 1.0 ～ 1.5 kg 的肉块。切块时，应尽可能不要切断肌纤维，以避免成品中的短茸过多。

（2）配料。猪瘦肉 100 kg，精盐 1.67 kg，酱油 7 kg，白糖 11.05 kg，白酒 1 kg，大料

0.38 kg，生姜 0.28 kg，味精 0.17 kg。

（3）煮制。将香辛料用纱布包好后和肉一起入锅（夹层锅、电热锅等），加入与肉等量的水加热煮制。煮沸后撇去浮油，这对保证产品质量至关重要。若不撇尽浮油，则肉松不易炒干，成品容易氧化，贮藏性能差，而且炒松时易焦锅，成品颜色发黑。煮制的时间和加水量应根据肉质老嫩决定。肉不能煮得过烂，否则会使成品的茸丝短碎。若筷子稍用力夹肉块时，肌肉纤维能分散，表明肉已煮好。煮肉时间为 3 ～ 4 h。

（4）炒压。肉块煮烂后，改用中火，加入酱油、白酒等辅料，一边炒一边压碎肉块。最后加入白糖、味精，减小火力，收干肉汤，并用小火炒压至肌纤维松散时即可进行炒松。

（5）炒松。肉松中糖较多，炒松时容易沾底起焦，要注意掌握炒松时的火力，且勤翻动。炒松有人工炒和机炒两种。在实际生产中可人工炒和机炒结合使用。当汤汁全部收干后，用小火炒至肉略干，转入炒松机继续炒制，当含水率小于 20%、颜色由灰棕色变为金黄色、具有特殊香味时即可结束炒松。

（6）擦松。利用滚筒式擦松机擦松，使肌纤维呈茸丝状态即可。

（7）跳松。利用机器跳松，肉松从跳松机上面跳出，而肉粒则从下面落出，使肉松与肉粒分开。

（8）拣松。跳松后的肉松送入包装车间晾凉，肉松凉透后便可拣松，即将肉松中焦块、肉块、粉粒等拣出，提高成品质量。

（9）包装贮藏。肉松吸水性很强，不宜散装。短期贮藏可选用复合膜包装，贮藏期为 6 个月；长期贮藏多选用马口铁罐，可贮藏 12 个月。

（三）肉脯

1. 肉脯传统加工工艺流程

肉脯传统加工工艺流程：原料选择和整理→冷冻→切片→腌制→摊筛→烘烤、烧烤→压平→切片→成型→包装。

2. 操作要点

（1）原料选择和整理。传统肉脯一般是由猪、牛肉加工而成的。选用新鲜的牛、猪后腿肉，去掉脂肪、结缔组织，顺肌纤维切成 1 kg 大小的肉块。要求肉块外形规则，边缘整齐，无碎肉、淤血。

（2）冷冻。将修割整齐的肉块装入模内移入速冻冷库中速冻。至肉块深层温度达 –2 ～ –4 ℃时出库。

（3）切片。将冻结后的肉块放入切片机切片或手工切片。切片时须顺肌肉纤维方向，以保证成品不易破碎。切片厚度一般控制在 1 ～ 2 mm。国外的肉脯有向超薄型方向发展的趋势，一般在 0.2 mm 左右。超薄肉脯透明度、柔软性、贮藏性都很好，但加工技术难度较大，对原料肉及加工设备要求较高。

（4）拌料腌制。将辅料混匀后，与切好的肉片拌匀，在不超过 10 ℃的冷库中腌制 2 h 左右。腌制的目的一是入味，二是使肉中的盐溶性蛋白溶出，有助于摊筛时使肉片之间粘连。各地肉脯的配料不尽相同，以下是两种常见肉脯辅料的配方。

1）上海猪肉脯。原料肉 100 kg，食盐 2.5 kg，硝酸钠 0.05 kg，白糖 15 kg，高粱酒 2.5 kg，味精 0.3 kg，白酱油 1 kg，小苏打 0.01 kg。

2）天津牛肉脯。牛肉片 100 kg，酱油 4 kg，山梨酸钾 0.02 kg，食盐 2 kg，味精 2 kg，五香粉 0.3 kg，白砂糖 12 kg，V_C 0.02 kg。

（5）摊筛。在竹筛上涂刷食用植物油，将腌制好的肉片平铺在竹筛上，肉片之间彼此靠溶出的蛋白粘连成片。

（6）烘烤。烘烤的主要目的是促进发色和脱水熟化。将摊放肉片的竹筛上架，晾干水分后，放入远红外烘箱或烘房中脱水熟化。其烘烤温度控制在 55 ～ 70 ℃，前期烘烤温度可稍高。若肉片厚度为 2 ～ 3 mm，烘烤时间控制在 2 ～ 3 h。

（7）烧烤。烧烤是将成品放在高温下进一步熟化并使质地柔软，产生良好的烧烤味和油润的外观。烧烤时可把半成品放在远红外烘箱的转动铁丝网上，用 200 ～ 220 ℃的温度烧烤 1 ～ 2 min，至表面油润、色泽深红为止。

（8）压平、成型。烧烤结束后趁热用压平机将肉片压平，按规格要求切成一定的长方形。

（9）包装。成品冷却后及时包装。塑料袋或复合袋须真空包装。马口铁罐加盖后锡焊封口。

五、干肉制品加工中的常见问题及解决方法

（一）干制对肉性质的影响

肉类及其制品经过干制要发生一系列的变化，组织结构、化学成分等都要发生一定的改变，这些变化直接关系到产品的质量和贮藏条件。干制的方法不同，其变化的程度也有所差别。

1. 物理变化

（1）肉类在干制过程中的物理变化，首先是水分蒸发所引起的质量减轻、体积缩小，制品出现干缩、干裂等现象。物料的组成都有其各自不同的物理性质，一般当水分减少时，物料组织内会形成一定的孔隙。

（2）在干燥过程中物料的色泽要发生变化，其主要原因是随着水分的减少，其他物质的浓度增加了，加之在贮藏过程中发生的某些化学变化引起的改变，一般使物料色泽发暗。

（3）随着干燥的进行，溶液浓度增加，产品的冰点下降。

2. 化学变化

干燥的条件有利于阻止霉和微生物的繁殖。在较低温下，自然干燥的过程中肉质易于分解和腐败，肉体表面脂肪被氧化，从而使产品的气味、色泽恶化。在较高温度和氧气存在的条件下，贮藏的脱水肉类制品色泽易变黄，且会产生不良的气味。

3. 组织结构变化

肉类经脱水干燥之后，组织结构复水性等发生显著的变化，特别是在热风对流条件下干燥的产品，不仅坚韧且难以咀嚼，即使复水之后，也很难恢复新鲜状态。

（二）干肉制品的质量控制

干肉制品贮藏期间质量变劣主要表现在两个方面：其一是霉味和霉斑的问题；其二是脂肪氧化酸败的问题。

1. 霉味和霉斑的形成及其控制

（1）原因。研究结果表明，干肉制品产生霉味和霉斑的主要原因是水分活性过高，脂肪含量过高或贮藏时间过久。含水率和含盐量决定着水分活性。干肉制品中含水率一般为20%，含盐量为5%～7%，但含水率过高和含盐量过低是导致霉味及霉斑产生的直接原因。若干肉制品中脂肪含量过高，或者长期高温贮藏都会导致脂肪移至干肉制品表面，进而附着于包装袋上，甚至渗出袋外，使各种有机物附着，造成袋外霉菌生长繁殖。这是引起干肉制品霉变的另一个原因。

（2）解决方法。若用PET/PE复合膜一般包装，只要牛肉干含水率控制在17%、含盐量控制在7%，则10个月不会发生霉变；若采用PET/AL/PE复合膜包装，即使含水率达到20%，牛肉干贮藏10个月也无霉变；若采用充氮包装，则产品14个月不变质。因此，含水量、含盐率、包装材料及方式等都会影响干肉制品的保质期。

2. 脂肪的氧化及其控制

（1）原因。尽管干肉制品是用纯瘦肉加工而成的，但其中仍含有一定量的脂肪。另外，为了使干肉制品保持一定的柔软性和油润的外观，在加工过程中需加适量的精炼油脂。来自这两方面的油脂在干肉制品的加工贮藏过程中若被氧化，其结果一是使肉制品的酸价升高，严重时伴有酸败味，二是在氧化的过程中产生一些对人体有害的物质，如过氧化物及其分解产物作用于细胞膜而影响细胞的功能。脂类中的过氧化物和氧化胆固醇与肿瘤和动脉粥样硬化发生有关。脂类氧化的二级产物丙二醛是形成亚硝胺的催化剂和诱变剂。研究表明，肉制品氧化是肉中不饱和脂肪酸的氧化分解所致。总之，肉制品变质的原因有三种：一是组织酶的作用；二是微生物繁殖；三是自动氧化。

（2）解决方法。国外干肉制品的酸价要求在0.8以下。要控制酸价，必须采取综合措施。

1）控制成品Aw。研究表明，脂肪对氧的吸收率与水分活性显著相关。水分活性降低，脂肪氧化的速率随之降低。当Aw为0.2～0.4时，脂肪氧化的速度最低，接近无水状态时，反应速度提升，且干制品的含水率过低，丧失柔软性。干肉制品的含水率一般控制在8%～16%。

2）选用新鲜原料肉，缩短生产周期。脂肪的吸氧量与原料肉停留时间正相关，因此原料肉进厂后，应进入预冷库并尽快投入生产。降低含水率以减缓氧化反应。另外，在生产过程中还要避免堆积，以防肉块温度升高从而加速脂肪的氧化反应。

3）选择合理的干燥工艺及设备。干肉制品的干制过程中，若温度过高或时间过长，都会加速脂肪的氧化速度，干肉制品的干燥工艺要根据肉块的大小、厚薄、形态及糖等辅料的添加量确定出恒速干燥阶段和降速干燥阶段所需要的温度及时间，制定出合理的干燥工艺参数，尽可能减少高温烘烤时间。一般来讲，在恒速干燥阶段，可采用较高温度除去表面的自由水分。当进入降速干燥阶段后，要适当降低烘烤温度，甚至可采取回潮与烘烤交替的工艺烘干，加快脱水速率，减少高温处理时间。

4）添加适合的油脂。干肉制品中添加油脂可使成品柔软油润。但添加的油脂必须是经过精炼的、酸价很低的、饱和脂肪酸较多的油脂。

5）添加脂类氧化抑制剂。用于肉制品的抗氧化剂种类很多，国内目前比较重视对天然抗氧化剂的研究。干肉制品中的抗氧化剂包括防止游离基产生剂（EDTA、儿茶酚等）和游离基反应阻断（生育酚、没食子酸内酯等）剂两种。

任务实施

牛肉干加工

一、任务准备

（1）主要材料：牛肉 1 000 g、食盐 240 g、酱油 50 g、白糖 100 g、味精 35 g、黄酒 30 g、生姜 10 g、黄酒适量、大茴香 1 颗，五香粉、辣椒粉、咖喱粉适量。

（2）工具设备：刀具、案板、不锈钢容器、蒸煮设备、烘干机、真空包装机等。

二、任务实操

1. 工艺流程

牛肉干加工工艺流程：原料修整→浸泡→预煮→冷却→切坯→卤煮→滚料→烘烤→包装。

2. 操作要点

（1）原料修整：采用卫生检疫合格的牛肉，修去脂肪肌膜、碎骨等，切成 5 cm 的块。

（2）浸泡：用循环水浸洗牛肉 5 min，以除去血水，减少膻味。

（3）预煮：在锅内加入生姜、茴香、水（以浸没肉块为准），加热煮沸，然后加入肉块保持微沸状态，煮至肉中心无血水为止。此过程需要 5 min。预煮可使肉块内部的血水进一步排除，并使蛋白质变性，从而使肉块变硬定型，以便后续的切坯操作。

（4）切坯：将肉凉透后按照产品要求切成一致的形状。

（5）卤煮：将煮肉的汤放入卤锅内，按比例加入酱油、白糖、五香粉、辣椒粉。加热煮开后，将肉片放入锅内，旺火煮 20 min，文火煮 30 min，煮时不断搅拌。出锅前 10 min 加入食盐、味精、黄酒，出锅后放入漏盘沥净汤汁。此过程需要 1 h。

（6）滚料：先将咖喱粉、辣椒粉、五香粉按口味倒入大盆中，再将沥水后的牛肉倒入大盆中晃动，使调味料均匀地滚在肉干表面。

（7）烘烤：采用鼓风干燥箱，上下共 6 层，烘烤的适宜温度为 85 ～ 95 ℃，时间为 1 h 左右，注意及时排除水蒸气。

（8）包装：先将大小片分开，再将大片散装出售，然后将小片用真空包装袋包装后销售。注意，应避免二次污染。

三、任务评价

（1）牛肉干感官评价指标。请按照表 4-2-1 的标准评价牛肉干质量，可以采用自评、互评等形式。

表 4-2-1　牛肉干感官评价指标

评价指标	评价标准	分数	实得分数	备注
色泽	呈棕黄色或褐色、黄褐色，色泽基本一致、均匀	25		
形态	呈片、条、粒状，同一品种大小基本相同，表面可带有细微茸毛或香辛料	25		
滋味与气味	具有该品种特有的香气和滋味，甜咸适中	25		
杂质	无肉眼可见的杂质	25		
合计		100		

（2）牛肉干生产过程评价指标。请按照表 4-2-2 的标准评价本次任务完成情况。

表 4-2-2　牛肉干生产过程评价指标

职业功能	主要内容	技能要求	相关知识	分数	实得分数	备注
准备工作	清洁卫生	能完成车间、工器具、操作台的卫生清洁、消毒等工作	食品卫生基础知识	10		
	备料	能正确识别原辅料	原辅料知识	10		
	检查工器具	能检查工器具是否完备	工具、设备结构 工具设备使用方法	10		
配料及预煮	配料	能读懂产品配方 能按产品配方准确称料	配方表示方法 配料性质	10		
	预煮	能根据肉的品质判断肉煮制的程度	煮制的要求 撇油、收汤方法	20		
烘烤	烘烤条件设定	能按工艺要求烘烤牛肉干	烘烤设备的分类 常用烘烤工艺要求 烘箱的操作方法	15		
冷却	冷却	能按冷却规程进行一般性操作	冷却温度、时间 产品冷却程度和保质的关系、冷却场所、包装工器具及操作人员的卫生要求	15		
贮存	原材料贮存	能按贮存要求进行简单操作	原辅料的贮存常识 原辅料质量检测国家标准	10		
合计				100		

四、任务拓展

猪肉脯的加工请扫描下方二维码查看。

任务自测

请扫描下方二维码进行本任务自测。

任务三　熏烤肉制品加工

任务目标

➢ **知识目标**

1. 了解熏烤肉制品的概念和分类。
2. 熟悉熏烤肉制品的特点和加工原理。
3. 掌握熏烤肉制品典型产品的工艺流程。

➢ **技能目标**

1. 能够独立完成熏鸡加工。
2. 能够熟练使用熏烤肉制品的加工设备。
3. 能够对熏烤肉制品进行质量控制并能提出对常见质量问题的解决方法。

➢ **素质目标**

1. 通过对北京烤鸭的了解，增强文化自信，培养爱国思想。
2. 将“劳动精神”融入教学，让学生初步养成不怕吃苦、勤勤恳恳、任劳任怨的工作作风。

任务导学

在校期间，你和几名同学都是学院肉制品社团的主要成员，对肉制品的加工和研发非常熟悉。大学毕业以后，你们决定创业，大家集思广益决定合作经营一家熟食店。熏鸡是当地的著名特产，是你们店里必不可少的产品。为了能够生产出这种产品，你们必须掌握熏烤肉制品加工原理及方法，能够进行典型熏烤肉制品的加工。

思维导图

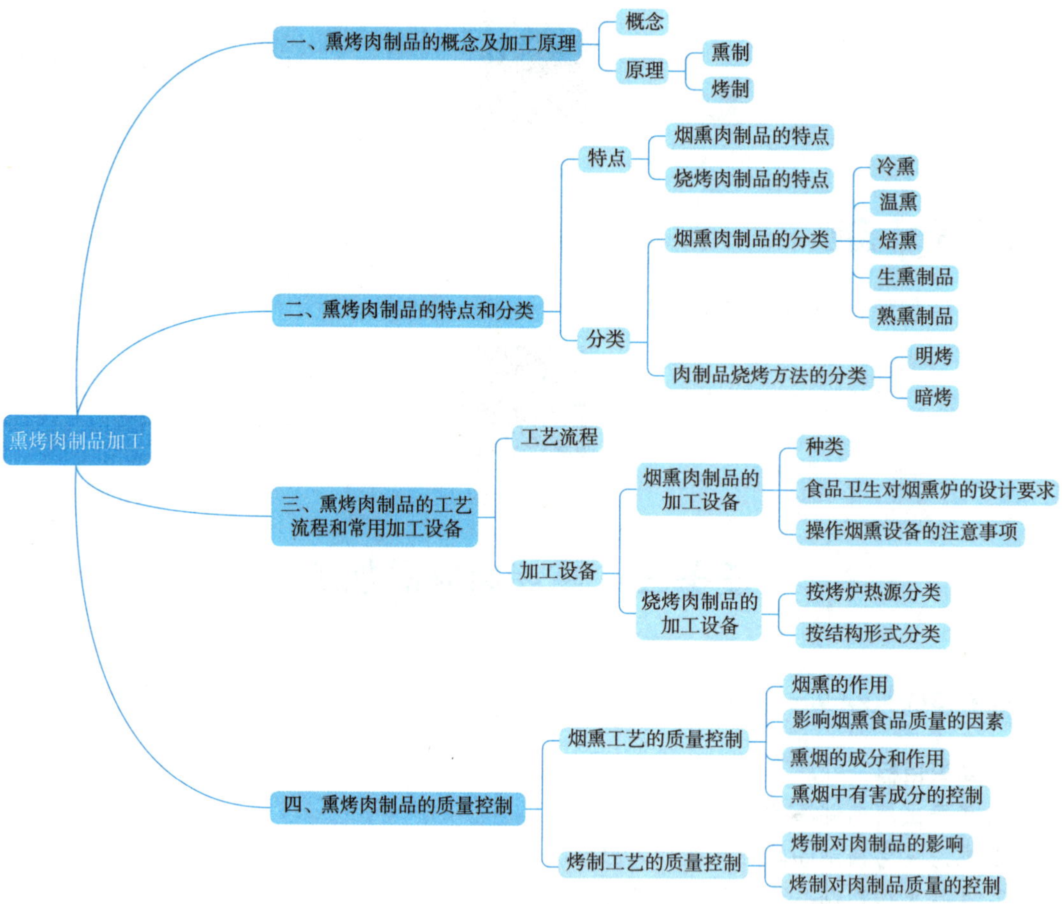

知识储备

一、熏烤肉制品的概念及加工原理

（一）概念

熏烤肉制品一般是指以熏烤为主要加工方法生产的肉制品。

（二）原理

1. 熏制

熏制是利用木材、木屑、茶叶、甘蔗皮、红糖等材料不完全燃烧而产生的熏烟和热量使肉制品增添特有的熏烟风味。腌制和烟熏经常结合在一起，在生产中相继进行，烟熏肉必须预先腌制。烟熏和加热一般同时进行，也可借温度控制而分别进行。肉类经烟熏后之所以能产生香味，是因为熏烟中存在的化合物，包括酚类、有机酸类、醇类、羰基化合物、羟类及一些气体物质。

2. 烤制

烤制是利用热空气对原料肉进行的热加工。原料肉经过高温烤制，表面变得酥脆，产生美观的色泽和诱人的香味。肉类经烧烤产生香味，缘于以下三个方面：肉类中的蛋白质、糖、脂肪等物质在加热过程中，经过降解、氧化、脱水、脱氨等一系列变化，生成醛类、酮类、醚类、内酯、硫化物、低级脂肪酸等化合物，尤其是糖与氨基酸之间的美拉德反应，不仅会生成棕色物质，而且同时生成多种香味物质；脂肪在高温下分解生成的二烯类化合物，赋予肉制品特殊的香味；蛋白质分解产生谷氨酸，使肉制品带有鲜味。

二、熏烤肉制品的特点和分类

（一）特点

1. 烟熏肉制品的特点

在肉制品加工生产过程中，很多产品都要经过烟熏这一工艺过程。肉制品经过烟熏，不仅获得特有的烟熏味，而且保存期延长，但是随着冷冻保藏技术的发展，烟熏防腐已降为次要的位置，烟熏技术已成为生产具有特种烟熏风味制品的一种加工方法。下面介绍几种烟熏肉制品的特点。

（1）培根。成品皮面金黄色，无毛，切面瘦肉色泽鲜艳，呈紫红色，无滴油，食之不腻，清香可口，烟熏味浓厚。

（2）北京熏猪肉。成品外观杏黄色，味美爽口，有浓郁的烟熏香味，食之不腻，糖熏制的有甜味。出品率 60% 左右。

（3）生熏腿。成品外形呈琵琶状，表皮金黄色，外表肉色为咖啡色，内部为淡红色，硬度适宜，有弹性，肉质略带轻度烟熏味，清香爽口。

（4）沟帮子熏鸡。成品色泽枣红发亮，肉质细嫩，熏香浓郁，味美爽口，风味独特。

2. 烧烤肉制品的特点

烤肉制品属于较高档次的肉制品，过去主要是少数大企业生产，市场需求不大，随着全程冷链的发展，烤肉制品产量递增，品种也逐渐丰富。下面介绍几种烧烤肉制品的产品特点。

（1）北京烤鸭。成品表面呈枣红色，油润发亮，皮脆里嫩，肉质鲜美，香味浓郁，肥而不腻。

（2）叉烧肉成品。色泽为酱红色，香润发亮，肉质美味可口，咸甜适宜。

（3）脆皮乳猪。合格的脆皮乳猪，体形表观完好，皮色为金黄色或枣红色，皮脆肉嫩，松软爽口，香甜味美，咸淡适中。早在北魏时期，《齐民要术》中就有关于烤乳猪的详细记载，其中对烤乳猪品质的标准要求是："色同琥珀，又类真金，入口则消，壮若凌雪，含浆膏润，特异凡常也。"

（4）烤鸡。成品外观颜色均匀，呈枣红色或黄红色，有光泽，鸡体完整，肌肉切面紧密，压之无血水，肉质鲜嫩，香味浓郁。

（二）分类

1. 烟熏肉制品的分类

肉制品工业发展到今天，烟熏实际上已不是一个完整的加工方法，在多数情况下，烟熏仅是某一制品的一个工艺过程。根据温度不同，烟熏有冷熏、温熏和焙熏；根据熏制时原料的状态，烟熏肉制品有生熏制品和熟熏制品。

（1）冷熏。冷熏的温度为 30 ℃以下，熏制时间一般需 7 ～ 20 d。熏前原料需经过较长时间的腌渍。这种方法在冬季时比较容易进行，而在夏季时，由于气温高，温度较难控制。烟熏制品含水率通常在 40% 以下，提高了产品的耐贮藏性。此法主要用于腌肉或灌肠类制品加工。

（2）温熏。温熏又称热熏，可分为中温和高温两种。

1）中温。中温温度为 30 ～ 50 ℃，熏制时间视制品大小而定，如腌肉按肉块大小不同，熏制 5 ～ 10 h，火腿则需 1 ～ 3 d。这种方法的产品风味好，质量损失较少，但由于温度条件有利于微生物的繁殖，如果烟熏时间过长，可能会引起制品腐败。

2）高温。高温为 50 ～ 80 ℃，多为 60 ℃，熏制时间为 4 ～ 10 h。采用此法在短时间内即可起到烟熏的目的，操作简便，节省劳力。但要注意烟熏过程不能升温过快，否则会有发色不均的现象。此法在我国肉制品加工中用得最多。

（3）焙熏。焙熏的温度为 95 ～ 120 ℃，时间为 2 ～ 4 h。焙熏是一种特殊的熏烤方法，包含蒸煮或烤熟的过程。由于熏制的温度较高，产品完全可达到熟制的目的，不需要重新加工就可以食用；但产品贮藏性较差，而且脂肪溶化较多。焙熏适合瘦肉含量较高的制品。

（4）生熏制品。生熏制品种类很多，其中主要有火腿、培根，还有猪排、猪舌等。受外来影响，我国南方大型城市中通常生产这类产品。它是以猪的方肉、排骨等为原料，经过腌制、烟熏而成的，具有较浓的烟熏味。

由于原料及产品特性不同，因此烟熏工艺参数也不尽相同。例如，带骨火腿需要冷熏，包括预备干燥阶段在内，需要烟熏 3 昼夜左右。再如，带骨培根、去骨培根及通脊培根也需冷熏。其原料首先在 30 ℃条件下干燥 2 ～ 5 h，然后在 30 ～ 40 ℃条件下烟熏 12 ～ 24 h。

（5）熟熏制品。国外的熟熏制品一般先用高温熏制，再进行熟制。例如，去骨火腿需先在 40 ～ 50 ℃条件下干燥 5 h，再在 60 ℃条件下烟熏 6 ～ 10 h，烟熏后 75 ℃蒸煮 4 ～ 5 h；再如，通脊火腿需在 30 ～ 50 ℃条件下干燥 2 h，再在 60 ℃烟熏 2 ～ 3 h，烟熏后在 75 ℃水中蒸煮 2 ～ 3 h。

我国传统熏制品的加工大多是在煮熟之后进行熏制，如熏肘子、熏猪头、熏鸡、熏鸭等。经过熏制加工以后，产品的外观呈金黄色，表面干燥，形成烟熏气味，可以增加耐贮藏性。

2. 肉制品烧烤方法的分类

烤制使用的热源有木炭、无烟煤、红外线电热装置等，烤制方法分为明烤和暗烤两种。

（1）明烤。把制品放在明火或明炉上烤制称为明烤。从使用设备来看，明烤分为三种：第一种是将原料肉叉在铁叉上，在火炉上反复炙烤，烤匀烤透，烤乳猪就是利用这种方法烤制的；第二种是将原料肉切成薄片，经过腌渍处理，最后用铁钎穿上，架在火槽上，边烤边翻动，炙烤成熟，烤羊肉串就是利用这种方法烤制的；第三种是在盆上架一排铁条，先将铁条烧热，再把调好配料的薄肉片倒在铁条上，用木筷翻动搅拌，成熟后取下食用，这是北京著名风味烤肉的做法。明烤设备简单，火候均匀，温度易于控制，操作方便，着色均匀，成品质量好；但烤制时间较长，需劳力较多，一般适用于烤制少量制品或较小的制品。

（2）暗烤。把制品放在封闭的烤炉中，利用炉内高温使其烤熟，这种方法称为暗烤。由于制品要用铁钩钩住原料，挂在炉内烤制，这种方法又称挂烤。北京烤鸭、叉烧肉都采用这种烤法。

暗烤的烤炉最常用的有以下 3 种：

1）砖砌炉。中间放有 1 个特制的烤缸（用白泥烧制而成，可耐高温），烤缸有大小之分。一般小缸每炉可烤 6 只烤鸭，大缸每次可烤 12 ～ 15 只烤鸭。这种炉的优点是制品风味好，设备投资少，保温性能好，省热源；但不能移动。

2）铁桶炉。炉的四周用厚铁皮或不锈钢制成，做成桶状，可移动，但保温效果差，用法与砖砌炉相似，均需人工操作。砖砌炉和铁桶炉都用炭作为热源，因此风味较佳。

3）红外电热烤炉。此炉比较先进，炉温、烤制时间、旋转方式均可设定，操作方便，节省人力，生产效率高；但投资较大，成品风味不如前面两种暗烤炉。

目前，暗烤应用较多，它的优点是耗费的人工少，对环境的污染少，一次烧烤的量比较多；但火候不是十分均匀，成品质量不如明烤。

三、熏烤肉制品的工艺流程和常用加工设备

（一）工艺流程

（1）培根的工艺流程：原料选择→剔骨→整形→腌制→浸泡→清洗→再整形→烟熏→保藏。

（2）北京烤鸭的工艺流程：原料选择→宰杀、造型→洗膛→烫皮→上糖色→晾皮→灌汤→打色→烤制→成品。

（3）沟帮子熏鸡的工艺流程：原料选择→宰杀、整形→投料打沫→煮制→熏制→涂油→成品。

（4）生熏腿的工艺流程：原料选择与整形→腌制→浸洗→修整→熏制→成品。

（5）北京熏猪肉的工艺流程：原料选择与整修→煮制→熏制→成品。

（6）广东脆皮乳猪的工艺流程：原料选择→屠宰与整理→腌制→烫皮、挂糖色→烤制→成品。

（7）广东叉烧肉的工艺流程：原料选择与整理→腌制→上铁叉→烤制→上麦芽糖→成品。

（8）烤鸡工艺流程：选料→屠宰与整形→腌制→上色→烤制→成品。

（9）上海烤肉的工艺流程：原料整理→腌制→挂炉烧烤。

（二）加工设备

1. 烟熏肉制品的加工设备

企业操作：烟熏设备

（1）种类。根据烟熏设备的操作方式和自动化程度的不同，可分为烟熏土炉、半自动烟熏炉和全自动烟熏炉。

1）烟熏土炉。烟熏土炉是直接发烟进行烟熏的传统典型设备，比较落后，但在我国东北地区，一些中小企业仍使用此法生产哈尔滨红肠。

烟熏土炉的优点是建造成本比较低，容易控制，对适应的产品能达到良好的烟熏效果，管理费用低，可以更方便地用白糖协助发色。其具体方法：在发烟的堆上放一个锅，里边洒上适量白砂糖，木材燃烧即对白砂糖加热，使之冒烟。土炉的主要缺点和存在问题：室内温差较大，烟气循环不良，制品烟熏不均匀，烟熏材料利用率低，生产能力小，容易对产品造成二次污染等。

使用烟熏土炉应该注意以下两点：肉制品要与柴堆保持一定的高度，一般为 30 ～ 50 cm，以免木柴着火，烤焦肉食；要经常对肉制品进行倒架换位，以保证温度和颜色的均匀一致。

2）半自动烟熏炉。我国制造和使用半自动烟熏炉多在 20 世纪 80 年代后期至 20 世纪 90 年代初期，现在基本被淘汰，只有很少的厂家仍在使用。半自动烟熏炉与全自动烟熏炉的区别在于控制部分，前者由继电器控制，后者由 PLC（可编程控制器）控制，但都可以预置烟熏程序，其他部分没有明显区别，如图 4-3-1 所示。

3）全自动烟熏炉。全自动烟熏炉是目前最先进的肉制品烟熏设备。除具有干燥、烟熏、蒸煮的主要功能外，它还具有自动喷淋、自动清洗的功能，适合所有烟熏或不烟熏肉制品的干燥、烟熏和蒸煮工序。它的室外壁设有 PLC 电器控制板，用以控制烟熏浓度、烟熏速度、相对湿度、室温、物料中心温度及操作时间，并装有各种显示仪表。全自动烟熏炉的外观如图 4-3-2 所示。

全自动烟熏炉按照容量可分为一门一车、一门两车、两门四车等型号，也可以前后开门，前门供装生料使用，朝向灌肠车间；后门供冷却、包装使用，朝向冷却和包装间，这样生熟分开，有利于保证肉制品卫生。另外，也有两门一车、两门两车、四门四车等炉型。

图 4-3-1　半自动烟熏炉的外观

图 4-3-2　全自动烟熏炉的外观

（2）食品卫生对烟熏炉的设计要求。

1）发烟温度对食品卫生的影响。有研究表明，发烟温度在 343 ℃和 399 ℃时产生酚 / 醛酸的比例可以使烟熏风味达到最佳；249 ℃时烟熏峰较佳；但在 350 ℃以上，木质素的分解会产生苯并芘等致癌物质；因此，发烟温度应保持在 200 ～ 350 ℃。

温度过低，发烟量小，满足不了生产的要求；温度过高，产生烟熏量大，但含有害物质。要想控制在 400 ℃左右进行烟熏，最好采用烟熏洗净器或用紫外线照射使苯并芘的含量降低。液熏式烟熏炉使用精制的液态烟熏剂，不含有害成分，能够消除有害多环烃的影响，而且便于连续化生产。但其烟熏色一般较浅，烟熏风味不足，产品的保质期较短。湿热分解式烟熏炉的发烟温度为 200 ～ 350 ℃，一般不产生苯并芘，发烟过程几乎不产生烟油，可减少烟油对熏室和产品的污染。

2）烟熏炉的内部设计。在传统的烟熏室内常有烟油和水滴落到产品上，造成次品的出现。如今主要通过烟熏炉内部的合理设计来避免此现象出现，主要包括：控制生烟温度，提高熏烟质量；熏烟进入烟熏室前用水幕过滤；改善熏烟室内顶结构，一般采用活动接水盘，使顶部盘管上的凝结水、烟油通过排水管排掉，减少落到产品上的可能性；循环风从接水盘的缝隙中通过，而不致影响熏烟的流向。

3）产品质量对烟熏炉的设计要求。产品在满足内在质量的同时，还要满足外观质量。生产出来的产品必须色泽均一，这要求烟熏室内的各点温度、风速一致，使各个产品的发色及着色条件一致。

4）环境保护对烟熏炉的设计要求。烟熏炉在使用过程中都或多或少地向大气中排放烟尘。随着大气污染的日益严重，环境保护问题不可忽视。根据烟熏回收与否，可将烟熏炉分为开放式和封闭式两种。开放式是指熏烟在熏炉内经风机的循环和产品的吸收后，没有被吸收的部分经烟道直接排向大气；封闭式是指熏烟在烟熏室内被产品吸收后，没有被吸收的部分又重新送到发烟器，这样不断地被循环利用。

（3）操作烟熏设备的注意事项。

1）烟熏室内悬吊制品应适量。若悬吊的制品过多，导致制品之间或制品与室壁之间过密或碰撞，使烟无法通过，导致制品出现斑驳，影响外现，还会出现温度不均、部分制品过热的现象，导致脂肪熔化，产生制品损耗，易使制品产生烟熏环。

2）制品悬吊的位置要适当。由于烟熏室内受烟量不均匀，一般接近门口受烟少，越往里受烟越多，因此在烟熏过程中须调整制品的位置，达到整体均等的烟熏效果。

3）制品烟熏前，一定要除去制品表面的水分 。如果制品表面尚有大量水分就送入烟熏室，就会使制品表面干燥不充分，给制品的形状带来很大的影响。

4）烟熏时温度应适宜。烟熏时温度过低，不会得到预期的烟熏效果，影响制品的质量。如果温度过高，会由于脂肪熔化、肉的收缩，达不到制品的质量要求。同时，烟熏时应特别注意，绝对不要有火苗出现。

5）及时取出制品。烟熏结束后，应立即从烟熏室内取出制品，放在不通风的地方慢慢冷却。如果继续放置烟熏室内使其冷却，会引起肉制品收缩，从而影响外观。

6）烟熏材料使用单一硬木。烟熏材料可以是锯末，也可以是木屑，相比之下木屑用起来较方便。选择容易洗干净的木材，室内烟成分附着过多会给调节室内各种条件带来困难。

2. 烧烤肉制品的加工设备

（1）按烤炉热源分类。根据热源的不同，烤炉可分为炭火炉、煤气炉和电炉等。

1）炭火炉。以炭为燃料的烤炉称为炭火炉。它也有各种类型，这种烤炉结构简单，操作安全，且燃料较便宜，容易获得。使用时，将生鲜肉品经腌制或不经腌制，直接置于炭火上烤制。其缺点是卫生条件较差，工人劳动强度大，而且炉温调节比较困难，不宜进行食品工业化生产。

2）煤气炉。以煤气、天然气、液化石油气等作为燃料的烤炉统称为煤气炉。给煤气炉调节温度比煤炉容易，在高温区可以多安装一些喷头，低温区可少安装一些喷头；局部过热时，还可以关闭相应的喷头。煤气炉较煤炉的外形尺寸小得多并可减少热量损失，改善工人劳动条件。

3）电炉。电炉是指以电为热源的烤炉。根据辐射波长的不同，电炉又可分为普通电烤炉、远红外电烤炉和微波炉等。电炉具有结构紧凑、占地面积小、操作方便、便于控制、生产效率高、焙烤质量好等优点。其中以远红外电烤炉最为突出，它利用远红外的特点，提高了热效率，节约电能，在大、中、小食品厂都得到广泛应用。

（2）按结构形式分类。

1）烤盘固定式箱式炉。炉膛内壁上安装若干层支架，用以支承烤盘，辐射元件与烤盘相间布置，在整个烘烤过程中，烤盘中的食品与辐射元件没有相对运动。这种烤炉采用歇式操作，所以产量小，适合中小型食品厂用来烘烤各类食品。

2）风车式旋转烤禽炉。其因烘室内有一形状类似风车的转篮装置而得名，其结构如图 4-3-3 所示。这种烤炉多采用无烟煤、焦炭、煤气等为热源，也可采用远红外加热技术。以煤为燃料的风车式旋转烤禽炉，其燃烧室多位于烘室下方。因为燃料在烘室内燃烧，热量直接通过辐射和对流烘烤食品，所以热效率很高。风车式旋转烤禽炉还具有占地面积小、结构比较简单、产量较大的优点；缺点是需要手工装卸食品，操作时间紧张，劳动强度较大。

3）水平旋转炉（图 4-3-4）。水平旋转炉内设有一水平布置的回转烤盘支架，摆有生坯的烤盘放在回转支架上。烘烤时，由于食品在炉内回转，烘烤均匀，生产能力较大。其缺点是手工装卸食品，劳动强度较大，且炉体较笨重。

图 4-3-3　风车式旋转烤禽炉

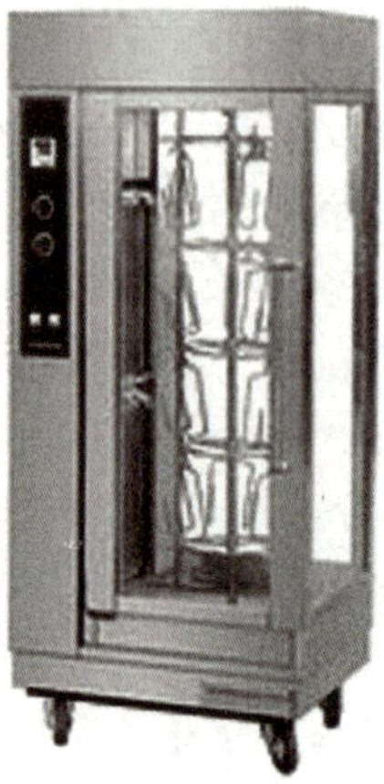

图 4-3-4　水平旋转炉

4）隧道炉。隧道炉是指炉体很长，烘室为一狭长的隧道，在烘烤过程中食品与加热元件有相对运动的烤炉。食品在炉内运动时好像通过很长的隧道，所以称为隧道炉。隧道炉根据带动食品在炉内运动的传动装置不同，可分为钢带隧道炉、网带隧道炉、烤盘链条隧道炉和手推烤盘隧道炉等。

四、熏烤肉制品的质量控制

（一）烟熏工艺的质量控制

1. 烟熏的作用

烟熏可赋予制品特殊的烟熏风味，增进香味；使制品外观具有特有的烟熏色，促进加硝肉制品发色脱水干燥，杀菌消毒，防止腐败变质，使肉制品耐储藏；烟气成分渗入肉内部，防止脂肪氧化。

（1）呈味作用。烟气中的许多有机化合物附着在制品上，赋予制品特有的烟熏香味，如有机酸（蚁酸和醋酸）、醛、醇、脂、酚类等，特别是酚类中的愈创木酚和 4- 甲基愈疮木酚是最重要的风味物质，香气最强。另外，烟熏的持续加热可促进微生物或酶蛋白及脂肪的分解，通过生成氨基酸和低分子肽、碳酰化合物、脂肪酸等，使肉制品产生独特风味。将木材干馏时得到的木馏油进行精制处理后可以得到一种木醋液，用在熏制上也能获得良好的风味。

（2）发色作用。烟熏和蒸煮（加热）常常相辅并进，这时，在热的影响下，有利于形成稳定的腌肉色泽。另外，烟熏还能促使许多肉制品表面形成棕褐色。

熏烟成分中的羰基化合物可以和肉蛋白质或其他含氮物中的游离氨基发生美拉德反应。熏烟加热促进硝酸盐还原菌增殖及蛋白质的热变性，游离出半胱氨酸，从而促进一氧化氮血素原形成稳定的颜色；受热时有脂肪外渗，可以起到润色的作用。

（3）杀菌作用。熏烟中的有机酸、醛和酚类杀菌作用较强。有机酸可与肉中的氨、胺等碱性物质中和，由于其本身的酸性而使肉酸性增强，从而抵制腐败菌的生长繁殖。

（4）抗氧化作用。熏烟中许多成分具有抗氧化作用，故能防止酸败，最强的是酚类，其中邻苯二酚、邻苯三酚及其衍生物作用尤为显著。试验表明，熏制品在 15 ℃下放置 30 d，过氧化值无变化，而未经过烟熏的肉制品过氧化值增加 8 倍。

2. 影响烟熏食品质量的因素

熏制时，烟熏条件对产品有很大影响。烟熏条件不同，制品的品质有所不同；要生产优质的产品，就要控制各种因素和生产条件。

（1）前处理。前处理的主要目的是保证所有将要加工的产品在烟熏、蒸煮前产品表面状况的一致性。此过程建议采用以下两种程序来实现。

1）喷淋。利用净化水喷淋，干球温度为 43 ℃ / 湿球温度为 38 ℃（相对湿度为 68% ～ 70%），时间为 10 ～ 15 min。

2）干燥。干燥的主要目的是保证表面干燥程度的一致性，防止表面的水分太大影响烟熏效果，从而使产品的表面在烟熏时拥有均一的烟熏色泽。另外，也可以促进产品发

项目四

色。如果需要较深的烟熏色泽，干燥的时间要缩短，即提前进入烟熏程序。但是干燥时间不足，产品表面的水分太大还会导致产品呈深棕色甚至是黑色，反而会降低产品的熏制呈色效果。

（2）烟熏条件。最好选择树脂含量少、烟味好而且防腐物质含量多的烟熏材料。树脂含量多的材料易产生黑烟，使制品表面变黑，而且由于含有很多萜烯类成分，烟味也不好，故多选用树脂含量较少的硬木或其锯末、木梢作为烟熏材料。实际使用的硬木种类，因地区而异，不尽相同，一般选用椴木、榆木、柞木、柏木、橡子木、山核桃木、山毛榉木、白桦杨木等。杉木、松木等软木树脂含量较多，燃烧时产生大量黑烟，使制品表面变黑，影响产品质量，一般不作为烟熏材料使用。木材加工厂送来的废木料往往混有这类材料，因此，使用时一定要注意。

烟熏材料并不是一定要使用木材，稻壳、玉米秆、高粱秆、豆秆等均是很好的烟熏材料。

影响肉制品烟熏效果的因素很多，主要有以下几方面：产品的表面湿度；烟熏炉的温度；炉内空气的相对湿度；炉内空气的气流速度；发烟器的生烟温度等。

（3）熟制 。熟制过程在烟熏炉内一般是干燥、蒸煮、烘烤等程序，以使产品达到所需的中心温度。熟制时的干球温度为 70 ～ 94 ℃，湿球温度为 68 ～ 84 ℃。

还有许多因素与制品质量有关，如加热温度和制品水分的关系、加热温度与制品重量及加热空气的方向和烟熏食品重量的关系、加热程度和制品 pH 值的关系等。

（4）烟气成分的进入改善制品风味。由于熏制烟气成分的进入，提高了熏制品的耐贮存性，赋予了制品的特殊熏香气味，改善了产品外观特征。酚类、醛类、甲苯酚、愈创木酚及有机酸类等增加了熏香气味。熏烟中的醛类，特别是甲醛的蓄积，具有很强的杀菌作用，从而增加了产品的耐贮藏性。同时，随着熏制时间的延长，进入制品中的醛类明显地增加，改善了制品的香气，而且制品中甲醛含量也随之增加，见表 4-3-1。熏制品对油脂具有显著的抗氧化作用，这是区别于其他加工制品的一个重要特点。烟气中所含的抗氧化物质主要是酚类及其衍生物。

影响烟熏成分渗透的因素是多方面的，主要包括烟熏的时间、温度，熏材的种类，肉的组织状态。熏制的时间越长，温度越高，烟气的浸透量越大，水分减少越大，对产品的色泽、风味的改善作用也越大。

表 4-3-1　制品中甲醛的含量与烟熏时间的关系

熏制时间	没有烟熏产品	熏制 2 h	熏制 4 h	熏制 6 h
甲醛含量 /（$mg \cdot kg^{-1}$）	1.72	2.3	3.22	4.28

（5）烟熏成分对人体健康的影响。相关试验表明，在兔子耳朵上长期涂抹煤焦油，结果出现了癌细胞。该试验还表明，长期大量摄取熏制鱼类的人群易患胃癌和肠癌。烟熏生成的木焦油，为引起癌症的最危险物质之一。让熏材温度保持在 350 ℃以下，这对减少制

品中产生致癌物质和其他有害物质有重大意义。

3. 熏烟的成分和作用

熏烟是由蒸汽、气体、液体（树脂）和微粒固体组合而成的混合物。熏制的实质就是制品吸收木材分解产物，因此木材的分解产物是烟熏作用的关键。

熏烟的成分很复杂，现已从木材发生的熏烟中分离出200多种化合物，其中常见的化合物为酚类、醇类、羰基化合物、有机酸和烃类等。但这并不意味着烟熏肉中存在所有化合物。试验证明，对熏制品起作用的主要是酚类和羰基化合物。熏烟的成分常因燃烧温度与时间、燃烧室的条件、形成化合物的氧化变化及其他许多因素的变化有差异。

（1）酚类。从木材熏烟中分离出来并经鉴定的酚类达20种之多，其中有愈创木酚（邻甲氧基苯酚）、4-甲基愈创木酚、4-乙基愈创木酚、邻位甲酚、间位甲酚、对位甲酚、4-丙基愈创木酚、香兰素（烯丙基愈创木酚）、2，5-二甲氧基-4-丙基酚、2，5-二甲氧基-4-乙基酚、2，5-二甲氧基-4-甲基酚。

在肉制品烟熏中，酚类有3种作用：抗氧化作用；对产品的呈色和呈味作用；抑菌防腐作用。其中酚类的抗氧化作用对熏烟肉制品最为重要。熏烟中抗氧化作用较强的主要是沸点较高的酚类，特别是2，5-二甲氧基酚、2，5-双甲氧基-4-甲基酚、2，5-二甲氧基-4-乙基酚，低沸点的酚类其抗氧化作用也较弱。

熏制肉品特有的风味主要与存在于气相的酚类有关，如4-甲基愈创木酚、愈创木酚、2，5-二甲氧基酚等。熏烟风味还和其他物质有关，它是许多化合物综合作用的结果。

酚类具有较强的抑菌能力。因此，酚系数（酚系数是指100 g肉制品中含有酚的毫克数）常被用作衡量和酚相比各种杀菌剂相对有效值的标准。高沸点酚类杀菌效果较强。然而，熏烟成分渗入制品深度是有限的，因此其主要是对制品表面的细菌有抑制作用。

大部分熏烟集中在烟熏肉的表层，因而不同深度的总酚浓度常用于估测熏烟渗透深度和浓度。然而由于各种酚所呈现的色泽和风味并不相同，同时总酚量并不能反映各种酚的组成比例，因而用总酚量衡量烟熏风味并不总能同感官评定相一致。

（2）醇类。木材熏烟中醇的种类繁多，其中最常见和最简单的醇是甲醇，或称其为木醇，称其为木醇是由于它是木材分解蒸馏中主要产物之一。另外，熏烟中还含有伯醇、仲醇和叔醇等，但是它们常被氧化成相应的酸类。

木材熏烟中的醇类对色、香、味并不起作用，仅作为挥发性物质的载体。它的杀菌性也较弱。因此，醇类可能是熏烟中最不重要的成分。

（3）有机酸类。熏烟组成中存在含1～10个碳原子的简单有机酸。熏烟蒸汽相内含1～4个碳原子的酸有蚁酸、醋酸、丙酸、丁酸和异丁酸；而5～10个碳的长链的有机酸附着在熏烟内的微粒上，有戊酸、异戊酸、己酸、庚酸、辛酸、壬酸和癸酸。

有机酸对熏烟制品的风味影响甚微，但可聚积在制品的表面，具有微弱的防腐作用。酸有促使烟熏肉表面蛋白质凝固的作用，在生产去肠衣的肠制品时，有助于肠衣剥除。虽然加热会使表面蛋白质凝固，但酸对形成良好的外皮也颇有好处，使用酸液浸渍或喷雾能迅速达到目的，而使用烟熏要取得同样的效果就缓慢得多。

（4）羰基化合物。熏烟中存在大量的羰基化合物，现已确定的有 20 种以上。对于熏烟色泽、风味来说，简单短链化合物最为重要。熏烟的风味和芳香味可能来自某些羰基化合物，但更可能来自熏烟中浓度特别高的羰基化合物，从而促使烟熏食品具有特有的风味。

（5）烃类。从熏烟食品中能分离出许多多环烃类，其中有苯并蒽、二苯并蒽、苯并芘。在这些化合物中，至少有苯并芘和二苯并蒽两种是致癌物质，动物试验已证实。波罗的海渔民和冰岛居民习惯以烟熏鱼作为日常食品，他们患癌症的比例比其他地区高，这就进一步表明，这些化合物有导致人体患癌症的可能性。

（6）气体物质。熏烟中产生的气体物质如 CO_2、CO、O_2、N_2、N_2O 等，其作用还不甚明了，大多数对熏制无关紧要。CO_2 和 CO 可被吸收到鲜肉的表面，产生一氧化碳肌红蛋白，而使产品产生亮红色；O_2 也可与肌红蛋白形成氧合肌红蛋白或高铁肌红蛋白，但还没有证据证明熏制过程会发生这些反应。气体成分中的 NO 可在熏制时形成亚硝胺或亚硝酸，而碱性条件有利于亚硝胺的形成。

4. 熏烟中有害成分的控制

烟熏法具有杀菌防腐、抗氧化及增进食品色、香、味品质的优点，因此在食品尤其是肉类、鱼类食品加工中广泛采用。如果采用的工艺技术不当，烟熏法会使烟气中的有害成分（特别是致癌成分）污染食品，危害人体健康。例如，熏烟生成的木焦油被视为致癌的危险物质；传统烟熏方法中多环芳香族类化合物易沉积或吸附在腌肉制品表面，其中的 3，4- 苯并芘及二苯并蒽是两种强致癌物质。另外，熏烟还可以通过直接或间接作用促使亚硝胺形成。因此，必须采取措施减少熏烟中有害成分的产生及对制品的污染，以确保制品的食用安全。

（1）控制温度。控制温度在一定程度上可以降低苯并芘的生成。因为苯并芘的生成需要有较高的温度，所以要适当控制烟熏室供氧量，让木屑缓慢燃烧，从而减缓火势。

根据对熏室条件下焖烧木屑测定，燃烧处温度接近 500 ℃，生烟处的温度约 400 ℃，一般认为理想温度为 340 ～ 350 ℃。

（2）采用适当的烟熏方法减少制品中多环芳香族化合物的含量。

1）湿烟法。采用机械的方法可以让高热的水蒸气和空气混合物强行通过木屑，使木屑产生烟雾，并把它引入熏室，同样能通过产生烟熏风味来达到熏制目的，而又不会产生苯并芘污染制品。

2）隔离保护法。由于苯并芘分子比烟分中其他物质的分子大得多，而且它大部分附着在固体微粒上，可采用过滤的方法，选择只让小分子物质穿过而不让苯并芘穿过的材料，这样既能达到熏制的目的，又能减少苯并芘的污染。例如，各种动物肠衣和人造纤维肠衣对苯并芘均有不同程度的阻隔作用。

3）外室生烟法。为了把熏烟中的苯并芘尽可能除去或减少其含量，还可采用熏室和生烟室分开的办法，即在把熏烟引入烟熏室前，用棉花或淋雨等方法进行过滤，然后把熏烟通过管道送入熏室，这样可以大幅降低苯并芘含量。

4）液熏法。一些发达国家致力于用人工配制的烟熏制剂涂于制品表面，再渗透至内部，使制品获得烟熏风味，这种人工配制的烟熏液经过特殊加工提炼后，去除了有害物质。

（二）烤制工艺的质量控制

1. 烤制对肉制品的影响

（1）烤制使蛋白质发生变化。加热会引起蛋白质的变性，影响肉制品的硬度。一般来说，肉制品经水煮之后蛋白质会凝固变性。烤制之后，其中的蛋白质也要发生各种变化，最明显的变化是硬度的增加。

（2）烤制使产品质量减轻。在烤制过程中另一重大的变化是产品质量减轻，使产品的出品率降低。因此，如何在烤制时减少质量的损失对生产者来说是非常重要的。减重的主要因素是温度，即温度越高，减重的速度越快。

肉制品内部水分的转移受到很多因素影响，如原料肉的肥瘦比，脂肪比例越大则损耗越小。

2. 烤制对肉制品质量的控制

烤制影响产品质量的因素主要有烤制温度、烤制时间、相对湿度及空气流向和流速。

（1）烤制温度。烤制温度是形成产品烧烤味的最主要的因素，烤制赋予产品诱人的褐色。对于 2 kg 左右的烤鸡来说，在 200 ℃下烤制时间约需 40 min，出品率在 75% 左右。对于烤制时间比较长的产品，使用旋转型烤炉比较合适；而对于烤制时间较短的产品，使用冲击式烤炉比较合适。烤炉的温度一般控制在 180 ℃以上，长时间的高温作用可杀灭产品中的微生物。

当然烤制温度也不是越高越好，过高的烤制温度会产生对人体有害的物质。其中以3，4- 苯并芘危害最大。在烤制过程中，煤气的不完全燃烧，或者由于局部温度很高及使用加热材料不同或加工工艺不合理均可产生不同数量的苯并芘。人和动物摄入含 3，4- 苯并芘的肉制品易导致肿瘤及癌变，从而对健康造成潜在威胁。烤制时所用燃料不同，制品中苯并芘含量也不同，柴炉加工的苯并芘含量最高，煤炉次之，电炉最低。以烤羊肉为例，如油滴着火，其苯并芘含量为 4.7 ～ 95.5 μg/kg，平均为 31.0 μg/kg，而不着火者仅为0.5 ～ 8.4 μg/kg，平均为 3.9 μg/kg。

（2）烤制时间。烤制的时间比较难以把握，可根据所烤制产品的大小不同，适当增减时间，以防止产品烤制后产生不熟或过度加热的现象。较好的解决方法就是在烤制之前将大小不等的原料分类，将大小相同的产品放在一起烤制。

（3）相对湿度。在烤制时要注意相对湿度对产品的影响，较好的烤炉可以通过密封和排气装置形成一个好的相对湿度环境，产品在烤制时其中的水分就不会过度丢失，也不会对产品的组织状态、口感及最终出品率造成影响。

（4）空气流向和流速。烤炉内的空气流向和流速主要影响产品加热的均匀性，其流向和流速由风机控制。小型烤炉中通常不设风机，而是将产品在炉体内进行旋转来解决这一问题。

总之，产品烤制好坏主要取决于烤制温度、烤制时间、相对湿度及空气流向和流速。另外，不同的产品工艺及配料也对烤制后的效果有影响。

任务实施

熏鸡加工

一、任务准备

（1）主要材料：鸡 400 只，食盐 10 kg，白糖 2 kg，味精 200 g，香油 1 kg，胡椒粉 50 g，香辣粉 50 g，五香粉 50 g，丁香 150 g，肉桂 150 g，砂仁 50 g，豆蔻 50 g，砂姜 50 g，白芷 150 g，陈皮 150 g，草果 150 g，鲜姜 250 g。

以上辅料是有老汤情况下的用量，如无老汤，则应将以上的辅料用量增加 1 倍。

（2）工具设备：电磁炉、蒸煮锅、烤箱、电子秤、纱布、刀具、菜板等。

二、任务实操

1. 工艺流程

熏鸡加工工艺流程：原料选择→清洗、整形→投料打沫→煮制→熏制→涂油→成品。

2. 操作要点

（1）原料选择 。选用一年内的健康活鸡，公鸡优于母鸡，因母鸡脂肪多，成品很油腻，会影响质量。

（2）清洗、整形。颈部放血，烫毛后褪净毛，腹下开腔，取出内脏，先用清水冲洗并沥干水分；再用木棍将鸡的两大腿骨打折，用剪刀将膛内胸骨两侧的软骨剪断；最后把鸡腿盘入腹腔，左翅从鸡嘴内部穿出，使头部卧于鸡体的一侧。

（3）投料打沫。先将老汤煮沸，盛起适量沸汤浸泡新添辅料约 1 h，然后将辅料与汤液一起倒入沸腾的老汤锅内，继续煮沸约 5 min，捞出辅料并将浮沫撇除干净。

（4）煮制。把处理好的白条鸡放入锅内，使汤水浸没鸡体，用大火煮沸后改小火慢煮。煮到半熟时加入食盐，一般老鸡要煮制 2 h 左右，嫩鸡则 1 h 左右。煮制过程勤翻动，出锅前，要始终保持微沸状态，切忌停火捞鸡，这样出锅后鸡体干爽质量好。

（5）熏制。出锅后趁热在鸡体上刷一层香油，放在铁丝网上，下面架有铁锅，铁锅内装有白糖与锯末（白糖与锯末的比例为 3 ∶ 1），然后点火干烧锅底，使其发烟，盖上锅盖焖 15 min 左右，鸡皮呈红黄色即可出锅。另外，熏好的鸡抹上一层香油后，即为成品。

三、任务评价

（1）熏鸡感官评价指标。请按照表 4-3-2 的标准评价熏鸡质量，可以采用自评、互评等形式。

表 4-3-2　熏鸡感官评价指标

评价指标	评价标准	分数	实得分数	备注
色泽	表面色泽枣红发亮，内部为乳白色，色泽应均匀	25		
外形	鸡的头部固定良好，不掉头，不掉翅，鸡爪位于鸡的腹腔，不掉鸡手，整鸡呈卧姿	25		

续表

评价指标	评价标准	分数	实得分数	备注
口感	肉质细嫩，脱骨，软骨易咀嚼	25		
风味	熏香浓郁，味美鲜香，风味独特，略带料香，无异味	25		
合计		100		

（2）熏鸡生产过程评价指标。请按照表 4-3-3 的标准评价本次任务完成情况。

表 4-3-3　熏鸡生产过程评价指标

职业功能	主要内容	技能要求	相关知识	分数	实得分数	备注
准备工作	清洁卫生	能完成车间、工器具、操作台的卫生清洁、消毒等工作	食品卫生基础知识	10		
	备料	能正确识别原辅料	原辅料知识	10		
	检查工器具	能检查工器具是否完备	工具、设备结构 工具设备使用方法	10		
清洗整形	清洗	能独立清洗鸡体	鸡体宰杀部位、内部和外部清洁方法	10		
	整形	能独立完成鸡的整形	整形方法	10		
投料打沫	配料	能读懂产品配方 能按产品配方准确称料	配方表示方法 配料性质	10		
	打沫	能根据产品卫生要求去除漂浮杂质	打沫的时机	10		
煮制	煮制的参数	能控制好煮制的火候和时长	蒸煮锅的使用 煮制的时间 煮制的火候 出锅的要求	10		
熏制	熏制的参数	能控制好熏制的火候和时长	熏料的种类 熏制的操作 发烟的控制	10		
贮存	原材料贮存	能按贮存要求进行简单操作	原辅料的贮存常识 原辅料质量检测国家标准	10		
合计				100		

四、任务拓展

烟熏三文鱼加工请扫描下方二维码查看。

任务自测

请扫描下方二维码进行本任务自测。

任务四　肉灌肠制品加工

任务目标

➢ **知识目标**

1. 了解肉灌肠制品的特点和分类。
2. 熟悉肉灌肠制品加工常用原辅料。
3. 掌握肉灌肠制品加工的工艺流程和操作要点。

➢ **技能目标**

1. 能够独立完成肉灌肠制品的加工。
2. 能够熟练使用肉灌肠制品加工设备。
3. 能够根据肉灌肠制品常见质量问题和解决方法处理加工过程中的实际问题。

➢ **素质目标**

通过解决实际生产中质量问题的方法培养学生发现问题和解决问题的能力。

任务导学

哈尔滨红肠的由来

哈尔滨红肠的由来反映了当时中国哈尔滨的屈辱状况。1898 年，沙皇俄国为攫取我国东北资源修建了中东铁路并以铁路为依托，建商铺促商贸。1903 年，俄国商人伊万·雅阔洛维奇·秋林在哈尔滨建立秋林洋行，进口并售卖俄式香肠。1913 年，英国商人马前氏引进俄籍德国大师爱金宾斯的“红肠”加工技术，投资建厂，生产出中国第一根“红肠”。最初的“红肠”名为“里道斯”，是俄文音译，意思是立陶宛的灌肠。使用“红肠”作为名字要追溯到1967年，在与苏联关系紧张的年代，带有俄文音译的名称一律不能使用，但是由于这种香肠深受广大市民喜爱，食品专家们召开了讨论会，因里道斯是红色的，与当时中国红色文化相适应，且产地是哈尔滨，于是“哈尔滨红肠”的名字由此诞生。

思维导图

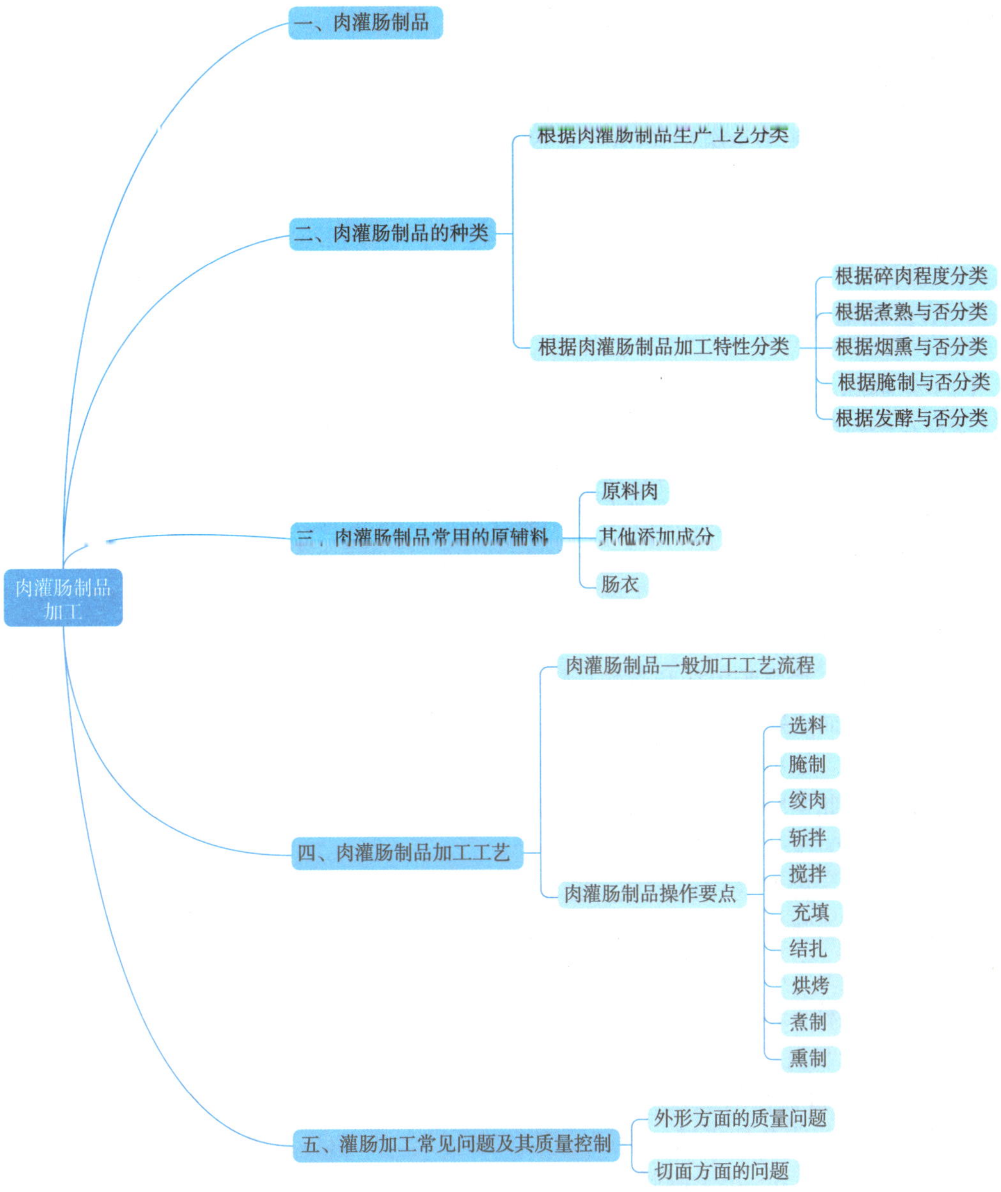

知识储备

一、肉灌肠制品

我国生产的灌制品种类很多，在这些种类中，以灌肠的品种最多。在我国各地生产的肠类肉食品，习惯上把中国原有的加工方法生产的产品称为香肠或腊肠，而把国外传入的加工方法生产的产品称为灌肠。肉灌肠是以肉为主要原料，经切碎、腌制和添加各种调味料及其他辅料后灌入肠衣内或其他包装材料内的一种肉制品。

肉灌肠是以鲜（冻）畜禽产品为主要原料，经修整、绞制（或斩拌）、腌制（或不腌制）后，配以食用淀粉等辅料及食品添加剂，再经搅拌（或斩拌、滚揉、乳化）、充填（或成型）、蒸煮、干燥（或不干燥）、烟熏（或不烟熏）、包装（或不包装）、杀菌（或不杀菌）、冷却或冷冻等工艺制作的产品。

二、肉灌肠制品的种类

（一）根据肉灌肠制品生产工艺分类

（1）生鲜肠。这类肠由新鲜肉制成，未经煮熟和腌制。生鲜肠因含水分较多，组织柔软，又没有经过熟制工序，故保存期短，不超过 3 d。生鲜肠食前需熟制，我国很少加工。这类产品包括鲜猪肉肠、意大利香肠、Bockwurst（德国的一种猪肉及小牛肉制成的趁热食用的小香肠）、口利左香肠（加调料的西班牙猪肉香肠）、德国图林根香肠等。

这类肠除用肉为原料外，还混合其他食品原料，如猪头肉、猪内脏加马铃薯、淀粉、面包渣等制成的鲜香肠，猪肉、牛肉再加鸡蛋、面粉的混合香肠，牛肉加面包渣或饼干面制成的香肠，在国内这种香肠很少。

（2）生熏肠。生熏肠用盐和硝酸盐腌制或未经腌制的原料肉切碎，加入调味料后灌入肠衣，经过烟熏而不熟制，保存期不超过 7 d，食用前熟制。

（3）熟熏肠。原料与香辛料、调味料等的选用与生熏肠相同，搅拌填入肠衣后，再进行熟制、烟熏。此类肠占整个灌肠生产的大部分，我国灌肠生产一般采用这种方法。熟熏肠的保存期一般为 7 d，可直接食用。

（4）熟制肠。熟制肠用腌制或不腌制的肉类，经绞碎或斩拌，加入调味料后搅拌均匀，灌入肠衣，熟制而成。其有时经过稍微烟熏，一般无烟熏味。

（5）干制和半干制肠。此类肠原料需经过腌制，一般干制肠不经烟熏，半干制肠需要烟熏，这类肠也称发酵肠。干香肠大多用鲜度高的牛肉、猪肉与少量的脂肪为原料，再添加适量的食盐和发色剂等制成。干制肠一般都经过发酵、风干脱水的过程，并保持有一定的盐分。干制肠在加工过程中重量减小 25% ～ 40%，因此可以长时间贮藏，如意大利色拉米肠、德式色拉米肠。干制肠需要很长的干燥时间，时间长短取决于灌肠的直径，一般为 21 ～ 90 d。半干制肠加工过程与干制肠相似，但在风干脱水过程中重量减小 3% ～ 15%，其干硬度和湿度介于全干肠与一般香肠之间。这类产品经过发酵，产品的 pH 较低（4.7 ～ 5.3），从而使产品的贮存性增加，且具有很强的风味。

（6）肉粉肠。肉粉肠原料肉取自边角料，经腌制后绞碎成丁，加入大量的淀粉和水，填入肠衣或猪膀胱中，煮熟，烟熏，如北京粉肠。

（二）根据肉灌肠制品加工特性分类

由于肠类制品品种繁多，全世界至今还没有统一的分类方法，通常根据肠制品的制作情况分类。

1. 根据碎肉程度分类

（1）绞肉型、粗切肉块型香肠。这种香肠中有明显的肉块，可以给人以真实感。

（2）乳化型香肠。这种香肠肉较细，充分发挥了肉的保水力、结合力，有效提高了出品率。

2. 根据煮熟与否分类

（1）未煮熟处理的香肠。这类香肠由于没有经过加热处理，所以保质期较短，对卫生要求非常严格，一般以冷冻状态出售。

（2）煮熟处理的香肠。煮熟处理的香肠经加热处理后，杀死了大部分致病微生物，大大延长了保质期。其根据加热温度的不同又可分为以下两种。

1）低温蒸煮香肠。蒸煮温度一般为 72 ～ 78 ℃，时间一般为 4 h；超过 80 ℃时，对产品营养成分的破坏不大。但这种香肠在销售过程中不能中断冷藏链。

2）高温加压加热香肠。这种香肠将肉馅装入密封贮存器（也可为不透气肠衣 PVDC 等)，在 120 ℃条件下加热 4 min，或进行同样处理的香肠，由于杀灭了肉中的大部分微生物，其能在常温（25 ℃以下）条件下流通。

3. 根据烟熏与否分类

（1）未经烟熏处理的香肠。此种香肠可用不透气性肠衣灌装密封，也可用透气性肠衣，肠衣选择范围较广。

（2）烟熏处理香肠。烟熏处理赋予产品特有的烟熏味，并杀灭表面微生物，使表面形成一定色泽。注意，一定要选择透气性良好的肠衣。

4. 根据腌制与否分类

（1）没有腌制处理的香肠。这种香肠不要求有肉红色，只要求其切片呈灰白色，所以加工时不允许加入发色剂。这种香肠由于不经腌制，所以缺乏腌制肉的芳香味，且没有亚硝酸盐的抑菌作用，保质期较短。

（2）腌制处理的肉灌肠。腌制处理的肉灌肠要求切面呈红色，具有腌制肉特有的芳香味，保质期相对较长。若加入的亚硝酸盐过量可能对人体造成危害。

5. 根据发酵与否分类

（1）没有发酵处理的香肠。产品的 pH 值较高，可通过其他方式延长产品保质期。

（2）发酵处理的香肠。通过微生物的发酵作用，降低产品的 pH 值，并产生特殊的发酵味，产品可在常温下流通。

表 4-4-1 为中式香肠和西式灌肠之间的原料肉、加工方法及辅料要求等方面的不同之处。

表 4-4-1　中西式肠类制品的区别

项目	中式香肠	西式灌肠
原料肉	以猪肉为主	除猪肉外还可用牛肉、马肉、兔肉等
原料肉处理	瘦肉、脂肪均切丁；或瘦肉绞碎，脂肪切丁	瘦肉、脂肪均绞碎；或瘦肉绞碎，脂肪切丁
辅料	加酱油，不加淀粉	加淀粉，不加酱油
加工方法	长时间晾挂、日晒、熏烤	烘烤、烟熏

三、肉灌肠制品常用的原辅料

（一）原料肉

不同的原料肉可生产出不同的肉肠。原料肉的选择与肠类制品的质量好坏有密切的关系。不同的原料肉中各种营养成分含量不同，且颜色深浅、结缔组织含量及所具有的持水性、黏合性也不同。加工肠类制品所用的原料肉应是来自健康牲畜且经兽医检验合格的鲜肉。

1. 肉的黏合性影响肉制品的品质

肉的黏合性是指肉所具有的乳化脂肪的能力，也指其具有的使瘦肉粒黏合在一起的能力。原料肉按其黏合能力可分为以下三种：高黏合性肉，如牛肉骨骼肌肉（牛小腿肉、去骨牛肩肉）；中黏合性肉，如头肉、颊肉、猪瘦肉；低黏合性肉，如含脂肪多的肉、非骨骼肌肉、一般的猪肉边角料、舌肉边角料、牛胸肉、横膈膜肌肉等。

2. 肉的 pH 影响肉制品的质量

pH 是衡量肉制品质量的重要标准，对于肉制品颜色、嫩度、风味、保水性、货架期都有一定的影响。不同种类香肠的生产对原料肉的 pH 值要求不同。

适合制作法兰克福香肠的肉 pH 值为 5.4 ～ 6.2；适合制作快速成熟的干香肠的肉 pH 值为 4.8 ～ 5.2；适合制作正常速度成熟的干香肠的肉 pH 值为 5.0 ～ 5.3；适合制作缓慢成熟的干香肠的肉 pH 值为 5.4 ～ 6.3；适合制作发酵过度的干香肠的肉 pH 值 <4.7。

3. 原料肉的种类和胴体部位

动物不同部位的肉均可用于生产不同类型的香肠，因此使制品具有不同的特点。肉灌肠制品中加入一定比例的牛肉，既可以提高制品的营养价值，提高肉馅的黏合性和保水性；又可以使肉馅的颜色美观，增加弹性。但是牛肉只使用瘦肉，不使用脂肪。香肠中若使用肥膘，则肉馅红白分明，增进口味；而牛脂肪熔点高，不易熔化，加入肉馅中会使香肠质地硬，难以咀嚼，这种情况在香肠制品冷食时最明显。因此，选用瘦牛肉或中等肥膘的牛肉为宜，且最好选用肩胛部、颈部和大腿部的肉。

根据具体情况，猪、牛肉的品种和等级的选择，以成熟猪、牛的新鲜肉味好，若无鲜肉，冻肉也可使用。

（二）其他添加成分

在肠类制品生产中，除原料肉外添加非肉成分的目的是增加制品的风味、延长贮存期、提高切片性等。下面仅介绍常用的添加剂成分。

（1）食盐。食盐具有防腐、提高风味和提高制品黏合性的作用。在肠类生产中，食盐的防腐作用已不占主要作用，大部分肠类制品的盐水浓度为 2% ～ 4%。

（2）水。水分在肠类制品生产中的添加方式往往是在斩拌或绞碎过程中加入碎冰或冰水，其目的除防止肉馅温度上升外，更重要的是可使产品多汁并可促进盐溶性蛋白质溶解，增加原料黏合性。另外，加水便于灌装，熏烤后的灌肠有皱缩的外观。

（3）大豆分离蛋白。大豆分离蛋白添加到肠类制品中，既可改善制品的营养结构，又能大幅度降低成本。美国规定，肉肠中大豆蛋白粉添加量不得超过 3.5%，目前，国内对此尚无限量规定。

（三）肠衣

肠衣是灌肠制品的特殊包装物，是灌肠制品中与肉馅直接接触的一次性包装材料。每一种肠衣都有它特有的性能。在选用时，根据产品的要求，必须考虑它的可食性、安全性、透过性、收缩性、黏合性、密封性、开口性、耐老化性、耐油性、耐水性、耐热性和耐寒性等必要的性能及一定的强度。

肠衣主要分为两大类，即天然肠衣和人造肠衣。

1. 天然肠衣

天然肠衣也称动物肠衣，是由牲畜的消化器官或分泌系统的脏器除去黏膜后腌制而成的。常用的天然肠衣有牛的大肠、小肠、盲肠、膀胱和食管，猪的大肠、小肠、膀胱，羊的小肠、盲肠、膀胱。天然肠衣具有良好的韧性和坚实度，能够承受加工过程中热处理的压力，并有与内容物同样的收缩和膨胀性能，具有透过水汽和烟熏的能力，而且食用安全；其缺点是直径不一，薄厚不均，多呈弯曲状，且贮藏期较短。

肠衣的分路规格一般是按肠直径来划分，常见的天然肠衣分路规格标准见表 4-4-2，部分天然肠衣的特点及其主要产品见表 4-4-3。

表 4-4-2　部分盐腌型天然肠衣分路规格标准　　单位：mm

品种	一路	二路	三路	四路	五路	六路	七路	八路
猪小肠	24 ～ 26	26 ～ 28	28 ～ 30	30 ～ 32	32 ～ 34	34 ～ 36	36 ～ 38	38 以上
猪大肠	60 以上	50 ～ 60	45 ～ 50	—	—	—	—	—
羊小肠	22 以上	20 ～ 22	18 ～ 20	16 ～ 18	14 ～ 16	12 ～ 14	—	—
牛小肠	45 以上	40 ～ 45	35 ～ 40	30 ～ 35	—	—	—	—
牛大肠	55 以上	45 ～ 55	35 ～ 45	30 ～ 35	—	—	—	—
猪膀胱	350 以上	300 ～ 350	250 ～ 300	200 ～ 250	150 ～ 200			

表 4-4-3　部分天然肠衣的特点及其主要产品

肠衣种类	肠衣特点	主要产品
猪肠衣	透明度好，外观、弹性好，透气性好，烟熏味易渗透	大蒜肠、茶肠、粉肠
羊肠衣	表面光滑，肠衣薄，无异味，可直接食用，口感好	广式腊肠、脆皮肠、维也纳香肠、法兰克福肠
牛肠衣	强度好，耐水煮、火烤、烟熏，冷却后会出现均匀的花纹	俄罗斯香肠、玫瑰肠、犹太肠
猪膀胱	强度好，耐水煮，弹性好，透气性好，烟熏味易渗透	松仁小肚、肉肚、香肚

2. 人造肠衣

人造肠衣是用人工的方法以动物皮、塑料、纤维、纸或铝箔等为材料加工成的片状或筒状的薄膜。其特点是规模化、标准化，易于灌装充填，适于工业化生产，花色品种多。人造肠衣包括以下几种：

（1）纤维素肠衣。纤维素肠衣是用天然纤维（如棉绒、木屑、亚麻和其他植物纤维）制成的。此肠衣的特点是具有很好的韧性和透气性，但不可食用，不能随肉馅收缩。纤维素肠衣在快速热处理时也很稳定，在湿润情况下也能进行熏烤。

（2）胶原肠衣。胶原肠衣是用家畜的皮、腱等为原料制成的。此肠衣可食用，但是直径较粗的肠衣比较厚，不适合食用。胶原肠衣不同于纤维素肠衣，在热加工时要注意加热温度，否则胶原就会变软。

（3）塑料肠衣。塑料肠衣通常用作外包装材料。为了保证产品的质量，阻隔外部环境给产品带来的影响，塑料肠衣具有阻隔空气和水透过的性质及较强的耐冲击性。这类肠衣品种规格较多，可以印刷，使用方便，光洁美观，适于蒸煮类产品。此肠衣不能食用。

（4）玻璃纸肠衣。玻璃纸肠衣是一种纤维素薄膜，纸质柔软而有伸缩性，由于它的纤维素微晶体呈纵向平行排列，故纵向强度大，横向强度小，使用不当易破裂。实践证明，若使用玻璃纸肠衣，其成本比天然肠衣低，而且只要在生产过程中操作得当，几乎不会出现破裂现象。

四、肉灌肠制品加工工艺

（一）肉灌肠制品一般加工工艺流程

（1）中式香肠加工工艺流程：原料肉选择→修整→切丁→拌馅→腌制→灌制→漂洗→晾→晒或烘烤→成品。

（2）西式灌肠加工工艺流程：原料肉选择→修整→腌制→绞肉或斩拌→配料制馅→填充、打结→烘烤→蒸煮→烟熏→质量检查→贮藏。

（二）肉灌肠制品操作要点

1. 选料

供肠类制品用的原料肉，应来自健康牲畜，是经兽医检验合格的质量良好的新鲜肉。

热鲜肉、冷却肉或解冻肉都可用来生产。

猪肉用瘦肉作肉糜、肉块或肉丁，肥膘则切成肥膘丁或肥膘颗粒，按照不同配方标准加入瘦肉中，组成肉馅。而牛肉则使用瘦肉，不用脂肪。肠类制品中加入一定量的牛肉，可以提高肉馅的黏合性和保水性，使肉馅色泽美观，增加弹性。某些肠类制品还应用各种屠宰产品，如肉屑、头肉、食道、肝、脑、舌、心和胃等。

2. 腌制

一般认为，在原料中加入 2.5% 的食盐和硝酸钠 25 g，基本能适合人们的口味，并且具有一定的保水性和贮藏性。将细切后的小块瘦肉和脂肪块或肥膘丁摊在案板上，撒上食盐用手搅拌，务求均匀。然后，装入高边的不锈钢盘或无毒、无色的食用塑料盘内，送入 0 ℃左右的冷库内进行干腌。其腌制时间一般为 2 ～ 3 d。

3. 绞肉

绞肉是指用绞肉机将肉或脂肪切碎。绞肉时要根据产品要求选用不同孔径的孔板，一般肉糜型产品选用 3 ～ 5 cm 的孔板，而肉丁产品一般选用 8 ～ 10 cm 的孔板。由于牛肉、猪肉、羊肉及猪脂肪的嫩度不同，在绞肉时，要将肉分类绞碎，而不能将多种肉混合同时绞切。在绞脂肪时应注意，脂肪的投入量不能太大，否则会出现绞肉机旋转困难，造成脂肪熔化变成油脂，从而导致出油现象。

微课：绞肉机的使用

在进行绞肉操作之前，应检查金属筛板和刀刃部是否吻合。检查结束后，要清洗绞肉机。在用绞肉机绞肉时，肉温应不高于 10 ℃。通过绞肉工序，原料肉被绞成细肉馅。

4. 斩拌

将绞碎的原料肉置于斩拌机的料盘内剁至糊浆状称为斩拌。绞碎的原料肉通过斩拌机进行斩拌，目的是使肉馅均匀混合或提高肉的黏合性，增加肉馅的保水性和出品率，减少油腻感，提高嫩度；改善肉的结构状况，使瘦肉和肥肉充分拌匀，结合得更牢固；提高制品的弹性，烘烤时不易“起油”。

微课：斩拌机的使用

（1）准备。在斩拌操作之前，要对斩拌机刀具进行检查，若刀具出现磨损，则要进行必要的研磨，若每天使用斩拌机至少要 10 d 磨刀一次。

（2）投料。斩拌物料的投入量以占料盘容积的 1/2 ～ 3/5 为宜。

（3）斩拌顺序。先将瘦肉放入斩拌机，注意肉不要集中于一处，应全面铺开，然后启动搅拌机低速斩拌约 0.5 min，加入 1/3 ～ 1/2 水或冰屑（一般每 50 kg 原料加水 1.5 ～ 2 kg，夏季用冰屑水），再加入盐、磷酸盐、亚硝酸盐、抗坏血酸等辅料，高速斩拌 1 ～ 1.5 min，将瘦肉斩成肉糜再低速斩拌，加入香辛料、剩下的水或冰屑、大豆蛋白、脂肪，低速斩拌 0.5 min 后高速斩拌 1.5 ～ 2 min，转成低速斩拌，加入淀粉，混合均匀后即可出料。斩拌总时间为 5 ～ 6 min。

（4）温度。在斩拌过程中，刀的高速运转使肉温升高 3 ～ 5 ℃，升温过高会使肉质发生变化，产生不愉快的气味，并使脂肪部分熔化而易于出油。因此，斩拌时要随时测量肉温，肉馅温度始终控制在 5 ～ 7 ℃为宜。

（5）出料、清洗。待全部肉馅放出后，将盖打开，清除盖内侧和刀刃上附着的肉馅，用清洗液、温水冲洗干净，然后用干布将机器擦干，必要时可再涂一层食用油。

5. 搅拌

搅拌的目的是使原料和辅料充分结合，使斩拌后的肉馅继续通过机械搅动达到最佳乳化效果。操作前要认真清洗搅拌机叶片和搅拌槽。搅拌操作程序是先投入瘦肉，接着添加调味料和香辛料。添加调味料和香辛料时，要撒到叶片的中央部位，靠叶片从内侧向外侧的旋转作用，使其在肉中分布均匀。投料的顺序依次为瘦肉—少量水、食盐、磷酸盐、亚硝酸盐等辅料—香辛料—脂肪—水或冰屑—淀粉。一般搅拌 5 ～ 10 min，搅拌结束时，肉馅的温度最好不超过 20 ℃（以 7 ℃为最佳）。

微课：拌馅机的使用

6. 充填

充填主要是将制好的肉馅装入肠衣或容器内，成为定型的肠类制品。这项工作包括肠衣选择、肠类制品机械的操作、结扎串竿等。充填的好坏对灌制品的质量影响很大，应尽量充填均匀饱满、没有气泡，若有气泡应用针刺放气。

（1）不同肠衣的充填。

1）天然肠衣的填充。将肠衣用清水反复漂洗几次，去掉异物、异味，并将内壁清洗一遍，然后将一端放入容器的上边缘，将另一端套在充填嘴上，具体操作：先将充填嘴打开放气，待出来馅料后，将肠衣套上，末端扎好，即可开始灌肠。充填时，在出馅处用手握住肠衣，并将肉馅均匀饱满地充填到肠衣中。充填操作时注意肉馅装入灌筒要紧要实；手握肠衣要轻松，灵活掌握，捆绑灌制品要结紧结牢，不使其松散；防止产生气泡。

2）塑料肠衣的充填。这类肠衣规格一致，充填时先扎好一端，将肠衣套在充填嘴上，手握肠衣要紧一些，使其充填均匀、饱满，不要有气泡。

3）自动扭结充填。这是采用带自动扭结装置可定量灌装的充填机充填。所用肠衣为天然肠衣、胶原肠衣、纤维肠衣等。操作时将肠衣套在充填嘴上，开机后即可自动充填并自动扭结。

（2）充填技术。

1）装筒。肉馅装入灌筒时必须装得紧实无空隙。其方法是，用双手将肉馅捧成一团高高举起，对准灌筒口用力掷进去。如此反复，装满为止，再在上面用手按实并盖上盖子。

2）套肠衣。将浸泡后的肠衣套在钢制的小管口上。肠衣套好后，用左手在灌筒嘴上握住肠衣，必须掌握轻松适度。如果握得过松，烘烤后肉馅下垂，上部发空；握得过紧，则肉馅灌入太实，会使肠衣破裂，或者煮制时爆破。因此，操作时必须手眼并用，随时注意肠衣内肉馅的松紧情况。

3）充填、打结。套好肠衣后，摇动灌筒或开放阀门，肉馅就灌入肠衣内。灌满肉馅后的制品，须用棉绳在肠衣的一端结紧结牢，以便于悬挂。捆绑方法应根据灌制品的品种确定。捆绑时要结紧、结牢，不使其松散。

7. 结扎

结扎是把两端捆扎，不让肉馅从肠衣中漏出来的工序，可起到隔断空气的作用，还有使灌制品成型的作用。结扎时要注意扎紧捆实，不松散，也要考虑到烟熏、蒸煮时肉会发生膨胀，因此，结扎时应留有肠衣的余量，特别是肉糜类灌制品。

灌制品品种多，长短不一，粗细各异，形状不同，有长形、方形、环形，有单根、长串，因此结扎的方法也不同，主要有以下几种：

（1）打卡结扎。预先调整好打卡机，放好选择好的铝卡，用手将已充填好馅料的肠体握住，将扎口处整理好，用打卡机打上铝卡。这种结扎适用于孔径为 5 ～ 10 cm 的灌制品和西式火腿类制品。

（2）线绳结扎。线绳结扎即以线绳扎住两端。该法适用于口径为 5 ～ 12 cm 的单根肠衣。先将肠衣一端用线绳扎好，灌入馅料后，结扎另一头，打一个结，并留出一挂口。圆火腿、蒜肠等制品多用此法结扎。

（3）肠衣结扎。肠衣结扎适用于环形结扎。具体结扎操作：肠馅灌入后，把两头并在一起，手挽住系扣，呈环形。系扣时注意在端接处留少许空隙，防止烤、煮、熏时因肠馅膨胀而胀裂。

微课：掐节结扎

（4）掐节结扎。掐节结扎适用于肠衣长且需连续操作的灌制品。先将肠衣整个套在灌装嘴上，末端扎口，灌肠馅充填满整个肠衣后，按要求的长度掐节绕口，长度尽量一致，至末端系扣扎好。此法多用于维也纳肠、粉肠等灌制品。

（5）膀胱结扎。小肚（即膀胱）灌馅时，握肚皮的手松紧要适当。一般肚皮不易灌得太满，要留一定空隙，以便封口。封口是小肚煮制前的最后定型。注意，要用针线绳封口，每个膀胱一般缝 4 针。当小肚定型后，把小肚放在操作台上，轻轻地用手揉一揉，放出肚内空气并检查是否露馅，然后开始煮制。

8. 烘烤

烘烤的作用是使肉馅的水分再蒸发掉一部分，保证最终成品有一定的含水率，使肠衣干燥，缩水，紧贴并和肉馅粘合在一起，增加牢度，防止或减少蒸煮时肠衣的破裂。另外，烘干的肠衣容易着色，且色泽均匀。

（1）烘烤温度。烘烤温度为 65 ～ 70 ℃，在烘烤过程中要求按照灌制品品种的直径、含淀粉量和产品要求等情况确定烘烤温度及时间，可参考表 4-4-4 选择。

表 4-4-4　灌制品熏烤时间和温度

灌制品直径	所需时间 /min	烘烤间温度 /℃	灌制品中心温度 /℃
细灌制品	20 ～ 25	50 ～ 60	43 ± 2
中粗灌制品	40 ～ 50	70 ～ 85	
粗灌制品	60 ～ 90	70 ～ 85	

产品应在烘烤间上部烘烤，如果采用明火，产品应距离明火 1 m 以上，否则产品会烧焦或漏油过多。目前采用的有木材明火、煤气、蒸汽、远红外线等烘烤方法。

（2）烘烤成熟的标志。肠衣表面干燥、光滑，变为粉红色，手摸无黏湿感觉；肠衣呈半透明状，且紧紧包裹肉馅，肉馅的红润色泽显露出来；肠衣表面特别是靠火焰近的一端不出现“走油”现象。若有油流出，则表明火力过旺、时间过长或烘烤过度。

9. 煮制

肠类制品煮制一般用方锅，锅内铺设蒸汽管，锅的大小根据产量而定。煮制时，先在锅内加水至锅容量的 80% 左右，随即加热至 90 ～ 95 ℃。如果放入红曲，加以拌和后，应关闭气阀，保持水温 80 ℃左右，将肠制品一杆一杆地放入锅内，排列整齐。煮制的时间因品种而异，如小红肠，一般需 10 ～ 20 min。当其中心温度到达 72 ℃时，制品即已煮熟。熟后的肠类制品出锅后，用自来水喷淋，除掉制品上的杂物，待其冷却后再熏制。

10. 熏制

熏制主要是赋予肠类制品以熏烟的特殊风味，增强制品的色泽，并通过脱水作用和熏烟成分的杀菌作用增强制品的贮藏性。

传统的烟熏方法是燃烧木头或锯木屑，烟熏时间依产品规格质量要求而定。目前，许多国家采用烟熏液处理的方式来代替烟熏工艺。

五、灌肠加工常见问题及其质量控制

在肠类制品生产中要注意常见的质量问题，并且要学会质量控制和解决的方法。常见质量问题有以下几点。

1. 外形方面的质量问题

（1）肠体破裂。

1）肠衣质量问题。如果肠衣本身有不同程度的腐败变质，肠壁就会薄厚不均、松弛、脆弱、抗破坏力差，腌渍法保存的肠衣，收缩力差，失去弹性。若肉馅填充过紧，以及煮制烘烤时的温度掌握不当，均会引起肠衣破裂。

2）肉馅问题。肉馅水分较高，加热时肉馅膨胀而使肠衣涨破。

3）工艺问题。一是肠体粗细不均，蒸煮时粗处易裂；二是烘烤时火力太大、温度过高，就会听到肠衣破裂的声音；三是烘烤时间太短，没有烘到一定程度，肠衣蛋白质没有完全凝固即开始煮制；四是蒸煮时蒸汽过足，局部温度过高，造成肠裂；五是翻肠时不小心，导致外力破裂。

（2）外表硬皮。烟熏火力大、温度高，或者肠体下距热源太近，严重时会起硬壳，造成肠馅分离，撕掉起壳的肠衣以后可见肉馅已被烤成黄色。

（3）发色不均，无光泽。

1）烟熏时温度不够，或者烟熏质量较差，以及熏好后又吸潮的灌肠都会使肠衣光泽差。

2）用不新鲜的肉馅灌制的灌肠，肠衣色泽不鲜艳。

3）如果烟熏时所用木材含水率高或使用软木，常使肠衣发黑。

（4）颜色深浅不一。

1）烟熏温度高，颜色淡；温度低，颜色深。

2）肠衣外表干燥时色泽较淡；肠衣外表潮湿时，烟气成分溶于水中，色泽会加深。

3）如果烟熏时肠身搭在一起，则粘连处色淡。

（5）肠身松软无弹性。

1）没煮熟。这种肠的肠身松软无弹性，在气温高时会产酸、产气、发胖，不能食用。

2）肌肉中蛋白质凝聚不好。一是当腌制不透时，蛋白质的肌球蛋白没有全部从凝胶状态转化为黏合性强的溶胶状态，影响了蛋白质的吸水性；二是当机械斩拌不充分时，肌球蛋白的释放不完全；三是当盐腌或操作过程中温度较高时，会使蛋白质变性，破坏蛋白质的胶体状态。

（6）外表无褶皱。肠衣外表的褶皱是熏制时肠馅水分减少、肠衣干缩而产生的。褶皱的生产与灌肠本身质量及烟熏工艺有关。

1）肠身松软无弹性的肠被加工为成品时，褶皱一般不理想。

2）若肠较粗，肠馅水分较大，也会影响褶皱的产生。

3）木材潮湿，烟气中湿度过大，温度不高或者烟熏程度不够，都会导致肠在熏烤后没有褶皱。

2. 切面方面的问题

（1）色泽发黄。

1）切面色泽发黄，要看是刚切开就发黄，还是逐渐变黄的。如果刚切开时切面呈均匀的蔷薇红，而暴露于空气中后切面逐渐变黄，这是正常现象。这种缓慢的褪色是由粉红色的 NO- 肌红蛋白在可见光及氧的作用下，逐渐氧化成高铁血色素，而使切面褪色发黄。如果切开后虽有红色，但淡而不均，很容易褪色，一般是由亚硝酸盐用量不足造成的。

2）用了发色剂，但肉馅根本没有变色。一是原料不够新鲜，脂肪已氧化酸败，产生过氧化物，呈色效果不好；二是肉馅的 pH 过高，则亚硝酸钠就不能分解产生 NO，也就不会产生红色的 NO- 肌红蛋白。

（2）气孔多。切面气孔周围都发黄发灰，这是由于空气中混进了氧气。因此，最好用真空灌肠机，且肉馅要以整团的形式放入贮馅筒。装馅应该紧实，否则经悬挂、烘烤等过程，肉馅下沉，造成上部发空。

（3）切面不坚实、不湿润。

1）加水不足，制品少汁和质粗，绞肉机的刀面装得过紧、过松，以及刀刃不锋利等引起机械发热而使绞肉受热，都会影响切面品质。

2）脂肪绞得过碎，热处理时易于熔化，也影响切面。

任务实施

哈尔滨红肠加工

一、任务准备

1. 材料、工具及设备

（1）哈尔滨红肠配方见表 4-4-5。

表 4-4-5　哈尔滨红肠配方

名称	数量 /kg	名称	数量 /kg
腌制猪精肉	62	腌制牛精肉	23
猪肥膘	4	脊膘丁	8

续表

名称	数量 /kg	名称	数量 /kg
复合磷酸盐	0.4	红曲米粉	0.1
味精	0.3	白砂糖	0.5
白胡椒粉	0.2	大蒜	3
马铃薯淀粉	3	冰水	22
八路猪肠衣	约 135 m		

（2）工具设备。

1）器具。解冻货架、分割刀、磨刀棒、分割操作台、灌肠操作台、白线绳、排气针板、挂肠杆（三角形）、挂肠车（不锈钢）、食品箱（塑料）、不锈钢盆、电子秤、天平。

2）设备：绞肉机、拌馅机、切丁机、灌肠机、烟熏炉、真空包装机、水浴杀菌机。

2. 任务工单

二、任务实操

1. 工艺流程

哈尔滨红肠加工工艺流程：分割→腌制→绞肉→切丁→配料→拌馅→灌制→烘烤→蒸煮→烟熏→包装→杀菌→成品。

微课：哈尔滨红肠加工

2. 操作要点

（1）生产前准备工作。生产前准备工作主要包括原辅料准备、器具设备准备、肠衣准备、冰片准备。

1）原辅料准备工作。原辅料准备工作包括选购、出库、缓化三道工序。

①原辅料选购。选择原辅料时应符合以下要求。

a. 非疫区健康猪肉、牛肉；

b. 猪龄 1 ～ 2 年的Ⅱ号或Ⅳ号猪精肉，牛龄 2 年左右的牛精肉；

c. 原始菌数低的肉；

d. 冷冻肉必须是贮存时间较短的肉；

e. 各种辅料质量要求必须符合食品添加剂使用标准的规定或满足使用单位的供货要求。

f. 不可采用 PSE 肉和 DFD 肉。

【知识小贴士】什么是 PSE 肉和 DFD 肉？

市场销售的猪肉中，时而会见到一些与正常猪肉相比呈淡白色或暗红色的猪肉，这两种肉在兽医卫生检验中称为白肌肉（PSE 肉）和黑干肉（DFD 肉）。

PSE 肉，其肉色灰白，肉质松软，有渗出物。产生原因：应激反应时，机体分解代谢加强，耗氧比平时产热量增加数倍，体温升高，糖酵解产生大量乳酸，使肌肉组织中的 pH 值在宰后迅速下降，加速了肉的陈化过程，另外，三磷酸腺苷（ATP）

与钙、镁离子结合，可以生成提高组织持水力的物质，应激时 ATP 急剧减少，因此，肌肉组织持水力下降，这样就形成了 PSE 肉。

饥饿、能量大量消耗和长时间低强度的应激源刺激又可导致 DFD 肉出现。这类肌肉干燥，质地粗硬，色泽深暗，这主要是应激持续时间长，使肌糖原消耗枯竭，几乎没有乳酸生成所致，肉的 pH 值始终维持在 6 以上，鲜红色的氧合肌红蛋白变成了紫红色肌红蛋白，肉呈暗红色。同时，由于美味成分肌苷酸的生成减少，肉质下降。

②原辅料出库。根据生产计划、产品配方、工艺损失计算原辅料需求数量，填写领料单，领料出库。

③原辅料缓化。将出库后的猪精肉、猪肥膘、牛精肉送入缓化间缓化货架上解冻。

a. 缓化适宜条件：温度 8 ℃，相对湿度 80% ～ 90%，风速 1 m/s。

b. 缓化结束标准：体积最大肉块中心点温度达到 0 ℃。

2）器具设备准备。准备好在哈尔滨红肠制作过程中所用到的器具设备，保证器具设备达到哈尔滨红肠制作工艺要求。

【知识小贴士】怎样做能保证器具设备满足工艺要求？

（1）预检：生产前对设备的安全状况进行调试预检，保证设备运行良好。

（2）消毒：选用食品设备杀菌剂对设备进行消毒。

（3）清洗：先用 90 ℃以上热水对设备进行清洗，然后用冷水对设备进行降温至 10 ℃以下。

3）肠衣准备。灌制哈尔滨红肠所用的肠衣是盐渍八路猪肠衣，即盐渍八路猪小肠。八路猪肠衣直径为 38 ～ 40 mm，盐渍肠衣灌肠前要经过清洗处理。

【知识小贴士】如何对肠衣进行清洗处理？

（1）冲水：盐渍肠衣先用自来水冲洗 3 遍，洗去肠衣表面的浮盐、污物。

（2）浸泡：用 40 ℃左右温水清洗肠衣 2 次，然后浸泡 30 min。

（3）串水：肠衣在浸泡过程中做串水处理，即用清水清洗肠衣内壁；同时，挑出沙眼较大的肠衣。

4）冰片准备。哈尔滨红肠拌馅操作前应制备足量的冰片或冰屑，打开制冰机进水阀门，启动工作开关，进行冰片制备。

（2）分割。将经过充分缓化的原料肉，在分割操作台上用分割刀去除碎骨、血管、淋巴、筋膜、污血肉等杂物。将猪精肉、牛肉切成 150 ～ 200 g 菱形块备用。

（3）腌制。哈尔滨红肠原料肉腌制包括红肉腌制和肥膘腌制。

红肉腌制时，盐、亚硝酸钠（用 1 kg 水溶解）、异 Vc 钠与肉块拌和均匀，放在腌制容器（理想材质为陶瓷、塑料）内，压实、排气、密封处理。腌制室温度控制在 6 ～ 8 ℃，时间为 36 h。

猪背脊膘进行擦盐码垛，放在密闭容器（理想材质为陶瓷、塑料）内，腌制室温度控制在 6 ～ 8 ℃，时间为 72 h。

红肉、肥膘腌制成熟标准：切开红肉、肥膘肉块观察横断面，横断面腌制色泽均匀。

（4）绞肉（切丁）。

1）将腌制完成的猪精肉、腌制完成的牛精肉、大蒜、猪肥膘分别用装配 5 mm 网眼孔板绞肉机绞制（牛精肉绞制 2 次或采用斩拌机斩切成 3 mm 左右肉粒）。

2）将腌制完成的猪背部脊膘用切丁机（或手工）切成 1 cm 的方丁，将肉丁用 90 ℃以上热水浸烫 2 次后，用冷水降温至 10 ℃以下。

（5）配料。哈尔滨红肠配料包括原料配料和辅料配料。

1）原料配料通常在生产车间内由生产工人完成，包括原料肉（猪肉粒、牛肉粒、肥膘颗粒、脊膘丁）和冰水根据制作要求分别单独称重。特别提示：原料肉的称重一定要在绞肉结束后进行。

2）辅料配料由配料员在配料室内完成，马铃薯淀粉单独配制盛装，大蒜泥单独配制盛装，配方表中其他辅料配制在一起混匀。称重配制好的辅料转入下一道工序要进行复检，办理交接手续。

（6）拌馅。拌馅操作过程以 BJ-200 型拌馅机拌制 100 kg 红肠馅料为例加以说明。

1）先将产品配方中规定的绞制好的猪精肉、牛精肉投入拌馅机，启动拌馅机搅拌 30 s，馅温为 8 ～ 10 ℃，关闭拌馅机。

2）加入混合均匀的辅料，先加入 6 kg 冰水，启动拌馅机搅拌 2 min 后，再加入 6 kg 冰水，搅拌 2 min，然后加入 6 kg 冰水，搅拌 2 min，馅温为 8 ～ 10 ℃，关闭拌馅机。

3）最后加入淀粉浆（3 kg 马铃薯淀粉用 4 kg 水稀释）、大蒜、肥膘颗粒、脊膘丁，启动拌馅机搅拌 1 min，混合均匀后关闭拌馅机，馅料温度控制在 12 ℃以下。

步骤四：出料，启动拌馅机反向出料按钮，将拌和好的馅料出到物料车，进行灌制工序。

（7）灌制。

1）将肉馅投入灌肠机料斗中。

2）将清洗干净的八路猪肠衣套入灌肠机灌制筒上。

3）启动灌肠机灌制程序进行灌制，灌肠肠衣两端采用白线绳扎紧。灌制时要保持灌肠松紧适中，对灌肠工人熟练度要求较高，每节肠衣灌制完要进行扭结操作。哈尔滨红肠扭结操作通常由工人手工完成，扭结长度控制在 20 ～ 22 cm。用排气针排气、穿杆、挂架，挂肠车灌满架后用冷水喷淋，洗去肠体表面粘连的馅料。

【知识小贴士】灌制时需要注意什么？

（1）灌制时松紧要适中。

（2）红肠肠体表面无肉眼可见气泡。

（3）红肠扭结长度保持一致。

（4）红肠挂肠杆现如今多采用截面三角形铝合金杆。
（5）保证每根挂肠杆上挂满红肠，并且每根红肠肠体之间不能贴靠。

（8）烘烤。烘烤方式主要有自动烟熏炉烘烤和土炉烘烤两种。

采用自动烟熏炉烘烤，将挂肠车推入烤炉，控制温度 78 ℃左右，烘烤约 40 min，至红肠肠体呈现浅红色，肠衣表面干燥即可。

【知识小贴士】采用土炉烘烤时需要注意什么？
（1）选用比较干燥的硬杂木柈，并且木柈块型大小要符合要求。
（2）火堆上木柈间紧密度要适中，块型大小尽量一致。
（3）调节烤炉炉门开合程度，控制炉内氧气进入量。

（9）蒸煮。蒸煮是在蒸煮炉内完成，以水或水蒸气为加热介质，完成香肠熟制的过程。

将烘烤后的红肠车推入蒸煮炉，关闭炉门，设定参数，启动程序。

参数控制：温度为 81 ℃，时间为 40 min。

蒸煮结束，先排潮气，再打开炉门。

（10）烟熏。烟熏在烟熏炉或土炉内完成。控制熏炉内温度和空气流速的变化，利用硬杂木锯末生烟，哈尔滨红肠表面产生均匀褶皱，肠体表面颜色为枣红色或红褐色。

1）烟熏炉烟熏过程：将蒸煮好的红肠推入烟熏炉，采用二段式烟熏。一段烟熏，烟熏温度为 70 ℃，时间为 60 min，排潮 2 min；二段烟熏，烟熏温度为 60 ℃，时间为 60 min。设定完熏制程序，启动烟熏程序。如发烟量较小，则手动启动点火一次。

2）土炉烟熏过程：将蒸煮好的红肠推入烟熏土炉进行熏制，先选用硬杂木柈明火烘烤，肠体表面温度仍然控制在 78 ℃左右，烘烤约 60 min，待肠体表面发亮，用手触摸，生理反应烫手不舒服，要立即松手时，压实锯末（硬杂木锯末），关闭炉门，熏制 8 h 后出炉。

（11）包装。采用拉伸包装机或真空包装机进行包装，严格控制净重、真空度及封边质量。

（12）杀菌。采用水浴杀菌机对产品进行杀菌，杀菌温度为 90 ℃，杀菌时间为 20 min，梯度降温至 20 ℃以下，吹干包装袋表面的水分，装入食品箱内。

（13）成品。将经过冷却的红肠检验、称重后送入成品库。

【知识小贴士】哈尔滨红肠成品鉴别
（1）外观：肠体干爽，粗细均匀，规则整齐，弯曲如香蕉状，表面有褶皱，无裂纹，无烟熏痕迹。
（2）色泽：表面枣红色或红褐色，内部浅肉色，有光泽，且均匀一致。

（3）组织状态：组织致密，有弹性；切片性能好，切片中不应有大的气孔，有可见肥肉丁，无汁液；用手折断时，折断面凸凹有序，可见旋状纹理。

（4）滋味气味：咸淡适中，滋味鲜美，有哈尔滨红肠特有的烟熏味和蒜香味，无异味。

（5）杂质：无肉眼可见外来杂质。

（6）货架期较长的红肠，其外观无光泽，扭结处结节松散，挂肠印处肠衣与肉馅分离。

三、任务评价

（1）哈尔滨红肠感官评价指标。请按照表 4-4-6 的标准评价哈尔滨红肠质量，可以采用自评、互评等形式。

表 4-4-6　哈尔滨红肠感官评价指标

评价指标	评价标准	分数	实得分数	备注
外观	肠体完整，规则整齐，不破损	20		
色泽	外皮呈枣红色，且均匀一致，有光泽	20		
滋味、气味	具有产品特有的滋味、气味，咸淡适中，无异味	20		
组织状态	组织致密，有弹性，切片性能好	20		
杂质	无正常视力可见外来异物	20		
合计		100		

项目四

（2）哈尔滨红肠生产过程评价指标。请按照表 4-4-7 的标准评价本次任务完成情况。

表 4-4-7　哈尔滨红肠生产过程评价指标

职业功能	主要内容	技能要求	相关知识	分数	实得分数	备注
准备工作	清洁卫生	能完成车间、工器具、操作台的卫生清洁、消毒等工作	食品卫生基础知识	10		
	备料	能正确识别原辅料	原辅料知识	10		
	检查工器具	能检查工器具是否完备	工具、设备结构 工具设备使用方法	10		
生产过程	分割、腌制、配料、拌馅、灌制、烘烤、蒸煮、烟熏、包装、杀菌	能够熟练使用生产设备 能够严格按照生产工艺操作 能够对常出现的质量问题进行分析并解决问题	操作生产设备 执行生产操作 解决质量问题	60		
	成品	符合哈尔滨红肠感官评价指标	哈尔滨红肠感官评价指标	10		
合计				100		

四、任务拓展

中式香肠加工请扫描下方二维码查看。

任务自测

请扫描下方二维码进行本任务自测。

任务五　西式火腿加工

任务目标

➢ 知识目标

1. 了解西式火腿的种类与特点。
2. 掌握盐水火腿的生产工艺、工艺参数及生产技术。
3. 掌握盐水火腿的质量控制措施。

➢ 技能目标

1. 能够描述各种西式火腿的区别。
2. 能够明确每个工序的作用和意义。
3. 能够学会盐水火腿的加工方法。

➢ 素质目标

在肉制品设备的使用与维护过程中培养吃苦耐劳的优秀品质。

任务导学

西式火腿的由来

西式火腿起源于欧洲，在北美、日本及其他西方国家广为食用，在鸦片战争以后传入中国，因肉嫩味美而深受消费者欢迎。西式火腿一般由猪肉加工而成，与中国传统火腿（如金华火腿）的形状、加工工艺、风味等有很大区别，主要包括带骨火腿、去骨火腿、盐水火腿等。除带骨火腿为半成品，在食用前需熟制外，其他种类的火腿均为可直接食用的熟制品。西式火腿色泽鲜艳，肉质细嫩，口味鲜美，营养丰富，食用方便。

思维导图

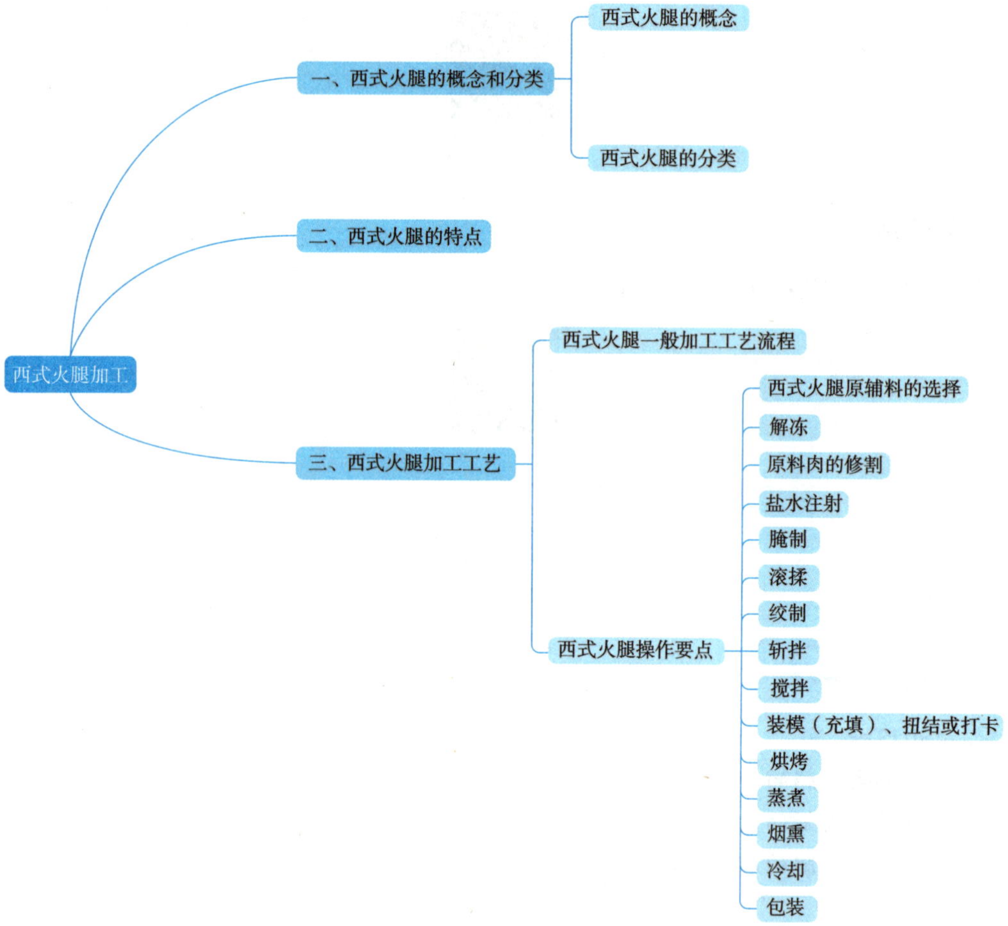

知识储备

一、西式火腿的概念和分类

（一）西式火腿的概念

西式火腿类产品是以畜、禽肉为原料，经剔骨、选料、精选、切块、盐水注射、腌制后，加入辅料，再经滚揉、充填、蒸煮、烟熏（或不烟熏）、冷却等工艺，采用低温杀菌、低温贮运的盐水火腿。

（二）西式火腿的分类

（1）按肉的粗细分，西式火腿有用整块肉、整只腿制成的，如里脊火腿、熏腿、去骨火腿等高档产品；也有用小块肉（每块大于 10 g）制成的低档挤压火腿；还有用大块肉制成的盐水火腿、熏圆腿等。

（2）按原料选择分，西式火腿绝大多数为猪肉火腿，但也有鸡肉火腿、鱼肉火腿、牛肉火腿、马肉火腿等。

（3）按形状分，有方腿、西式火腿圆腿、原形火腿（以肉料形定形）、肉糜火腿、卷火腿。

（4）按原料肉的部位不同分，西式火腿有带骨火腿、去骨火腿、通脊火腿、肩肉火腿、腹肉火腿、碎肉火腿、成型火腿、组合火腿及目前在我国市场上畅销的可在低温下贮藏的肉糜火腿肠等。

（5）按加工工艺分，西式火腿有熏火腿、压缩火腿、煮制火腿、烘烤火腿、鲜熟火腿、鲜生火腿、盐水火腿、长火腿、拉克斯熏腿和其他各具地方特色的地方火腿。

二、西式火腿的特点

西式火腿的特点是工业化程度高，工艺标准化，产品标准化，可以大规模生产。西式肉制品生产设备主要有盐水注射机、滚揉机、斩拌机、灌装机、烟熏蒸煮设备及各种肉品包装设备等，这些设备自动化程度高，操作方便，适合大规模自动化生产。

西式火腿的商品特点：腌制肉呈鲜艳的红色，脂肪和结缔组织极少，组织多汁味厚、滑嫩可口，切面基本没有孔洞和裂隙，有大理石纹状，有良好咀嚼感而不塞牙，营养价值丰富。就组织状态讲，中、西式火腿迥然相异。中式火腿瘦而柴，肉香浓，西式火腿滑而嫩，肉香淡。西式火腿多采用低温蒸煮加工而成，最大限度地保留了肉中的维生素和微量元素、蛋白质等。

三、西式火腿加工工艺

（一）西式火腿一般加工工艺流程

西式火腿一般加工工艺流程：原料验收→修整→切块→腌制→斩拌、真空滚揉→混合→定量灌肠→装模→蒸煮→冷却→成品。

（二）西式火腿操作要点

1. 西式火腿原辅料的选择

（1）选择 pH ≥ 5.6 ～ 5.8 的鲜肉，以增强保水性、黏合性、多汁性、风味性和嫩度；如果 pH<5.6，接近大多数蛋白质的等电点，这时的蛋白质不显电性，与水分子间的吸引力极小，可作为干火腿用肉。

（2）剔除灰白、质软、渗水的肉，以增强保水多汁性、吸盐具咸性、抗菌保存性。

（3）选择商品等级较高的肉，如Ⅳ号肉（后腿肌肉）。

（4）尽可能选择新鲜的肉，也可选冷冻肉。

（5）选筋腱少的肉，选黏结力强的肉。

2. 解冻

解冻后要尽可能恢复新鲜肉的状态，解冻过程中尽量减少汁液流失，减少污染，选择适合工厂化生产的冻肉。解冻方法有空气解冻（也称自然解冻）、水解冻、真空解冻、微波解冻。由于后两种方法不适合工厂化生产，一般采用前两种解冻方法。

3. 原料肉的修割

剔除筋腱、碎骨、淤血、伤斑、淋巴结、污物及外来杂质，修去过多脂肪层。根据产品的不同及后期工艺的需要将肉块修割成规定的大小和形状。

4. 盐水注射

盐水注射分为静脉注射法和肌肉注射法两种，常用后者。注射法是使用专用的盐水注射机，把已配好的腌制液通过针头注射到肉中而进行腌制的方法。注射带骨肉时，在针头上应装有弹簧装置，遇到骨头可以弹回。

（1）盐水注射的目的。加快腌制速度，使腌制更均匀，提高产品出品率。盐水注射和后面的嫩化、滚揉都有一个共同的目的，就是加速腌制，缩短腌制时间，提高生产效率。

（2）注射率。

$$注射率 = （注射后肉质量 - 注射前肉质量）/ 注射前肉质量 \times 100\%$$

一般情况下，注射率不低于 20%，因各厂家的盐水注射机不同，有手动和自动的，有注射压力可调的和不可调的，注射次数和密度也不一样。可采用一次或多次注射法达到目的。

（3）注意事项。链式输送注射机一定要将肉均匀地分布在输送链上，使其注射均匀。注射液在注射前一定要过滤。注射时，先启动盐水注射机至盐水能从针内排出后再注射，以免将注射机内的清水或空气注入肉内。注射前后要认真清洗盐水注射机，特别是管道内和针内。在注射前后，要用清水使机器空转 2 ～ 5 min。

5. 腌制

腌制是用食盐或以食盐为主并添加糖、硝酸钠、亚硝酸钠及磷酸盐、抗坏血酸、异抗坏血酸、柠檬酸等，对肉进行浸渍的过程。腌制在提高肉的保水性及成品率的同时，还可抑制微生物繁殖，改善肉类的色泽和风味。

项目四

（1）腌制的目的（表 4-5-1）。

表 4-5-1　腌制的目的

腌制的目的	对应的盐腌成分
防腐保存	食盐、亚硝酸钠、硝酸钠、山梨酸钾
发色，稳色	亚硝酸钠、硝酸钠、（异）抗坏血酸钠
提高肉的保水性和黏合性	食盐、磷酸盐
改善风味	食盐、亚硝酸钠、味精、香精、香料

（2）腌制的温度。腌制的温度控制在 2 ～ 4 ℃为最佳。温度太低，腌制速度慢，时间长，甚至腌不透，若冻结，还有可能造成产品脱水；温度太高，易引起细菌大量生长，部分盐溶性蛋白变性。

（3）腌制时间。腌制的时间要根据肉块的大小、盐水的浓度、温度及整个工艺所用的设备等情况控制，目的是腌透。

（4）环境及腌制容器的卫生。在加工过程中，肉制品在腌制环节停留的时间比较长，如果环境卫生不好，很容易被污染。

（5）腌制过程中成分的变化。

1）腌制时，肌肉组织中的可溶性蛋白质、可溶性浸出物等会转移至盐水中，转入的量取决于盐水的浓度和腌制时间。大分子蛋白质不能通过细胞膜扩散，只有组织被破坏的部分才会溶入盐水中。

2）结缔组织中的胶原蛋白和弹性蛋白不能向盐水中转移，只能发生膨胀。

3）脂肪不能溶于盐水。脂肪和肌肉应分别腌制，因为脂肪能阻碍肌肉的腌制速度和盐溶性蛋白的溶出。

4）保水性提高。经过腌制，肌肉中处于非溶解状态或凝胶状态的蛋白质在一定浓度盐水作用下转变成溶解状态或溶胶状态。试验证明，在食盐浓度≤ 5.8% 时，随盐浓度增大，肉保水性提高；当食盐浓度 >5.8% 时，随盐浓度增大，肉的保水性会降低。

（6）腌制成熟的标志。用刀切开肉块，若整个切面色泽一致，呈玫瑰红色，指压弹性均相等，说明已腌好；若中心仍呈青褐色，俗称“黑心”，说明没有腌透。

（7）腌制注意事项。

1）掌握好腌制时间和腌制温度，腌制时间和盐水浓度密切相关。

2）腌制期间注意观察肉质的变化。如果腌制期间的温度太高或肉质不新鲜等，腌制液会酸败。变质腌制液的特征是水面上浮着一层泡沫或有小气泡上升。

（8）关于肥膘的腌制。肥膘的腌制往往被很多生产厂家忽略，有的直接将其绞制或斩拌成粥状，使产品很容易出油，影响质量。经腌制好的肥膘切面呈青白色，切成薄片略透明，这主要是脂肪被盐作用后老化的结果。脂肪中含有盐分，在与肌肉或其他成分相遇时容易相互结合，遇其他含盐量低的成分，盐就会从脂肪中释放出来，使脂肪结构发生变化，便于乳化。

6. 滚揉

滚揉又称按摩，是通过翻滚、碰撞、挤压、摩擦来完成的。它是块状类西式肉制品生产中最关键的一道工序，是机械作用和化学作用有机结合的典型，对产品的切片性、出品率、口感、色泽都有很大的影响。

微课：滚揉机的使用

（1）滚揉的作用。

1）破坏肉的组织结构，使肉质松软。腌制后、滚揉前的肉块质地较硬（比腌制前还硬），可塑性极差，肉块间有间隙，黏结不牢。滚揉后，原组织结构受破坏，部分纤维断裂，肌肉松弛，质地柔软，可塑性强，肉块间结合紧密。

2）加速盐水渗透和发色。滚揉前肌肉质地较硬，在低温下，很难使盐水均匀渗透。滚揉可使肌肉组织破坏，非常有利于盐水的渗透。

3）加速蛋白质的提取和溶解。盐溶性蛋白的提取是滚揉的最重要目的。肌纤维中的蛋白质——盐溶性蛋白质（主要指肌球蛋白）具有很强的保水性和粘合性，只有将它们提取出来，才能发挥作用。尽管在盐水中加入很多盐类，提供了一定离子强度，但只是极少数的小分子蛋白溶出，而多数蛋白质分子只是在纤维中溶解，不会自动渗透出肉体，只有通过滚揉才能快速将盐溶性蛋白提取出来。

（2）滚揉不足与滚揉过度。

1）滚揉不足。滚揉时间太短，肉块内部肌肉还没有松弛，盐水还没有被充分吸收，蛋白质萃取少，导致肉块里外颜色不均匀，结构不一致，粘合性、保水性和切片性都差。

2）滚揉过度。滚揉时间太长，被萃取的可溶性蛋白出来太多，在肉块与肉块之间形成一种黄色的蛋白胨，会影响产品整体色泽，使肉块粘合性、保水性变差。黄色的蛋白胨是变性的蛋白质。

（3）滚揉好的标准和要求。

1）肉的柔软度。手压肉的各个部位无弹性，手拿肉条一端不能将肉条竖起，上端会自动倒垂下来。

2）肉块表面被凝胶物均匀包裹，肉块形状和色泽清晰可辨，肌纤维被破坏，明显有“糊”状感觉，但糊而不烂。

3）肉块表面很黏，将两小块肉条粘在一起，即当提起一块时，另一块不会瞬间掉下来。

4）刀切任何一块肉，里外色泽一致。

（4）滚揉的技术参数。

1）滚揉时间。并非所有产品的滚揉时间都是一样的，要根据肉块大小、滚揉前肉的处理情况、滚揉机的情况具体分析再制定。

2）适当的荷载。滚揉机内盛装的肉一定要适当，过多过少都会影响滚揉效果，一般设备制造厂家都给出罐体容积。建议按容积的 60% 盛载。

3）滚揉期和间歇期。在滚揉过程中，适当的间歇是很有必要的，使肉在循环中得到“休息”。一般情况下，在开始阶段，工作 10 ～ 20 min，间歇 5 ～ 10 min；至中后期，工作 40 min，间歇 20 min。由于产品种类不同，采用的方法也各不相同。

4）转速。建议转速为 5 ～ 10 r/min。

5）滚揉方向。滚揉机一般都具有正转机反转功能。在卸料前 5 min 应反转，以清理出滚揉筒翅片背部的肉块和蛋白质。

6）真空状态。“真空”状态可促进盐水的渗透，有助于去除肉块中的气泡，防止滚揉过程中气泡产生。一般真空度控制在一个大气压的 70% ～ 80%。真空度太高会起反作用，肉块中的水会被抽出来。滚揉结束后使罐体静置于真空状态下保持 5 ～ 10 min，泄压后再出料。

7）温度控制。较理想的滚揉间温度为 0 ～ 4 ℃。当滚揉温度超过 8 ℃时，产品的结合力、出品率和切片性等都会显著下降。建议使用可制冷真空滚揉机。在滚揉过程中，由于肉在罐内不断地摔打、摩擦，罐内肉的温度会上升，而滚揉机可以制冷，就能控制肉品温度。

8）呼吸作用。有些先进的滚揉机还具有呼吸功能，就是通过间断的真空状态和自然状态转换使肉松弛和收缩，从而达到快速渗透的目的。

7. 绞制

肉的绞制是利用绞肉机将相对较大的肉块，绞切成符合加工要求的小块或肉粒，操作要领如下。

1）绞肉机的检查。选择合适的刀具和金属筛眼板。用来绞冻肉和鲜肉的刀具要区分，筛眼板孔的大小要根据工艺要求选择；刀具和筛眼板应吻合，不得有缝隙（刀和筛眼板应定期由专人研磨）。绞肉机要清洗。

2）原料准备。精肉和肥膘要分别绞制，绞制前应将肉切成适当大小的块，并保证肉温低于 5 ℃。

3）绞制方法。绞肉机如果是三段式绞肉机，一般可一次性完成；如果不是三段式绞肉机，又要求肉粒较小，可分级多次绞制。先用大筛眼板绞制再用小筛眼板绞制。一次投肉不要太多、太快。绞制完的肉温一般不应超过 10 ℃。

8. 斩拌

斩拌顾名思义就是斩切、拌和，是通过斩拌机来完成的。在肉糜产品加工中，斩拌起着极为重要的作用。

（1）斩拌的作用。

1）破坏结缔组织薄膜，使肌肉中盐溶性蛋白释放出来，从而提高吸收水分的能力。

2）乳化作用，增加肉馅的保水性和出品率，减少油腻感，提高嫩度。

3）改善肉的结构状况，使瘦肉和肥肉结合更牢固，防止产品热加工时“走油”。

（2）斩拌原理。肌动蛋白和肌球蛋白具有结构的丝状蛋白体，外面由一层结缔组织膜包裹着，不打开这层膜，这层蛋白就只能保持本体的水分，不能保持外来水分。因此，斩拌就是为了打开这层膜，使蛋白质游离出来。这些游离出来的蛋白质吸收水分，并膨胀形成网状蛋白质胶体。这种蛋白质胶体又具有很强的乳化性，能包裹住脂肪颗粒，从而达到保油的目的。

（3）斩拌顺序。原料肉适当细切或绞制（温度为 0 ～ 2 ℃）→瘦肉适当干斩→加斩拌助剂和少量冰水溶解的盐类→加 1/3 冰屑或水控制温度→斩至肉具有黏性，添加肥膘→添加乳化剂→加 1/3 冰屑或水、淀粉、香料、香精和其他→加剩余冰屑或水。

斩拌结束，肉馅温度不得超过 15 ℃（一般要求 8 ℃左右）。

（4）检测斩拌程度的方法。斩拌是一项技术含量相对较高的工作，从某种程度上说，含有很多经验性成分。如斩拌速度的调整、各成分添加的时机、斩拌温度的控制等。

检测方法：如果用手用力拍打肉馅，肉馅能成为一个整体，且发生颤动，从肉馅中拿出手来，分开五指，手指间形成很好的“蹼”状粘连，说明斩拌比较成功。

斩拌时各种料的添加要均匀地撒在斩拌锅的周围，以达到拌和均匀的目的。

（5）影响斩拌质量的因素。

1）设备因素。设备因素包括斩拌机的速度（转速）、斩拌机的刀锋利程度、刀与锅间的距离等，该距离要求间隙只能有一张牛皮纸厚。

2）装载量。合理的装载量即所有材料添加完后，最终肉馅至锅边沿有 5 cm 距离。

3）斩拌细度。包括瘦肉和脂肪，应充分斩拌成乳化状态。细度不够，会影响乳化体的形成；斩得过细，会造成脂肪不能被蛋白质有效包围，出现出油现象。

4）斩拌温度。斩拌结束后，温度不能超过 15 ℃，在斩拌过程中可以用冰水降温。

5）水和脂肪的添加量。水的添加量受很多因素的影响，如肉的情况、增稠剂的添加情况。若不考虑其他因素，一般水的添加量占精肉的 15% ～ 25%，脂肪占精肉的 20% ～ 30%。

在乳化过程中，适量的脂肪并非“被动”的成分拌入蛋白质网络中，它在稳定蛋白质—水—脂肪这一体系中也起着积极的作用。在热加工时，脂肪能防止蛋白质网络受热过分收缩，因此，适当添加脂肪对肉的保水性有一定的积极作用。脂肪的添加，一要适量，二不能斩得太细，以免不能完全被蛋白质所包裹。

（6）斩拌机的性能。转速；真空与否；时间和温度显示 / 时间和温度控制；安全保护；拌和功能（不斩只拌）。

（7）斩拌刀。刀的锋利程度是影响斩拌效果的一个重要因素。刀的锋利程度直接影响斩拌温度、时间、肉组织破坏及乳化效果。斩拌刀应由专业技术人员定期磨，而且由专业人员安装，对称的刀重量应一致。

9. 搅拌

（1）搅拌的目的。使原料和辅料充分混合、结合；使肉馅通过机械的搅动达到最佳乳化效果。

未经斩拌的原料在搅拌后，可实现一定程度的乳化，达到有弹性的目的。搅拌肉时，若使用脂肪，应先使瘦肉产生足够的黏性，再添加脂肪。

（2）搅拌的顺序。搅拌时各种材料添加顺序与斩拌相同，温度同样控制在 15 ℃以下，各种材料添加时应均匀地撒在叶片的中央部位。

（3）搅拌应注意的问题。

1）转速和时间。搅拌要根据肉块的大小和要达到的目的，合理地调整转速和时间。

2）温度。搅拌时因机械的作用，肉馅温度上升很快，应采取措施降低温度，或采用可以制冷的真空搅拌机，并控制在 12 ℃以下。

搅拌机有真空搅拌机和非真空搅拌机。真空搅拌机能有效地控制气泡的产生，在采用真空搅拌机时，在最后阶段应保持适当真空度，在真空状态下进行搅拌。

10. 装模（充填）、扭结或打卡

目前装模的方式有手工装模和机械装模两种。机械装模有真空装模和非真空装模两种。手工装模不易排除空气和压紧，成品中易出现空洞、缺角等缺陷，切片性及外观较差。真空装模是在真空状态下将原料装填入模，肉块彼此粘贴紧密，且排除了空气，减少了肉块间的气泡，因此可减少蒸煮损失，延长保存期。

将腌制好的原料肉通过填充机压入动物肠衣，或不同规格的胶质及塑料肠衣中，用铁丝和线绳结扎后即成圆火腿。有时将灌装后的圆火腿 2 个或 4 个一组装入不锈钢模或铝盒内挤压成方火腿，也可将原料肉直接装入有垫膜的金属模中挤压成简装方火腿，或是直接用装听机将已称重并搭配好的肉块装入听内，再经压模机压紧，用真空封口机封口，制成听装火腿。

11. 烘烤

采用动物肠衣充填的圆火腿可以进行烘烤。

（1）烘烤的作用。

1）使肉馅和肠衣紧密结合，增加牢固度，防止蒸煮时肠衣破裂。

2）使表面蛋白质变性，形成一层壳，防止内部水分和脂肪等物质流出及香味散发。

3）便于着色，且使上色均匀。

（2）烘烤成熟的标志。

1）肠衣表面干燥、光滑，无黏湿感，肠体之间摩擦发出丝绸摩擦的声音。

2）肠衣呈半透明状，且紧贴肉馅。

3）肠表不出现“走油”现象。

烘烤时间、温度与肠体直径的关系见表 4-5-2。

表 4-5-2　烘烤时间、温度与肠体直径的关系

直径 /cm	烘烤时间 /min	烘烤室温度 /℃	产品中心温度 /℃
1.7	20 ～ 25	55 ～ 60	43 ± 2
4 ～ 6	40 ～ 50	70 ～ 80	
7 ～ 9	60 ～ 90	70 ～ 85	
注：一般烘烤温度为 65 ～ 70 ℃			

（3）烘烤方法。木柴明火、煤气、蒸汽、远红外线。

（4）烘烤量。烘烤量要根据炉的容积来定。肠体间必须有间隙。烘烤时炉内热量分布应尽可能地均匀，一般情况下，炉越大，烘烤量越大，热量分布越不均匀。

12. 蒸煮

（1）蒸煮的目的。

1）促进发色和固定肉色。

2）使肉中的酶灭活。肉组织中有多种酶，如蛋白质分解酶，57 ～ 63 ℃时，短时间就能失活。

3）杀灭微生物。在低温肉制品加热过程中，只是杀灭了大部分微生物，达到了食用要求，并没将微生物灭绝（只有加热至 121 ℃、15 min 以上才能灭绝）。加热杀死微生物的数量与加热时间、温度、加热前细菌数、添加物、pH 值及其他各种条件有关。

4）蛋白质热凝固（肉的成熟）。

5）降低水分活度。

6）提高风味。肉的熟制使其风味提高，其变化是复杂的，而且是多种物质发生化学变化的综合反应，如氨基酸与糖的美拉德反应、多种羧基化合物的生成、盐腌成分的反应。

（2）蒸煮的方法。

1）用蒸汽直接蒸煮（常在熏蒸炉内进行）。

2）用水浴蒸煮。

具体采用哪种方法要根据产品特点（如生产量大小）、工艺要求（如有些肠衣需要上色）而定。

（3）注意事项。

1）产品若采用水浴煮制，一般采用方锅而不采用圆夹层锅，特别是肠类产品，因夹层锅加热不均匀，容易爆肠。无论用水浴锅煮制什么产品，一定要将产品全部没入水中。

2）水的传热比蒸汽快，在相同温度下，水浴加热比蒸汽加热时间要稍短。

3）烘烤后的产品应立即煮制，不宜搁置太长，否则容易酸败。

4）蒸煮不熟的产品应立即回锅加热，不得待其冷却后再加热。否则会因淀粉的缘故，造成产品再也煮不熟。

（4）检测产品是否煮熟的方法。

1）检测产品中心温度。若产品中心温度达到 72 ℃以上，只要再保持 15 min 即可。

2）手捏。用手轻捏产品，若感到产品硬实、有弹性，则已煮熟；若产品软弱、无弹性，则不熟。

3）刀切。产品从中心切开后，若里外色泽一致，且有光泽、发干则已熟；若内部发黏、松散，且里外颜色不一致，则不熟。

蒸煮时间与产品直径的关系见表 4-5-3。

表 4-5-3　蒸煮时间与产品直径的关系

直径 /cm	恒定温度 /℃	时间 /min
1.7	80 ± 1	15 ～ 20
4 ～ 6		45 ～ 55
7 ～ 9		80 ～ 90

13. 烟熏

（1）烟熏的作用。

1）赋予制品独特的烟熏风味。烟熏的成分即酚类、醇类、有机酸、羰基化合物及它们与肉的成分发生反应生成的呈味物质，它们共同构成烟熏风味。

2）形成独特的颜色（茶褐色）。这种颜色的形成是制品表面的氨基化合物与烟熏成分中的羰基化合物褐变反应或美拉德反应的结果。

3）杀菌、防腐。烟熏中的醛、酸、酚等均有杀菌能力，特别是酚类的衍生物，杀菌能力更强。

4）抗氧化。酚类及其衍生物有较强的抗氧化作用，特别是脂肪的酸败。

5）脱水干燥，便于贮存。烟熏时，烟熏室内温度越低，产品色越淡，呈淡褐色；温度较高则呈深褐色；湿度越大，色越深。

（2）影响烟熏成分渗透的因素。熏烟的成分，熏烟的浓度；烟熏室的温度、湿度；产品的组织结构；脂肪和肌肉的比例；产品的水分含量；产品肠衣材料；熏制的方法；熏制的时间。

（3）关于烟熏和蒸煮顺序问题。在各生产厂中，烟熏和蒸煮谁先进行，各不相同。在我国，原材料的卫生状况并不好，再加上各生产环节卫生控制不严，致使入炉的半成品含菌量很高。由于烘烤温度一般为 60 ～ 70 ℃，产品内部温度一般不会超过 50 ℃，所以烘烤后半成品含菌量是很高的。如果直接烟熏 60 ～ 65 ℃后再蒸煮，产品质量就会下降。另外，先烟熏后蒸煮还会造成一些熏烟成分的损失。而先蒸煮后烟熏也有其缺点：比较麻烦且浪费能源。待蒸煮完毕，炉内应排湿，还应对产品进行短时间的烘烤，然后才能烟熏。如果采用水浴蒸煮，炉内炉外多倒一次。烘烤后直接烟熏，产品色泽好于前者。

（4）烟熏注意事项。

1）烟熏时，要使制品表面干净。

2）烟熏室内悬挂的制品不要过多或过少，更不能粘连。

3）烟熏前应适当地干燥。

4）烟熏时炉内温度升降不要太快，若采用先烟熏后蒸煮的方式，烟熏完毕应立即蒸煮。

5）烟熏时不要有火苗出现。

6）烟熏温度、时间要因制品的种类、工艺要求而定。

7）做好记录。

14. 冷却

产品的冷却就是产品热加工结束后从较高的温度降至适宜贮存的温度的能量传递过程。

（1）产品冷却要求（原则）。

1）冷却速度要快，特别是要快速降至安全温度线 20 ℃以下。

2）冷却要彻底，中心温度要低于 10 ℃。

3）尽可能减少冷却过程的污染（采用合适的冷却方法，减少冷却介质的污染）。

（2）冷却方法。冷却的方法有冷水喷淋冷却、冷水浸泡冷却、自然冷却和冷却间冷却。采用哪种冷却方法，应根据产品的特点和各生产厂自身条件，目的都是提高产品的贮藏性。利用模具成型的产品应连同模具一起冷却。

15. 包装

尽可能做到无菌包装；包装间的温度尽可能与冷却后的产品温度一致，防止产品“出汗”；包装间应尽量保持干燥。食品加工人员除一般要求外，进入包装间还要进行特别消毒，要戴口罩、手套。

任务实施

盐水火腿加工

一、任务准备

（1）盐水火腿配方见表 4-5-4。

表 4-5-4　盐水火腿配方

盐水火腿配方			
名称	用量	名称	用量
猪精肉	52 kg	猪肥膘	6 kg
食盐	2 kg	磷酸盐	0.25 kg

续表

盐水火腿配方			
名称	用量	名称	用量
味精	0.3 kg	白砂糖	1 kg
亚硝酸钠	0.004 kg	异维生素 C 钠	0.03 kg
白胡椒粉	0.18 kg	肉蔻粉	0.05 kg
桂皮粉	0.03 kg	猪肉香精	0.2 kg
圆葱精油	0.15 kg	红曲红色素	0.003 kg
防腐剂	适量	玉米淀粉	6 kg
大豆分离蛋白	2 kg	卡拉胶	0.2 kg
饮用水	30 kg	PVDC 筒状肠衣膜	130 m

（2）工具设备。

1）器具：刀具、刀棍、分割操作台、灌制操作台、卡扣或卡丝、食品箱、不锈钢盆、电子秤、天平、三文治模具。

2）设备：绞肉机、滚揉机、真空灌肠机、长城卡打卡机、烟熏炉、冷却池。

二、任务实操

1. 工艺流程

盐水火腿加工工艺流程：分割→绞肉→配料→滚揉→灌制→装模→蒸煮→脱模→贴标→装箱→成品。

2. 操作要点

（1）生产前准备工作：主要包括原辅料准备、器具设备准备、肠衣准备工作。

1）原辅料准备工作包括选购、出库、缓化三道工作。

①原辅料选购。

a. 非疫区健康猪肉；

b. 猪龄 1 ～ 2 年的Ⅱ号或Ⅳ号猪精肉、猪后鞧肥膘；

c. 原始菌数低的肉；

d. 冷冻肉必须是贮存时间较短的肉。

各种辅助材料质量要求必须符合《食品安全国家标准 食品添加剂使用标准》(GB 2760—2024）中的规定或使用单位供货要求。

②原辅料出库。根据生产计划、产品配方、工艺损失计算原辅料需求数量，填写领料单，领料出库。

③缓化。将出库后的猪精肉、猪肥膘送入缓化间缓化货架上缓化。

a. 缓化条件：温度为 6 ～ 8 ℃，相对湿度为 80% ～ 90%，风速为 1 ～ 1.5 m/s。

b. 缓化结束标准：体积最大肉块中心点温度达到 0 ℃。

2）器具设备准备。主要准备在盐水火腿制作过程中所用到的器具设备，保证器具设备达到盐水火腿制作工艺要求。盐水火腿模具主要是不锈钢模具，形状有长方形、圆形、六棱型柱状体。

①预检：生产前对设备的安全状况进行调试预检，保证设备运行良好。

②消毒：选用食品设备杀菌剂对设备进行消毒。

③清洗：先用 90 ℃以上的热水对设备进行清洗，然后用冷水将设备降温至 10 ℃以下。

3）肠衣准备。灌制盐水火腿所用肠衣是筒状 PVDC 肠衣膜，肠衣颜色多样，肠衣尺寸以肠衣折径进行衡量，具体型号与火腿模具大小相当。

（2）分割。将经过缓化的原料肉在操作台上用分割刀去除碎骨、血管、淋巴、筋膜、污血肉等杂物。猪精肉切成 200 ～ 300 g 肉块，猪肥膘切成细长条备用。

（3）绞肉。先将制作盐水火腿所用的猪精肉投入装配 8 mm 孔板的绞肉机绞制，单独盛装。然后再将猪肥膘投入装配 5 mm 孔板的绞肉机绞制，单独盛装。

（4）配料。盐水火腿配料包括原料配料和辅料配料。

1）原料配料通常在生产车间内由绞肉工人完成，原料肉（猪精肉粒、肥膘颗粒）和水等根据制作要求分别单独称重。特别提示：原料肉的称重一定要在绞肉结束后进行。

2）辅料配料由配料员在配料室内完成，玉米淀粉单独配制盛装，大豆分离蛋白、卡拉胶单独配制混合盛装，香精、葱油单独配制混合盛装，防腐剂单独配制盛装，异维生素 C 钠单独配制密封避光盛装，配方中其他辅料配制在一起混匀。称重配制好的辅料转入下一道工序要进行复检，办理交接手续。

（5）滚揉。滚揉的操作过程以 GRJ-200 型滚揉机滚揉 100 kg 盐水火腿馅料为例加以说明。

1）将经过绞制的猪精肉、盐、糖、味精等混匀，辅料（玉米淀粉、防腐剂、大豆分离蛋白、卡拉胶除外）、60% 冰水投入滚揉机。

2）关闭上盖，启动真空泵，抽真空至 0.07 MPa。

3）采用间歇滚揉方式，参数设置：总时间 3 h，运行 10 min，停止 20 min。

4）初次滚揉结束后，卸掉真空，绞好的肥膘、大豆分离蛋白、卡拉胶、40% 冰水投入滚揉机。

5）关闭上盖，启动真空泵，抽真空至 0.07 MPa。

6）采用连续滚揉方式，参数设置：总时间 3 h，运行 10 min，停止 10 min。启动滚揉按钮滚揉 3 h。

7）出料，滚揉结束，卸掉真空。启动反向卸料按钮，将肉馅卸入料斗车内。

（6）灌制。制作三文治灌制工序和打卡工序是连续衔接的，即真空灌肠机与长城打卡机配合在一起进行。通过灌肠机上的数显控制器设定灌制数量（如 400 g），套上肠衣膜进行自动灌制打卡。灌装的前几个火腿要进行称量，校验调整灌装量，使之符合制作要求。

（7）装模。装模也称为压模，灌装完成的火腿经过冷水冲洗后，放入不锈钢模具中，压紧模具盖。装模具时保证火腿两端卡口位置水平或垂直，不能偏斜。模具盖也要保持水平，不能压偏。

（8）蒸煮。将装模完成的火腿模具送入烟熏炉，关闭炉门，设定参数，启动程序。

参数控制：温度为 81 ℃，时间为 60 min（根据模具的大小调整蒸煮时间）。

蒸煮结束，先排潮气，再打开炉门。

（9）脱模。将蒸煮完成的火腿送入冰水冷却池中，冷却至 20 ℃以下，打开模具盖，用气压泵从模具盒底部孔眼处将火腿从模具内吹出，将火腿膜表面的水分吹干。

三、任务评价

（1）盐水火腿感官评价指标。请按照表 4-5-5 的标准评价盐水火腿质量，可以采用自评、互评等形式。

表 4-5-5 盐水火腿感官评价指标

评价指标	评价标准	分数	实得分数	备注
色泽	切片呈自然粉红色或玫瑰红色	10		
	有光泽	10		
质地	组织致密，有弹性	20		
	切片完整，切面无密集气孔且没有直径大于 3 mm 的气孔	20		
	无汁液渗出，无异物	10		
风味	咸淡适中	10		
	滋味鲜美，具固有风味	10		
	无异味	10		
合计		100		

（2）盐水火腿生产过程评价指标。请按照表 4-5-6 的标准评价本次任务完成情况。

表 4-5-6 盐水火腿生产过程评价指标

职业功能	主要内容	技能要求	相关知识	分数	实得分数	备注
准备工作	清洁卫生	能完成车间、工器具、操作台的卫生清洁、消毒等工作	食品卫生基础知识	10		
	备料	能正确识别原辅料	原辅料知识	10		
	检查工器具	能检查工器具是否完备	工具、设备结构 工具设备使用方法	10		
生产过程	分割、绞肉、配料、滚揉、灌制、装模、蒸煮、脱模、贴标	能熟练使用生产设备 能严格按照生产工艺操作 能对常出现的质量问题进行分析并解决问题	操作生产设备 执行生产操作 解决质量问题	60		
	成品	符合盐水火腿感官评价指标	盐水火腿感官评价指标	10		
合计				100		

四、任务拓展

烟熏火腿加工请扫描下方二维码查看。

任务自测

请扫描下方二维码进行本任务自测。

项目五　乳制品加工

任务一　液态乳加工

任务目标

➢ **知识目标**

1. 了解液态乳的种类及特点。
2. 熟悉原料乳的基础知识。
3. 掌握巴氏杀菌乳、超高温灭菌乳的加工工艺及操作要点。

➢ **技能目标**

1. 能够掌握原料乳验收项目、指标要求及验收方法。
2. 能够学会液态乳相关设备的操作方法。
3. 能够对液态乳进行质量评价。

➢ **素质目标**

1. 通过了解新兴跨界乳制品增强创新意识，培养创新思维。
2. 将“创新精神”融入教学，让学生养成善思、勤学、精益求精的工作态度。

任务导学

2023 年 9 月初，瑞幸咖啡与贵州茅台联合推出的“酱香拿铁”着实火了一把。相关数据显示，2023 年 9 月 4 日“酱香拿铁”推出当天，销量突破 542 万杯，销售额突破 1 亿元。“酱香拿铁”带火了作为调制品的厚乳市场。在“酱香拿铁”白酒风味厚奶原料供应商宁夏塞尚乳业有限公司的天猫旗舰店内，多款厚乳产品销量迎来大幅增长，其中一款“塞尚厚乳厚奶 1 升奶茶店同款”销量最高，单日售出 2 000 单；而另一款“塞尚冰滴厚牛乳瑞幸同款厚乳拿铁”单日也售出 1 000 单。可见，乳制品跨界又有了新的选择。

“酱香拿铁”刷屏背后的创新

思维导图

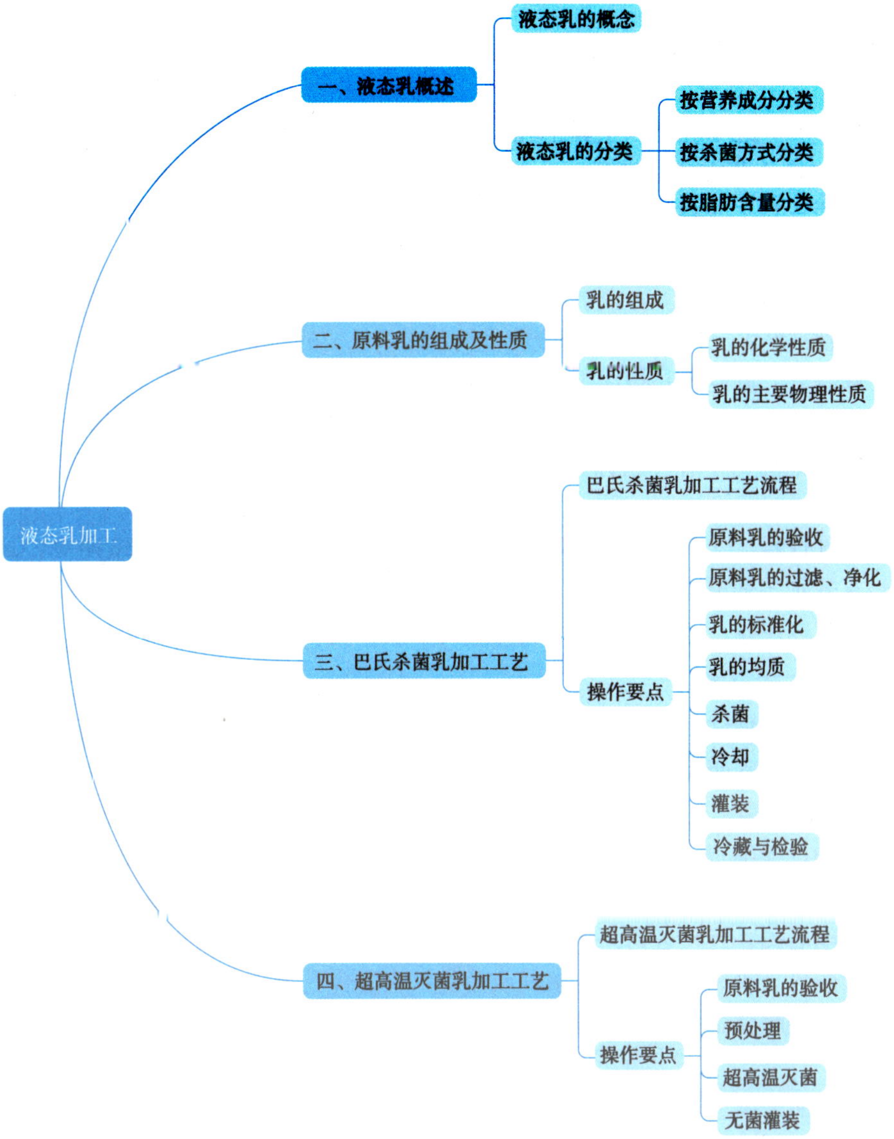

知识储备

一、液态乳概述

（一）液态乳的概念

液态乳是指以生牛乳（或羊乳）、乳粉等为原料，添加或不添加辅料，经有效的加热杀菌方式处理后制成的分装出售的饮用液体牛乳。

（二）液态乳的分类

1. 按营养成分分类

多数乳品企业在生产液态乳产品的时候，是从其产品的原料和添加物的使用角度进行命名的。

（1）纯牛乳。纯牛乳是以生鲜牛乳为原料，不添加任何其他食品原料，经标准化、均质、有效的加热杀菌方式处理后，分装出售的饮用液体牛乳。这种产品含乳脂肪在 3.1% 以上，蛋白质含量要求在 2.9% 以上，保持了牛乳固有的营养成分，是目前市面上最常见的液态乳。

（2）再制乳与复原乳。再制乳是以乳粉、乳油等为原料，加水还原而制成的与鲜乳组成、特性相似的产品；复原乳是指用全脂乳粉和水勾兑成的与鲜乳组成、特性相似的乳产品。

（3）调制乳。调制乳是指以不低于 80% 的生牛（羊）乳或复原乳为主要原料，添加其他原料或食品添加剂或营养强化剂，采用适当的杀菌或灭菌等工艺制成的液体产品。目前市面上常见的如高钙牛乳、铁锌钙奶、AD 钙奶、富硒奶、营养舒化奶、早餐谷物奶等均为调制乳。

（4）含乳饮料。含乳饮料是以新鲜乳为原料，经发酵或未经发酵，添加水和其他调味成分，经有效加工而制成的含乳量为 30% ～ 80% 的具有相应风味的液态产品。目前，市面上常见的营养快线、鲜果乳、酸酸乳等均为含乳饮料。

2. 按杀菌方式分类

按照我国国标规定，根据加工过程中采用的杀菌工艺和灌装工艺的区别，液态乳分为巴氏杀菌乳和灭菌乳两大类，这种分类方法也是我国乳品企业常用的分类方法。

（1）巴氏杀菌乳。巴氏杀菌乳是指以生鲜乳为原料，经巴氏杀菌工艺而制成的液体产品，又可称为巴氏消毒乳（奶）、鲜牛乳（奶）、纯鲜牛乳（奶）。由于巴氏杀菌乳加工温度较低，产品货架期短，在运输过程中需要冷链系统，通常是当地企业采用送奶上户的销售方式供应当地居民，当天送到，当天饮用。

（2）灭菌乳。灭菌乳是指以牛乳（或羊乳）或混合乳为原料，脱脂或不脱脂，添加或不添加辅料，经超高温瞬时灭菌、无菌灌装或保持灭菌而制成达到“商业无菌”要求的液态产品。

灭菌乳按照杀菌工艺又可以分为以下两类。

1）超高温灭菌乳：按照《食品安全国家标准 灭菌乳》（GB 25190—2010）中的标准，超高温灭菌乳是指以生牛（羊）乳为原料，添加或不添加复原乳，在连续流动的状态下，加热到至少 132 ℃并保持很短时间的灭菌，再经无菌灌装等工序制成的液体产品。

2）保持灭菌乳。保持灭菌乳是指以生牛（羊）乳为原料，添加或不添加复原乳，无论是否经过预热处理，在灌装并密封之后，经灭菌等工序制成的液体产品。

灭菌乳由于货架期长、不用冷藏，可以利用的销售渠道种类比较广泛，是目前我国市面上最常见的液态乳产品。

3. 按脂肪含量分类

为了满足不同消费者在营养方面的不同需求，在液态乳的加工中会对其脂肪的含量进行调整。我国根据产品中脂肪含量的不同，将液态乳分为以下三类：

（1）全脂乳。全脂乳是指保持乳中的天然脂肪，且脂肪含量不低于 3.5% 的乳。

（2）部分脱脂乳。根据不同消费者的营养需求对乳中的脂肪进行标准化处理，乳中脂肪含量按不同要求在 1.0% ～ 3.5% 的乳。

（3）脱脂乳。将鲜牛乳中的脂肪脱去，脂肪含量低于 0.5% 的乳。

二、原料乳的组成及性质

（一）乳的组成

乳是复杂的胶体体系，主要成分是水、脂肪、蛋白质、乳糖、无机盐、维生素、酶类、色素、气体及其他微量成分。乳中除去水和气体外的物质称为全乳固体，包括脂肪和非脂乳固体。牛乳主要化学成分和含量见表 5-1-1。

表 5-1-1　牛乳主要化学成分和含量　　%

成分	水分	非脂乳固体	脂肪	蛋白质	乳糖	无机盐	非脂乳固体
含量变化范围	85.5 ～ 89.5	10.5 ～ 14.5	2.5 ～ 6.0	2.9 ～ 5.0	3.6 ～ 5.5	0.6 ～ 0.9	8.4 ～ 9.0
含量平均值	87.5	13.0	3.9	3.4	4.8	0.8	8.7

乳中的主要成分受乳牛的品种、个体、地区、泌乳期、饲料、畜龄、季节、环境、温度及健康状况等因素的影响而有差异，其中脂肪含量的变化最大，蛋白质含量次之，乳糖及灰分含量很少变化。

（二）乳的性质

1. 乳的化学性质

（1）水分。水是乳的主要成分之一，占 85.5% ～ 89.5%。乳中的水分可分为游离水、结合水和结晶水，是乳中各种营养成分的分散剂，其中结合水占 2% ～ 3%，以氢键和蛋白质的亲水基或与乳糖及某些盐类结合存在。由于结合水和结晶水的存在，乳粉生产中经常保留 3% 左右的水分。

（2）乳脂肪。乳脂肪是乳的主要成分之一，占 2.5% ～ 6.0%。乳脂肪不溶于水，呈微细的球状分散在乳浆中，形成乳浊液。

1）化学组成。脂肪球的组成成分有磷脂、脂溶性维生素及胆固醇。磷脂是极性分子，有亲水基团和疏水基团，连接水相与脂相，故常温下呈乳浊液。脂肪球通常直径为 0.1 ～ 20 μm，平均为 2 ～ 5 μm。脂肪球相对密度为 0.93，故牛乳静置后，乳脂肪球逐渐上浮到表面一层，形成稀奶油层。在加工过程中，可通过均质处理使脂肪球的平均直径小于 1 μm，而呈均匀稳定的分散状态。

乳脂肪不同于其他动物脂肪，它含有 20 种以上脂肪酸，且低级脂肪酸含量高达 14%，而其中水溶性脂肪酸达 8% 左右，其他动物脂肪只含有 1%。正是由于这些挥发性脂肪酸具有熔点低（熔点为 28.4 ～ 33.3 ℃），在室温下呈液态、易挥发等特点，才赋予乳脂肪以特有的香味和柔软的质地，而且易于消化吸收。

2）化学性质。乳脂肪受光、氧、热、金属（铜、铁）作用而氧化，从而产生脂肪氧化味。乳脂肪易在解酯酶及微生物作用下发生水解，使酸度升高，产生低级脂肪酸，可导致牛乳产生刺激性气味，即所谓的脂肪分解味。

（3）乳蛋白质。乳中蛋白质含量为 2.9% ～ 5.0%，含有 8 种人体必需的氨基酸，其构成比例适当，是人类食品中优质蛋白的极好来源。

牛乳中含有三种主要的蛋白质，其中酪蛋白含量最高，占总蛋白量的 80% ～ 83%，白蛋白占 13%，球蛋白占 4%。

1）酪蛋白。在温度 20 ℃时调节脱脂乳的 pH 值至 4.6 时沉淀的一类蛋白质称为酪蛋白。酪蛋白是一种典型的含磷蛋白，以酪蛋白酸钙和磷酸三钙的复合体形式存在，比重为 1.25 ～ 1.31。酪蛋白在酸或皱胃酶（凝乳酶）的作用下发生凝固，工业上生产干酪素、干酪及酸乳制品就是利用此原理。

$$\text{酪蛋白酸钙} + Ca(PO_4)_2 + 4HCl \rightarrow \text{酪蛋白}\downarrow + Ca(H_2PO_4)_2 + 2CaC_{12}$$

$$\text{酪蛋白酸钙} + \text{皱胃酶} \rightarrow \text{副酪蛋白钙}\downarrow + \text{糖肽} + \text{皱胃酶}$$

2）乳清蛋白质。乳清蛋白质是除去酪蛋白沉淀之后剩下的蛋白质，占 18% ～ 20%。它有两类，一类是对热不稳定（煮沸 20 min，pH 4.6 ～ 4.7）凝固的一类蛋白质，包括乳白蛋白和免疫球蛋白；另一类是对热稳定蛋白胨和蛋白肽。

（4）乳糖。乳糖是哺乳动物乳汁中所特有的产物，含量是 3.6% ～ 5.5%。

牛乳中 99.8% 的碳水化合物为乳糖，还有极少量的葡萄糖、果糖、半乳糖。乳糖的甜味比蔗糖弱，甜度是蔗糖的 1/6。乳糖易吸潮，常使乳粉结块变质。乳糖在人体胃中不能被消化吸收，可直达肠道并被肠道内的乳糖酶分解成葡萄糖和半乳糖，从而实现吸收，半乳糖是脑和神经糖脂质的重要组分。婴儿的肠液中通常含有乳糖酶，但是，随着年龄的增长，一部分人消化道内缺乏乳糖酶，不能分解和利用乳糖，饮用牛乳后会出现呕吐、腹胀、腹泻等不适应症，称为“乳糖不耐受症”。

在乳品加工中，常利用乳糖酶将乳糖分解，或利用乳酸菌将糖转化为乳酸，以预防乳糖不耐受症的发生。

（5）乳中的无机盐。乳中的无机盐含量为 0.6% ～ 0.9%，主要有 P、Ca、Mg、Na、S、K 等，还含有一些微量元素 I、Cu、Mn、Zn 等。牛乳中含有人体必需的 22 种无机物。牛乳中主要无机物的含量见表 5-1-2。

表 5-1-2　牛乳中主要无机物的含量　　mg/100 g

项目	K	Na	Ca	Mg	P	S	Cl
牛乳	158	54	109	14	91	5	99
人乳	66	19	35	4	26	47	

在乳品加工中，牛乳中盐类的含量对热稳定性起着重要作用。

（6）乳中维生素。牛乳中含有所有已知的维生素，特别是维生素 B_2 甚为丰富，维生素 D 含量不多。乳中维生素包括脂溶性维生素和水溶性维生素两种。乳在加工中维生素往往会有一定程度的损失。发酵法生产酸乳时，微生物的生物合成能使一些维生素的含量增高。

（7）乳中的酶。乳中存在多种酶类，其来源有 3 条途径，即乳腺分泌、白细胞的崩解而生成和挤乳后由于微生物代谢生成。与乳品生产有密切关系的主要为水解酶和氧化还原酶类。

1）过氧化氢酶。在牛乳中，过氧化氢酶主要来自白细胞的细胞成分，特别是在初乳、乳房炎乳中含量较多，可作为乳房炎乳的检验手段之一。在 75 ℃下加热 20 min，过氧化氢酶会 100% 钝化。

2）脂酶。脂酶一部分源于乳腺，另一部分源于乳中的微生物，尤其是细菌的代谢产物。它能分解乳脂肪，产生甘油和脂肪酸（游离脂肪酸有焦臭味或哈败味）。因此在奶油生产中，采用不低于 80 ～ 95 ℃的高温或超高温处理，以钝化此酶。

3）还原酶。还原酶来源于落入乳中微生物的代谢产物，还原酶的量与微生物污染的程度成正比，还原酶试验是用来判断原料乳新鲜程度的一种试验。新鲜乳加入亚甲基蓝（俗称美蓝）后染成蓝色，如乳中有大量微生物污染，则产生的还原酶能使颜色逐渐变淡，直至无色。通过颜色变化的速度可以间接地判断出鲜乳中的细菌数。还原酶试验数据见表 5-1-3。

表 5-1-3　还原酶试验数据

美蓝褪色时间	微生物数量	原料乳质量	美兰蓝褪色时间	微生物数量	原料乳质量
>5.5 h	≤ 50 万	良好	20 min ～ 2 h	400 万～ 2 000 万	不好
2 ～ 5 h	50 万～ 400 万	中等	>20 min	≥ 2 000 万	很坏

（8）乳中的其他成分。乳中尚有少量的有机酸和气体等。乳中的有机酸主要是柠檬酸，含量为 0.07% ～ 0.4%，平均为 0.18%。鲜牛乳中的气体以 CO_2 为最多，N_2 次之，O_2 最少。牛乳刚挤出时气体约为 7 mL/100 mL，在贮存过程中，CO_2 由于溢出而减少。

2. 乳的主要物理性质

（1）乳的相对密度与比重。乳的相对密度是指乳在 20 ℃时的质量与同容积水在 4 ℃时的质量之比。乳的比重是指乳在 15 ℃时的质量与同温同体积水的质量之比。

正常乳的比重为 1.028 ～ 1.032，平均值为 1.030。

乳的比重与密度的换算关系：比重 = 相对密度 +0.002。

测乳的比重用乳稠计，其方法是，在 20 ℃下，将牛乳倾入大量筒，搅拌均匀，勿出现泡沫，然后将乳稠计放入，在刻度 30 处将手松开，稳定时读数。

计算方法：例如，25 ℃时所测比重为 1.029，则原料乳的比重在标准温度时应为 1.029+（25−15）×0.000 2=1.031。

在乳中加水会使比重下降，据试验数据显示，乳中每加水 10%，比重下降 0.003；乳的比重随温度变化而变化，在 10 ～ 25 ℃范围内，每变化 1 ℃，密度相差 0.000 2。乳比重可以作为判断乳掺假的依据之一

（2）乳的 pH 值与酸度。正常乳 pH 值为 6.5 ～ 6.7，人乳 pH 值为 7 ～ 7.6。正常乳的

酸度为 16 ～ 18 °T。乳中酸的来源有以下几类。

1）自然酸度（固有酸度）。刚挤出的鲜乳是偏酸的，这是乳中的成分决定的，是乳中蛋白质、柠檬酸盐、磷酸盐、二氧化碳等酸性物质造成的，这种酸度称为固有酸度。新鲜乳的自然酸度为 16 ～ 18 °T。

2）发酵酸度。乳存放时由于外界微生物的活动，使乳糖分解产生乳酸，导致乳的酸度逐渐升高，这种因发酵产酸而升高的酸度叫作发酵酸度。

3）总酸。发酵酸度与自然酸度之和称为总酸，也是通常所指的酸度。

牛乳的酸度是反映牛乳新鲜度和热稳性的重要指标。乳的酸度与乳的凝固温度的关系见表 5-1-4。

表 5-1-4　乳的酸度与乳的凝固温度的关系

乳的酸度 /°T	凝固条件	乳的酸度 /°T	凝固条件
18	煮沸时不凝固	30	加热至 77 ℃凝固
20	煮沸时不凝固	40	加热至 63 ℃凝固
26	煮沸时能凝固	50	加热至 40 ℃凝固
28	煮沸时凝固	60	22 ℃时自行凝固

乳品工业中酸度通常用滴定酸度来表示，我国滴定酸度用吉尔涅尔度（°T）或乳酸度（%）来表示。

吉尔涅尔度（°T）滴定：取 10 mL 牛乳，用 20 mL 蒸馏水稀释，加入酚酞指示剂，以 0.1 mol/L 氢氧化钠标准溶液滴定，到滴定终点时所消耗 NaOH 毫升数 ×10，即为中和 10 ml 牛乳所需 0.1 mol/L NaOH 的毫升数，消耗 1 mL 为 1 °T。正常乳的酸度为 16 ～ 18 °T。

乳酸度（%）按上述方法滴定后，换算。乳酸（%）=0.1 mol/L NaOH 毫升数 ×0.009×100/ 乳重（供试乳体积 × 乳比重）。正常乳酸度为 0.15% ～ 0.18%。

（3）乳的冰点。牛乳的冰点一般为 –0.565 ～ 0.525 ℃，平均为 –0.540 ℃。冰点每升高 0.054 ℃，就要掺入 10% 的水分，由此可计算加水量。

（4）沸点。牛乳的沸点在 1 atm 下为 100.55 ℃，当浓缩为原体积的一半时，沸点上升为 101.05 ℃。

三、巴氏杀菌乳加工工艺

（一）巴氏杀菌乳加工工艺流程

巴氏杀菌乳加工工艺流程：原料乳验收→过滤、净化→标准化→均质→杀菌→冷却→灌装→冷藏→检验→成品。

微课：原料乳验收

（二）操作要点

1. 原料乳的验收

原料乳即生乳，是从符合国家有关要求的健康奶畜乳房中挤出的无任何成分改变的常乳。产犊后 7 天的初乳、应用抗生素期间和休药期间的乳汁、变质乳不应用作生乳。

《食品安全国家标准 生乳》（GB 19301—2010）中对生乳感官指标、理化指标、微生物指标的明确规定如下。

（1）生乳的感官指标见表 5-1-5。

表 5-1-5　生乳的感官指标

项目	要求	检验方法
色泽	呈乳白色或微黄色	取适量试样置于 50 mL 烧杯中，在自然光下观察色泽和组织状态。闻其气味，用温开水漱口，品尝滋味
滋味、气味	具有乳固有的香味，无异味	
组织状态	呈均匀一致液体，无凝块、无沉淀、无正常视力可见异物	

（2）生乳的理化指标见表 5-1-6。

表 5-1-6　生乳的理化指标

项目		指标	检验标准
冰点[a, b]/（℃）		−0.500 ～ −0.560	GB 5413.38—2016
相对密度 /（20 ℃ /4 ℃）	≥	1.027	GB 5009.2—2016
蛋白质 /（g/100 g）	≥	2.8	GB 5009.5—2016
脂肪 /（g/100 g）	≥	3.1	GB 5009.6—2016
杂质度 /（mg/kg）	≤	4.0	GB 5413.30—2016
非脂乳固体 /（g/100 g）	≥	8.1	GB 5413.39—2016
酸度 /（°T） 牛乳[b] 羊乳		 12 ～ 18 6 ～ 13	GB 5009.239—2016

[a] 挤出 3 h 后检测。
[b] 仅适用于荷斯坦奶牛。

（3）生乳的微生物指标见表 5-1-7。

表 5-1-7　微生物指标

项目		限量［CFU/（g · mL^{-1}）］	检验标准
菌落总数	≤	2×10^6	GB 4789.2—2022

2. 原料乳的过滤、净化

原料乳验收合格后必须立即进行过滤、净化，其目的是去除乳中的机械杂质，并减少乳中的微生物数量。一般采用过滤净化和离心净化的方法。

项目五

（1）原料乳的过滤。在乳牛场挤乳时，乳容易被粪屑、饲料和蚊蝇等污染。另外，乳从一个地方运到另一个地方，或者转移到另一个容器时，都可能被污染，均应进行过滤。

乳牛场常用的过滤方法是纱布过滤。乳品厂简单的过滤是在受乳槽上装不锈钢金属网加多层纱布进行粗滤，进一步过滤可采用管道过滤器或双联过滤器进行，管道过滤器一般设在受乳槽与奶泵之间，与牛乳的输送管道连接在一起。一般连续生产时均需设有两个过滤器交替使用。正常操作情况下，过滤器进口与出口之间压力差应保持在 6.86×10^4 Pa 以内。如果压力差过大，则易使杂质通过滤层。

（2）原料乳的净化。原料乳经过数次过滤，虽然可除去大部分杂质，但乳中污染的很多极微小的细菌细胞、机械杂质、白细胞及红细胞等，不能用一般的过滤方法除去，需要利用离心式净乳机（图 5-1-1）进一步除去乳中混有的极微细杂质。老式分离机操作时需定时停机、拆卸和排渣。新式分离机多能自动排渣。大型乳品厂也采用三用分离机（奶油分离、净乳、标准化）来净乳。

图 5-1-1　离心净乳机

（3）脱气。牛乳刚被挤出时含 5% ～ 6% 的气体，由于在储存、运输、验收过程中的搅拌和泵送时空气的进入，一般气体含量会增加到 10% 以上，而且绝大多数为非结合的分散气体。这些气体对于牛乳的生产加工具有破坏性作用，主要表现在：影响牛乳计量的准确度；使巴氏杀菌器加热面容易结垢；影响牛乳标准化的标准程度；在大量气体存在的状况下，容易引起乳脂肪氧化，从而影响纯奶的风味等。所以，在牛乳处理的不同阶段进行脱气处理是非常必要的。

首先，在乳槽上安装脱气设备，以避免泵送牛乳时影响流量计的准确度。其次，在收乳过程中把脱气设备安装在流量计前，这些设备在常压下工作，以除去分散的空气。为了进一步除去牛乳中分散的气体和溶解氧，还应使用真空脱气技术，即将牛乳预热至 68 ℃，泵入真空脱气罐，牛乳温度立即降到 60 ℃，此时牛乳中的空气和部分牛乳蒸发到罐顶，遇到冷凝器后，蒸发的牛乳冷凝回到罐底部，而空气及一些非冷凝气体（异味）由真空泵抽出。

（4）冷却。刚挤出的乳的温度约为 36 ℃，是最适宜微生物繁殖的温度，如不及时冷却，混入乳中的微生物就会迅速繁殖，使乳的酸度增高，凝固变质，风味变差。故新挤出的乳，经净化后须迅速冷却到 4 ℃左右以抑制乳中微生物的繁殖。

冷却方法有水池冷却、浸没式冷却器冷却和板式热交换器冷却。目前许多乳品厂及奶站都用板式热交换器对乳进行冷却。用冷盐水作冷溶剂时，可使乳温迅速降到 4 ℃左右。

3. 乳的标准化

为了使产品符合规格要求，乳制品中脂肪、非脂乳固体含量要保持一定的比例，符合生产产品要求。但是，原料乳中的脂肪、非脂乳固体含量随乳牛的品种、地区、季节和饲养管理等因素的不同而有很大的差异，因此，必须对原料乳进行标准化，调整原料乳脂肪和非脂乳固体的关系，使其比例符合制品的要求。

微课：乳的标准化

我国规定巴氏杀菌乳的脂肪含量为 3.0%，凡不符合要求的原料乳，都必须进行标准化。标准化的基本原则：当原料乳中的脂肪含量不足时，应添加稀奶油，以提高脂肪含量；相反，当原料乳中的脂肪含量过高时，则需要添加脱脂乳来降低。标准化工作是在贮乳罐的原料乳中进行或在标准化机中连续进行的。

生产上采用方块图解法进行标准化的计算，其原理是设原料乳的脂肪含量为 $p\%$，脱脂乳或稀奶油的脂肪含量为 $q\%$，按比例混合后，混合入的脂肪含量为 $r\%$，原料乳的数量为 x，脱脂乳或稀奶油的数量为 y 时，对脂肪进行物料衡算，则形成下列关系：

$$px+qy=r(x+y)$$

则

$$x(p-r)=y(r-q)$$

式中，$q<r$ 或 $p>r$，表示需要添加脱脂乳；如果 $q>r$ 或 $p<r$，则表明应添加稀奶油。

【例】有 1 000 kg 脂肪含量为 3.6% 的原料乳，要求标准化乳中脂肪含量为 3.1%。①若稀奶油乳的脂肪含量为 40%，则应提取稀奶油多少千克？②若脱脂乳脂肪含量为 0.2%，则应添加脱脂乳多少千克？

解：按关系式 $x(p-r)=y(r-q)$ 得：

① $y=-13.6$ kg（负号表示提取），即需要提取脂肪含量为 40% 的稀奶油 13.6 kg。

② $y=172.4$ kg，即需要添加脂肪含量为 0.2% 的脱脂乳 172.4 kg。

4. 乳的均质

微课：高压均质机

标准化后的乳泵入高压均质机（图 5-1-2），通过均质阀（图 5-1-3）将原料乳中脂肪球在强力的机械作用下破碎成小的脂肪球，均匀分布在乳液中，均质后，一般脂肪球的直径在 2 μm 以下。

均质的目的是破碎脂肪球，防止脂肪上浮，并改善牛乳的消化、吸收程度和组织状态。均质也可以改变产品在销售过程中出现的产品浮油现象，使产品体系更加稳定。为了提高均质效果，均质前牛乳需要预热到 50 ～ 65 ℃，调整均质压力：第 1 段均质压力为 17 000 ～ 20 000 kPa，第 2 段均质压力为 3 400 kPa 。注意，均质温度不能低于 50 ℃。

图 5-1-2　高压均质机

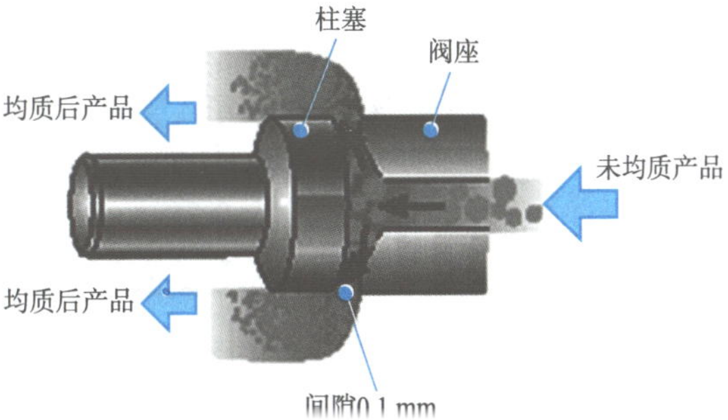

图 5-1-3　乳通过均质阀的情况

5. 杀菌

（1）热处理方式。原料乳的热处理方式主要包括杀菌和灭菌，是乳品加工中最重要的工序，这一工序不仅影响产品的质量，而且影响风味和色泽，其目的主要如下：

1）保证安全：热处理主要杀死致病菌，如结核杆菌（结核分枝杆菌）、金黄色葡萄球菌、沙门菌、李斯特菌等病原菌，以及进入乳中的潜在病原菌、腐败菌，其中许多菌耐高温。

2）延长保质期：主要杀死腐败菌和它们的芽孢，灭活乳中固有的或由微生物分泌的酶，抑制了脂肪自身的氧化引起的化学变质。

（2）原料乳热处理方式。从杀死微生物的观点来看，牛乳的热处理强度是越强越好。但是，强烈的热处理对牛乳的外观、味道和营养价值会产生不良的后果。如牛乳中的蛋白质在高温下变性，强烈的加热使牛乳味道改变，首先是出现“煮熟味”，然后是焦味。因此，时间和温度组合的选择必须考虑到微生物和产品质量两方面，以达到最佳效果。原料乳常见的热处理方式见表 5-1-8。

表 5-1-8　原料乳常见热处理方式

热处理方式		温度 /℃	时间
巴氏杀菌	初次杀菌	63 ～ 65	15 s
	低温长时巴氏杀菌（LTLT）	63	30 min
	高温短时巴氏杀菌（HTST）	72 ～ 75	15 ～ 20 s
	超巴氏杀菌（ELS）	125 ～ 138	2 ～ 4 s
灭菌	超高温瞬时灭菌（UHT）	135 ～ 140	2 ～ 4 s
	带包装灭菌	115 ～ 120	20 ～ 30 min

（3）高温短时间杀菌乳实际生产线。巴氏杀菌乳的加工工艺因不同的法规而有差别，而且不同的乳品厂也有不同规定。图 5-1-4 所示为典型的巴氏杀菌全脂乳生产线。

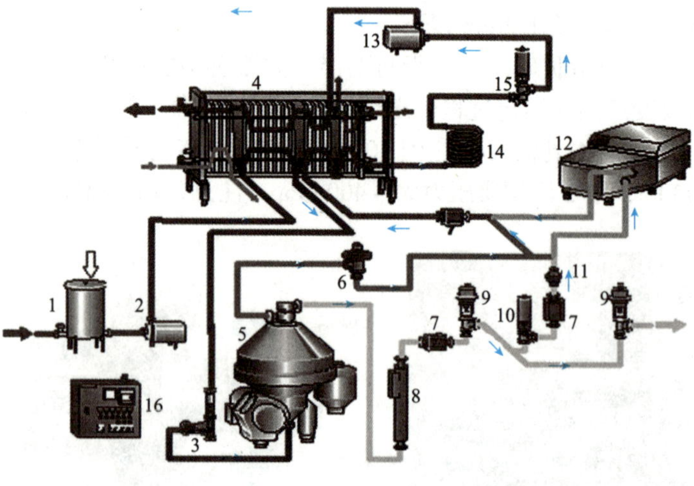

图 5-1-4　巴氏杀菌全脂奶生产线

1—平衡槽；2—物料泵；3—流量控制器；4—板式热交换器；5—净乳机；6—恒压阀；7—流量传感器；8—密度传感器；9—调节阀；10—逆止阀；11—检测阀；12—均质机；13—升压泵；14—保温管；15—回流阀；16—控制面板

在杀菌过程中，原料乳先通过平衡槽，经物料泵送至板式热交换器，预热后，通过流量控制器至净乳机，以生产脱脂乳和稀奶油。其中稀奶油的脂肪含量可通过流量传感器、密度传感器、调节阀确定和保持稳定，为了保证均质效果的条件下节省投资和能源，仅使稀奶油的去向有两个分支：一是通过逆止阀检测阀与均质机相连，以确保巴氏杀菌乳的脂肪含量；二是多余的稀奶油进入稀奶油处理线。为了达到部分均质所能得到的良好效果，稀奶油的脂肪含量不能高于10%，因此，一方面要精确计算均质机的工作能力，另一方面应使脱脂乳混入稀奶油进入均质机，并保证流速稳定。随后均质的稀奶油与多余的脱脂乳混合，使物料的脂肪含量稳定在3%，送至板式热交换器和保温管进行杀菌，通过回流阀和升压泵，杀菌后的巴氏乳在杀菌机内保持正压，升压泵把产品的压力提高到一定程度，这样可以避免杀菌机的渗漏导致未经处理的乳或冷却介质污染杀菌后的巴氏杀菌乳。

当杀菌温度低于设定值时，温度传感器将指示回流阀，使物料回到平衡槽。巴氏杀菌后，杀菌乳继续通过杀菌机热交换段，与流入的未经处理的乳进行热交换，而本身被降温，然后继续到达冷却段，用冷水和冰水冷却，冷却后先通过缓冲罐，再进行灌装。

6. 冷却

将杀菌后的牛乳尽快冷却至4 ℃，冷却速度越快越好，以抑制乳中残留菌的繁殖和酶的活性，增加产品的保存性。对于连续杀菌或灭菌的设备，一般可通过热回收段和冷却段迅速冷却。对于非连续生产的，如果采用冷却缸杀菌的，需采用冷排或其他方法将乳冷却。

7. 灌装

灌装的目的是便于乳的保存、分送和销售。消毒乳的包装形式有玻璃瓶、聚乙烯塑料瓶、塑料袋、复合塑纸袋和纸盒等。

包装过程中，要注意：避免二次污染，包括包装环境中与乳接触的空气、包装材料及包装设备的污染；避免灌装时产品的升温；对包装设备和包装环境提出较高的卫生要求，严加防护。

8. 冷藏与检验

包装后的杀菌乳要立即送入冷库做销售前的暂存。冷库温度一般为0～6 ℃。出厂前按《食品安全国家标准 巴氏杀菌乳》（GB 19645—2010）对产品各项指标进行检验，待检验合格后填写检验报告，以确保出厂产品全部合格。

四、超高温灭菌乳加工工艺

（一）超高温灭菌乳加工工艺流程

超高温灭菌乳加工工艺流程：原料乳验收→预处理→超高温灭菌→冷却→无菌灌装→成品。

（二）操作要点

1. 原料乳的验收

乳蛋白的热稳定性对灭菌乳的加工相当重要，因为它直接影响到UHT系统的连续运转时间和灭菌情况。可通过酒精试验测定乳蛋白的热稳定性，一般具有良好热稳定性的牛乳至少要通过 75% 酒精试验。

2. 预处理

灭菌乳加工中的预处理，即净乳、冷却、贮乳、标准化等技术，要求同巴氏杀菌乳。

3. 超高温灭菌

超高温加工是指将产品加热到 135 ～ 142 ℃保持几秒，然后冷却到一定温度后再进行无菌灌装。超高温灭菌加热介质和加热系统见表 5-1-9。

表 5-1-9　超高温灭菌加热介质和加热系统

加热介质	加热系统	
蒸汽或热水加热	间接加热	板式加热
		管式加热（中心管式和壳管式）
		刮板式加热
	直接蒸汽加热	直接喷射式（蒸汽喷入牛乳）
		直接混注式（牛乳喷入蒸汽）

（1）直接系统。在“直接系统”中，产品进入系统后与加热介质直接接触，随之在真空缸中闪蒸冷却，最后间接冷却至包装温度。直接系统可分为蒸汽注射系统（蒸汽注入产品）和蒸汽混注系统（产品进入充满蒸汽的罐中），即牛乳先经预热后，有蒸汽直接喷入牛乳中或牛乳喷入蒸汽中两种方式，使乳在瞬时被加热到 140 ℃，然后进入真空室，由于蒸发立即冷却，最后在无菌条件下进行均质、冷却。牛乳变化大致如下：原料乳（5 ℃）→预热至 75 ℃→蒸汽直接加热至 140 ℃（保温 4 s）→冷却至 76 ℃→均质（压力为 15 ～ 25 MPa）→冷却至 20 ℃→无菌贮藏罐→无菌包装。

微课：管式杀菌设备

（2）间接系统。在“间接系统”中，热量从加热介质中通过一个间壁（板片或管壁）传送到产品中。间接加热系统根据热交换器传热面的不同可分为板式热交换系统和管式热交换系统，某些特殊产品的加工使用刮板式加热系统。原料乳在（板式或管式）热交换器内被前阶段的高温灭菌乳预热至 66 ℃（同时高温灭菌乳被新进乳冷却），然后经过均质机，在 15 ～ 25 MPa 的压力下进行均质。之后进入（板式或管式）热交换器的加热段，被热水系统加热至 137 ℃，先进入保温管保温 4 s，然后进入无菌冷却，由 137 ℃降到 76 ℃，最后进入回收阶段，被 5 ℃左右的新进乳冷却至 20 ℃，进入无菌贮藏罐贮藏。间接加热过程中，牛乳温度变化大致如下：原料乳（5 ℃）→预热至 66 ℃→加热至 137 ℃（保温 4 s）→水冷却至 76 ℃→均质（压力为 15 ～ 25 MPa）→被新进乳（5 ℃）冷却至 20 ℃→无菌贮藏罐→无菌包装。

4. 无菌灌装

经过超高温灭菌及冷却后的灭菌乳应立即进行无菌包装，无菌灌装系统是生产超高温灭菌乳不可缺少的。无菌灌装是指用蒸汽、热风或化学试剂将包装材料灭菌后，再以蒸汽、热风或无菌空气等形成正压环境，在防止细菌污染的条件下进行的灭菌乳灌装操作。

高温灭菌工艺与巴氏杀菌工艺大致相近，主要区别如下：

（1）超高温灭菌前要对所有设备进行预灭菌，超高温灭菌热处理要求更严、强度更大。

（2）工艺流程中可使用无菌罐。

（3）最后采用无菌灌装。无菌灌装系统形式多样。纸包装系统主要有两种类型：包装过程中成型和预成型。包装所用的材料通常为内外覆以聚乙烯的纸板，它能有效阻挡液体的渗透，并能良好地进行内外表面的封合。为了延长产品的保质期，要在包装材料中增加层氧气屏障，通常还要复合 层很薄的铝箔。

1）纸卷成型包装（利乐砖）系统。这种系统是目前使用最广泛的包装系统。包装材料由纸卷连续供给包装机，经过一系列的成型过程进行流装、封合和切制。利乐 3 型无菌包装机是典型的敞开式无菌包装系统。此无菌包装环境的形成包括以下两步：

①包装机的灭菌：在生产前，包装机内与产品接触的表面必须用包装机本身产生的无菌热空气（280 ℃）灭菌，时间为 30 min。

②包装纸的灭菌：纸包装系统应用双氧水（过氧化氢）灭菌，主要包括双氧水膜形成和加热灭菌（110 ～ 115 ℃）两个步骤。

2）预成型纸包装（利乐屋顶包）系统。这种系统中纸盒是经预先纵封的，每个纸盒上压有折痕线。纸盒一般平展叠放在箱子里，可直接装入包装机。若进行无菌操作，在封盒前，要不断向盒内喷入乙烯气体进行预杀菌。生产时，空盒被叠放入无菌灌装机中，单个的包装盒被吸入，打开并置于心轴上，底部首先成型并热封。然后盒子进入传送带上特定位置进行顶部成型，所有过程都是在有菌环境下进行的。之后，空盒经传送带进入灌装机中的无菌区域。

任务实施

巴氏杀菌乳的加工

一、任务准备

（1）主要材料：鲜牛乳 10 kg。

（2）工具设备：过滤器、杀菌锅、均质机、配料桶、搅拌器、包装机、烘箱。

二、任务实操

1. 工艺流程

巴氏杀菌乳的加工工艺流程：原料乳验收→过滤、净化→标准化→均质→杀菌→冷却→灌装→冷藏→检验→成品。

2. 操作要点

（1）原料乳验收。生产优质的乳制品，必须选用优质的原料。原料乳需满足《食品安全国家标准 生乳》（GB 19301—2010）中对感官指标、理化指标和微生物检验的相关规定。

（2）过滤、净化。检验合格的乳称量计量后再进行过滤、净化，过滤用多层纱布，再于净乳机进行净化，净化前将乳加热至 35 ～ 40 ℃，净化的同时可将乳脂肪分离出来。

为加快过滤速度，脂肪含量在 4% 以上时，乳温应达到 40 ℃左右，不能超过 70 ℃。脂肪含量在 4% 以下时，应采取 4 ～ 15 ℃的低温、低流速、低压过滤。正常操作情况下，过滤器进口与出口之间压力差应保持在 6.86×10^4 Pa（0.7 kgf/cm_2）以内。

（3）标准化。根据产品的标准对原料乳进行标准化。

（4）预热均质。预热至 60 ℃后均质，部分均质或全部均质。均质条件：60 ～ 65 ℃，第一段为 10 ～ 20 MPa，第二段为 3.4 ～ 4.9 MPa。

（5）巴氏杀菌。一般采用高温短时巴氏杀菌工艺，其温度为 72 ～ 75 ℃，时间为 15 ～ 20 s，或者为 80 ～ 85 ℃，时间为 10 ～ 15 s。虽然在 63 ～ 65 ℃条件下保温 30 min 也可以达到巴氏杀菌的目的，但这种方式属于分批间歇式生产，难以适应大规模生产的需要，因而发展了高温短时杀菌工艺。

（6）冷却。将巴氏杀菌乳迅速冷却至 4 ～ 6 ℃，如果是瓶装巴氏杀菌乳，冷却至 10 ℃左右即可。

（7）灌装。巴式消毒在杀菌冷却后灌装可用玻璃瓶、塑料瓶或复合纸袋，马上封盖再冷贮于 4 ～ 5 ℃的条件下保存。

灌装目的：防止微生物的污染；保护成品的营养成分及组织状态；方便消费者；方便批发、零售；具有一定的商业价值。

在严格的操作条件和卫生条件下，巴氏杀菌乳在密封状态下，5 ～ 7 ℃条件贮藏，保质期为 8 ～ 10 d，2 ～ 6 ℃条件贮藏，保质期为 7 ～ 12 d。如果采用更严格的微滤等除菌手段及从生产到消费全程的低温控制，保质期可达 40 d 以上。

三、任务评价

请按照表 5-1-10 的标准评价巴氏杀菌乳的质量。可以采用自评、互评等形式。

表 5-1-10　产品品评表

产品名称：　　　　　　　　　　　　　　　　　　　　　　　　日期：

项目	色泽	口感	味道	产品结构	香味	合计
单项总分	10 分	30 分	20 分	20 分	20 分	100 分
品评得分						
品评建议						

四、任务拓展

我国驴奶行业发展请扫描下方二维码查看。

任务自测

请扫描下方二维码进行本任务自测。

任务二　酸乳加工

任务目标

➢ 知识目标

1. 了解酸乳的概念、特点及分类。
2. 熟悉酸乳加工的常用材料及设备。
3. 掌握酸乳的工艺流程和操作要点。

➢ 技能目标

1. 能够进行酸乳的加工。
2. 能够掌握生产酸乳的设备操作方法。
3. 能够根据酸乳的评价标准评价酸乳的质量能提出常见质量问题的解决方法。

➢ 素质目标

1. 通过学习酸乳加工技能提高解决实际问题的能力。
2. 通过学习酸乳营养价值，增强健康饮食的意识，培养科学、健康的生活方式。

任务导学

酸乳在我国的制作、销售可以追溯到100多年前的清朝时期，当时北京就有俄国人开的酸乳铺，后来在上海法租界也出现了外国人开店出售瓶装酸乳的情况。当时的这些酸乳均为手工制作。从20世纪80年代起，我国的酸乳开始工业化生产到现在，在短短40多年的时间里，酸乳行业取得了突飞猛进的发展，其销售额早在2018年就超过了牛乳。那么，酸乳是如何制作的？接下来，我们将一起学习酸乳的加工方法。

思维导图

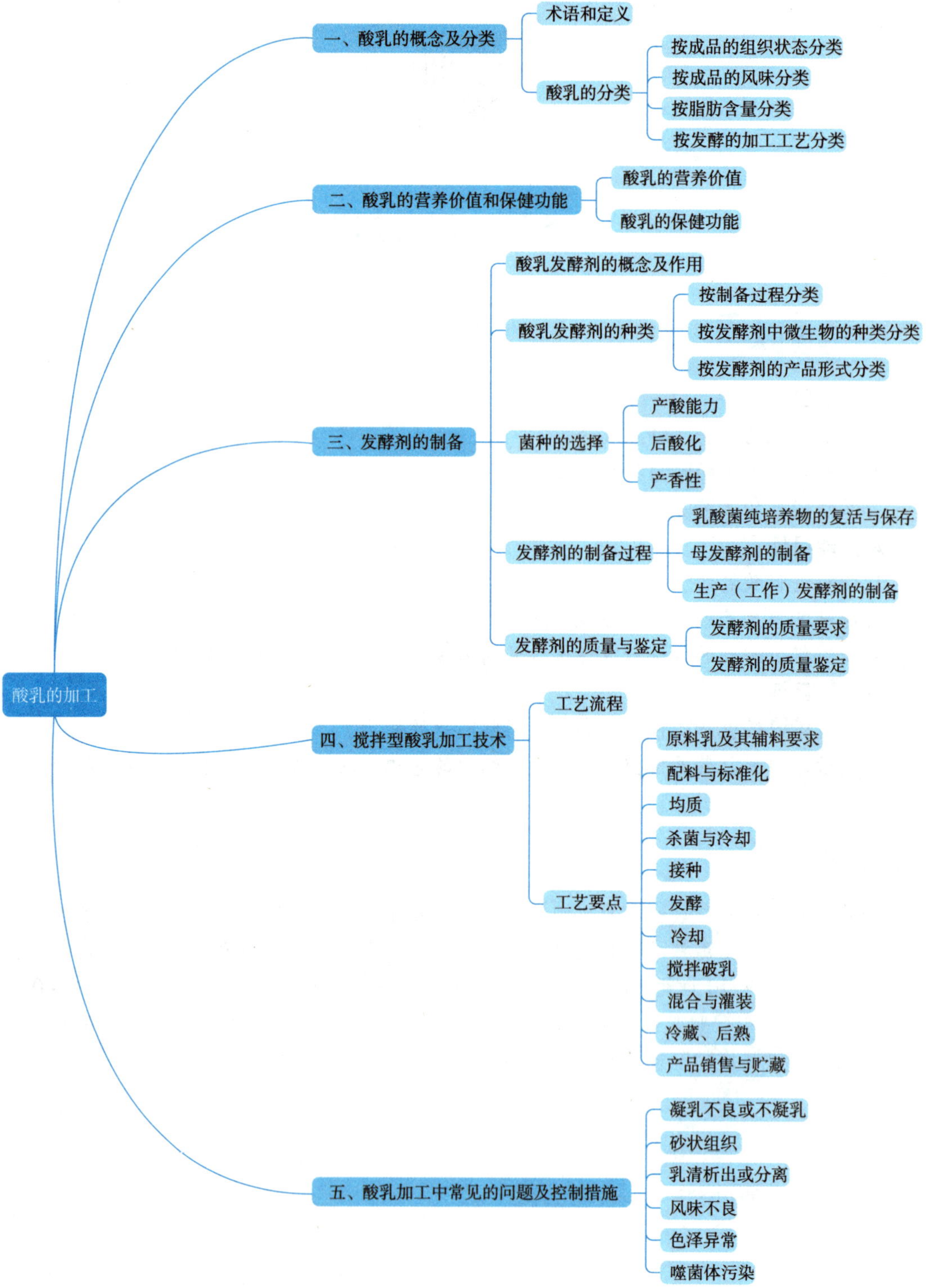
酸乳的加工
一、酸乳的概念及分类
术语和定义
酸乳的分类
按成品的组织状态分类
按成品的风味分类
按脂肪含量分类
按发酵的加工工艺分类
二、酸乳的营养价值和保健功能
酸乳的营养价值
酸乳的保健功能
三、发酵剂的制备
酸乳发酵剂的概念及作用
酸乳发酵剂的种类
按制备过程分类
按发酵剂中微生物的种类分类
按发酵剂的产品形式分类
菌种的选择
产酸能力
后酸化
产香性
发酵剂的制备过程
乳酸菌纯培养物的复活与保存
母发酵剂的制备
生产（工作）发酵剂的制备
发酵剂的质量与鉴定
发酵剂的质量要求
发酵剂的质量鉴定
四、搅拌型酸乳加工技术
工艺流程
工艺要点
原料乳及其辅料要求
配料与标准化
均质
杀菌与冷却
接种
发酵
冷却
搅拌破乳
混合与灌装
冷藏、后熟
产品销售与贮藏
五、酸乳加工中常见的问题及控制措施
凝乳不良或不凝乳
砂状组织
乳清析出或分离
风味不良
色泽异常
噬菌体污染

知识储备

一、酸乳的概念及分类

（一）术语和定义

根据《食品安全国家标准 发酵乳》(GB 19302—2010)，酸乳的相关定义如下。

1. 发酵乳

以生牛（羊）乳或乳粉为原料，经杀菌、发酵后制成的 pH 值降低的产品。

2. 酸乳

以生牛（羊）乳或乳粉为原料，经杀菌、接种嗜热链球菌和保加利亚乳杆菌（德氏乳杆菌保加利亚亚种）发酵制成的产品。

3. 风味发酵乳

以 80% 以上生牛（羊）乳或乳粉为原料，添加其他原料，经杀菌、发酵后 pH 值降低，发酵前或发酵后添加或不添加食品添加剂、营养强化剂、果蔬、谷物等制成的产品。

4. 风味酸乳

以 80% 以上生牛（羊）乳或乳粉为原料，添加其他原料，经杀菌、接种嗜热链球菌和保加利亚乳杆菌（德氏乳杆菌保加利亚亚种），发酵前或发酵后添加或不添加食品添加剂、营养强化剂、果蔬、谷物等制成的产品。

（二）酸乳的分类

目前全世界有 400 多种酸乳，其分类方法颇多。

1. 按成品的组织状态分类

（1）凝固型酸乳。凝固型酸乳是在包装容器中进行发酵的，成品呈凝乳状，我国传统的玻璃瓶和瓷瓶装的酸乳属于此类。

（2）搅拌型酸乳。搅拌型酸乳是将在发酵罐中发酵后的凝乳在灌装前或灌装过程中搅碎，添加（或不添加）果料、果酱等制成的具有一定黏度的流体制品，如市场上的草莓酸乳、水蜜桃酸乳、凤梨酸乳等就属于此类型。

2. 按成品的风味分类

（1）天然纯酸乳。天然纯酸乳是由原料乳添加菌种发酵而成的，不含任何辅料和添加剂，我国市场上很少有此类型。

（2）调味酸乳。调味酸乳是在原料乳中加入糖并经菌种发酵而成的，市场上的酸乳多属此类，糖的添加量一般为 6% ～ 8%。有的在此基础上添加各种香料（如香蕉、柠檬、柑橘、草莓等），制成水果味调味酸乳。

（3）果料酸乳。果料酸乳成品由天然纯酸乳与糖、果料混合而成，主要添加草莓、杏、菠萝、樱桃、橘子、山楂及水蜜桃等。

（4）复合型或营养型酸乳。这类酸乳通常强化了不同的营养素（维生素、膳食纤维等）或加入了不同的辅料（如谷物、干果、菇类、蔬菜汁等）而成，这种酸乳在西方国家非常流行，常作为早餐饮品。

（5）疗效酸乳。这类酸菌包括低乳糖酸乳、低热量酸乳、维生素酸乳或蛋白质强化酸乳等。

3. 按脂肪含量分类

按脂肪含量，酸乳可分为全脂酸乳、部分脱脂酸乳和脱脂酸乳。表 5-2-1 为我国酸乳成分标准。

表 5-2-1　我国酸乳成分标准

项目		纯酸乳	调味酸乳	果料酸乳
脂肪含量 /%	全脂	≥ 3.1	≥ 2.5	≥ 2.5
	部分脱脂	1.0 ～ 2.0	0.8 ～ 1.6	0.8 ～ 1.6
	脱脂	≤ 0.5	≤ 0.4	≤ 0.4
蛋白质含量 /%	全脂、部分脱脂及脱脂	≥ 2.9	≥ 2.3	≥ 2.3
非脂乳固体含量 /%	全脂、部分脱脂及脱脂	≥ 8.1	≥ 6.5	≥ 6.5

4. 按发酵的加工工艺分类

（1）浓缩酸乳。浓缩酸乳是除去正常酸乳的乳清而得到的浓缩产品。因其除去乳清的方式与干酪相似，有人称它酸乳干酪。

（2）冷冻酸乳。冷冻酸乳是在酸乳中加入果料、增稠剂或乳化剂，然后将其进行冷冻处理而得到的产品。

（3）充气酸乳。充气酸乳是发酵后在酸乳中加入稳定剂和起泡剂（通常是碳酸盐），均质后得到的产品。这类产品通常以充二氧化碳气体的酸乳饮料形式存在。

（4）酸乳粉。酸乳粉通常使用冷冻干燥法或喷雾干燥法将乳中 95% 的水分除去而制成。

二、酸乳的营养价值和保健功能

（一）酸乳的营养价值

项目五

酸乳不仅具有原料牛乳本身的营养价值，而且优于原料牛乳（详见表 5-2-1），主要体现在以下几个方面。

1. 具有极好生理价值的蛋白质

在发酵过程中，乳酸菌发酵产生蛋白质水解酶，使原料乳中部分蛋白质水解，变性凝固成为微粒子并相互连接成豆腐状的组织结构。这种由乳酸菌作用产生的酪蛋白粒子小于乳蛋白在胃酸作用下产生的粒子，更易于人体吸收。另外，发酵乳中还含有相当于牛乳 4 倍以上的人体必需氨基酸及各种多肽。这是由于发酵过程中，乳酸菌的体蛋白酶把乳蛋白逐步分解为多肽和各种氨基酸。近年来，人们对这些多肽类的生物活性进行了广泛的研究，发现这些多肽具有抗菌、抗高血压、促进新陈代谢、强化钙吸收等多种生理功能。

2. 含有更多易于吸收的矿质元素

发酵乳含有丰富易吸收的钙、钾、镁、锌、铁等元素，这些元素是构成机体的重要成分。在发酵乳制造过程中，乳酸还可以将乳中钙、磷、铁等矿物质转化为易于人体吸收的可溶性乳酸钙，因此可大大提高钙、磷、铁等的吸收利用率。

3. 维生素

酸乳中含有大量的B族维生素和少量的其他脂溶性维生素，在酸乳发酵过程中，乳酸菌还可产生人体必需的多种维生素，如维生素 B_1、维生素 B_2、维生素 B_6、维生素 B_{12} 等。

（二）酸乳的保健功能

酸乳的保健功能主要体现在以下几个方面。

1. 缓解“乳糖不耐受症”

人体内乳糖酶活力在刚出生时最强，断乳后开始下降，成年时人体内乳糖酶的活力仅是刚出生时的10%。缺乏乳糖酸或其活性不足导致的喝奶时会出现腹痛、腹泻、痉挛等症状，称为乳糖不耐受症。而酸乳中一部分乳糖水解成半乳糖和葡萄糖，葡萄糖再被转化为乳酸，因此酸乳中的乳糖比鲜牛乳中要少，可以减缓乳糖不耐受症。目前市场上推出的“舒化奶”“新养道”就是典型的由乳糖酶分解牛乳中大部分乳糖而制成的低乳糖奶。

2. 调节人体肠道中的微生物菌群平衡，抑制肠道有害菌生长

酸乳中的某些菌株可以存活着到达人肠并附着、定殖下来，通过小肠上皮细胞与乳酸菌混合培养，乳酸杆菌产生有机酸、双氧水及抗生素物质，双歧杆菌具有防止便秘、预防及治疗细菌性痢疾，从而在肠道中营造了一种酸性环境，维持肠内有益菌的生长，合成B族维生素等功能，而对一些致病菌、厌气菌、腐败菌的生长有显著的抑制作用，从而起到协调肠道中微生物菌群平衡的作用。

3. 合成某些抗菌素，提高人体抗病能力

乳酸菌在生长繁殖过程中，乳酸链球菌能产生乳酸链球菌素，能抑制多种病原菌，从而提高人体对疾病的抵抗能力。

4. 降低血中胆固醇

人们对乳酸菌降低胆固醇的作用及其机理进行了广泛的研究，认为乳酸菌菌体成分或噬菌体代谢物有抗胆固醇因子。在乳酸菌产生的特殊酶系中有降低胆固醇的酶系，它们在体内可能抑制羟甲基戊二酰辅酶A和还原酶，从而抑制胆固醇的合成。乳酸菌能在肠黏膜上黏附与定植，能显著减少肠道对胆固醇的吸收。乳酸菌可以吸收部分胆固醇并将其转变为胆酸盐从体内排出。研究显示，嗜热链球菌和保加利亚乳杆菌单独及混合使用时均可以使蛋乳胆固醇下降10%左右。嗜热链球菌比保加利亚乳杆菌的降胆固醇能力稍强。

5. 预防衰老，延长寿命

生物体衰老学说之一是自由基及其诱导的氧化反应引起生物膜损伤和交联键形成，使细胞损坏，自由基活性强，细胞损伤作用越强，而发酵乳中的SOD、维生素E、维生素C可协同起到抗氧化作用，这些物质会跟过氧化自由基反应，阻止老化的发生，故在高龄化社会中，发酵乳作为老年食品更有意义。

三、发酵剂的制备

（一）酸乳发酵剂的概念及作用

1. 概念

发酵剂是一种能够促进乳的酸化过程，含有高浓度乳酸菌的微生物培养物。

2. 作用

当发酵剂接种到处理过的原料乳中，在一定条件下繁殖，其代谢产物使发酵乳制品具有一定的酸度、滋味、香味和黏稠度等特性。无论是对于酸乳还是其他发酵乳制品生产来说，质量优良的发酵剂制备都是至关重要的。

发酵剂的主要作用如下：

（1）分解乳糖产生乳酸；

（2）产生挥发性物质，如丁二酮、乙醛等，从而使酸乳具有典型的风味；

（3）具有一定的降解脂肪、蛋白质的作用，从而使酸乳更利于消化吸收；

（4）酸化过程抑制了致病菌的生长。

（二）酸乳发酵剂的种类

通常用于乳酸菌发酵的发酵剂可按下列方式分类。

1. 按制备过程分类

（1）商品发酵剂。商品发酵剂即一级菌种，又称乳酸菌纯培养物，实际上是指从专业发酵剂公司或有关研究所购买的原始菌种。它一般接种在脱脂乳、乳清、肉汁或其他培养基中，或者用冷冻升华法制成一种冻干菌粉。

（2）母发酵剂。母发酵剂经一级菌种的扩大再培养，是商品发酵剂的初级活化产物，是生产发酵剂的基础，即在酸乳生产厂用商品发酵剂制得的发酵剂。

（3）生产发酵剂。生产发酵剂即母发酵剂的扩大培养，也称为工作发酵剂，是用于发酵乳实际生产的发酵剂。

2. 按发酵剂中微生物的种类分类

混合发酵剂。混合发酵剂是由含有两种或两种以上菌种的发酵剂按一定比例混合而成，如传统酸乳发酵剂就是由保加利亚乳杆菌和嗜热链球菌按1∶1或1∶2比例混合的酸乳发酵剂。日本有名的发酵乳“Yakult”生产时所用发酵剂就是由嗜酸乳杆菌、干酪乳杆菌和双歧杆菌组合而成。

单一发酵剂。单一发酵剂是指只含有一种微生物的发酵剂。使用时，先将单一发酵剂单独活化，然后与其他种类的菌种按比例混合使用。单一发酵剂的优点有很多：一是容易继代，且便于保持、调整不同菌种的使用比例；二是在实际生产中便于更换菌株，特别是在引入新型菌株时非常方便；三是便于进行选择性继代，如在果味酸乳生产中，可以先接种球菌，一段时间后再接种杆菌；四是能减弱菌株之间的共生作用，从而减慢产酸的速度；五是单一菌种在冷藏条件下容易保持性状，液态母发剂甚至可以数周活化一次。

3. 按发酵剂的产品形式分类

发酵剂按产品形式可分为液态、粉状（或颗粒状）及冷冻状三种形式。

（1）液态发酵剂。液态发酵剂中的母发酵剂、中间发酵剂一般由乳品厂化验室制备，而生产用的工作发酵剂由专门发酵剂室或酸乳车间生产，所用培养基为脱脂乳粉，干物质含量一般控制稍高，必要时可添加生长促进因子，工作发酵剂的培养基必要时也可使用原料乳。液态发酵剂虽价格比较便宜，但品质不稳定且容易受污染，已经逐渐被大型酸乳厂家淘汰。

（2）粉状（或颗粒状）发酵剂。粉状发酵剂是通过冷冻干燥培养到最大乳酸菌数的液态发酵剂而制成的。冷冻干燥发酵剂是在真空下进行的，因此能最大限度减少对乳酸菌的破坏。冷冻干燥发酵剂一般在使用前再接种制成母发酵剂。但使用浓缩冷冻干燥发酵剂时，可将其直接制备成工作发酵剂，不需进行中间扩培过程。与液态发酵剂相比，冷冻干燥发酵剂具有以下优点：良好的保存质量；定性更好和乳酸菌活力更强；因接种次数减少，降低了被污染的机会。一次未用完的发酵剂，应在无菌条件下将开口密封好，以免污染，然后放入冷冻的冰柜中，并尽快用完。

（3）冷冻发酵剂。冷冻发酵剂是通过冷冻浓缩乳酸菌生长活力最高点时的液态发酵剂而制成的，包装后放入液氮罐中。超浓缩冷冻发酵剂也属于冷冻发酵剂，是在乳培养基中添加了生长促进剂，由氨水不断中和产生的乳酸，最后用离心机来浓缩菌种。浓缩发酵剂单个滴在液氮罐中由于冷冻作用而形成片种，然后存于 -196 ℃液氮中。

一般来讲，一次性发酵剂来源稳定，在其价格能接受时，可以选择一次性发酵剂。若发酵剂来源不稳定，考虑到价格因素而又不只依赖于一次性发酵剂，以不使用一次性发酵剂为宜。

（三）菌种的选择

菌种的选择对发酵剂的质量起着重要作用，应根据生产目的不同选择适当的菌种，同时对菌种发育的最适温度、耐热性、产力及是否产生黏性物质等尤其要特别注意。一般选用两种或两种以上的发酵剂菌种混合使用，相互产生共生作用。通常选用的基本菌种是嗜热链球菌和保加利亚乳杆菌，以及乳酸链球菌等。但根据目的不同可以追加其他乳酸菌，例如：为了提高酸乳的保健作用，追加嗜酸乳杆菌和双歧杆菌等功能菌，增加这些菌在肠道的定殖能力；为了增加产品的营养和生理价值，可以添加能合成维生素的特殊菌，特别是合成 B 族维生素的乳酸菌，如能合成 B 族维生素的谢氏丙酸杆菌，能合成维生素 B_9 和维生素 K，能合成烟酸、维生素 C、B 族维生素的嗜酸乳杆菌等；为了改善产品的风味，可添加双乙酰乳链球菌或明串珠菌，属于产香菌；为了改善产品的硬度，可添加能产生黏性物质的乳链球菌变种；为增强对生长阻碍物质（特别是青霉素）的抗性，可添加乳酸片球菌。菌种配合时一般是嗜热链球菌和保加利亚杆菌按 1 ∶ 1 的比例配合，乳酸链球菌与保加利亚乳杆菌按 4 ∶ 1 的比例配合，常用作发酵乳的发酵剂菌种。

选择质量优良的发酵剂应从以下几方面考虑。

1. 产酸能力

不同的发酵剂产酸能力会有很大的不同。判断发酵剂产酸能力的方法有两种，即测定酸度和产酸曲线。产酸能力过强的发酵剂在发酵过程中容易导致产酸过度和后酸化过强；而产酸能力弱的发酵剂在生产中产酸过慢，发酵时间过长，容易导致杂菌污染，所以在生产过程中一般选择具有适度产酸能力的发酵剂。

2. 后酸化

后酸化是指酸乳生产终止发酵后，发酵剂菌种在冷却和冷藏阶段仍能继续缓慢产酸。它包括三个阶段：从发酵终点（42 ℃）冷却到 19 ℃或 20 ℃时酸度的增加；从 19 ℃或 20 ℃冷却至 10 ℃或 12 ℃时酸度的增加；在冷库中冷藏阶段酸度的增加。酸乳生产中应选择后酸化尽可能弱的发酵剂，以便控制产品质量。

3. 产香性

一般酸乳发酵剂产生的芳香物质为乙醛、丁二酮、丙酮和挥发性酸。评价方法有以下几种。

（1）感官评价。进行感官评价时应考虑样品的温度、酸度和存放时间对品评的影响。品尝时样品温度应为常温，因为低温对味觉有阻碍作用；酸度不能过高，酸度过高会将香味完全掩盖；样品要新鲜，用生产 24 ～ 48 h 内的酸乳进行品评为佳，因为这段时间是滋味、气味和芳香味的形成阶段。

（2）挥发性酸的量。通过测定挥发性酸的量来判断芳香物质的产生量。挥发性酸含量越高就意味着产生的芳香物质含量越高。

（3）乙醛生成能力。乙醛是形成酸乳的典型风味的主要因素之一，不同的菌株产生乙醛的能力不同，因此，乙醛生成能力是选择优良菌株的重要指标之一。

（4）黏性物质的产生。发酵剂在发酵过程中产黏有助于改善酸乳的组织状态和黏稠度，特别是酸乳干物质含量不太高时显得尤为重要。但一般情况下产黏发酵剂对酸乳的发酵风味会有不良影响，因此，选择这类菌株时最好和其他菌株混合使用。

（5）蛋白质的水解性。乳酸菌的蛋白水解活性一般较弱，如嗜热链球菌在乳中只表现很弱的蛋白水解活性，保加利亚乳杆菌则可表现较高的蛋白水解活性，能将蛋白质水解，产生大量的游离氨基酸和肽类。

（四）发酵剂的制备过程

1. 乳酸菌纯培养物的复活与保存

乳酸菌纯培养物一般为粉末状的干燥菌，密封于小玻璃瓶内。由于保存、运送等影响，其活力减弱，需反复进行接种，以恢复活力。

接种时，先将盛菌种的试管口用火焰杀菌，然后打开棉塞，用灭菌吸管从底部吸取 1 ～ 2 mL 纯培养物立即移入预先准备好的灭菌培养基中，放入保温箱中培养。凝固后又取出 1 ～ 2 mL，再按上述方法移入灭菌培养基中，如此反复数次，待乳酸菌充分活化后，即可制母发酵剂。以上均需要无菌操作。

乳酸菌纯培养物的保存：如果单以维持活力为目的，只需将凝固后的菌管保存于

0～5 ℃的冰箱中，每隔 1～2 周移植一次即可。若应用于生产，仍需按上述方法反复接种进行活化。

乳酸菌纯培养物制备的具体方法：取新鲜不含抗菌素和防腐剂的乳经过滤、脱脂，分装于 20 mL 的试管中，经 120 ℃ /15～20 min 灭菌处理后，在无菌条件下接种，放在菌种适宜温度下培养 12～14 h，取出再接种于新的试管中培养，如此继续 3～4 代之后，即可使用。

2. 母发酵剂的制备

取新鲜的脱脂乳 100～300 mL（相同 2 份的）装于 300～500 mL 的三角瓶（预先已干热灭菌）中，在 120 ℃ /15～20 min 高压灭菌，然后迅速冷却至菌种最适生长温度。用灭菌吸管取相当于脱脂乳量 2%～3% 的已活化乳酸菌纯培养物，接种后将三角瓶放入保温箱中，按规定的温度，培养 12～14 h，待凝块状态均匀稠密，当微量乳清或无乳清分离时即可用于制造生产发酵剂。

3. 生产（工作）发酵剂的制备

制备生产（工作）发酵剂的基本方法与母发酵剂制备相同，只是生产（工作）发酵剂量较大，一般采用 500～1 000 mL 三角瓶或不锈钢制的发酵罐进行培养。制备方法：取实际生产量 2%～3% 的脱脂乳，装入预先经过灭菌的生产发酵剂容器中，以 90 ℃ /30～60 min 杀菌并冷却至最适生长温度。然后以无菌操作添加母发酵剂，加入后充分搅拌，使其均匀混合，然后在所需要的温度下进行保温发酵，达到所需酸度后，取出储于冷藏库中待用。

制备好的生产（工作）发酵剂通常应尽快使用，也可保存于 0～5 ℃的冰箱中待用。生产发酵剂的培养基最好与成品的原料相同，即成品原料是脱脂乳时，生产发酵剂的培养基最好也是脱脂乳；如成品的原料是全脂乳，则生产发酵剂也是全脂乳。

（五）发酵剂的质量与鉴定

生产酸乳制品时，发酵剂质量的好坏直接影响成品的质量，故对发酵剂的质量要进行严格鉴定，发酵剂的质量要求及最常用的质量评定方法如下。

1. 发酵剂的质量要求

（1）凝块需有适当的硬度，均匀而细腻，富有弹性，组织均匀一致，表面无变色、龟裂、产生气泡及乳清分离等现象。

（2）具有优良的酸味和风味，不得有腐败味、苦味、饲料味和酵母味等异味。

（3）凝块完全粉碎后，质地均匀，细腻滑润，略带黏性，不含块状物。

（4）按上述方法接种后，在规定时间内产生凝固，无延长现象。活力测定时（酸度、感官、挥发酸、滋味、气味）合乎规定标准。

2. 发酵剂的质量鉴定

（1）感官鉴定。对于液态发酵剂，首先，检查其质地、组织状态、色泽及有无乳清分离等；其次，用触觉或其他方法检查凝乳的硬度、黏度及弹性；最后，品尝酸味及风味，观察其有无苦味或异味等，酸味是否过高或不足。

（2）微生物检验。将发酵剂涂片，用革兰氏染色，在高倍光学显微镜（油镜头）下观察乳酸菌的形态、杆菌与球菌的比例及数量等。用常规方法测定总菌数和活菌数。品质好的发酵剂内含活菌数为 109 个 /mL。

（3）活力测定。使用前对发酵剂的活力进行检查，测定方法如下：

1）产酸活力测定。将灭菌冷却后的脱脂乳 10 mL，加入 3% 的待测发酵剂，在 37.8 ℃的恒温培养箱中培养 3.5 h，然后取出，加入 20 mL 蒸馏水，再加入 2 滴 1% 的酚酞指示剂，用 0.1 mol/L 氢氧化钠标准溶液滴定，按下式进行计算：

活力 =［（0.1 mol/L 氢氧化钠标准溶液用量（mL）× 0.009）/10］× 牛乳比重

若滴定乳酸度达 0.8% 以上，则表示发酵剂活力良好。

2）刃天青还原试验。在 9 mL 脱脂乳中加入 1 mL 发酵剂和 0.005% 的刃天青溶液 1 mL，在 36.7 ℃的恒温培养箱中培养 35 min 以上，如果刃天青溶液完全褪色，则表示发酵剂活力良好。

四、搅拌型酸乳加工技术

搅拌型酸乳是指加工工艺上具有以下特点的产品，即经过处理的原料乳接种发酵剂以后，先在发酵罐中发酵至凝乳，再降温搅拌破乳、冷却、分装到销售用小容器中，即为成品。

另外，根据在加工过程中是否添加了果蔬料或果酱，搅拌型酸乳可分为天然搅拌型酸乳和加料搅拌型酸乳。搅拌型酸乳还可进一步加工制成冷冻酸乳、浓缩干燥酸乳等。

（一）工艺流程

搅拌型酸乳的一般工艺流程：原料乳的验收→配料→标准化→预热→均质→杀菌→冷却→接种→发酵→搅拌→冷却→灌装→冷藏、后熟→成品。

（二）工艺要点

1. 原料乳及其辅料要求

（1）原料乳。生产搅拌型酸乳，原料乳的验收要符合鲜乳验收的感官指标、理化指标微生物指标及抗生素检测。要求酸度在 18 °T 以下，杂菌数不高于 500 000 CFU/mL，乳中全乳固体含量不低于 11.5%。全脂酸乳的脂肪含量 >3.1%，非脂乳固体 >8.5%，且乳中不得含有抗菌素和防腐剂残留。

（2）辅料及要求。

1）脱脂乳粉。其主要作用是提高干物质含量，改善产品组织状态，促进乳酸菌产酸，一般添加量为 1% ～ 1.5%。

2）稳定剂。搅拌型酸乳生产中通常添加稳定剂。常用的稳定剂有明胶、果胶、琼脂、CMC 等，添加量为 0.1% ～ 0.5%。

3）糖及果料。通常添加 6.5% ～ 8% 的蔗糖或葡萄糖。在搅拌型酸乳中常使用果料及调香物质，如果酱等。而凝固型酸乳中很少使用果料。

4）在一年的一定季节，由于牛乳中阳离子的缺乏，牛乳的凝结能力降低，一般要加入“盐类稳定剂”，通常用钙离子补充，一般选 $CaCl_2$，其加入量为 0.02% ～ 0.04%。

2. 配料与标准化

（1）木瓜酸乳的配比。全脂鲜牛乳 85%；脱脂乳粉 1%；木瓜酱料 4.2%；白砂糖 4%；阿斯巴甜 0.03%；复合稳定剂 1%；木瓜香精 0.02%；发酵剂 4%。

（2）原辅料混合。将鲜乳、甜味料、脱脂乳粉（溶解静置）、复合稳定剂（充分溶解）按配比混合并搅拌均匀，进行标准化。

（3）木瓜酱料的制备。将新鲜木瓜去皮、去核后，切分果肉并立即加入果肉质量 30% 的水，煮至 65 ℃以钝化酶活性，然后用打浆机打浆 4 min（3 500 r/min），加入适量蔗糖（40 g/100 g 果肉），放入锅中熬煮并不断搅拌，2 min 后加入 0.3% 果胶，调整 pH 值为 4.0 左右，搅拌熬煮 3 min 后离火冷却，装罐密封后于 4 ℃冷却备用。

3. 均质

均质处理可以使原料充分混匀，有利于提高酸乳的稳定性和稠度并使酸乳质地细腻，口感良好。先将混合好的原辅料经热交换器预热到 55 ～ 65 ℃，其目的是提高均质效果。接下来通过泵送入高压均质机，一般均质温度为 55 ～ 65 ℃，均质压力为 20 ～ 25 MPa。

4. 杀菌与冷却

经均质的牛乳回流到热交换器加热到 90 ～ 95 ℃，保温 5 min 杀菌。还可以采用超高温瞬时杀菌，即 135 ～ 140 ℃，加热 2 s 左右，这样有利于营养成分的保存，减少煮沸气味。其目的在于杀灭原料乳中的致病菌及杂菌，使乳中酶的活力钝化，同时钝化原料乳中对发酵菌有抑制作用的天然抑制物；确保酸乳正常生长繁殖；使牛乳中的乳清变性，变性乳清蛋白可与酪蛋白形成复合物，容纳更多的水分，且具有最小的脱水收缩作用，以达到改善组织状态、提高黏稠度和防止成品乳清析出的目的。

杀菌后的原料乳经过冷却器，冷却至 40 ～ 45 ℃，以便接种发酵剂。

5. 接种

目前，乳品厂多采用直接加入直投式发酵剂（DVS）的方法进行接种，只需按规定比例将这种发酵剂撒入乳罐中，或撒入制备工作发酵剂的乳罐中扩大培养一次，将其作为工作发酵剂使用即可。接种时应严格注意操作卫生，发酵剂加入后要充分搅拌，使发酵剂与原料乳混合均匀。发酵剂的接种量一般为 2% ～ 5%，可根据菌种活力、发酵方法、生产时间的安排及混合菌种的比例不同而定。

6. 发酵

与凝固型酸乳不同，搅拌型酸乳的发酵过程是在发酵罐（图 5-2-1）内完成的。发酵是影响产品质量的重要工序，对这个工序的管理主要是对发酵温度、发酵时间和判定发酵终点的管理。如采用保加利亚乳杆菌与嗜热链球菌混合比例进行发酵，发酵温度应保持在 41 ～ 42 ℃，培养 2.5 ～ 4 h。一般操作是将接种了工作发酵剂的乳泵入发酵罐，发酵罐设有温度计和 pH 计，当酸度达到一定数值后，pH 计可传出信号，当 pH 值降到 4.6 左右，即可终止发酵。发酵罐上部和下部的温差一般不超过 1.5 ℃。

7. 冷却

搅拌型酸乳冷却的目的是快速抑制乳酸菌的生长和酶的活性，以防止发酵过程产酸过度及搅拌时脱水。

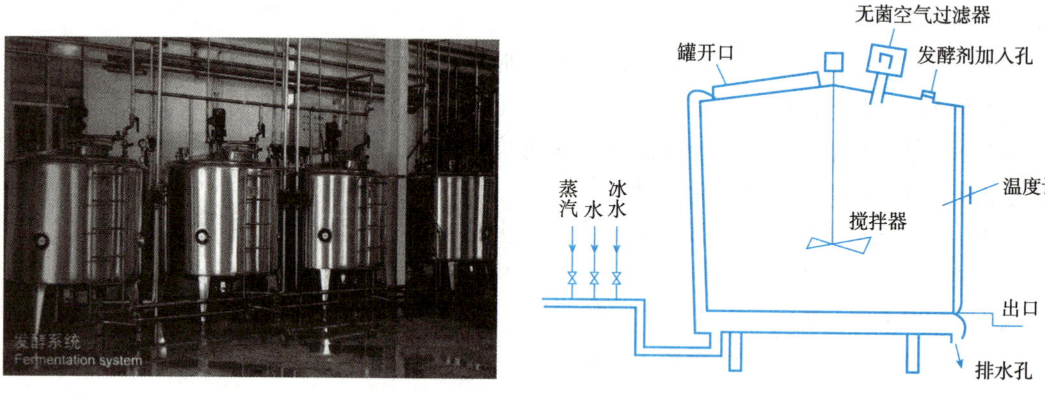

图 5-2-1　酸乳发酵罐

(a) 发酵罐；(b) 发酵罐结构图

发酵结束后快速冷却至 38 ℃，然后继续冷却至 18 ℃左右，此时可以加入经过冷却的果料及香料；根据工艺需要，也可以在灌装前，在输送酸乳的过程中加入。

冷却可分为以下 4 个阶段（20 ～ 30 min）：

（1）温度从 40 ～ 45 ℃降至 35 ～ 38 ℃。为了有效而迅速地使细菌增殖递减，可适当加强冷却强度。细菌因处于对数增殖期，所以对环境的变化特别敏感。可用片式或管式冷却器进行冷却，使胶体温度迅速从 40 ～ 45 ℃降到 35 ～ 38 ℃。

（2）温度从 35 ～ 38 ℃降至 19 ～ 20 ℃。该阶段冷却的目的是阻止乳酸菌生长。一般乳酸杆菌比链球菌对冷却敏感。

（3）乳酸发酵速度减慢，温度从 19 ～ 20 ℃降至 10 ～ 12 ℃。

（4）贮藏温度下的冷却，即温度从 10 ～ 12 ℃降至 5 ℃，该阶段可有效地抑制酸度的上升和酶的活性。

8. 搅拌破乳

搅拌法是破坏凝乳最常用的方法，分为机械搅拌和手动搅拌，手动搅拌只用于小批量和小规模制作。搅拌的目的是通过机械力破坏凝胶体，使凝胶体的粒子直径达到 0.01 ～ 0.4 mm，并使酸乳的硬度和黏度及组织状态发生变化。

通常所用的搅拌方法有：螺旋桨搅拌器搅拌，每分钟转速较高，适合搅拌较大量的液体；涡轮搅拌器搅拌，是在运转中形成放射形液流的高速搅拌方法，也是制造液体酸乳常用的搅拌方法；手动搅拌，在凝胶结构上，采用损伤最小的手动搅拌可得到较高的黏度。

（1）搅拌时要满足以下条件：温度。搅拌的最佳温度为 0 ～ 7 ℃，此时适合亲水性凝胶体的破坏，可得到搅拌均匀的凝固物，既可缩短搅拌时间，还可减少搅拌次数。若在 38 ～ 40 ℃时搅拌，凝胶体易形成薄片状或砂质结构等缺陷。

（2）pH 值。酸乳的搅拌应在凝胶体 pH 值 <4.7 时进行，若 pH 值 >4.7 则因酸乳凝固不完全、黏性不足而影响质量。

（3）干物质。合格的乳干物质含量对搅拌型酸乳防止乳清分离能起到较好的作用。

（4）搅拌速度和时间。搅拌过程应注意，既不可速度过快，又不可时间过长，以每分钟转动 1 ～ 2 次，搅拌 4 ～ 8 min 为宜。刚开始搅拌时用低速，以后可逐渐加快。

9. 混合与灌装

生产普通原味酸乳，可直接进行灌装。若生产风味酸乳，则冷却后的酸乳在进入包装机前一般先打入缓冲罐。果蔬、果酱和各种类型的调香物质等可在酸乳自缓冲罐到包装机的输送过程中加入，这种方法可通过一台变速的计量泵连续加入酸乳中。果蔬混合装置固定在生产线上，计量泵与酸乳给料泵同步运转，保证酸乳与果蔬混合均匀，也可在发酵罐内用螺旋搅拌器搅拌混合。在果料处理中，杀菌是十分重要的，对带固体颗粒的水果或浆果进行巴氏杀菌。酸乳可根据需要，确定包装量和包装形式及灌装机。

10. 冷藏、后熟

将灌装好的酸乳于 0 ～ 7 ℃冷库中冷藏 12 ～ 24 h 后即可食用，这个过程主要是进一步促使芳香物质的产生和黏稠度的改善，以形成产品良好的滋味、气味和组织状态。

11. 产品销售与贮藏

产品经检验符合《食品安全国家标准　发酵乳》（GB 19302—2010）中的各项指标要求，则可作为合格品出厂销售。

产品贮藏要严格保证仓储的卫生条件，并根据市场情况控制好酸乳储藏时间和温度。但是成品储藏时间最好不要超过 7 d，以免由于过酸而影响产品质量。

五、酸乳加工中常见的问题及控制措施

酸乳生产中，由于各种原因，常会出现一些质量问题，为了保证每批同类产品质量一致，以下介绍酸乳质量问题产生的原因及控制措施。

1. 凝乳不良或不凝乳

其主要原因如下：

（1）原料乳质量。乳中含有抗生素、防腐剂，会抑制乳酸菌生长，影响正常发酵，从而导致酸乳凝固性差；原料乳掺水，使乳的总干物质含量降低；原乳酸度较高，掺碱中和，经发酵也会造成凝乳不好。因此，必须把好原料验收关，杜绝使用含有抗生素、农药、防腐剂及掺碱、掺水牛乳生产酸乳。对干物质低的牛乳，可添加脱脂乳粉使其提高质量。

（2）发酵温度与时间。发酵温度与时间低于乳酸菌的最适温度与时间，会使乳酸菌凝乳能力降低，从而导致酸乳凝固性降低，因此，生产中要严格控制发酵温度与时间，并保持发酵温度恒定。

（3）发酵剂活力。发酵剂活力减弱或接种量太少会造成酸乳凝固性差。

（4）加糖量。加糖量过大，产生高渗透压，抑制了乳酸菌的生长繁殖，也会使酸乳不能很好地凝固。

2. 砂状组织

砂状组织是指酸乳在组织外观上有许多砂状颗粒存在，不细腻。砂状结构的产生有多

种原因，可通过减少乳粉用量、避免在较高温度下搅拌加以改善。

3. 乳清析出或分离

其主要原因如下：

（1）原料乳热处理不当。热处理温度低或时间不够，不能使大量乳清蛋白变性，故生产凝固型酸乳会出现乳清析出。

（2）发酵时间。发酵时间过长或过短，生产凝固型酸乳都会有乳清分离。发酵时间过长，酸度过大破坏了乳蛋白已形成的胶体结构，使乳清分离出来；发酵时间过短，胶体结构还未充分形成，也会造成乳清析出。

（3）冷却与搅拌。对搅拌型酸乳而言，冷却温度不适，搅拌速度过快，泵的输送形式不同，都会造成乳清分离。

（4）其他。原料乳总干物质含量低、接种量过大等也会造成乳清析出。

4. 风味不良

菌种选择及操作工艺不当，会造成酸乳芳香味不足、酸甜不适口等风味缺陷。在生产过程中，卫生操作不到位，容易造成酵母菌和霉菌的污染，引起酸乳变质并使不良风味产生。

5. 色泽异常

在搅拌型酸乳生产中因加入的果蔬处理不当而引起变色、褪色等现象时有发生，应根据果蔬的性质及加工特性与酸乳进行合理的搭配和制作。

6. 噬菌体污染

噬菌体污染是造成发酵缓慢、凝固不完全的原因之一。由于噬菌体对菌的选择作用，可采用经常更换发酵剂的方法加以控制。另外，将两种以上菌种混合使用也可减少噬菌体危害。

任务实施

搅拌型酸乳的加工

一、任务准备

（1）主要材料：新鲜乳或复原乳，保加利亚乳杆菌，嗜热链球菌，水果等。

（2）工具设备：高压均质机，发酵罐，搅拌罐，板式换热器，酸度计等。

微课：搅拌型酸乳的加工

二、任务实操

1. 工艺流程

原料乳→净乳→标准化→预热→均质→杀菌→冷却→添加发酵剂→罐中培养→冷却、搅拌→添加果料→搅拌、灌装→冷藏。

2. 操作要点

（1）原料要求。要求原料乳具有新鲜牛乳的滋味和气味，不得有外来异味，如饲料味、苦味、臭味和涩味等。不得使用乳腺炎乳。原料乳酸度在 18 °T 以下，杂菌数不高于

50 万 CFU/mL，总干物质含量不低于 11%。

（2）加糖。加 5% ～ 7% 砂糖。

（3）均质。均质前将原料乳预热至 60 ℃，20 ～ 25 MPa 下均质处理。

（4）热处理。牛乳通过 90 ～ 95 ℃、持续 5 min 进行处理，不但可杀死杂菌，还有助于酸乳成品的稳定性，防止乳析出。

（5）冷却。杀菌后迅速冷却至 45 ℃左右。

（6）发酵。经预处理以后，牛乳放入发酵罐按需要量进行接种，并开动搅拌器，使发酵剂与牛乳混合均匀，发酵罐必须恒温，最好在罐上配有 pH 计。当 pH 达到 4.5 ～ 4.7 时，即可停止发酵。

（7）冷却。将发酵好的乳移入 0 ～ 4 ℃冷库中，必须使乳温迅速降到 12 ～ 15 ℃，有效防止酸度进一步增加。

（8）搅拌。机械力破碎凝胶体，使凝胶体的粒子直径达到 0.01 ～ 0.4 mm，并使酸乳的硬度和黏度及组织状态发生变化。在搅拌型酸乳的生产中，这是一道重要工序。为使成品具备正确稠度，对已凝固的酸乳在罐内搅拌速度应尽量放慢。在大型企业的生产过程中，冷却是在板式换热器中进行，它可以保证产品不受强烈的机械搅动。为保证产品质量的均匀一致，泵及冷却系统的能力应能在 20 ～ 30 min 内排空一个发酵罐。

（9）添加果料。通过一台可变速的计量泵，向输送管道按比例加入果料及各种类型调香物质，确保果料和酸乳均匀混合。在果料处理中，应事先对带固体颗粒的水果或浆果进行巴氏杀菌，其杀菌温度应控制在能抑制一切有生长能力的细菌，而又不影响果料的风味和质地的范围内。

（10）冷却、后熟。将灌装好的酸乳于 0 ～ 7 ℃冷库中冷藏 24 h 进行后熟，促使芳香物质的产生和黏稠度的改善。

3. 产品评分标准

（1）感官指标。口感：酸度适中，细腻爽滑；组织状态：光泽度好，组织细腻均匀，允许少量乳清析出；香味：香味浓郁，有明显的水果味；凝乳状态：质地软硬适中，黏稠适中。

（2）微生物指标。大肠菌群≤ 90 个 /mL，不得检出致病菌。

三、任务评价

参考中国乳制品工业行业规范《发酵乳感官评鉴细则》（RHB 104—2020）确定发酵乳评分标准，详见表 5-2-2。

表 5-2-2 发酵乳评分标准

项目	特征		得分
	凝固型发酵乳	搅拌型发酵乳	
色泽[a]（20 分）	色泽均匀一致，呈乳白色或乳黄色，或谷物、果料、蔬菜等的适当颜色		12 ～ 20
	非添加原料来源的深黄色或灰色		4 ～ 11

续表

<table>
<tr><th rowspan="2">项目</th><th colspan="2">特征</th><th rowspan="2">得分</th></tr>
<tr><th>凝固型发酵乳</th><th>搅拌型发酵乳</th></tr>
<tr><td>色泽[a]
（20 分）</td><td colspan="2">非添加原料来源的有色斑点或杂质，或其他异常颜色</td><td>0～3</td></tr>
<tr><td rowspan="4">滋味和气味[b]
（40 分）</td><td colspan="2">纯正的奶味，具有自然的发酵风味和气味，或具有添加的谷物、果料、蔬菜等原料或特殊工艺（如焦糖化）来源的特征风味，酸甜比适中</td><td>31～40</td></tr>
<tr><td colspan="2">自然的发酵风味不够，或添加的谷物、果料、蔬菜等原料或特殊工艺（如焦糖化）来源的特征风味不够，略酸或略甜</td><td>21～30</td></tr>
<tr><td colspan="2">奶味不够，自然的发酵风味差，或添加的谷物、果料、蔬菜等原料或特殊工艺（如焦糖化）来源的特征风味差，有苦味，过酸或过甜</td><td>5～20</td></tr>
<tr><td colspan="2">特征风味错误或没有风味，不愉悦的气味</td><td>0～4</td></tr>
<tr><td rowspan="2">组织状态
（40 分）</td><td>组织细腻、均匀，表面光滑平整、无裂纹，切面平整光滑，质感坚实、弹性好，无粉末感、无糊口感、无气泡、无乳清析出
含有谷物、果料、蔬菜等颗粒的，颗粒口感适中</td><td>组织细腻、均匀，良好的黏稠度，顺滑、无粉涩感，乳脂感强，无气泡、无乳清析出
含有谷物、果料、蔬菜等颗粒的，颗粒口感适中</td><td>31～40</td></tr>
<tr><td>表面平整欠光滑、轻微肉眼可见的颗粒，无明显裂纹，切面平整稍欠光滑，有少量气泡出现或轻微的乳清析出
含有谷物、果料、蔬菜等颗粒的，颗粒口感略软和略硬</td><td>稍有粉感涩感、乳脂感弱，有少量气泡出现或轻微的乳清析出
含有谷物、果料、蔬菜等颗粒的，颗粒口感略软和略硬</td><td>21～30</td></tr>
<tr><td colspan="4">注：a 对于使用焦糖化工艺的发酵乳色泽应均匀一致，呈褐色；
b 对于滋味和气味不涉及甜味的，只对酸味进行评价</td></tr>
</table>

四、任务拓展

配制酸乳饮料请扫描下方二维码查看。

任务自测

请扫描下方二维码进行本任务自测。

任务三　乳粉加工

任务目标

➢ 知识目标

1. 了解乳粉的概念和分类。
2. 熟悉乳粉的理化特性。
3. 掌握乳粉加工的工艺流程和操作要点。

➢ 技能目标

1. 能够识别乳粉加工相应的设备及工具。
2. 能够熟练使用仿真软件完成乳粉的加工。
3. 能够识别出乳粉的常见缺陷并能提出常见问题的解决办法。

➢ 素质目标

1. 培养学生坚守诚信原则，成为有道德和社会责任感的公民。
2. 培养对于食品安全问题的关注敏感度，增强食品安全意识。

任务导学

2008年，三鹿乳粉的三聚氰胺事件是一次严重的食品安全事故。该事件的起因是许多食用三鹿集团生产的乳粉的婴儿被发现患有肾结石。后来，相关人员在其乳粉中发现化工原料——三聚氰胺。这是导致数十万婴幼儿变成“大头娃娃”的罪魁祸首。随着事件的发展，包括伊利、蒙牛、光明、圣元及雅士利在内的多个厂家的乳粉都检出三聚氰胺。这导致中国制造商品的信誉受损，致使多个国家禁止中国乳制品进口。我国乳业面临严重的信誉危机，消费者信心受到极大的打击。为了恢复市场信心，保障消费者权益，我国政府和行业企业采取了一系列措施进行改革及整顿，以确保乳制品的质量安全。

思维导图

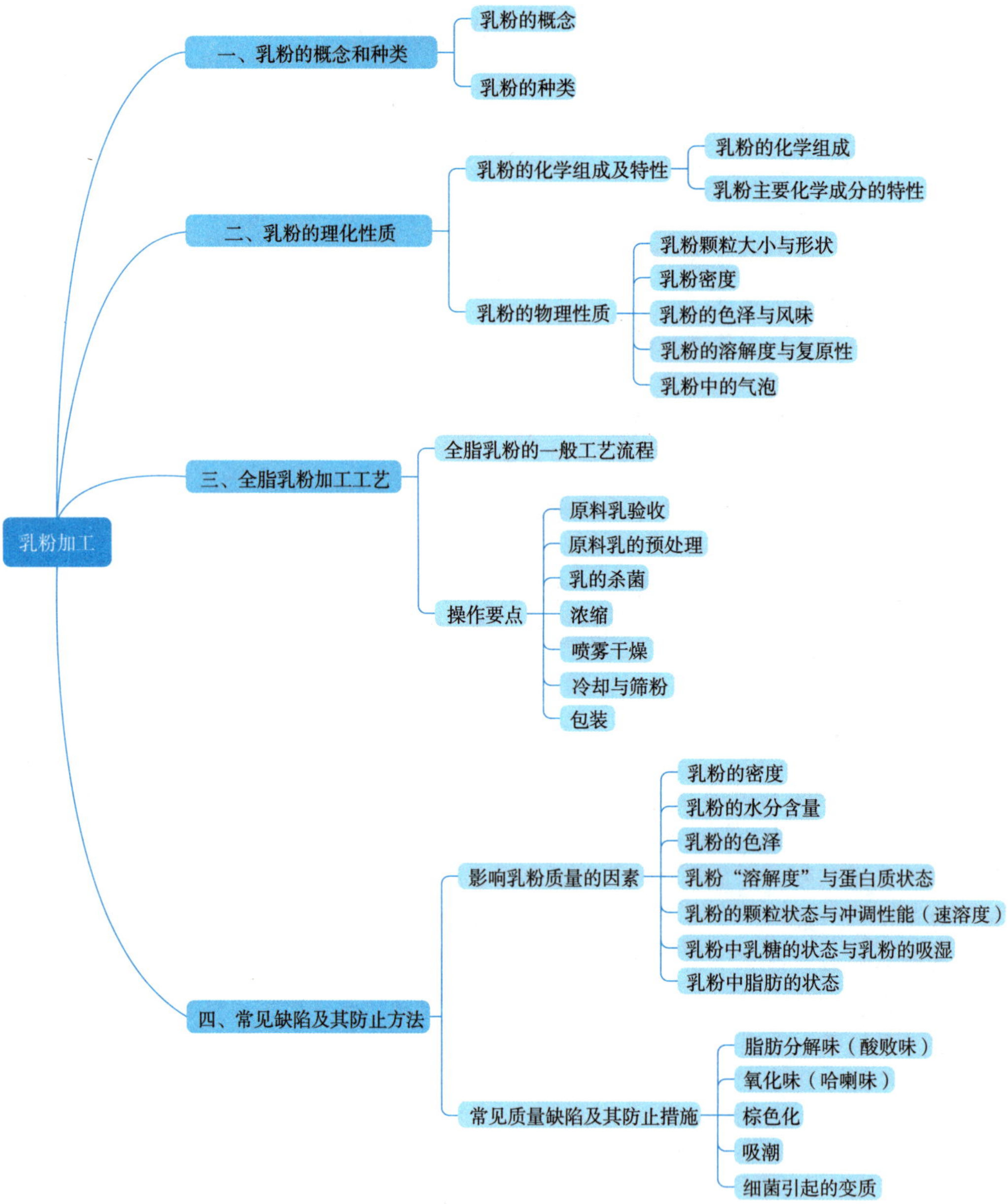

知识储备

一、乳粉的概念和种类

（一）乳粉的概念

乳粉是指用新鲜牛乳或以新鲜牛乳为主，添加一定数量的植物蛋白质、植物脂肪、维生素、矿物质等原料，经杀菌、浓缩、干燥等工艺而制得的粉末状产品。

（二）乳粉的种类

根据所用原料、原料处理及加工方法不同，乳粉可分为以下几类。

（1）全脂乳粉，以鲜乳直接加工而成。根据其是否加糖可分为全脂淡乳粉和全脂甜乳粉。全乳脂粉的蛋白质含量不低于非脂乳固体的 34%，脂肪不低于 26%，脂肪含量高，易于氧化，在室温下可保存 3 ～ 6 个月。

（2）脱脂乳粉，将鲜乳中的脂肪分离除去后用脱脂乳干燥而成。此部分又可以根据脂肪脱除程度分为无脂、低脂及中脂乳粉等。脱脂乳粉由于脂肪含量低，不易氧化，耐保存，室温下可保存 1 年以上。

（3）加糖乳粉，在乳原料中添加一定比例的蔗糖或乳糖后干燥加工而成。

（4）配制乳粉（调制乳粉、强化乳粉、配方乳粉），是针对不同人群的营养需要，在鲜乳原料中或乳粉中配以各种人体需要的营养素加工而成的乳制品，包括婴幼儿配方乳粉、儿童学生配方乳粉、中老年配方乳粉及特殊配方乳粉等。

（5）速溶乳粉，在乳粉干燥工序上采取特殊的造粒工艺或喷涂卵磷脂而制成的溶解性、冲调性极好的粉末状产品。

（6）乳油粉，在鲜乳中添加一定比例的稀奶油或在稀奶油中添加部分鲜乳后，经干燥加工而成的粉末状产品。

（7）酪乳粉，利用制造奶油时的副产品酪乳为原料，经过浓缩、干燥而成的粉末状产品，含较多的卵磷脂。

（8）乳清粉，利用制造干酪或干酪素的副产品乳清为原料，经过浓缩、干燥而制成的粉末状产品。

（9）麦精乳粉，鲜乳中添加麦芽糖、可可、蛋类、饴糖、乳制品等经干燥加工而成。

（10）冰淇淋粉，鲜乳中配以适量香料、蔗糖、稳定剂及部分脂肪等经干燥加工而成。

近年来，随着乳品工业的发展和技术进步，不断涌现出各种类型的乳粉，如干酪粉、嗜酸菌乳粉及双歧杆菌乳粉、加锌乳粉等。总之，凡是最终制成干燥粉末状态的乳制品，都可归于乳粉类。

二、乳粉的理化性质

乳粉的特性是由其中的各种组成成分（蛋白质、脂肪、乳糖）单一或综合的理化特性决定的。

（一）乳粉的化学组成及特性

1. 乳粉的化学组成

乳粉的组成随原料乳的种类及添加料等的不同而有所区别，表 5-3-1 中列举了几种主要乳粉的化学组成。

表 5-3-1　各种乳粉的化学组成

种类	水分含量	蛋白质含量	脂肪含量	乳糖含量	灰分含量	乳酸含量
全脂乳粉	2.00	26.50	27.00	38.00	6.05	0.16
脱脂乳粉	3.23	36.89	0.88	47.84	7.80	1.55
乳油粉	0.66	13.42	65.15	17.86	2.91	—
婴儿乳粉	2.60	19.00	20.00	54.00	4.23	0.17
母乳化乳粉	2.50	13.00	26.00	56.00	3.20	0.17
甜性酪乳粉	3.90	34.88	4.68	47.18	7.86	1.55

2. 乳粉主要化学成分的特性

（1）脂肪。乳粉中脂肪球的存在状态随干燥的方式和操作方法的不同而不同，脂肪的状态对乳粉的保藏性有一定的影响。喷雾干燥的乳粉脂肪呈微细的脂肪球状态，存在于乳粉颗粒的内部。压力喷雾干燥的乳粉因高压泵起了一部分的均质作用，因此脂肪球较小，直径一般为 1 ～ 2 μm，离心法为 1 ～ 3 μm。滚筒干燥乳粉的脂肪球直径为 1 ～ 7 μm，但大小范围幅度很大，脂肪球大者有时达到几十微米，所以这种乳粉的保藏性较差，容易氧化变质。另外，生产乳粉时将原料乳经均质化处理后，可以提高产品的稳定性。

乳粉中的脂肪在保藏过程中会发生自氧化。脂肪自发氧化的速度与温度、水分活度、氧气含量、干燥方法等有关。温度每上升 10 ℃，氧化速度会增长 1 倍；包装中氧气低于 2% 时，自发氧化可完全被抑制，所以通常采用充氮气或充一氧化碳来防止脂肪的氧化；采用泡沫喷雾干燥或蒸汽套离心喷雾器可以减少脂肪的自发氧化。

（2）蛋白质。乳粉中蛋白质的理化状态与乳粉的冲调复原性有关，特别是与酪蛋白关系较大。在乳粉的加工过程中应尽量保持乳蛋白质原来状态，以获得良好的复原性。

在浓缩和喷雾干燥的过程中，由于乳的最终温度不超过 70 ℃，乳清蛋白很少发生变性，乳球蛋白只发生轻微的变性，乳清蛋白会和酪蛋白胶粒在浓缩过程中会由于结合形成复合物。但在加工过程中，若热处理操作不当，会引起蛋白质变性，生成不溶性沉淀（主要由吸收了磷酸三钙的变性蛋白酸钙组成），使溶解度降低，加热温度越高，时间越长，蛋白质的变性越严重。另外，原料乳的新鲜度对蛋白质的变化影响更大。因此，为了获得溶解度高的乳粉，必须注意控制加热条件和原料乳的新鲜度。

（3）乳糖。乳糖是乳粉中的重要成分，新制成的乳粉所含的乳糖呈非结晶的玻璃状态，α- 乳糖与 β- 乳糖的无水物保持平衡状态，其比例大致为 1.5 ～ 1.6，这种平衡状态受干燥时的温度影响。乳粉中呈玻璃状态的乳糖吸湿性很强，所以乳粉很容易吸潮；同时，气体很难透过玻璃态乳糖，所以乳粉在真空状态下也会保持颗粒内的空气。乳糖吸收水分后，逐渐变为含有 1 分子水的结晶糖，使乳粉颗粒的表面产生很多裂纹，促使脂肪逐渐渗出；同时，利于外界空气的进入，最终引起乳粉的氧化变质。

利用乳糖的结晶特性可以制造速溶乳粉。浓缩乳在喷雾干燥前，先在低温下放置一段较长的时间，使乳糖结晶，或者添加一部分乳糖晶种，然后喷雾干燥，则所得乳粉中的乳糖会呈结晶状态，而非玻璃状态，提高了乳粉的溶解性，而且在贮藏中也不易吸潮结块。

（二）乳粉的物理性质

1. 乳粉颗粒大小与形状

乳粉颗粒的大小对乳粉的冲调性、复原性、分散性及流动性有很大影响。乳粉颗粒直径一般为 20 ～ 60 μm。附聚的乳粉颗粒较大，直径可达 1 mm。乳粉颗粒直径达 150 μm 左右时的冲调复原性最好；小于 75 μm 时，冲调复原性较差。乳粉颗粒大小因生产方法、操作条件而异。离心喷雾干燥的乳粉颗粒直径为 30 ～ 200 μm（平均为 100 μm）；压力喷雾干燥的乳粉颗粒直径为 10 ～ 100 μm（平均为 45 μm）。

生产上通过采取增大乳粉颗粒的工艺措施或采取分离细粉进行回喷附聚等途径，可以提高乳粉颗粒的平均直径，改善冲调性能。若采用喷涂卵磷脂的工艺，则会大大改善全脂乳粉的冲调性，即使在冷水中也能够速溶。

2. 乳粉密度

乳粉的密度有三种表示方法，分别说明了乳粉的品质特性，即真密度、表观密度和颗粒密度（容积密度）。

（1）真密度，表示不包括任何空气的乳粉本身的密度。含脂肪 26% ～ 27% 的全脂乳粉的真密度为 1.26 ～ 1.32 g/mL，脱脂乳粉的真密度为 1.44 ～ 1.48 g/mL。

（2）表观密度，表示单位容积乳粉质量，包括颗粒与颗粒之间空隙中的空气。表观密度大，则单位质量所占体积小，有利于包装。一般滚筒干燥的乳粉表观密度为 0.3 ～ 0.5 g/mL；喷雾干燥乳粉的表观密度为 0.5 ～ 0.6 g/mL。

（3）颗粒密度，表示乳粉颗粒的密度，只包括颗粒本身内部的空气泡，而不包括颗粒之间空隙中的空气。乳粉颗粒之间的空隙可以由下式表示：

$$\text{乳粉颗粒之间的空隙}=1-\frac{\text{表观密度}}{\text{真密度}}$$

3. 乳粉的色泽与风味

正常乳粉的色泽呈淡黄色，具有乳独特的乳香微甜风味。如生产中使用经加碱中和或酸度高的原料乳时，生产的乳粉的颜色为褐色。另外，在高温下加热时间过长也会使乳粉的颜色变褐。

4. 乳粉的溶解度与复原性

复原性描述了乳粉与水再结合的现象，是表征乳粉的一个重要特性。溶解度是表示乳粉与水按照鲜乳含水比例复原时，评价复原性能的一个指标。乳粉加水冲调后，应该复原为鲜乳一样的状态，其中蛋白质和脂肪也都能恢复成乳原来的良好分散状态。但质量差的乳粉并不能完全复原成鲜乳状。优质乳粉的溶解度应达 99.90% 以上，甚至是 100%。

5. 乳粉中的气泡

经浓缩的原料乳在雾化过程中，会将一些空气包于液滴中。当采用离心喷雾时，一般每个液滴中产生 10 ～ 100 个空气泡；采用压力喷雾可大大减少气泡，一般每个液滴含

0～1个空气泡。压力喷雾法干燥的全脂乳粉颗粒中含有空气量7%～10%（体积分数），脱脂乳粉颗粒中约含13%。离心喷雾法干燥的全脂乳粉颗粒中含有空气量16%～22%，脱脂乳粉颗粒中约含35%。含气泡多的乳粉浮力大，下沉性差，且易氧化变质。

三、全脂乳粉加工工艺

（一）全脂乳粉的一般工艺流程

原料乳验收→原料乳的预处理和标准化→乳的杀菌→浓缩→喷雾干燥→冷却与筛粉→包装→成品。

（二）操作要点

1. 原料乳验收

原料乳的质量评定主要应满足感官指标、理化指标、微生物指标，有的大型乳品企业还进行体细胞检查。原料乳的具体指标参照“任务一 液态乳加工”。

2. 原料乳的预处理

原料乳的预处理包括原料乳的过滤、净化、标准化与均质。净化设备用离心净乳机（图5-1-1）。牛乳如果是当天生产，则应冷却至10 ℃以内；如果是隔天生产，则应冷却至5 ℃以内，进行暂时贮存；全脂乳粉标准化要求$R_2=R_1$，成品F=25%～30%，一般F=26%，详细计算方法参照任务一内容；均质设备用高压均质机，均质前先将牛乳预热到60 ℃，均质压力控制在14～21 MPa。

3. 乳的杀菌

（1）在间歇式生产中，采取冷热缸进行杀菌，多采用低温长时间杀菌法，其杀菌操作为：先向具有夹套的冷热缸中泵入牛乳，开动搅拌器；同时，向夹套中通入蒸汽或热水（66～77 ℃），使牛乳的温度徐徐上升至63 ℃持续30 min或72 ℃持续15 min。

（2）连续化生产乳粉，采用高温短时间杀菌法时，一般使用管式或片式杀菌器，杀菌温度为80～85 ℃持续5～10 min，主要是考虑全脂乳粉的保存期。

4. 浓缩

浓缩是从溶液中除去部分溶剂（通常是水）的操作过程，也是溶质和溶剂均匀混合溶液的部分分离过程。

（1）乳浓缩的概念。乳浓缩是指使乳中水分部分蒸发，以提高乳固体含量，使其达到所要求的浓度的一种乳品加工方法。不同于干燥，乳经过浓缩，最终产品还是液态的乳。

（2）乳浓缩的目的。

1）减轻质量、体积，节省费用。由于浓缩除去了部分水分，乳的重量减小了，体积缩小了，从而减少相应的包装、贮藏和运输费用。

2）延长保质期。提高乳的浓度，增大产品的渗透压，降低水分活性，增加炼乳等产品的微生物及化学方面的稳定性，延长乳制品保质期。

3）为下一步的喷雾干燥打基础，节省能耗。未经浓缩的原料乳，若直接进行干燥，则需要干燥能力更强的干燥塔才能满足生产要求；同时，能耗也随之增加。

4）改善干燥产品的品质。未经浓缩而喷雾干燥生产的乳粉，颗粒松软并含有大量气泡，色泽灰白，感官质量差，易吸湿；而经过浓缩再喷雾干燥生产的乳粉，颗粒粗大完整，流动性好，在水中能迅速复原。

（3）真空浓缩。乳制品加工生产用的浓缩方式有蒸发浓缩、反渗透 / 超滤（膜）浓缩、冷冻浓缩三种。在乳粉生产中常采用真空浓缩（或称为减压蒸发）的形式，它是利用抽真空设备使蒸发过程在一定的负压状态下进行。由于压力越低，溶液的沸点就越低，蒸发速率就越高，整个蒸发过程都是在较低的温度下进行的，特别适合热敏性物料的浓缩。

牛乳浓缩的程度将直接影响乳粉的质量。一般全脂乳浓缩到 45% ～ 50% 总固形物（TS），若继续浓缩至更高的乳固体含量，可以进一步减少整个生产过程的能耗，但这样做会带来一系列的问题，如浓缩乳浓度越高黏度就越高，浓缩乳就越容易在蒸发器加热管内壁上结焦，影响传热效率和设备的清洗，而且黏度高的物料雾化困难，产品质量难以保证。因此，综合考虑各方面的因素，浓缩乳的固体含量以 45% 左右为宜。浓缩后的乳温一般为 47 ～ 50 ℃。

1）真空浓缩的设备。真空浓缩设备种类繁多，按加热部分的结构可分为直管式、板式和盘管式三种；按其二次蒸汽利用与否，可分为单效和多效浓缩设备。

2）浓缩时的条件。一般真空度为 81 ～ 90 kPa，温度为 50 ～ 60 ℃。单效蒸发时间为 40 min，多效是连续进行的。

5. 喷雾干燥

浓缩后的乳打入保温罐，立即进行干燥。乳粉常用的干燥方法可以采用滚筒干燥法和喷雾干燥法。由于滚筒干燥生产的乳粉溶解度低，现已很少采用。现如今国内外广泛采用喷雾干燥法。目前国内外广泛采用压力式喷雾干燥和离心式喷雾干燥（图 5-3-1）。

（1）喷雾干燥的原理。浓乳在高压或离心力的作用下，经过雾化器在干燥室内喷出，形成雾状，此刻的浓乳变成了无数微细的乳滴（直径为 10 ～ 200 μm），大大增加了浓乳表面积。微细乳滴与热风一接触，其水分便在 0.01 ～ 0.04 s 蒸发完毕，雾滴被干燥成细小的球形颗粒，单个或数个粘连飘落到干燥室底部，而水蒸气被热风带走，从干燥室的排风口抽出。整个干燥过程包括预热、恒速干燥、降速干燥三个阶段，仅需 15 ～ 30 s。

（2）喷雾干燥的特点。与其他几种干燥方法比较，喷雾干燥方法具有许多优点，因而得以广泛应用并获得了迅速发展。

1）干燥速度快，物料受热时间短。由于浓乳被雾化成微细乳滴后，具有很大的表面积，若按雾滴平均直径为 50 μm 计算，则每升乳喷雾时可分散成 146 亿个微小雾滴，其总表面积约为 54 000 m^2，这些雾滴中的水分在 150 ～ 200 ℃的热风中强烈而迅速地汽化，所以干燥速度快。

2）干燥温度低，乳粉质量好。在喷雾干燥过程中，雾滴从周围热空气中吸收大量热，而使周围空气温度迅速下降，同时也就保证了被干燥的雾滴本身温度大大低于周围热空气温度。干燥的粉末表面，一般不超过干燥室气流的湿球温度（50 ～ 60 ℃）。这是由于雾滴在干燥时的温度接近于液体的绝热蒸发温度，这就是干燥的第一阶段（恒速干燥阶段）

不会超过空气的湿球温度的缘故。所以，尽管干燥室内的热空气温度很高，但物料受热时间短、温度低，营养成分损失少。

3）工艺参数可调，容易控制质量。选择适当的雾化器，调节工艺条件（图 5-3-2）可以控制乳粉颗粒状态、大小、堆积密度并使含水量均匀，让成品在冲调后具有良好的流动性、分散性和溶解性。

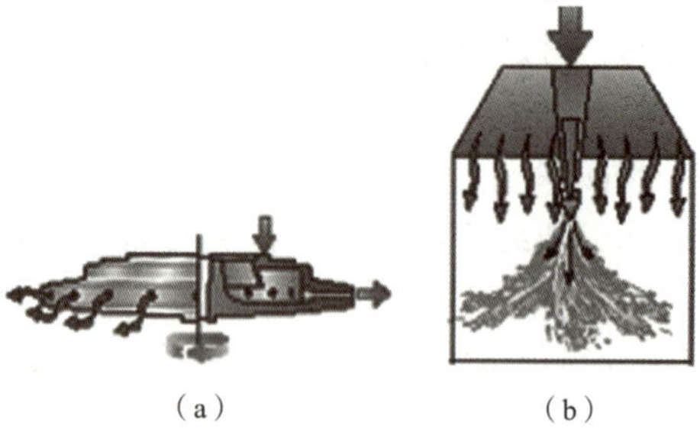

图 5-3-1　压力喷雾干燥器中的喷嘴

（a）离心喷雾盘；（b）喷嘴

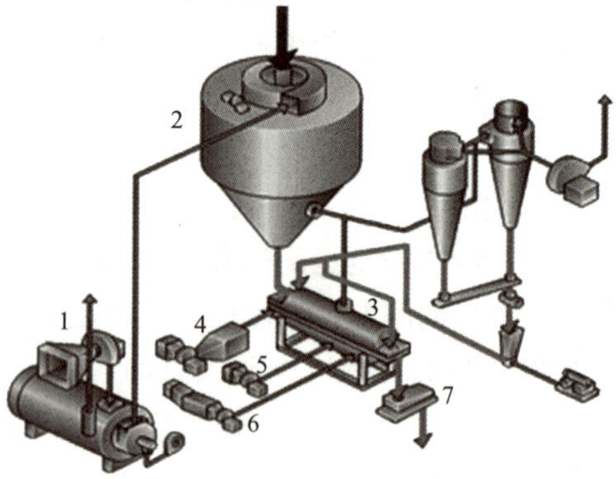

图 5-3-2　配有流化床的乳粉二段喷雾干燥生产工艺流程

1、4—空气加热器；2—喷雾干燥塔；3—流化床；5—冷空气室；6—冷却干空气室；7—振动筛

4）产品不易污染，卫生质量好。喷雾干燥过程是在密闭状态下进行，干燥室中保持 100 ～ 400 Pa 的负压，所以避免了粉尘的外溢，减少了浪费，保证了产品卫生。

5）产品呈松散状态，不必再粉碎。喷雾干燥后，乳粉呈粉末状，只要过筛，团块粉即可散。操作调节方便，机械化、自动化程度高，有利于连续化和自动化生产。操作人员少，劳动强度低，具有较高的生产效率。

6. 冷却与筛粉

（1）出粉、冷却。喷雾干燥中形成的乳粉，应尽快连续不断地排出干燥室，以免受热时间长，特别是对于全脂乳粉来说，会使游离脂肪酸的含量增加，不但影响乳粉质量，而且在贮藏过程中也容易引起氧化变质。

卧式干燥室采用螺旋输粉器出粉，而平底或锥底的立式圆塔干燥室则都采用气流输粉或流床式冷却床出粉。其输粉优点是速度快，大约在 5 s 内就可将喷雾室内的乳粉送走，同时在输粉管中进行冷却。但因为气流速度快（约 20 m/s），乳粉在导管内易受摩擦而产生多量的微细尘，致使乳粉颗粒不均匀；筛粉筛出的微粉量也过多，不好处理。另外，气流冷却的效率不高，使乳粉中的脂肪仍处于其熔点之上，如果先将空气冷却，则在经济上又不合算。

目前采用流化床出粉冷却的方式（图 5-3-3）较多，利用经冷却处理的空气的吹入，可将乳粉冷却到 18 ℃，微粉的生成量减少。同时，流化床可将细粉分离，送入喷雾干燥塔，与刚雾化的乳滴接触，形成较大的粉粒。

无流化床设备时，可将乳粉收集于粉箱中，过夜冷却。冷却后，过 20 ～ 30 目筛后即可包装。

项目五

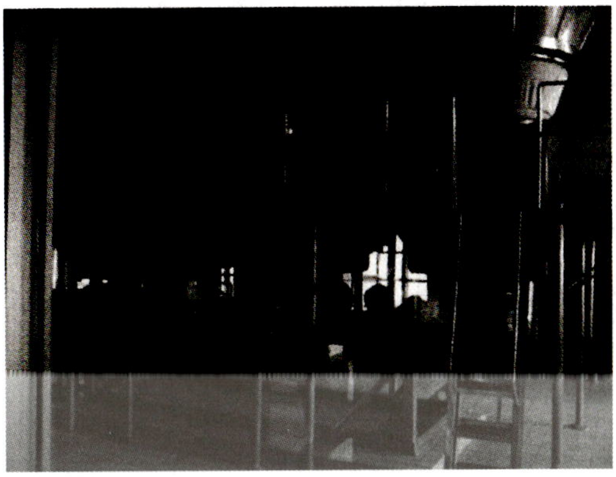

（a）

（b）

图 5-3-3　流化床冷却装置

（a）流化床冷却装置；（b）二级流化床冷却装置

（2）贮粉的原因。一是可以集中包装时间（安排 1 个班白天包装）；二是可以适当提高乳粉表观密度，一般贮粉 24 h 后可提高 15%，有利于装罐。但是，贮粉仓中应有良好的条件，以防止吸潮、结块和二次污染。如果流化床冷却的乳粉达到包装要求，可进行包装处理。

7. 包装

全脂乳粉采用马口铁罐抽真空充氮包装，即将乳粉称量、装罐、预封后送入回转式自动真空充氮封罐机内，在 83.99 ～ 85.32 kPa 下，通入纯度为 99% 的氮气，达到 6.8 ～ 20.58 kPa 的压力后进行封罐。真空充氮包装的乳粉，保质期可达 3 年以上。短期内销售的产品，多采用聚乙烯塑料复合铝箔袋包装，基本上可避免光线、水分和气体的渗入。

包装规格大小不等，其中以 454 g 最多。食品加工原料用的乳粉，通常用马口铁罐 12.5 kg 包装，或用聚乙烯薄膜袋包装后套三层牛皮纸的 25 kg 包装。

包装间最好配置空气调温调湿装置，使室温保持在 20 ～ 25 ℃，相对湿度保持在 75% 以下。

四、常见缺陷及其防止方法

乳品质量的控制是一个系统工程，其中包括原料乳在内的所需原料位于乳业产业链的最上游，除此以外，在乳粉生产过程中，如果操作不当，也有可能出现各种质量问题。目前，乳粉中常见的质量问题主要有水分含量过高、溶解度偏低、易结块、颗粒形状与大小异常、脂肪氧化味、色泽较差及细菌总数过高等。

（一）影响乳粉质量的因素

1. 乳粉的密度

乳粉的密度包括表观密度、容积密度和真密度。表观密度是单位容积乳粉的质量。容积密度也叫作颗粒密度，反映颗粒组织的松紧状态，包括颗粒内的气泡，不包括颗粒之间空隙中的空气。真密度则是完全不包括空气的乳粉本身的密度。

表观密度越大对包装越有利；通过调整浓缩乳的温度和浓度可以调整乳粉的容积密度，容积密度越小，冲调性越好，但贮藏性降低。

2. 乳粉的水分含量

根据《食品安全国家标准 乳粉和调制乳粉》（GB 19644—2024）的规定，乳粉中的水分含量≤ 5.0%。

水分的控制主要控制干燥室的排风温度或排风的相对湿度。

3. 乳粉的色泽

正常乳粉呈淡黄色。如使用加碱中和的原料乳时，乳粉为褐色。另外，高温下加热时间过长，也容易变褐，因此喷雾干燥乳粉时，要控制好干燥的温度和时间。

4. 乳粉“溶解度”与蛋白质状态

乳粉的“溶解度”表示乳粉用水冲调时复原性能是否良好，借以反映原料乳的质量及其在热处理过程中蛋白质变性的程度。若在加工过程中乳固体基本未受损害，则溶解度可达 99.9%；若受损严重，则溶解度小于 95%。

凡是原料乳的酸度过高和乳蛋白质不稳定的异常乳都会严重影响乳粉的溶解度。例如原料乳的新鲜程度（酸度，异常乳）、加工方法及操作条件（主要是加热条件）、成品水分含量（水分含量高，则溶解度下降）、成品保藏时间和保藏条件（温度、湿度）等。

5. 乳粉的颗粒状态与冲调性能（速溶度）

乳粉的复水过程：乳粉颗粒→下沉→润湿→崩解→分散。冲调性即速溶度，在一定温度下，将一定量的乳粉与水（100 mL）混合，加以一定强度的搅拌，一定时间后，将未溶解部分分离出去，测定乳液浓度。

冲调性还与乳粉颗粒大小有关，冲调性随着乳粉颗粒平均直径的增大而提高，工艺上采取增大粒径或细粉回喷复聚等措施来提高冲调性能。

冲调性和溶解度的关系：其相同之处在于，都是表示乳粉遇水复原性能的优劣的指标；其不同之处在于，溶解度表示乳粉的最终溶解程度，而冲调性则表示乳粉的溶解速度。

6. 乳粉中乳糖的状态与乳粉的吸湿

全脂淡乳粉约含 38% 的乳糖，呈非结晶型的玻璃态存在，其中 α - 乳糖和 β - 乳糖呈平衡状态，比例为 1 ∶ 1.6；玻璃态乳粉具有很强的吸湿性，乳粉易结块。

乳粉的吸湿过程：乳粉中无水乳糖→吸水→ α - 含水乳糖（结晶乳糖）→乳粉颗粒表面裂缝→氧气渗入，脂肪渗出→脂肪氧化。

7. 乳粉中脂肪的状态

全脂乳粉中含有 26% 以上的乳脂肪，一般以脂肪球的形式存在于乳粉颗粒内部。如果游离脂肪酸增加，容易凝集于颗粒表面，致使乳粉容易氧化变质，冲调性能也差。滚筒式干燥乳粉游离脂肪可达 91% ～ 96%；喷雾式乳粉为 3% ～ 14%；温度（高）、摩擦会增加游离脂肪含量。

（二）常见质量缺陷及其防治措施

1. 脂肪分解味（酸败味）

由于乳中解脂酶的作用，乳粉中的脂肪水解而产生游离的挥发性脂肪酸。为了防止这一缺陷，必须严格控制原料乳的微生物数量，同时杀菌时将脂肪分解酶彻底灭活。

2. 氧化味（哈喇味）

乳制品产生氧化味的主要因素为空气、光线、重金属（特别是铜）、过氧化物酶和乳粉中的水分及游离脂肪等。为了减慢脂肪在贮存期的氧化速度，在工业生产中，添加抗氧化剂和在铁罐包装情况下填入惰性气体。

（1）空气。产生氧化味的主要原因是，当空气进入乳粉后，在不饱和脂肪酸的双键处氧化与脂肪发生氧化。所以在生产过程中及成品保存中，应尽量避免与氧长时间接触。包装时应尽可能抽真空除去氧气充入氮气。

（2）光线和热。光线和热能促进氧化，30 ℃以上更加显著，所以乳粉要尽量避免光线照射，并放在冷处保存。

（3）重金属。重金属中二价铜离子最容易促进氧化作用。乳粉中重金属含量达 1 mg/kg 时就会产生影响。其他重金属（如三价铁）也能促进氧化作用。为了防止氧化味的产生，应尽量避免乳粉与铜铁容器及管道接触，这也是加工管道采用不锈钢制成的原因之一。

（4）原料乳的酸度。酸度高也容易使乳粉产生氧化味，所以要严格控制原料乳的酸度。

（5）原料乳中过氧化物酶。过氧化物酶也是促进氧化的一个重要因素。因此，生产乳粉时，原料乳的杀菌最好采用高温短时或超高温瞬时杀菌，以破坏过氧化物酶。

（6）乳粉中的水分。乳粉中的水分过高会影响乳粉质量，但过低也会出现氧化味，一般乳粉中水分如果低于 1.8%，就易引起氧化味。

3. 棕色化

乳粉在保存期间容易棕色化；同时，还会产生一种陈腐的气味。这主要是与乳粉中水分的含量和保存温度有关。如果水分含量在 5% 以上，贮藏时会发生羰 - 氨基反应产生棕色化，主要是美拉德反应的结果，温度高会加速这一变化。因此生产喷雾干燥乳粉时，要控制好干燥的温度和时间。温度过高、时间过长或喷雾结束后长时间在高温下存放，易使乳粉颜色加深。如果焦粉过多，不仅会降低乳粉的溶解度，而且会使其在保存过程中颜色变深变暗。

4. 吸潮

乳粉中的乳糖呈无水的非结晶的玻璃态，易吸潮。乳糖吸水后使蛋白质彼此粘结而使乳粉结块，因此应保存在密封容器里。

5. 细菌引起的变质

乳粉打开包装后会逐渐吸收水分，当水分超过 5% 时，细菌开始繁殖，而使乳粉变质。所以喷雾干燥乳粉水分应控制在 2% ～ 3%。另外，打开包装的乳粉不应放置过久。

任务实施

乳粉工艺生产实习仿真软件操作

一、软件名称

乳粉工艺生产实习仿真软件。

二、任务实操

1. 仿真工艺流程

原料乳的验收→乳的预处理和标准化→均质→杀菌→浓缩→喷雾干燥→冷却晾粉→包装→成品。

2. 操作要点

（1）原料乳的验收。乳粉生产对原料有极其严格的要求，只有优质的原料乳才能生产出优质的乳粉，原料乳必须符合国家标准规定的各项要求。

（2）原料乳的预处理。预处理的主要目的在于通过离心净乳机将不能以过滤方法除去的细小污物分离出去，一般采用过滤净化和离心净化的方法。

（3）原料乳的标准化。生产乳粉时，为了获得一定化学组成的产品，需用标准化的具有固定组分的原料乳。

（4）配料。乳粉生产过程中，除少数几个品种（如全脂乳粉、脱脂乳粉）外，都要经过配料工序，其配料比例按产品要求而定。

（5）原料乳的均质。均质的目的在于把较大的脂肪球变成细小的脂肪球，均匀地分散在脱脂乳中，形成均一的乳浊液。

（6）杀菌。在乳粉生产中，预热又叫作杀菌，其目的在于杀死乳中的细菌，钝化脂肪酶，延长乳粉的保质期。

（7）真空浓缩。牛乳经杀菌后立即泵入真空蒸发器进行减压（真空）浓缩，除去牛乳中大部分水分（70% ～ 80%），以减少后续的喷雾干燥中热空气的用量和动力消耗，降低成本，改善乳粉颗粒的物理形状。

（8）喷雾干燥。乳粉中水分含量一般为 2.5% ～ 5%，这样低的水分含量抑制了细菌的繁殖，可以延长乳的货架期。浓缩乳中还含有较多的水分，必须经喷雾干燥（即浓乳经过雾化后再与干燥热空气进行热量和水分的交换）后才能得到乳粉。目前，国内外广泛采用压力式喷雾干燥和离心式喷雾干燥。

三、任务评价

根据仿真软件操作评分系统，实时评分，查找操作中的不足之处，并及时改进。

四、任务拓展

乳粉制造技术的未来发展趋势请扫描下方二维码查看。

任务自测

请扫描下方二维码进行本任务自测。

任务四　干酪加工

任务目标

➢ **知识目标**

1. 了解干酪的种类及特点。
2. 熟悉发酵剂的选择与制备。
3. 熟悉凝乳酶的种类及作用原理。
4. 掌握干酪加工的工艺流程及操作要点。

➢ **技能目标**

1. 能够完成干酪的加工制作。
2. 能够熟练使用和维护干酪加工设备。

➢ **素质目标**

1. 通过对新兴跨界乳制品的了解，增强创新意识，培养创新思维。
2. 通过学习，学生会热爱专业工作，具备食品从业必备的职业道德和素质。

任务导学

近年来，随着我国消费结构不断优化、升级，国民对更高营养健康水平的需求与日俱增，素有“奶黄金”之美誉的奶酪，已成为乳制品行业新的增长动能，奶酪已成为中国乳制品消费的重要增长点和消费热点。发展奶酪，对于平衡奶源供需关系，带动产业升级有重要作用。奶酪可以长期保存，对于推动解决季节性供需不平衡，调节生鲜乳生产、乳制品加工和市场消费可以起到“蓄水池”的作用，有利于产业的稳定。奶酪产品自身附加值高、增值空间大；同时，还可带动奶酪副产品乳清粉的生产、加工，支撑国内婴幼儿配方乳粉产业发展，以及食品、饲料加工，延伸产业链和价值链。

思维导图

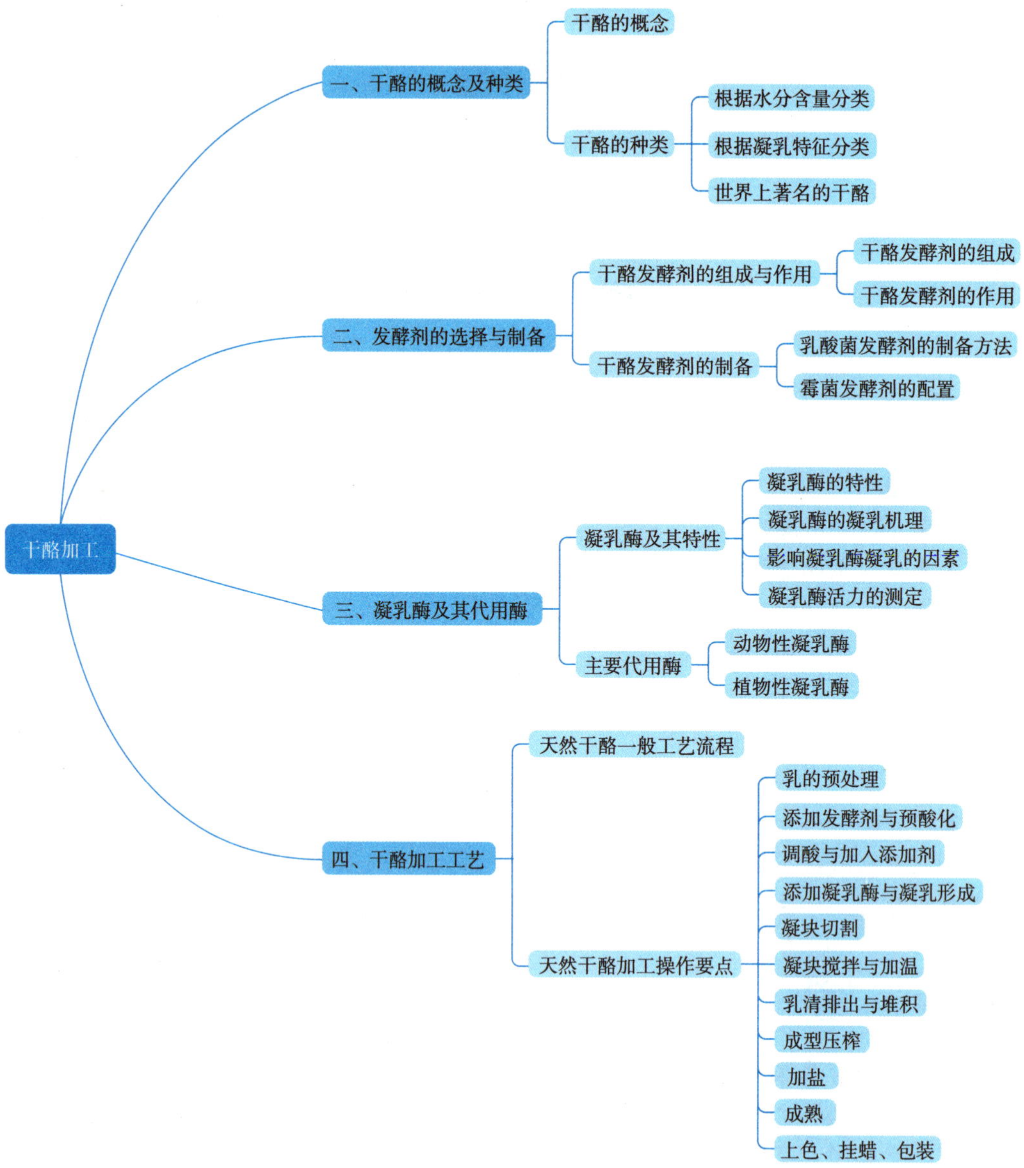

知识储备

一、干酪的概念及种类

（一）干酪的概念

干酪也称为奶酪，是一种在乳中（也可用脱脂乳、稀奶油等）加入适量乳酸菌、凝乳酶或其他凝乳剂凝乳，使乳蛋白（主要是酪蛋白）凝固并排出乳清后制得的新鲜或发酵成熟的乳制品。未经发酵成熟的产品称为新鲜干酪；经长时间发酵成熟而制成的产品称为成熟干酪。国际上将这两种干酪统称为天然干酪。

（二）干酪的种类

干酪主要依据原产地、制造方法、外观、理化性质和微生物学特性等进行命名和分类。

1. 根据水分含量分类

国际酪农联盟曾提出根据水分含量，将干酪分为硬质干酪（水分含量为 40% ～ 60%）、半硬质干酪（水分含量为 36% ～ 40%）、软质干酪（水分含量为 25% ～ 36%）三大类。

2. 根据凝乳特征分类

根据凝乳特征可将干酪分为酶凝干酪和酸凝干酪两种。在世界干酪总产量中，75% 属于酶凝干酪；酸凝干酪占 25% 左右，主要品种有农家干酪、夸克干酪和稀奶油干酪等。

3. 世界上著名的干酪

（1）农家干酪：以脱脂乳、浓缩脱脂乳或脱脂乳粉的还原乳为原料制成的一种不经成熟的新鲜软质干酪。成品水分含量在 80% 以下（通常为 70% ～ 72%）。

（2）稀奶油干酪：以稀奶油或稀奶油与牛乳混合制成的浓郁、醇厚、新鲜非成熟软质干酪。成品中添加食盐、天然稳定剂和调味料等。一般水分含量为 48% ～ 52%，脂肪含量在 33% 以上，蛋白质含量为 10%，食盐含量为 0.5% ～ 1.2%。

（3）里科塔干酪：此种干酪是意大利生产的乳清干酪，也称为白蛋白干酪，分为新鲜和干燥两种。

（4）比利时干酪：这种干酪具有特殊的芳香味，是一种细菌表面成熟的软质干酪。

（5）法国浓味干酪：属于表面霉菌成熟的软质干酪，内部呈黄色，根据不同的成熟度，干酪呈蜡状或稀奶油状，口感细腻，咸味适中，具有浓郁的芳香风味。成品中水分含量为 43% ～ 54%，食盐为 2.6%。

（6）法国羊乳干酪：以绵羊乳为原料制成的半硬质干酪，属霉菌成熟的青纹干酪。

（7）德拉佩斯特干酪：也称为修道院干酪，以新鲜全脂牛乳制成，有时也可混入少量绵羊乳或山羊乳，是以细菌成熟的半硬质干酪。

（8）砖状干酪：以牛乳为原料，经细菌发酵而成的半硬质干酪，内部有孔眼。

（9）契达干酪：以牛乳为原料，经细菌发酵而成的特硬质干酪。

（10）荷兰圆形干酪：以牛乳为原料，经细菌发酵而成的硬质干酪，内部均匀细腻。

二、发酵剂的选择与制备

发酵剂是在干酪制造过程中，使干酪发酵、成熟的特定微生物的培养物，根据微生物的种类可分为细菌发酵剂和霉菌发酵剂两大类。细菌发酵剂以乳酸菌为主，主要用于产生风味物质和酸；霉菌发酵剂主要是用对脂肪分解能力强的卡门培尔干酪青霉、干酪青霉、娄地青霉等。

（一）干酪发酵剂的组成与作用

1. 干酪发酵剂的组成

（1）单菌种发酵剂，只含一种菌种。

（2）混合菌种发酵剂，由两种或两种以上的产酸、产芳香物质和形成特殊组织状态的菌种混合而成的发酵剂。

2. 干酪发酵剂的作用

（1）使乳糖发酵产生乳酸，提高可溶性钙浓度，促进凝乳酶的凝乳作用。

（2）创造良好酸性环境，使凝乳酶在酸性条件下活性提高，缩短凝乳时间，使凝块收缩，有利于乳清的排出。

（3）在成熟过程中，利用菌体产生的各种酶类分解酪蛋白、脂肪等，促进干酪的成熟，产生干酪特有的风味，改进产品的组织状态。

（4）发酵产酸使干酪的 pH 值降低，从而抑制杂菌的繁殖。

（二）干酪发酵剂的制备

在干酪生产中，多采用混合菌种发酵剂，以便于达到产酸、产芳香物质和形成干酪特殊组织状态的目的。在实际生产过程中，发酵剂的添加量根据干酪品种、加工工艺、原料乳的质量和组成及发酵剂菌株本身的酸化活力等因素确定，见表 5-4-1。一般应该保证每升原料乳中含有活菌数量 10^8 ～ 10^9。生产干酪时既可以使用厂内原有的生产发酵剂，也可以采用冷冻干燥的直投式发酵剂。

表 5-4-1　干酪发酵剂的种类及应用

发酵剂种类		使用范围、作用
一般名	菌种名	
乳酸球菌	嗜热乳酸链球菌	各种干酪，产酸及风味
	乳酸链球菌	各种干酪，产酸
	乳脂链球菌	各种干酪，产酸
	粪链球菌	切达干酪
乳酸杆菌	乳酸杆菌	瑞士干酪
	干酪乳杆菌	各种干酪，产酸及风味
	嗜热乳杆菌	干酪，产酸及风味
	胚芽乳杆菌	切达干酪
丙酸菌	薛氏丙酸菌	瑞士干酪
短密青霉菌	短密青霉菌	砖状干酪、林堡干酪
曲霉菌	娄地青霉	加淀粉，法国绵羊乳干酪
	卡门塔尔干酪青霉	法国卡门塔尔干酪
酵母菌	解脂假丝酵母	青纹干酪、瑞士干酪

1. 乳酸菌发酵剂的制备方法

干酪乳酸菌发酵剂的制备与发酵乳制备方法相似，当生产发酵剂的酸度达 0.75% ～ 0.80% 时冷却备用。冷却温度和培养温度为 21 ～ 23 ℃，持续 12 ～ 16 h。

2. 霉菌发酵剂的配制

将面包除去表皮，切成小立方体，盛于三角瓶中。加适量蒸馏水并进行高压灭菌处理，添加少量乳酸效果更好。将霉菌悬浮于无菌水中，再喷洒于灭菌面包上，置于 21 ～ 25 ℃的恒温箱中经 8 ～ 12 d 培养，使霉菌孢子布满面包表面。从恒温箱中取出，在约 30 ℃条件下干燥 10 d，或在室温下进行真空干燥。最后研成粉末，经筛选后，盛于容器中保存。

三、凝乳酶及其代用酶

生产干酪所用的凝乳酶，一般以皱胃酶为主。如无皱胃酶也可用胃蛋白酶等代替。

（一）凝乳酶及其特性

凝乳酶取自犊牛的第四个胃，是制作干酪必不可少的凝乳剂，凝乳酶的相对分子量约为 35 600，有液状、粉状和片状三种制剂。凝乳酶的主要作用是促进乳的凝结和利于乳清排出。

1. 凝乳酶的特性

凝乳酶等电点 pI 为 4.45 ～ 4.65，作用的最适 pH 值为 4.8 左右，凝固的最适温度为 40 ～ 41 ℃，制造干酪时的凝固温度通常为 30 ～ 35 ℃，凝固时间为 20 ～ 40 min。

2. 凝乳酶的凝乳机理

凝乳酶凝固酪蛋白分为两个过程：酪蛋白在凝乳酶的作用下，形成副酪蛋白，此过程称为酶性变化。产生的副酪蛋白在游离钙的存在下，由于钙离子与负电荷结合而减少离子间的静电相斥，在副酪蛋白分子间形成“钙桥”，使副酪蛋白的微粒发生团聚作用而产生凝胶体。此过程称为非酶变化。

3. 影响凝乳酶凝乳的因素

影响凝乳酶凝乳的因素可分为对凝乳酶的影响及对乳凝固的影响两个方面。

（1）pH 值的影响。pH 值低，皱胃酶活性增高，但使酪蛋白胶束的稳定性降低，导致皱胃酶的作用时间缩短，凝块较硬。

（2）温度的影响。40 ～ 42 ℃条件下作用最快，在 15 ℃以下或 65 ℃以上则不发生作用。

（3）钙离子的影响。酪蛋白所含的胶质磷酸钙是凝块形成所必需的成分。如果增加乳中的钙离子，则可缩短皱胃酶的凝乳时间，并使凝块变硬。

（4）牛乳加热的影响。牛乳若先加热至 42 ℃以上，再冷却至凝乳所需的正常温度，然后添加皱胃酶，则凝乳时间延长，凝块变软，即滞后现象，其主要原因是乳在 42 ℃以上条件中进行加热处理时，酪蛋白胶粒中的磷酸盐和钙游离出来了。

4. 凝乳酶活力的测定

（1）一般的测定方法。将 100 mL 脱脂乳的酸度调整为 0.18%，用水浴加热至 35 ℃，添加 1% 的皱胃酶食盐水溶液 10 mL，迅速搅拌均匀，准确记录开始加入酶液直到凝乳时所需的时间（s），此时间也称为皱胃酶的绝对强度。

（2）皱胃酶的活力单位。它是指皱胃酶在 35 ℃条件下，使牛乳 40 min 凝固时，单位质量（通常为 1 g）皱胃酶能使若干倍牛乳凝固，即 1 g（或 1 mL）皱胃酶在一定温度（35 ℃）、一定时间（40 min）内所能凝固牛乳的毫升数。

（3）计算公式。活力 = 供试乳数量 / 皱胃酶 ×2 400（s）/ 凝乳时间（s）。

（二）主要代用酶

因皱胃酶提取成本较高，国外研究了将代用酶应用于干酪生产中的方法。根据来源，代用酶分为动物性、植物性及微生物代用凝乳酶。

1. 动物性凝乳酶

动物性凝乳酶主要是胃蛋白酶，蛋白分解力强，以其制作的干酪略带苦味，不宜单独使用。猪的胃蛋白酶比牛的胃蛋白酶更接近皱胃酶，用它来制作契达干酪，其成品与皱胃酶制作的相同。

2. 植物性凝乳酶

（1）无花果蛋白分解酶，存在于无花果果汁中，可结晶分离。制作契达干酪时，凝乳与成熟效果较好。但是由于它的蛋白分解力较强，脂肪损失多，收率低，略带轻微的苦味。

（2）凤梨蛋白酶，是从凤梨的果实或叶中提取的，具有凝乳作用。

（3）木瓜蛋白酶，其对牛乳的凝乳作用比蛋白分解力强，但制成的干酪带有一定的苦味。

四、干酪加工工艺

（一）天然干酪一般工艺流程

天然干酪一般工艺流程：原料乳→标准化→杀菌→冷却→添加发酵剂→调整酸度→加氯化钙→加色素→加凝乳剂→凝块切割→搅拌→加温→排出乳清→成型压榨→盐渍→成熟→上色挂蜡→成品。

（二）天然干酪加工操作要点

1. 乳的预处理

加工干酪的原料乳要严格检验，其感官指标正常，无不良风味和异味，酸度不超过 18 °T，无抗生素残留。待检查合格后，才能进行原料乳的预处理。

（1）净乳。用离心净乳机进行净乳处理，可以将乳中 90% 的细菌除去，尤其对比重较大的菌体芽孢特别有效。

（2）标准化。调整原料乳中的乳脂率和酪蛋白的比例，使其比值符合产品要求。酪蛋白 / 脂肪的比例（*C*/*F*）一般要求为 0.7。

（3）原料乳的杀菌。加热杀菌使部分白蛋白凝固，留存于干酪中，可以增加干酪的产量。如果杀菌温度过高、时间过长，则变性的蛋白质增多，破坏乳中盐类离子的平衡，进而影响皱胃酶的凝乳效果，使凝块松软，收缩作用变弱，易形成水分含量过高的干酪。

在实际生产中多采用 63 ℃、30 min 的保温杀菌（LTLT）或 71 ～ 75 ℃、15 s 的高温短时杀菌（HTST）。

2. 添加发酵剂与预酸化

原料乳经杀菌后，直接打入干酪槽，如图 5-4-1 所示。待牛乳冷却至 30 ～ 32 ℃后，加入发酵剂。发酵剂的三个特性是最重要的：生产乳酸的能力，降解蛋白的能力，产生二氧化碳的能力。但其主要任务是在凝块中产酸。通过产酸菌去抑制巴氏消毒后残存的细菌和再污染的细菌。

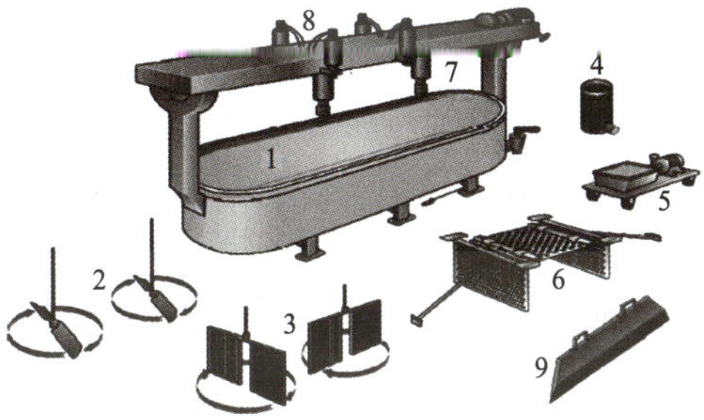

图 5-4-1　带有干酪生产用具的普通干酪槽

1—带有横梁和驱动电机的夹层干酪槽；2—搅拌工具；3—切割工具；4—置于出口处过滤器干酪槽内侧的过滤器；5—带有一个浅容器小车上的乳清泵；6—用于圆孔干酪生产的预压板；7—工具支撑架；8—用于预压设备的液压筒；9—干酪切刀

发酵剂的加入方法：取原料乳量 1% ～ 2% 的工作发酵剂，边搅拌边加入，然后在 30 ～ 32 ℃条件下充分搅拌 3 ～ 5 min。为了促使其凝固和正常成熟，加入发酵剂后应进行短时间的发酵，以保证充足的乳酸菌数量，此过程称为预酸化。经 20 ～ 30 min 预酸化后，取样测定酸度。

3. 调酸与加入添加剂

为了使加工过程中凝块硬度适宜、色泽一致，防止产气菌的污染，保证成品的质量一致，要在调整酸度之后，加入相应的添加剂。

（1）调整酸度。添加发酵剂并经过 20 ～ 30 min 发酵后，取样测定酸度，酸度应为 0.20% ～ 0.22%。具体酸度值根据干酪的品种而定。

（2）添加剂的加入。目的是改善凝乳性能，提高干酪质量。

1）添加氯化钙。如果生产干酪的牛乳质量差，则凝块会很软。这会引起细小颗粒（酪蛋白）及脂肪的严重损失，并且凝块收缩能力很差。可在 100 kg 原料乳中添加 5 ～ 20 g $CaCl_2$（预先配成 10% 的溶液），以调节盐类平衡，促进凝块的形成。过量的氯化钙将使干酪太硬，难以切割。

2）添加黄色色素。为了保持产品呈一致的微黄色（不受季节影响），常用胭脂树橙或胡萝卜素等色素物质，色素用水稀释约 6 倍，充分混匀后加入，每 1 000 kg 原料乳中加入 30 ～ 60 g。

3）如果干酪乳中含有丁酸菌或大肠菌等产气菌时，就会有发酵问题。硝石（硝酸钾或钠盐）可用于抑制这些细菌，且最大允许用量为每 100 kg 乳中添加 30 g 硝石。

4. 添加凝乳酶与凝乳形成

（1）凝乳酶的添加。根据活力测定值计算凝乳酶的用量。用 1% 的食盐水将酶配成 2% 的溶液，在 28 ～ 32 ℃下保温 30 min。接下来，将其加入乳中，搅拌 2 ～ 3 min 后加盖。活力为 1 ∶ 10 000 ～ 1 ∶ 15 000 的液体凝乳酶的剂量在每 100 kg 乳中可用到 30 mL。

（2）凝乳的形成。添加凝乳酶后，在 32 ℃条件下静置 30 ～ 40 min，即可使乳凝固，形成凝乳。

5. 凝块切割

当凝块达到适当硬度时可开始切割，主要目的是增大凝块的表面积，提高乳清的排出速度，控制成品中的水分含量。正确恰当的切割时机非常重要，如果过早切割，酪蛋白或脂肪损失大，且生成柔软的干酪；反之，切割时间迟，凝乳变硬不易脱水。切割时机的判定方法：用消毒过的温度计以 45° 插入凝块中，挑开凝块，如果裂口恰如锐刀切痕，并呈现透明乳清，即可开始切割。

切割时，先用干酪切割刀沿着干酪槽长轴用水平式刀平行切割，再用垂直式刀沿长轴垂直切后，沿短轴垂直切，使其成为 0.7 ～ 1.0 cm 的小立方体。

6. 凝块搅拌与加温

在升温过程中不停搅拌的目的是促进凝块的收缩和乳清的渗出，防止凝块沉淀和相互粘连，如图 5-4-2（a）所示。凝块切割后，有相互凝聚的倾向，当测得乳清酸度达到 0.17% ～ 0.18% 时，开始轻轻搅拌，以确保颗粒悬浮在乳清中。大约 15 min 后，可稍微加快搅拌速度，如图 5-4-2（b）所示。与此同时，在干酪槽的夹层中通入热水，使温度逐渐升高，升温的速度控制：初始时每 3 ～ 5 min 升高 1 ℃；当温度升高到 35 ℃时，每隔 3 min 升高 1 ℃；当温度达到 38 ～ 42 ℃时，停止加热并维持此温度。升温的目的是调节凝乳颗粒的大小和酸度。总之，升温和搅拌要同时进行并严格操作。

加温的时间按乳清的酸度而定，酸度越低，加温时间越长，酸度高可缩短加温时间。以牛乳干酪为例，酸度为 0.13%、0.14%、0.15% 时的加温时间分别为 40 s、30 s、25 s。

7. 乳清排出与堆积

乳清排出是指将乳清与凝乳颗粒分离的过程。排乳清的时间可通过所需酸度或凝乳颗粒的硬度和弹性来掌握。乳清酸度达到 0.12%（牛乳干酪），干酪粒已收缩到适当硬度即可将乳清排出。检测干酪粒硬度的方法：用手握一把干酪粒，尽力压出水分后放开手掌，如干酪粒富有弹性，搓开仍能重新分散，表示干酪粒已达适当硬度。乳清由酪槽底部通过金属网排出，如图 5-4-2（c）所示。排出的乳清脂肪含量一般约为 0.3%，蛋白质为 0.9%。

乳清排出后，将干酪粒堆积在干酪槽的一端或专用的堆积槽中，上面用带孔木板或不锈钢板压 5 ～ 10 min，压出乳清使其成块，这一过程即为堆积。在此过程中，应避免空气进入干酪凝块中，使凝乳粒融合在一起，形成均一致密的凝块。有些干酪在此过程中还需要保温，调整排出乳清的酸度，进一步使乳酸菌达到一定活力，以保证成熟过程对乳酸菌的需要。有少数干酪需将凝乳块再进行剪切、重叠以充分排出乳清（如契达干酪）或将凝乳用布包裹后提起以排出乳清（如瑞士干酪）。

8. 成型压榨

将堆积后的干酪块切成方砖形或小立方体，装入成型器中。在内衬网成型器内装满干酪块，放入压榨机上进行压榨定型。压榨的压力与时间依干酪的品种而定。先进行预压榨，一般压力为 0.2 ～ 0.3 MPa，时间为 20 ～ 30 min；预压榨后取下进行调整，并修整形状，视其情况，可以再进行一次预压榨或直接正式压榨，将干酪反转后装入成型器内以 0.4 ～ 0.5 MPa 的压力在 15 ～ 20 ℃条件下再压榨 12 ～ 24 h，如图 5-4-2（d）所示。

当压榨结束后，从成型器中取出的干酪称为生干酪（即鲜奶酪）。如果制作软质干酪，则不需压榨。成型压榨的目的：协助最终乳清排出；提供组织状态；干酪成型；在以后的长时间成熟阶段提供干酪表面的坚硬外皮。

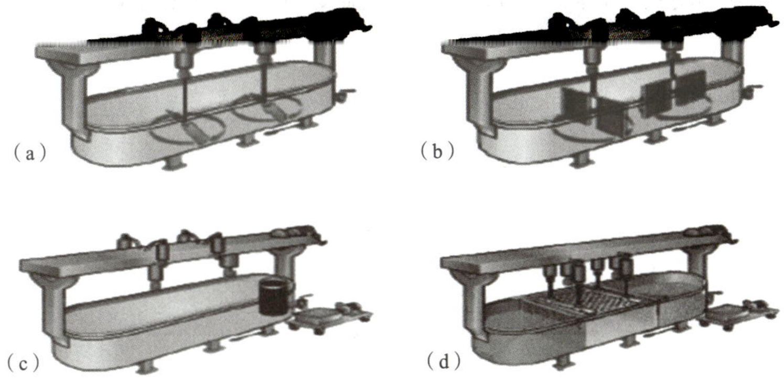

图 5-4-2　凝块在干酪槽中的操作工艺

(a) 槽中搅拌；(b) 槽中切割；(c) 乳清排出；(d) 槽中压榨

9. 加盐

加盐的目的在于改进干酪的风味、组织和外观，排出内部乳清或水分，增加干酪硬度，抑制乳酸菌的活力，调节乳酸生成和干酪的成熟，防止和抑制杂菌的繁殖。加盐量以成品达到含盐量为 1.5% ～ 2.5% 为宜。依据干酪品种的不同，加盐方法也不同。加盐方法有以下三种：干腌法，是在定型压榨前，将食盐撒布在干酪粒中或将食盐涂布在生干酪表面（如法国浓味干酪）；湿腌法，是将压榨后生干酪置于盐水池中腌制，盐水浓度为 18% ～ 23%，盐水温度为 8℃左右，浸盐时间为 4 ～ 6 d（如荷兰圆形干酪、荷兰干酪）；混合法，是指在定型压榨后先涂布食盐，过一段时间后再浸入食盐水中的方法（如瑞士干酪、砖状干酪）。

10. 成熟

成熟是将生干酪置于温度为 10 ～ 12 ℃、相对湿度为 85% ～ 90% 的条件下，经过 3 ～ 6 个月，在乳酸菌等有益微生物和凝乳酶的作用下，使干酪发生一系列物理、生物化学变化，形成干酪特有组织状态、质地和风味的过程。干酪成熟过程主要包括前期成熟、上色挂蜡、后期成熟和贮藏。

成熟前期，将待成熟的新鲜干酪放入温度、湿度适宜的成熟库中，每天用洁净的棉布擦拭其表面，防止霉菌的繁殖。为了使表面的水分蒸发均匀，擦拭后要反转放置，此过程一般要持续 15 ～ 20 d。另外，必须严格控制成熟库中的卫生，防止由于污染而影响干酪的质量。

11. 上色、挂蜡、包装

干酪一般在移出储存室之前进行包装，硬质干酪通常加上蜡质或某种塑料或树脂保护层，也常用铝箔或塑料薄膜真空包装。

上色是指将前期成熟后的干酪清洗干净后，用食用色素染色。待色素完全干燥后，在160 ℃的石蜡中进行挂蜡。所选石蜡的熔点以54 ～ 56 ℃为宜，因熔点高者挂蜡后易脱落，近年来采用合成树脂膜取代石蜡。为了食用方便，现多采用塑料膜进行热封或真空包装。上色是为了防止霉菌生长和增加美观，挂蜡是为了防止霉菌，增加保存时间。

后期成熟和贮藏是指将挂蜡后的干酪放在成熟库中继续成熟2 ～ 6个月，使干酪完全成熟并形成良好的口感、风味。成品干酪应在温度为5 ℃及相对湿度为80% ～ 90%的条件下贮藏。

任务实施

融化干酪加工

一、任务准备

（1）主要材料：荷兰干酪、契达干酪和荷兰圆形干酪等，磷酸钠、柠檬酸钠、偏磷酸钠和酒石酸钠等。

（2）工具设备：熔融锅、干酪成型模具、刀具、冷热缸、温度计、筛子等。

二、任务实操

1. 工艺流程

融化干酪加工工艺流程：原料选择→原料预处理→切割→粉碎→加水→加乳化剂→加色素→加热融化→浇灌→包装→静置冷却→成熟→产品。

2. 操作要点

（1）原料干酪的选择。一般选择细菌成熟的硬质干酪，如荷兰干酪、契达干酪和荷兰圆形干酪等。为满足制品的风味及组织，成熟7 ～ 8个月风味浓的干酪占20% ～ 30%，成熟2 ～ 3个月的干酪占20% ～ 30%，搭配中间成熟度的干酪50%，使平均成熟度为4 ～ 5个月。

过熟的干酪由于有的析出氨基酸或乳酸钙结晶，不宜作为原料。有霉菌污染、气体膨胀、异味等缺陷者不能使用。

【知识小贴士】什么是融化干酪？

融化干酪是天然干酪经粉碎、混合、加热熔化、乳化后制成的产品，含乳固体40%以上。允许加入稀奶油、奶油或乳脂以调整脂肪含量；添加香料、调味料及其他食品控制在乳固体的1/6以内。但不得添加脱脂乳粉、全脂乳粉、乳糖、干酪素，以及不是来自乳的脂肪、蛋白质和碳水化合物。

（2）原料干酪的预处理。预处理过程包括除掉干酪的包装材料、削去表皮、清拭表面等。

（3）切碎与粉碎。将原料干酪切成块状，用混合机混合，然后用粉碎机粉碎成4 ～

5 cm 的面条状，最后用磨碎机处理。近年来，此项操作多在熔融锅中进行。

（4）熔融、乳化。在熔融锅（图 5-4-3）中加入适量的水，通常为原料干酪质量的 5% ～ 10%。成品的水分含量为 40% ～ 55%，但还应防止加水过多造成脂肪含量的下降。当温度达到 50 ℃左右，加入 1% ～ 3% 的乳化剂，如磷酸钠、柠檬酸钠、偏磷酸钠和酒石酸钠等。最后将温度升至 60 ～ 70 ℃，保温 20 ～ 30 min，或 80 ～ 120 ℃、保温 30 s 等，使原料干酪完全熔化。乳化结束时，应检测水分、pH、风味等，然后抽真空进行脱气。在进行乳化操作时，应加快熔融锅内搅拌器的转速，使乳化更加完全。在此过程中应保证杀菌温度恒定。

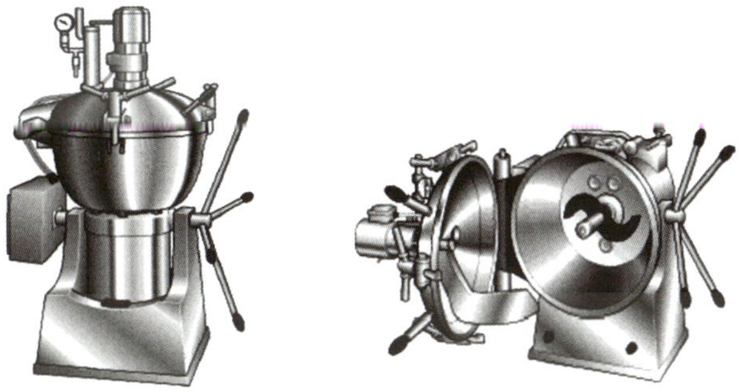

（a）　　（b）

图 5-4-3　熔融锅的外形及内部构造

（a）外形；（b）内部构造

（5）充填、包装。乳化后应趁热进行充填包装。必须选择与乳化机能力相适应的包装机。包装材料多使用玻璃纸或涂塑性蜡玻璃纸、铝箔、偏氯乙烯薄膜等。

（6）冷藏。将包装后的成品融化干酪静置 10 ℃以下的冷藏库中定形和贮藏。

三、任务评价

（1）融化干酪感官评价。请按照表 5-4-2 的标准评价融化干酪的质量，可以采用自评、互评等形式。

表 5-4-2　融化干酪感官评价指标

评价指标	评价标准	分数	实得分数	备注
色泽	具有该类产品正常的色泽	20		
滋味、气味	具有该类产品特有的滋味和气味	20		
状态	具有该类产品应有的组织状态，可有与产品口味相关原料的可见颗粒	20		
	粉状产品为干燥均匀的粉末	20		
	无正常视力可见的外来杂质	20		
合计		100		

（2）融化干酪生产过程评价。请按照表 5-4-3 的标准评价本次任务完成情况。

表 5-4-3　融化干酪生产过程评价指标

职业功能	主要内容	技能要求	相关知识	分数	实得分数	备注
准备工作	清洁卫生	能完成车间、工器具、操作台的卫生清洁、消毒等工作	食品卫生基础知识	10		
	备料	能正确识别原辅料	原辅料知识	10		
	检查工器具	能检查工器具是否完备	工具、设备结构 工具设备使用方法	10		
加工过程	原料选择	能正确选择原料，按照生产工艺完成净乳、标准化和杀菌	原料选择	10		
	预处理	能准确配置工作发酵剂，按照工艺要求进行酸化	预处理方法	20		
	切碎与粉碎	会测量干酪温度 能正确恰当地切割柔软的干酪	切碎温度、酸度	20		
	熔融、乳化	正确使用熔融锅 按照工艺进行乳化	熔融锅结构和使用方法 乳化工艺	10		
	充填、包装、冷藏	按照工艺执行	包装规格、材料 冷藏温度	10		
合计				100		

四、任务拓展

干酪的加工请扫描下方二维码查看。

任务自测

请扫描下方二维码进行本任务自测。

项目六　发酵食品加工

任务一　啤酒加工

任务目标

➤ **知识目标**

1. 掌握啤酒的概念、特点及分类。
2. 熟悉啤酒加工的常用材料及设备。
3. 掌握啤酒加工的工艺流程和操作要点。

➤ **技能目标**

1. 能够准确地选取啤酒生产原料。
2. 能够掌握啤酒加工过程的操作要点和质量控制。
3. 能够正确使用相应设备生产啤酒成品。
4. 能够根据评价标准评价啤酒的质量并提出常见质量问题的解决方法。

➤ **素质目标**

学习啤酒加工，体会勇于创新、敢为人先的工匠精神。

任务导学

“观今宜鉴古，无古不成今。”在白酒产业跨古越今的漫长传承中，保持产业常青的秘诀少不了各个酒企持续不断地创新换来的与时俱进的品牌活力。2022 年 12 月，2022 中国白酒重大科技成果名单发布。其中，五粮液与江南大学徐岩教授团队联合攻关项目《浓香型白酒老窖泥主体己酸菌新种“JNU-WLY1368”菌的研究及其应用》，五粮液与江南大学陈坚院士合作项目《五粮液包包曲酶系指纹图谱解析及产酶微生物群落分析》，五粮液与中国食品发酵工业研究院合作项目《五粮液白酒及其功能成分对细胞活性的影响研究》等成果入围，这些项目成果已通过中国轻工业联合会组织的科技成果鉴定，达“国际领先”水平，这对我国白酒行业的技术进步和科学发展具有推动作用。

思维导图

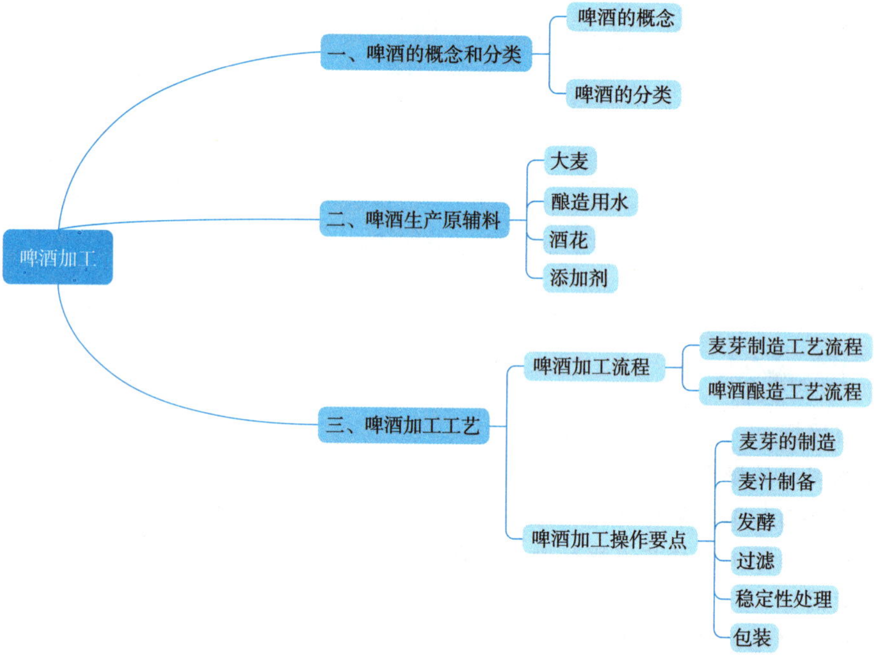

知识储备

一、啤酒的概念和分类

（一）啤酒的概念

啤酒是以麦芽、水为主要原料，加啤酒花（包括酒花制品），经酵母发酵酿制而成、含有二氧化碳、起泡的低酒精度的发酵酒。

（二）啤酒的分类

啤酒可根据色泽、发酵工艺不同分类。

1. 按照色泽分类

（1）淡色啤酒。淡色啤酒的色度为 3 ～ 14 EBC。色度在 7 EBC 以下的为淡黄色啤酒；色度为 7 ～ 10 EBC 的为金黄色啤酒；色度在 10 EBC 以上的为棕黄色啤酒。其口感特点是酒花香味突出，口味爽快、醇和。

（2）浓色啤酒。浓色啤酒的色度为 15 ～ 40 EBC，颜色呈红棕色或红褐色。色度为 15 ～ 25 EBC 的为棕色啤酒；色度为 25 ～ 35 EBC 的为红棕色啤酒；色度为 35 ～ 40 EBC 的为红褐色啤酒。其口感特点是麦芽香味突出，口味醇厚，苦味较轻。

（3）黑啤酒。黑啤酒的色度 >40 EBC，一般为 50 ～ 130 EBC，颜色呈红褐色至黑褐色。其特点是原麦芽汁浓度较高，焦糖香味突出，口味醇厚，泡沫细腻，苦味较重。

（4）白啤酒。白啤酒是以小麦芽生产为主要原料的啤酒，酒液呈白色，清凉透明，酒花香气突出，泡沫持久。

2. 按照酵母品种分类

（1）上面发酵啤酒。上面发酵啤酒是以上面酵母进行发酵的啤酒。麦芽汁的制备多采用浸出糖化法，啤酒的发酵温度较高。例如，英国的爱尔（Ale）啤酒、斯陶特（Stout）黑啤酒及波特（Porter）黑啤酒均属此类啤酒。

（2）下面发酵啤酒。下面发酵啤酒是以下面酵母进行发酵的啤酒。发酵结束时酵母沉积于发酵容器的底部，形成紧密的酵母沉淀，其适宜的发酵温度较上面酵母低。麦芽汁的制备宜采用复式浸出或煮出糖化法。例如，捷克的比尔森啤酒、德国的慕尼黑啤酒及我国的青岛啤酒均属此类啤酒。

3. 按照麦芽汁浓度分类

（1）低浓度啤酒。低浓度啤酒原麦芽汁浓度为 2.5 ～ 8 °P，酒精含量为 0.8% ～ 2.2%。近年来，低浓度啤酒产量逐增，以满足低酒精度及消费者对健康的需求。酒精含量 <2.5%（体积分数）的低醇啤酒，以及酒精含量 <0.5%（体积分数）的无醇啤酒均属此类型。它们的生产方法与普通啤酒的生产方法一样，但最后经过脱醇方法，将酒精分离。

（2）中浓度啤酒。中浓度啤酒原麦芽汁浓度为 9 ～ 12 °P，乙醇含量为 2.5% ～ 3.5%。淡色啤酒几乎均属此类。

（3）高浓度啤酒。高浓度啤酒原麦芽汁浓度为 13 ～ 22 °P，乙醇含量为 3.6% ～ 5.5%。高浓度啤酒多为浓色或黑色啤酒。

4. 按照生产方式分类

（1）鲜啤酒。鲜啤酒是指在包装后通常不经过巴氏灭菌或瞬时高温灭菌的新鲜啤酒。因其未经灭菌，保存期较短。其存放时间与酒的过滤质量、无菌条件和储存温度关系较大，在低温下一般可存放 7 d 左右。其包装形式多为桶装，也可瓶装。

（2）纯生啤酒。纯生啤酒是指酒在包装后，通常不经过巴氏灭菌或瞬时高温灭菌，而采用物理方法进行无菌过滤（微孔薄膜过滤）及无菌灌装，从而达到一定生物、非生物和风味稳定性的啤酒。此种啤酒口味新鲜、淡爽、纯正，稳定性好，保质期可达半年以上。包装形式多为瓶装，也可听装。

（3）熟啤酒。熟啤酒是指啤酒包装后经过巴氏灭菌或瞬时高温灭菌的啤酒。此种啤酒保质期较长，可达 3 个月左右。其包装形式多为瓶装或听装。

二、啤酒生产原辅料

1. 大麦

大麦是啤酒的主要原料之一。在选麦的过程中，要求大麦颗粒肥大，淀粉丰富，发芽力强，淀粉含量要在 60% 以上。酿造啤酒时通常选用二棱或六棱的大麦，先将大麦发芽，然后制成“麦芽浆”，以备酿造。

2. 酿造用水

啤酒生产用水除要符合饮用水标准外，有的还要进行处理。啤酒工厂的酿造用水处理主要有三部分：一是糖化用水和洗糟用水的处理，主要是降低硬度，改良酸度；二是酵母洗涤用水的处理，主要是除菌，防止发酵醪液受到杂菌污染；三是稀释用水的处理，除去硬度和杀菌外，还要脱氧、充二氧化碳。

3. 酒花

酒花是啤酒生产中不可缺少的原料。在啤酒酿造过程中添加酒花，主要作用是：赋予啤酒爽口的苦味；赋予啤酒特有的酒花香气；酒花与麦汁共同煮沸，能促进蛋白质凝固，有利于麦汁的澄清，以及啤酒的非生物稳定性；具有抑菌、防腐作用，可增强麦汁和啤酒的防腐能力；可增强啤酒的泡沫稳定性。

4. 添加剂

啤酒工业用添加剂主要可分为以下几方面：酶制剂、生物稳定剂、非生物稳定剂、抗氧化剂、增泡剂等。至于取代酒花的各种酒花浸膏，取代谷类辅助原料或各种糖浆，均不应考虑在添加剂的范围内。

三、啤酒加工工艺

（一）啤酒加工流程

啤酒加工流程可分为麦芽制造和啤酒酿造两部分。

1. 麦芽制造工艺流程

麦芽制造工艺流程：原料（大麦）→浸渍→发芽→干燥→除根。

2. 啤酒酿造工艺流程

啤酒酿造工艺流程如图 6-1-1 所示。

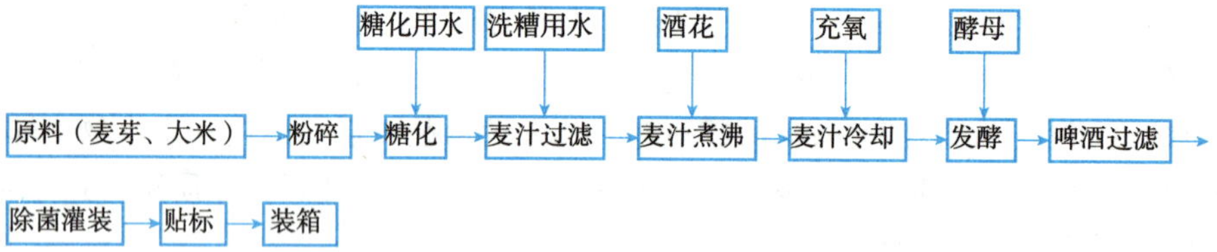

图 6-1-1　啤酒酿造工艺流程

（二）啤酒加工操作要点

1. 麦芽的制造

麦芽制造的目的是使大麦吸收一定的水分，在一定的条件下发芽，产生一系列的酶，以便在后续生产过程中使大分子物质溶解或分解。绿麦芽通过干燥和焙焦，可除去多余的水分，去掉绿麦芽的生青味，产生啤酒特有的色、香、味等成分，从而满足啤酒对色泽、香气、味道、泡沫等的特殊要求。制成的麦芽经过除根，可使麦芽的成分稳定，便于长期贮存。

大麦是酿制啤酒的主要原料，它在人工控制的外界条件下需经浸麦、发芽、干燥、除根的操作过程，生产上称这一过程为麦芽制造。麦芽是啤酒的灵魂，麦芽质量是否能达到合格的标准将直接影响啤酒的质量。

（1）选麦。有好的麦芽须先有好的大麦。通常要求精选后的净麦夹杂物不得超过0.15%，麦粒的整齐度（即腹径2.2 mm以上的麦粒）要求达93%以上，精选率一般为85%～90%。

（2）浸麦。浸麦也称浸渍，包括洗麦、浸麦和通风三个过程。浸麦主要是为了供给大麦发芽时所需要的水分。洗麦可除去浮麦，浸出皮壳中的色素、单宁和盐类等有害物质，提高发芽的质量。

（3）催芽。催芽是在最后一次浸麦时或发芽初期，采用0.15 mg/kg GA处理，对促进与调节麦芽生长有良好的效果。

（4）发芽。大麦经过浸渍后，吸收了一定量的水分，使麦粒脱离休眠状态，在适当的温度和充足的空气条件下，使之生成新鲜麦芽的过程称为发芽。大麦发芽的方法按设置条件，可分为地板式、通风式、塔式和连续式等。

（5）干燥。干燥的作用是使绿麦芽的水分降低，发芽停止，从而便于去根和贮藏。但麦芽干燥并不只是一个简单的水分蒸发过程，还进行了复杂的生化变化。

（6）除根。经干燥处理的麦根十分焦脆，只要稍稍触动就能脱落。因此，对于出塔以后的干麦芽，须随即把根除去。

2. 麦汁制备

大麦经过发芽过程，内含物有一定程度的溶解和分解，但是还远远不够，酵母生长繁殖和发酵所需的营养物质都是低分子的。麦汁制备就是将固体的原辅料通过粉碎、糖化、过滤得到清亮的麦汁，再经过煮沸、后处理等几个过程，成为具有固定组成的成品麦汁。

麦汁制备工艺流程如图6-1-2所示。

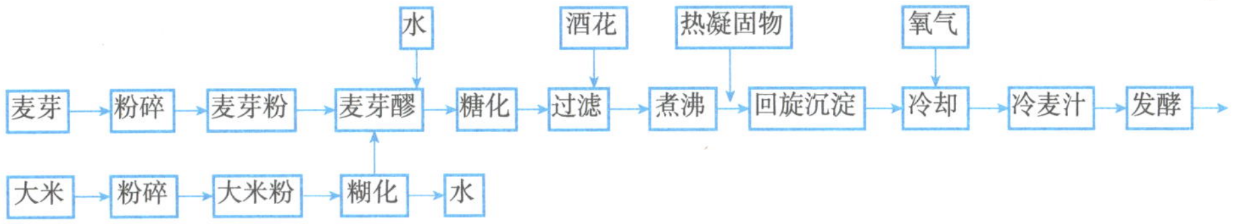

图6-1-2　麦汁制备工艺流程

（1）粉碎。麦芽质量的好坏直接关系到啤酒的品质，因此生产厂家十分重视麦芽的质量。质量好的麦芽粉碎后，粗、细粉浸出率差比较小，糖化力大，最终发酵度高，溶解氮和氨基酸的含量高。

麦芽和谷物配料（大米、玉米、大麦等）经过粉碎可以增加与水、酶的接触面积，使其所有部分都能进行酶催化分解反应，达到物料溶解的目的。从理论上讲，麦芽粉碎得越细，其内含物质的溶解就越迅速、越完全，化学和酶促反应更容易进行，因此就能获得最佳收得率。在实际生产中，通过磨辊后的粉碎物不能含有未破碎的麦芽粒，但也不能粉碎得太细，因为麦芽和淀粉颗粒各具有不同的性质，因此麦芽的粉碎只需要达到一定程度即可。

麦芽可粉碎成谷皮、粗粒、细粒、粗粉、细粉五个部分，一般要求粗粒与细粒（包括细粉）的比例大于 1 ∶ 2.5，麦芽的谷皮在麦汁过滤时形成自然滤层，要求破而不碎。

麦芽的粉碎方法有干法粉碎、湿法粉碎、回潮干法粉碎和浸润增湿粉碎四种。现代型啤酒厂以湿法粉碎为主。

1）干法粉碎。干法粉碎为传统的方法，要求麦芽水分含量为 4% ～ 7%，近代都采用辊式粉碎机。

2）湿法粉碎。将麦芽浸没于水中 15 min 并通风搅拌，使之吸水至 28% ～ 30%。由于麦芽皮壳充分吸水变软，粉碎时皮壳不容易磨碎，胚乳带水碾磨，较均匀，糖化速度快。

3）回潮干法粉碎。用水雾或蒸汽使麦芽吸水。麦芽在很短时间内，通入蒸汽或热水，使麦壳增湿，胚乳水分保持不变，这样使麦壳有一定柔性，粉碎时容易保持完整，有利于过滤。

4）浸润增湿粉碎。麦芽在进行糖化前必须先经粉碎。麦芽增湿（湿式）软化了麦芽粒，使麦皮易于从麦粒上脱落而不至破碎，完整的麦皮提高了过滤速度，对口味的影响也比麦皮小，粉碎后的麦芽，增加了比表面积，可溶性物质容易浸出，也有利于酶的作用，使麦芽中的不溶性物质进一步分解。麦芽增湿（湿式）粉碎不是简单的机械过程，也是部分麦芽进行生化反应开始的过程。

（2）糖化。糖化是指麦芽本身所含有的各种水解酶（或外加酶制剂），在适宜的条件（温度、pH 值等）下，将麦芽和辅料中的不溶性高分子物质（淀粉、蛋白质、半纤维素等）分解成可溶性的低分子物质（如糖类、糊精、氨基酸、肽类等），即提取麦芽和辅料成分的过程。这一过程发生在一个被称为糖化锅的容器内，混合液称为糖化醪液，由此制得的溶液就是麦汁。麦汁中溶解于水的干物质称为浸出物，麦芽汁中的浸出物含量与原料中所有干物质的质量比称为无水浸出率。

糖化目的是将原料和辅料中的可溶性物质萃取出来，并且创造有利于各种酶作用的条件，使高分子的不溶性物质在酶的作用下尽可能多地分解为低分子的可溶性物质，制成符合生产要求的麦汁。

糖化的要求是在较短的时间内获得较多的较高质量的浸出物，浸出物的组成及其比例符合啤酒发酵中酵母发酵丰富的营养物质及酒精产生的要求。

糖化的方法有煮出糖化法、浸出糖化法、双醪糖化法和外加酶糖化法。

（3）过滤。糖化结束时已基本完成了辅料中高分子物质的分解，因此，要在最短时间内把麦汁（溶于水的浸出物）和麦糟（残留的皮壳、高分子蛋白质、纤维素、脂肪等）分离，此分离过程称为麦芽醪的过滤。麦汁的过滤包括糖化醪的过滤和麦糟的洗涤。

麦汁过滤要求：迅速、彻底地分离糖化醪中的可溶性浸出物，在不影响麦汁质量的前提下，尽最大可能获得较高的浸出物收得率；得到较高澄清度的麦汁；迅速过滤，尽量减少糖化醪中影响啤酒风味的皮壳多酚、色素、苦味物质、纤维素等物质，减少氧的溶入，缩短麦汁被氧化的时间，保证麦汁良好的口味和色泽。

麦汁过滤方法有过滤槽法、压滤机法、快速渗出过滤槽法。

（4）麦汁煮沸与酒花添加。糖化过滤后的麦汁需要进行 1 ～ 2 h 的煮沸并在煮沸过程中添加一定数量的酒花。煮沸可以将酒花中的苦味和香味物质溶解到麦汁中，赋予啤酒爽口的苦味和愉快的香味。

酒花添加一般分三次进行。第一次加入是在全量麦汁煮沸 10 ～ 15 min 时，加入总量的 5% ～ 10%，目的是消除麦汁泡沫；第二次加入是在麦汁煮沸 30 ～ 40 min 时，加入总量的 55% ～ 60%，使一半以上的酒花达到萃取异构化；第三次加入是在煮沸结束前 5 ～ 10 min 时，加入总量的 30% ～ 35%，此次加入酒花是为了提高啤酒的酒花香气。

酒花添加原则：要掌握“先次后好，先陈后新，先苦后香，先少后多”的原则，目的是促进蛋白质凝固，增加苦味和酒花清香气。要按不同的添加目的而使用不同质量规格的酒花。

（5）麦汁冷却与分离和澄清。

1）麦汁预冷与热凝固物分离。麦汁预冷与热凝固物分离，国内常用沉淀槽法、冷却盘法和回旋沉淀槽法。

以沉淀槽法为例：麦汁液层高度 <1 m；冷却水温度为 15 ～ 25 ℃；通入冷却水时间为 60 min 左右，麦汁静置温度为 60 ℃左右；麦汁开始激冷温度为 55 ～ 60 ℃；防止杂菌感染措施是用无菌空气吹送麦汁表面。热凝固物的主要成分（以干物质计）见表 6-1-1。

表 6-1-1　热凝固物的主要成分（以干物质计）

成分	蛋白质	酒花树脂	灰分	多酚等其他有机物
含量 /%	50 ～ 60	16 ～ 20	2 ～ 3	20 ～ 30

2）麦汁冷却与冷凝固物的分离。预冷却后的麦汁，通过麦汁冷却器，迅速冷却至发酵所需要的温度，同时冷凝固物析出并排除。

以浮选法为例：利用文丘里管将无菌空气（30 ～ 70 L/100 L）通入麦汁，并用混合泵使通风麦汁形成乳浊液体，泵入浮选罐。罐内背压为 0.05 ～ 0.09 MPa，静置 6 ～ 16 h 后，60% 的冷凝固物随同细匀的空气浮于麦汁表面，形成一厚层覆盖物；然后把麦汁泵入另一槽中，与冷凝物分离，再添加酵母。浮选罐上应保留至少 25% 空间。冷凝固物的主要成分（以干物质计）见表 6-1-2。

表 6-1-2　冷凝固物的主要成分（以干物质计）

成分	蛋白质	酒花树脂	灰分	多酚等其他有机物
含量 /%	50 ～ 60	16 ～ 20	2 ～ 3	20 ～ 30

冷凝固物分离的意义：冷凝固物比在麦汁煮沸过程中形成的热凝固物微粒小得多，而且若把冷却后的麦汁重新加热到 60 ℃以上，麦汁又恢复澄清透明，因此，此浑浊过程是可逆的。如果不除去这些蛋白质，它们会引发啤酒浑浊和啤酒风味问题。冷凝固物也会使啤酒产生令人不快的苦味，因此麦汁在冷却后应使其沉淀并分离出去。

3. 发酵

将麦汁冷却至规定的温度后送入发酵罐，并加入一定量的啤酒酵母即可进行发酵。啤酒发酵是一个非常复杂的生化反应过程，是利用啤酒酵母本身所含有的酶系使麦汁中的可发酵性糖经一系列变化最终转变为酒精和二氧化碳并生成一系列的副产物，如各种醇类、醛类、酯类、酸类、酮类和硫化物等。啤酒就是由这些物质构成的具有独特风味、泡沫、色泽的饮料。

啤酒的质量与啤酒酵母的性能有密切的关系。性能优良的啤酒酵母能生产出质量上乘的啤酒。即使原料相同，若采用不同的酵母菌种、不同的发酵工艺，也会生产出不同类型的啤酒。

（1）啤酒酵母。用于啤酒酿造的酵母主要有以下几种。

①啤酒酵母：啤酒酵母又称酿酒酵母，是发酵工业中最常用的酵母菌。啤酒酵母能发酵葡萄糖、麦芽糖、半乳糖、蔗糖和 1/3 棉籽糖，不能发酵乳糖和蜜二糖，不能同化硝酸盐。

②葡萄汁酵母：能发酵葡萄糖、蔗糖、麦芽糖、半乳糖、蜜二糖，不能发酵乳糖，对棉籽糖却能完全发酵，不能同化硝酸盐。

③卡尔斯伯酵母：啤酒酿造业中典型的下面发酵酵母，能发酵葡萄糖、半乳糖、蔗糖、麦芽糖及全部棉籽糖，不能同化硝酸盐，能稍微利用乙醇。

（2）啤酒发酵技术。传统的啤酒发酵过程分为主发酵（又称前发酵）和后发酵两个阶段。酵母添加后，在有氧的条件下，酵母逐渐恢复原有的活性，以麦汁中可发酵性糖为碳源、氨基酸为主要氮源进行呼吸作用，从中获得生长繁殖所需要的能量。当发酵液中的溶解氧耗尽后，酵母便开始无氧发酵。麦汁中的糖被酵母发酵成乙醇和二氧化碳，这就是主发酵阶段。而在后发酵阶段，发酵液中的酵母将残留的糖分分解成二氧化碳，在密封的容器中二氧化碳很容易溶于酒内，达到饱和。由于后发酵温度较低，可以促进啤酒的成熟和澄清。为了缩短发酵周期，提高发酵设备利用率和产量，现在普遍采用立式锥底大容量发酵罐进行发酵，即让主发酵和后发酵在同一个容器中进行。

传统的啤酒发酵主要有上面发酵、下面发酵两种类型。

下面发酵的发酵温度较低，发酵周期较长，而上面发酵的发酵温度相对较高，发酵周期较下面发酵短；下面发酵过程可明显地划分为主发酵和后发酵两个阶段，而上面发酵大都只有一个阶段——主发酵；下面发酵酵母回收比较容易，而上面发酵则比较困难；下面发酵罐压较低，上面发酵罐压较高。现如今，世界上大多数啤酒厂都采用下面发酵方法，下面发酵法生产的啤酒已占世界总产量的 90% 以上。我国几乎所有啤酒厂都采用下面发酵法。

4. 过滤

啤酒过滤是一种纯物理分离过程，利用过滤前后的压差将待过滤液体从一端推向另一端，穿过过滤介质，发酵液中悬浮的微小粒子被截留下来，滤出的啤酒透明且有光泽。过滤介质将微小粒子甚至比介质孔隙小的粒子截留下来主要是通过筛分效应、深层效应和吸附效应实现的。啤酒过滤的目的如下：

（1）除去酒液中悬浮物，改善酒体外观，使啤酒澄清透明、富有光泽。

（2）除去或减少啤酒中因多酚与蛋白质聚合等而出现的浑浊沉淀物质，提高啤酒的非生物稳定性。

（3）除去酵母、细菌等微生物，提高啤酒的生物稳定性。

5. 稳定性处理

不经过除菌处理的包装啤酒称为鲜啤酒，其生物稳定性仅能保持 5 ～ 7 d，经过除菌处理的啤酒能保持较长时间的生物稳定性。

6. 包装

啤酒包装主要有瓶装、灌装、听装三种形式。啤酒经过灌酒、压盖、验酒、生物稳定处理、贴标、装箱等几步环节便会成为成品啤酒，或直接作为成品啤酒出售。

任务实施

玉米啤酒加工

一、任务准备

（1）主要材料：玉米、大麦芽、麸皮、食盐、7658 淀粉酶、啤酒花。

（2）工具设备：过滤机、煮沸锅、酵母繁殖槽、发酵罐等。

二、任务实操

1. 工艺流程

玉米啤酒加工工艺流程：玉米→粉碎→玉米面→浸渍→液化→糊化→糖化配料→浸渍→蛋白分解→糖化→灭酶→过滤→煮沸→沉淀→冷却→前发酵→后发酵→过滤→灌装→成品。

2. 操作要点

（1）原料准备。玉米面 630 kg（占 69%），大麦芽 270 kg（占 30%），麸皮 9 kg（占 1%），食盐 0.5 kg，7658 淀粉酶 1 kg，啤酒花 7 kg。

（2）玉米面的制备。玉米经清选、去皮、去胚后，在烘箱中烘烤 20 min，然后粉碎成玉米面。

（3）配料、浸渍。在 630 kg 的玉米面中加入 1 kg 麸皮和 1 kg 7658 淀粉酶，然后加入 2.4 t 45 ℃的温水浸渍 20 min，使玉米面部分吸水。

（4）液化、保温。浸渍后升高温度至 80 ℃，保温 20 min，这是第一次液化。然后再升温至 100 ℃，保温 10 min，这是第二次液化。此时淀粉已充分糊化。用碘溶液试验，如无蓝色反应即可。

（5）糖化配料、保温。将液化后的醪液温度降至 68 ℃，添加余下的 8 kg 麸皮、0.5 kg 食盐和 270 kg 麦芽（麦芽预先用水浸渍），加水至 6.1 t。调节 pH 值至 5.3 ～ 5.5，在 45 ℃下浸渍 20 min。麸皮的加入是为了补充 β - 淀粉酶的不足。

（6）蛋白分解。在 56 ℃温度下保温 30 min，然后升温至 68 ℃，保温 60 min。

（7）灭酶。将温度升至 78 ℃进行灭酶，时间为 10 min。

（8）过滤。用过滤机加压过滤。过滤剩下的糟粕先用少量水洗涤，再进行过滤，将两次的滤液混合。过滤时检查麦汁浓度及色、香、味和澄清程度，在不影响麦汁清亮度的情况下，可尽量加大过滤速度，如发现过滤速度减慢时，要随时检查流槽，待洗槽后再过滤。混浊的麦汁要回流，直至麦汁清亮无杂质。

（9）煮沸。过滤后的麦汁注入煮沸锅内，进行煮沸，分三次加入酒花粉。酒花粉的加入量为麦汁的0.15%，约3.5 kg，同时按0.6 g/L麦汁的量加入食盐，约3 kg。

（10）沉淀、冷却。用回旋沉淀槽除去麦汁中的酒花槽、变性蛋白等沉淀物，防止这些物质带至酵母繁殖槽中影响发酵质量。将沉淀后的麦汁温度降至8～10 ℃。

（11）前期发酵。将冷却后的麦汁注入酵母繁殖槽内，待部分麦汁流入后即将所需的酵母种子加入槽内，使酵母尽快起发，酵母液的加入量为麦汁的0.6%～0.8%。对麦汁进行通风供氧，并促使酵母均匀地分散于麦汁中。添加酵母后，酵母繁殖槽内继续流加麦汁，并防止发酵液溢出。

【知识小贴士】发酵过程中的现象

发酵从表面现象看可分为变白、起泡、低泡、高泡、落泡和泡盖形成六个阶段，从时间上可分为起泡期、高泡期和泡盖形成期。

待糖度降到4.2～4.5时，要加快降温，使品温降到4 ℃左右，送入后发酵罐中。前发酵期一般需6～9 d的时间。前发酵完成后，发酵液送入后发酵罐，发酵池底部留下了大量的沉淀酵母，将其收集处理后，可作下次发酵之用。

（12）后期发酵。下酒后开口发酵3～4 d，温度控制在2.8～3.2 ℃，让罐中的酒花树脂和蛋白质凝结物溢出罐外，然后再封罐。保持罐内压力1 kg/cm^{2}以上，待罐内压力稳定后，再把温度降到1～1.5 ℃，约保持15 d，然后把温度降到-1～1 ℃，散装啤酒在低温下贮藏20 d，瓶装啤酒需低温贮藏27～30 d。后期发酵需40～50 d的时间。

（13）过滤。贮藏后的成熟啤酒，其残余的酵母和蛋白质凝固物等大部分沉积于罐的底部，少量仍悬浮于酒液中，必须经过过滤或分离，得到清亮透明的啤酒。滤酒时需要压力稳定、工具洁净，过滤后的酒要清亮透明有光泽。回收的酵母可用作饲料酵母。

（14）灌装。灌装前酒液的温度应控制在0 ℃左右。对洗瓶、打盖、杀菌、验酒等工序要进行严格控制，以保证啤酒的质量。

三、任务评价

（1）玉米啤酒感官评价指标。请按照表6-1-3的标准评价玉米啤酒质量，可以采用自评、互评等形式。

表6-1-3　玉米啤酒感官评价指标

项目	要求	分数	实得分	备注
形态	泡沫洁白细腻，持久挂杯	25		
透明度	清亮，允许有肉眼可见的微细悬浮物和沉淀物（非外来异物）	25		
香气	有明显的酒花香气	25		
口味	口味纯正、爽口，酒体协调、柔和，无异香、异味	25		
合计		100		

（2）玉米啤酒生产过程评价指标。请按照表6-1-4的标准评价本次任务完成情况。

表 6-1-4 玉米啤酒生产过程评价指标

职业功能	主要内容	技能要求	相关知识	分数	实得分	备注
准备工作	清洁卫生	能发现并解决卫生问题	食品卫生基础知识	10		
	备料	能进行原辅料选择和预处理	不同原辅料处理知识	10		
	检查工器具	能检查设备的运行时长	不同设备操作常识	10		
生产过程	麦芽汁制备	能按产品要求粉碎麦芽	计算原辅料的方法	10		
	糖化	能按工艺操作进行糖化	糖化工艺	10		
	过滤	能正确使用设备对麦芽汁进行过滤	过滤操作	10		
	沉淀、冷却	能正确使用设备除去麦汁中的酒化糟、变性蛋白等沉淀物	沉淀、冷却方法	10		
	啤酒发酵	能正确执行发酵工艺	发酵温度、时间	20		
	过滤与稳定性处理	能正确使用设备对啤酒进行过滤	过滤设备使用 过滤参数调控	10		
合计				100		

四、任务拓展

黑米啤酒加工请扫描下方二维码查看。

任务自测

请扫描下方二维码进行本任务自测。

任务二 白酒加工

任务目标

➢ 知识目标

1. 掌握白酒的分类及特点。

2. 熟悉白酒加工常用原辅料。

3. 掌握白酒加工的工艺流程和操作要点。

➢ **技能目标**

1. 能够说清楚各种白酒的特点。

2. 能够学会典型白酒的加工方法。

➢ **素质目标**

学习白酒加工，培养节约用料、最大限度提高成品率的职业素养。

任务导学

中国白酒历史悠久、工艺独特，被列为世界著名六大蒸馏酒之一。它是以淀粉质（或糖质）为原料，加入糖化发酵剂，经过固态、半固态或液态发酵、蒸馏、贮存、勾调而制成的含高浓度酒精的蒸馏酒。

中国白酒因自然环境、酿造原料、酒曲种类和生产工艺等因素的区别，形成了各具特色、风格典型的香型白酒。这些各自独特风格的形成，是千百年来人们对白酒生产工艺的不断总结、提高的结果，是中国广阔的地域、气候、原料、水质、微生物等诸多因素影响的结果，也是各类白酒不断相互模仿、融合、借鉴的产物。

思维导图

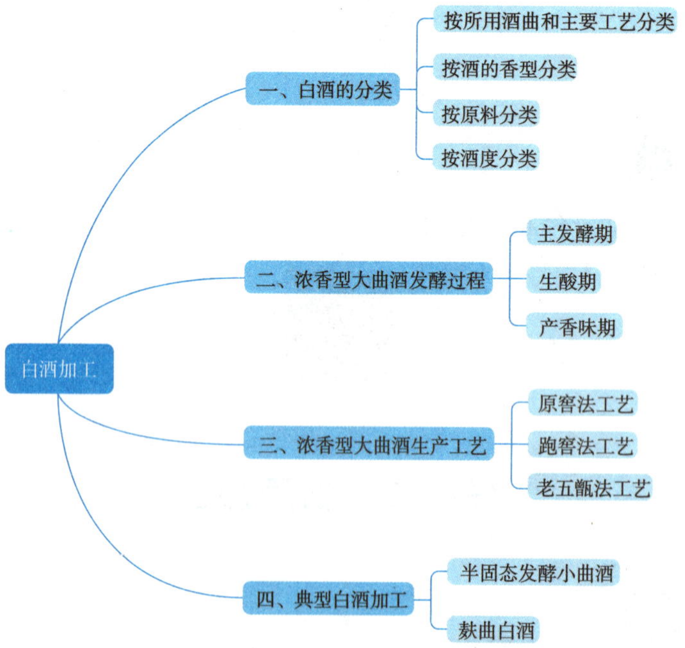

知识储备

一、白酒的分类

（一）按所用酒曲和主要工艺分类

1. 固态法白酒

（1）大曲酒。大曲酒以大曲为糖化发酵剂。大曲的原料主要是小麦、大麦，还会加入一定数量的豌豆。大曲又分为中温曲、高温曲和超高温曲。大曲酒一般采用固态发酵法，大曲酒所酿的酒质量较好，多数名优酒均以大曲酿成。

（2）小曲酒。小曲是以稻米为原料制成的，多采用半固态发酵法，南方的白酒多是小曲酒。

（3）麸曲酒。麸曲是中华人民共和国成立后在烟台操作法的基础上发展起来的，分别以纯培养的曲霉菌及纯培养的酒母作为糖化剂和发酵剂，发酵时间较短，由于生产成本较低，为多数酒厂采用，此种类型的酒产量最大，以大众为消费对象。

（4）混曲法白酒。混曲法白酒主要是大曲和小曲混用所酿成的酒。

（5）其他糖化剂法白酒。此类白酒是以糖化酶为糖化剂，加酿酒活性干酵母（或生香酵母）发酵酿制而成的白酒。

2. 固液结合法白酒

（1）半固、半液发酵法白酒 。这种酒是以大米为原料，以小曲为糖化发酵剂，先在固态条件下糖化，再于半固态、半液态下发酵，而后蒸馏制成的白酒，其典型代表是桂林三花酒。

（2）串香白酒。这种白酒采用串香工艺制成，其代表有四川沱牌酒等；还有一种香精串蒸法白酒，此酒在香醅中加入香精后串蒸而得。

（3）勾兑白酒。这种酒是将固态法白酒（不少于 10%）与液态法白酒或食用酒精按适当比例勾兑而成的白酒。

3. 液态发酵法白酒

液态发酵法白酒，又称“一步法”白酒，其生产工艺类似酒精生产，但在工艺上吸取了白酒的一些传统工艺，酒质一般较为淡薄。

另外，还有调香白酒，这是以食用酒精为酒基，用食用香精及特制的调香白酒经调配而成的。

（二）按酒的香型分类

在国家级评酒中，往往按酒的主体香气成分的特征进行分类。

（1）酱香型白酒。酱香型白酒也称为茅香型白酒，以茅台酒为代表。酱香柔润为其主要特点。其发酵工艺最为复杂，所用的大曲多为超高温酒曲。

（2）浓香型白酒。浓香型白酒以泸州老窖特曲、五粮液、洋河大曲等酒为代表，以浓香甘爽为特点，发酵原料有多种，以高粱为主，发酵采用混蒸续渣工艺。发酵采用陈年老窖，也有人工培养的老窖。在名优酒中，浓香型白酒的产量最大。四川、江苏等地的酒厂所产的酒均属这种类型。

（3）清香型白酒。清香型白酒也称为汾香型白酒，以汾酒为代表，其特点是清香纯正，采用清蒸清渣发酵工艺，发酵采用地缸。

（4）米香型白酒。米香型白酒以桂林三花酒为代表，特点是米香纯正，以大米为原料，小曲为糖化剂。

（5）其他香型白酒。其他香型白酒的主要代表有西凤酒、董酒、白沙液等，香型各有特点。这些酒的酿造工艺采用浓香型、酱香型或汾香型白酒的一些工艺，有的酒的蒸馏工艺也采用串香法。

（三）按原料分类

（1）谷物白酒。谷物白酒以高粱、玉米、稻米、麦类为原料，如茅台酒、五粮液。

（2）薯类白酒。薯类白酒以鲜甘薯类为原料，具有出酒率高、成本低的特点。

（3）代粮白酒。代粮白酒以含淀粉质原生块茎类植物、农副产品下脚料（如米糠、淀粉渣）和含糖下脚料（如糖蜜）等为原料。该类酒酒质低劣、杂质多，正在淘汰中。

（四）按酒度分类

（1）高度白酒。其酒度一般为 50% ～ 60%（体积分数），我国许多名优白酒属于此类。

（2）中度白酒。其在传统白酒的基础上采用降度工艺，酒度为 40% ～ 50%。

（3）低度白酒。其酒度一般在 40% 以下，甚至低至 25%。

二、浓香型大曲酒发酵过程

浓香型大曲酒生产从酿酒原料淀粉等物质到酒精等成分的生成，均是在多种微生物的共同参与、作用下，经过极其复杂的糖化、发酵过程而完成的。整个糖化发酵过程划分为三个阶段。

（一）主发酵期

当摊晾下曲的糟醅进入窖池密封后，直到酒精生成的过程，这一阶段为主发酵期。它包括糖化与酒精发酵两个过程。

密封后的窖池，尽管隔绝了空气，但霉菌可利用糟醅颗粒间形成的缝隙所蕴藏的稀薄空气进行有氧呼吸，而淀粉酶将可溶性淀粉转化生成葡萄糖。这一阶段是糖化阶段。而在有氧的条件下，大量的酵母菌进行菌体繁殖，当霉菌等把窖内氧气消耗完后，整个窖池呈无氧状态，此时酵母菌进行酒精发酵。酵母菌分泌出的酒化酶对糖进行酒精发酵。

固态法白酒生产中，糖化、发酵不是截然分开的，而是边糖化边发酵。因此，边糖化、边发酵是主发酵期的基本特征。

在封窖后的几天内，由于好气性微生物有氧呼吸而产生大量的二氧化碳；同时，糟醅逐渐升温，使窖内温度缓慢上升。当窖内氧气完全耗尽时，窖内糟醅在无氧条件下进行酒精发酵，窖内温度逐渐升至最高，而且能稳定一段时间后，再缓慢下降。

（二）生酸期

在这个阶段，窖内糟醅经过复杂的生物化学等变化，除大量生成酒精、糖外，还会产生大量的有机酸。窖内产生的大量有机酸主要是乙酸和乳酸，也有已酸、丁酸等其他有机酸。

窖内除霉菌、酵母菌外，还有细菌。细菌代谢活动是窖内酸类物质生成的主要途径。醋酸菌作用可将葡萄糖发酵生成醋酸，也可由酵母酒精发酵支路生成醋酸。乳酸菌可将葡萄糖发酵生成乳酸。糖源是窖内生酸的主要基质。酒精经醋酸菌氧化也能生成醋酸。

糟醅在发酵过程中，酸的种类与酸的生成途径也是较多的。

总之，固态法白酒生产属开放式的，在生产中自然接触大量的微生物，它们在糖化发酵过程中自然会生成大量的酸类物质。酸类物质在白酒中既是呈香呈味物质，又是酯类物质生成的前驱物质，即“无酸不成酯”。酸类物质的含量高低是酒质优劣的标志。

（三）产香味期

二十多天后，酒精发酵基本完成；同时产生有机酸，酸含量随着发酵时间的延长而增加。从这一时间算起直到开窖止，这一段时间内是发酵过程中的产酯期，即香味物质逐渐生成的时期。

糟醅中所含的香味成分是极多的。浓香型大曲酒的呈香呈味物质是酯类。酯类物质生成的多少，对产品质量有极大影响。在酯化期，酯类物质的生成主要缘于生化反应。在这个阶段，微生物细胞中所含酯酶的催化作用使酯类物质生成。酸、醇作用生成酯，其速度是非常缓慢的。在酯化期，要消耗大量的醇和酸。

在酯化期，除大量生成已酸乙酯、乙酸乙酯、乳酸乙酯、丁酸乙酯等酯类物质外，同时伴随生成另一些香味物质，但酯的生成是其主要特征。

浓香型大曲酒的三个不同发酵段如图 6-2-1 所示。

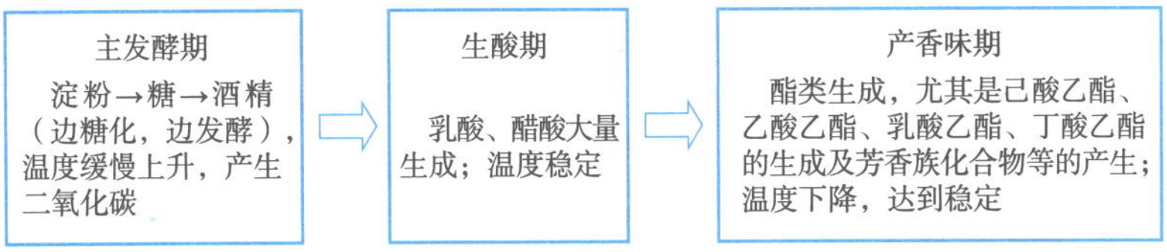

图 6-2-1　浓香型大曲酒的三个不同发酵段

三、浓香型大曲酒生产工艺

因地理环境、气候、微生物种群的不同，浓香型大曲酒生产工艺可划分为原窖法、跑窖法、老五甑法三种。

（一）原窖法工艺

原窖法工艺又称为原窖分层堆糟法。

1. 工艺操作方法

该类窖发酵糟除底糟、面糟外，各层糟醅混合使用，加原辅料、蒸馏取酒、蒸煮糊化、打量水、摊晾拌曲后仍然放回原来的窖池内密封发酵。发酵完毕后，将出窖糟逐层起运至堆糟坝按层堆放，上层糟（黄水线以上）取完后进行滴窖操作，滴窖完成后再取出下层糟。具体堆糟方法：面糟、底糟单独堆放，上、下层糟按取出顺序逐层往上堆放。

2. 原窖法工艺的优点及缺点

（1）粮糟的入窖条件基本一致，甑与甑之间的产酒质量比较稳定。

（2）粮、糠、水等配料，甑与甑间的量比关系保持相对稳定，有规律性，易于掌握，入窖糟的酸度、淀粉浓度、水分基本一致。

（3）微生物长期生活在一个基本相同的环境里，有利于微生物的驯化和发酵。开窖后，可以对出窖糟和黄水的情况进行鉴定与分析，有利于总结经验与制订改进措施。

（4）在操作上的劳动强度大，出窖糟酒精易挥发损失，不利于分层蒸馏。

（二）跑窖法工艺

跑窖法工艺又称跑窖分层蒸馏法工艺。

1. 工艺操作方法

在生产时有一个空窖池，把另一个窖内已经发酵完成的糟醅取出，在加原辅料、蒸馏取酒、糊化、打量水、摊晾拌曲后装入预先准备好的空窖池中，而不再将原来的发酵糟装回原窖。全部发酵糟蒸馏完毕后，这个窖池就成一个空窖，而原来的空窖则装满了入窖糟，再密封发酵。跑窖法工艺没有堆糟坝，窖内发酵糟逐甑取出，分层蒸馏。

2. 跑窖法工艺的优点及缺点

（1）上轮上层糟醅成为下轮的下层糟醅，上轮下层糟醅成为下轮的上层糟醅，有利于调整糟醅的水分和酸度，有利于有机酸的充分利用，从而提高酒质。

（2）操作上劳动强度较小，运一甑蒸一甑，糟醅中香味成分挥发损失小，便于采取分层蒸馏、分级并坛等提高酒质的措施。

（3）甑与甑之间糟醅的酸度和水分差异较大，给操作、配料带来了一定的困难。

（三）老五甑法工艺

老五甑法工艺以苏、鲁、皖、豫一带酿酒为代表。

1. 工艺操作方法

在正常情况下，窖内有四甑糟醅，出窖后加入新的原辅料，分成五甑糟醅进行蒸馏。五甑糟醅中有四甑糟醅继续入窖发酵，这四甑中的一甑糟醅不加新原料，称为回糟；五甑中的另一甑糟醅是上轮的回糟经发酵、蒸馏后所得，不再入窖发酵，称为丢糟。

2. 老五甑法工艺的优点及缺点

（1）窖池小，甑口少，糟醅与窖泥接触面积大，有利于培养糟醅风格，提高酒质。

（2）甑桶大，投粮量多，产量大，劳动生产率高。

（3）原料粉碎较粗，辅料糠壳用量小。

（4）不用打黄水坑进行滴窖。

（5）每天起一个窖，由同一班人蒸馏完成，有利于班组考核，如果生产上出现了差错也容易查找原因。

（6）出窖糟水分含量大（一般为 62% 左右），配料拌和后，水分含量为 54% 左右，不利于己酸乙酯等醇溶性呈香呈味物质的提取，而乳酸乙酯等水溶性呈香呈味物质易于馏出，对酒质有一定的影响。

四、典型白酒加工

（一）半固态发酵小曲酒

小曲酒的制作方法分为先培菌糖化后发酵的半固态发酵法、边糖化边发酵的半固态半液态发酵法和配醅固态发酵法三种。半固态发酵法以桂林三花酒为代表，半固态半液态发酵法以豉味玉冰烧酒为代表，配醅固态发酵法以四川小曲酒为代表。桂林三花酒的特点是采用药小曲半固态发酵法，前期为固态发酵，进行扩大培菌与糖化过程，后期为半液态发酵。

1. 原料配方

大米 100 kg、药小曲粉 800 ~ 1 000 g。

2. 加工方法

（1）原料选择。选用优质大米或碎大米，大米的淀粉含量为 71.4% ~ 72.3%，水分含量为 13% ~ 13.5%。碎大米的淀粉含量为 71.3% ~ 71.6%，水分含量为 13% ~ 13.5%。

生产用水除要求水质良好外，对各种元素及其化合物的含量有一定要求。

（2）蒸饭。将用水浇淋洗过的大米倒入蒸饭甑，扒平盖盖，进行加热蒸煮，待甑内蒸汽大上，蒸 15 ~ 20 min，搅松扒平，再盖盖蒸煮。上大汽后蒸 20 min，饭粒变色，则开盖搅松，泼第一次水。继续盖好蒸至饭粒熟后，再泼第二次水，均匀搅松，再蒸至饭粒熟透为止。蒸熟后饭粒饱满，水分含量为 62% ~ 63%。

（3）拌料。蒸熟的饭料，倒入研料机，将饭团搅散晾凉，再经传送带鼓风摊冷，一般情况在室温 22 ~ 28 ℃时，摊冷至品温 36 ~ 37 ℃，即加入原料量 0.8 ~ 1.0% 的小曲粉拌匀。

（4）下缸。拌料后及时倒入饭缸，每缸为 15 ~ 20 kg（原料计），饭的厚度为 10 ~ 13 cm，中央挖一空洞，以便有足够的空气进行培菌和糖化。通常待品温下降至 32 ~ 34 ℃时，将缸口的簸箕逐渐盖密，使其进行培菌糖化，糖化进行时，温度逐渐上升，经 20 ~ 22 h，品温达到 37 ~ 39 ℃为宜，最高不得超过 42 ℃，糖化总时间共为 20 ~ 24 h，糖化度达 70% ~ 80% 即可。

（5）发酵。下缸培菌，糖化约 24 h 后，加水拌匀，使品温为 36 ℃左右（夏季为 34 ~ 36 ℃，冬季为 36 ~ 37 ℃），加水量为原料的 120% ~ 125%，泡水后醅料的糖分含量应为 9% ~ 10%，总酸不超过 0.7，酒精含量 2% ~ 3%（容量）为正常，泡水拌匀后转

项目六

入醅缸，每个饭缸装入两个醅缸，入醅缸房发酵，适当作好保温和降温工作，发酵时间为 6 ～ 7 d。成熟酒醅的残糖分接近 0，酒精含量为 11% ～ 12%（容积），总酸含量不超过 1.5 g/100 g。

（6）蒸馏。蒸馏采用卧式或立式蒸馏釜设备，采用间歇蒸馏工艺，先将待蒸馏的酒醅倒入酒醅贮池。用泵泵入蒸馏釜，卧式蒸馏釜装酒醅 100 个醅子，立式蒸馏釜装酒醅 70 个醅子。通蒸汽加热进行蒸馏，初蒸时，保持蒸汽压力 292.27 kP，出酒时保持 49 ～ 147 kP，蒸酒时火力要均匀，接酒时的酒温在 30 ℃以下。酒初流出时，低沸点的头级杂质较多。一般应接取 5 ～ 10 kg 酒头，如酒头带黄色和焦杂味等现象时，应接至清酒为止，此后接取中流酒，即为成品酒，酒尾另接取，转入下一釜蒸馏。

（7）陈酿。酒中主要组分是酒精和一定量的酸、酯及高级醇类，成品经质量检查，鉴定其色、香、味后，由化验室取样进行化验，合格后入库陈酿。陈酿存放一段时间，使酒中的低沸点杂质与高沸点杂质进一步发生化学变化，如醛氧化成酸，酸与醇在一定的条件下发生化学变化生成酯类，构成了小曲酒的特殊芳香，同时使酒质醇厚。

桂林三花酒陈酿独特之处在于，在一年四季恒定低温的岩洞中贮藏陈酿，合格入库的酒存放于“象鼻山”岩洞中，存入一年以上，经检查化验，勾兑后装瓶即为成品酒。

3. 质量标准

（1）感官指标。无色透明，味佳美，醇厚，有回甜。

（2）理化指标。酒度（容积）58%，总酯 0.12 g/100 mL 以上，总酸 0.06 ～ 0.1 g/100 mL，甲醇 0.05 g/100 mL 以下，总醛 0.01 g/100 mL 以下，总固形物 0.01 g/100 mL 以下，杂醇油 0.15 g/100 mL 以下，铅 1 mg/L 以下，混浊度 50° 以下。

（二）麸曲白酒

麸曲白酒是以高粱、薯干、玉米及高粱糠等含淀粉的物质为原料，采用纯种麸曲酒母代替大曲（砖曲）作糖化发酵剂生产而成的蒸馏酒。

1. 原料配方

薯干粉（含淀粉 65%）100 kg；鲜酒糟：冬季 500 kg，夏季 600 ～ 700 kg；稻壳：冬季 25 ～ 35 kg，夏季 25 ～ 30 kg；麸曲 6 ～ 8 kg；酒母 4 ～ 7 kg（制酒母时所耗粮食数）。

2. 加工方法

（1）原料粉碎。一般薯干原料经过粉碎应能通过直径为 1.5 ～ 2.5 mm 的筛孔，高粱、玉米等原料也不应低于这个标准。

（2）配料。由于原料性质不同、气温不同、酒糟所含残余淀粉量不同及填充料特性的不同，配料比例应有所变化。如果原料淀粉含量高，酒糟和其他填充料配入的比例也要增加；如果酒糟所含残余淀粉量多，则要减少酒糟配比而增加稻壳或谷糠用量。填充料颗粒粗，配入量可减少。根据经验计算，一般薯类原料和粮谷类原料，配料时淀粉浓度应为 14% ～ 16%。填充料用量占原料量的 20% ～ 30%，可根据具体情况作适应调整。粮醅比一般为 1 ∶ 4 ～ 1 ∶ 6。

配料时要求混合均匀，保持疏松。拌料要细致，混蒸时拌醅要注意减少酒精的挥发损失，原料和辅料配比要准。

（3）蒸煮。原料不同，淀粉颗粒的大小、形状、松紧程度也不同，因此蒸煮糊化的难易程度也有差异。蒸煮时既要保证原料中淀粉充分糊化，达到灭菌要求，又要尽量减少在蒸煮过程中产生有害物质，特别是固态发酵，淀粉浓度较高，比较容易产生有害物质，因此蒸煮压力不宜过高，蒸煮时间不宜过长，一般均采用常压蒸煮，蒸煮温度都在 100 ℃以上。蒸煮时间要视原料品种和工艺方法而定。薯类原料，若用间歇混蒸法，需要蒸煮 35 ～ 40 min。粮谷原料及野生原料，由于其组织坚硬，蒸煮时间应为 45 ～ 55 min。若薯干原料采用连续常压蒸煮，15 min 即可。各种原料经过蒸煮都应达到“熟而不粘，内无生心”的要求。混烧是原料蒸煮和白酒蒸馏同时进行的，在蒸煮时，前期主要表现为酒的蒸馏，温度较低，一般为 85 ～ 95 ℃，糊化效果并不显著，而后期主要为蒸煮糊化，这时应该加大火力，提高温度，可以促进糊化、排除杂质。

清蒸是蒸煮和蒸馏分开进行的，这样有利于原料糊化，又能防止有害杂质混入成品酒内，对提高白酒质量有益。

麸曲白酒的生产由于采用常压蒸煮，蒸煮温度又不太高，所以生成的有害物质少，在蒸煮过程中不断排出二次蒸汽，使杂质能较多地排掉，因此固态发酵生产的白酒，其质量相对地比液态法白酒要好。

（4）晾渣冷却。晾渣主要是为了降低料醅温度，以便接入麸曲和酒母，进行糖化发酵。晾渣还可使水分和杂质挥发，以便料醅吸收新鲜浆水和吸入新鲜空气。

利用带式晾渣机进行连续通风冷却，所用的空气最好预先经过空调，调节风温为 10 ～ 18 ℃，冷却带上的料层不宜太厚，可在 25 cm 以下。冷风应成 3 ～ 4° 的倾斜角度吹入热料层。风速不宜过高，以防止淀粉颗粒表面水分迅速蒸发，而内部的水分来不及向外扩散，致使颗粒表面结成干皮，影响水分和热量的散发。晾渣时要保持料层疏松、均匀，上、下部的温差不能过大，以防止下层料产生干皮，影响吸浆和排杂。

晾渣后，料温要求降低到下列范围：气温为 1 ～ 10 ℃时，料温降到 30 ～ 32 ℃；气温为 10 ～ 15 ℃，料温降至 25 ～ 28 ℃；气温高时，要求料温降低到降不下来为止。

（5）加曲、加酒母、加浆。渣醅冷却到适宜温度即可加入麸曲、酒母和水（浆水），搅拌均匀入池发酵。

1）加曲。加曲温度一般为 25 ～ 35 ℃，可比入池温度高 2 ～ 3 ℃。曲的用量应根据曲的质量和原料种类、性质而定。曲的糖化酶活力高，淀粉容易被糖化，可少用曲，反之则多用曲。一般用曲量为原料量的 6% ～ 10%，薯干原料用曲量为 6% ～ 8%，粮谷原料用曲量为 8% ～ 10%，代用原料用曲量为 9% ～ 11%。随着曲的糖化力的提高，用曲量可以相应地减少。应尽量使用培养到 32 ～ 34 h 的新鲜曲，少用陈曲，更不要使用发酵带臭的坏曲。加曲时，为了增大曲和料的接触面，麸曲可预先进行粉碎。

2）加酒母、加浆。酒母和浆水往往是同时加入的，可把酒母醪和水混合在一起，边搅拌边加入。酒母用量以制酒母时耗用的粮食量来表示，一般为投料量的 4% ～ 7%，每千克酒母醪可以加入 30 ～ 32 kg 水，拌匀后泼入渣醅进行发酵。加浆量应根据入池水分来决定。所用酒母醪酸度应为 0.3 ～ 0.4°，酵母细胞数为 1 ～ 1.2 亿 /mL，出芽率为 20% ～ 30%，细胞死亡率为 1% ～ 3%。

（6）入池条件的控制。固体发酵是通过控制入池淀粉浓度和入池温度来调节发酵温度的。低温入池可保证发酵良好。低温时，酵母能保持活力，耐酒精能力也强，酶不易被破坏。入池温度一般应为 15 ～ 25 ℃，因气温、淀粉浓度、操作方法的不同而异。淀粉浓度的大小决定了池内发酵温度的高低。麸曲白酒生产利用入池淀粉浓度来控制发酵过程中的升温幅度，保证发酵正常进行，入池淀粉浓度为 14% ～ 16% 较好，冬季可偏高，夏季可偏低。微生物的生长和繁殖及酶的作用都需要适当的 pH 值。酵母繁殖最适 pH 值为 4.5 ～ 5.0，发酵最适 pH 值为 4.5 ～ 5.5。麸曲的液化酶最适 pH 值为 6.0，糖化酶的最适 pH 值为 4.5 左右，而一般杂菌喜欢在中性或偏碱性条件下繁殖。为了抑制杂菌繁殖，保证发酵正常进行，一般情况下，粮谷原料的入池酸度为 0.6 ～ 0.8，薯类原料的入池酸度为 0.5 ～ 0.6。

水分对麸曲白酒的生产关系极大，薯料原料入池水分为 58% ～ 62%，粮谷原料入池水分为 57% ～ 58%，冬季可偏高，夏季可偏低。考虑到发酵过程中的水分淋降，池上层可比池下层多 1% 的水分。

（7）发酵。发酵时不但要求能够产生多量的酒精，还要求得到多种芳香物质，使白酒成为独具风格的饮料。固态法麸曲白酒采用我国传统的边糖化边发酵的工艺，在发酵温度下，糖化发酵同时进行。这种发酵工艺由于在较低温度下进行，糖化速度比较缓慢，代谢产物不会过早地大量积累，升温也不会过快，酵母不会早衰，发酵比较完善，芳香物质也易保存，酒的质量较好。麸曲白酒发酵时间较短，发酵期仅 3 ～ 5 d。出池酒精浓度一般为 5% ～ 6%。

在麸曲白酒发酵过程中，伴随着淀粉的糖化和酒精的形成，还会生成其他的物质，如杂醇油、有机酸、酯类、甲醇、甘油、双乙酰、醋酸、2，3- 丁二醇等。

（8）蒸馏。蒸馏是要把酒醅中的酒精成分提取出来，使成品酒具有一定的酒精浓度。同时通过蒸馏要把香味物质蒸入酒中，使成品酒形成独特的风格。麸曲白酒蒸馏，主要用土甑及罐式连续蒸酒机进行。使用土甑蒸馏，要“缓气蒸酒”“大汽追尾”，流酒速度为 3 ～ 4 kg/min，流酒温度控制在 25 ～ 35 ℃并根据酒的质量掐头去尾。酒头的量一般为成品的 2% 左右，掐头过多，芳香物质损失太多，酒味淡薄；掐头过少，酒味暴辣。成品酒度在 50° 以下，高沸点杂质增多，应除去酒尾。间歇蒸馏对保证白酒质量起着极为重要的作用。

罐式连续蒸酒机，由于在蒸馏时整个操作是连续进行的，因此在操作时应注意进料和出料的平衡及热量的均衡性，保证料封，防止跑酒。添加填充料要均匀，池底部位的酒醅要比池顶部位的酒醅多加填充料，一般添加填充料的量为原料量的 30%。由于蒸酒机是连续运转的，无法掐头去尾，成品酒质量比土甑间歇蒸馏要差。

（9）人工催陈。刚生产出来的新酒，口味欠佳，一般需要贮存一定时间，让其自然老熟，可以减少新酒的辛辣味，使酒体绵软适口，醇厚香浓。为了缩短老熟时间，加速设备和场地回转，可以利用人工催陈的办法促进酒的老熟。

1）热处理。对酿成的新酒采用加热保温或冷热处理，可以增强酒分子的运动，强化反应条件，增加反应几率，有利于加速新酒的老熟。新酒在 50 ～ 60 ℃保温 3 d，香味无大变化，口味略见平和。如果在 60 ℃和 –60 ℃环境中各保持 24 h，其效果更为显著，经处理后，香柔醇和，尾子净。另外，将在 40 ℃环境中保温贮藏 1 个月的新酒和对照样品相比，也有一定的好转。

2）微波处理。微波之所以能促进酒的老熟，是因为它能产生高频振荡。若把这种高频振荡的能量转移到酒体，酒也要做出和微波频率一样的分子运动，这种高频率的运动，改变了酒精水溶液的分子排列，使酒醇和。同时，由于酒精水分子进行高速运动，必然产生大量的热，酒温急速升高，会加速酒的酯化，增加酒香。经过微波处理后的酒，口味醇和，总酯含量微增，总醛、杂醇油、甲醇含量略见减少。

任务实施

浓香型白酒加工

一、任务准备

（1）主要材料：以浓香型曲酒为例，主要原料有高粱粉、母糟、大曲、稻壳。

（2）工具设备：甑桶、锤式粉碎机、窖池、冷凝器等。

二、任务实操

1. 工艺流程

浓香型白酒加工工艺流程如图 6-2-2 所示。

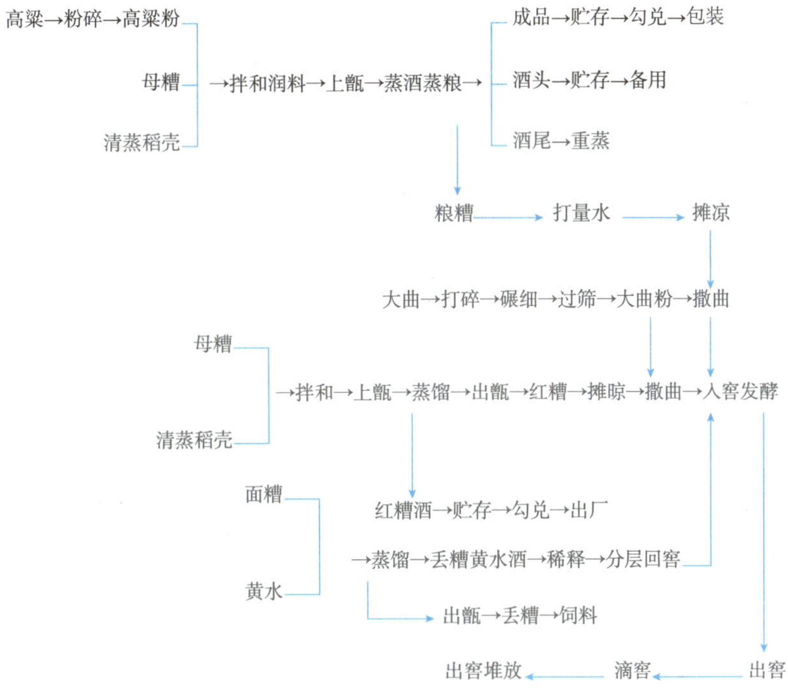

图 6-2-2　浓香型白酒加工工艺流程

2. 操作要点

（1）原料选择与处理。浓香型白酒生产所使用的原料主要是高粱，其中以糯高粱为佳，要求高粱籽粒饱满、成熟、干净、淀粉含量高。

高粱必须粉碎，粉碎度以通过 20 目孔筛的占 70% ~ 75% 为宜，麦曲粉碎度以通过 20 目孔筛的占 60% ~ 70% 为宜。稻壳清蒸 20 ~ 30 min，使用熟糠、大曲磨成细粉。根据气温条件调整投料量、用曲量、水量和填充料量，要严格控制入窖淀粉的浓度。

【知识小贴士】高粱粉碎的目的

高粱粉碎的目的是使颗粒淀粉暴露出来，增加原料表面积，有利于淀粉颗粒的吸水膨胀和蒸煮糊化，糖化时增加与酶的接触，为糖化发酵创造良好的条件。但原料粉碎要适中，粉碎过粗，蒸煮糊化不易透彻，影响出酒；原料粉碎过细，酒醅容易发腻或起疙瘩，蒸馏时容易压汽，必然会增加填充料的用量，影响酒的质量。

（2）拌糟。浓香型大曲酒采用混蒸续糟法工艺，配料中的母糟能够给予成品酒特殊风格，提供发酵成香的前体物质，可以调节酸度，有利于淀粉糊化，也为发酵提供比较合适的酸度，可以调节淀粉含量。

在蒸粮前 50 ~ 60 min，用扒梳挖出约够一甑的母糟，倒入粮粉，拌和两次。拌和要求是拌散、和匀，不得有疙瘩、灰包。收堆后，随即撒上熟糠。上甑之前 10 ~ 15 min 进行第二次拌和，把糠壳搅匀、堆圆，准备上甑。配料时，如果母糟水分过大，就不能将粮粉与稻壳同时倒入，以免粮粉装入稻壳内，拌和不匀。拌和时，要低翻快拌，次数不宜过多，时间不宜太长，以减少酒精挥发。

【知识小贴士】浓香型大曲酒酿造工艺特点

能体现浓香型大曲酒酿造工艺特点的一句话是：“泥窖固态发酵，采用续糟（或渣）配料，混蒸混烧。”具体阐述如下：

（1）浓香型大曲酒的各种呈香呈味成分多与泥窖有关。故泥窖固态发酵是其酿造工艺特点之一。

（2）采取续糟配料。所谓续糟配料，就是在原出窖糟醅中，按每一甑投入一定量的酿酒原料——高粱与一定数量的填充辅料——糠壳，拌和均匀并开始蒸煮。每轮发酵结束，均如此操作。这样，一个窖池的发酵糟醅，连续不断，周而复始，一边添入新料，同时排出部分旧料。在浓香型大曲酒生产中，如此循环不断使用的糟醅，人们又称它为“万年糟”。这样的配料方法，是其酿造工艺特点之二。

（3）混蒸混烧。混蒸混烧是指在将要进行蒸馏取酒的糟醅中按比例加入原料、辅料，通过人工操作上甑将物料装入甑桶，调整好火力，做到首先缓火蒸馏取酒，然后加大火力进一步糊化高粱原料。在同一蒸馏甑桶内，采取先以取酒为主，后以蒸粮为主的工艺方法，这是浓香型大曲酒酿造工艺特点之三。

（3）蒸粮蒸酒。窖上面是 1 ~ 2 甑面糟（回糟），故先蒸面糟。蒸面糟时，可在底锅中倒入黄水，蒸出的酒称为“丢糟黄水酒”。蒸后的面糟成为丢糟，可作为饲料出售。

蒸完面糟，即蒸粮糟（大渣）。需要更换底锅水。上甑时严格遵守操作规程，做到轻撒匀铺，避免塌气。开始流酒时接取酒头 0.5 kg，然后量质摘酒，分质贮存，严格把关，流酒温度以 25 ～ 35 ℃较好。蒸酒时要求缓火蒸酒，火力均匀，断花摘酒，从流酒到摘酒的时间为 15 ～ 20 min。吊尾时间为 25 ～ 30 min。然后加大火力蒸粮，以达到粮食糊化和降低酸度的目的。蒸粮时间从流酒到出甑为 60 ～ 70 min。酒尾回入下甑重蒸。

（4）打量水。粮糟蒸后挖出，堆在甑边，立即打入 85 ℃以上的热水，称为打量水。因为出甑粮糟虽吸收了一部分水分，但还不能达到入窖的最适水分，因此必须打量水，以增加水分，有利于发酵。量水温度不低于 80℃，才能使水中杂菌钝化，同时促进淀粉细胞粒迅速吸收水分，使其进一步糊化，所以量水温度越高越好。

量水用量视季节不同而异。一般出甑粮糟的水分含量为 50% 左右，打量水以后，入窖粮糟的水分含量应为 53% ～ 55%。量水用量是指全窖平均数，在实际操作中，有的全窖上、下层量水用量一样；有的底层较少，逐层增加，上层最多，即所谓“梯梯水”。

（5）摊晾。摊晾的传统操作方法是将酒醅用木锨拉入晾堂甩散甩平，厚为 3 ～ 4 cm，趟成拢，以木齿耙反复拉 3 ～ 5 次。摊晾是将出甑粮糟迅速均匀地冷却至适当的入窖温度，并尽可能地促使糟子的挥发酸和表面的水分大量挥发，但不可摊凉过久，以免感染更多的杂菌。一般夏季的摊晾时间为 40 min，冬季为 20 ～ 25 min，时间越短越好。

（6）撒曲。扬冷后的粮糟应加入原料量 18% ～ 20% 的大曲粉，红糟因未加新料，用曲量可减少 1/3 ～ 1/2，还要根据季节调整用量，一般夏季少而冬季多。用曲太少，造成发酵困难；而用曲过多，糖化发酵加快，升温太猛，容易生酸，同样抑制发酵，并使酒的口味变粗带苦。撒曲温度要略高于入窖温度，冬季高出 3 ～ 4 ℃，在其他季节与入窖温度持平。撒曲后要翻拌均匀，才能入窖发酵。

【知识小贴士】大曲的类型

根据制曲过程中对控制曲坯最高温度的不同，大致可分为以下三种类型：

（1）高温大曲。制曲最高温度达 60 ℃以上，主要用于酿造酱香型白酒。

（2）中高温大曲。制曲温度为 50 ～ 59 ℃，用于酿造浓香型白酒。

（3）中温大曲。制曲温度为 30 ～ 35 ℃，用于酿造清香型白酒和浓香型白酒。

（7）入窖发酵。粮糟摊凉撒曲完毕即可入窖。在糟子达到入窖温度要求时，将糟子运入窖内。入窖时，先在窖底均匀撒入曲粉 1 ～ 1.5 kg。入窖的第一甑粮糟比入窖品温要提高 3 ～ 4 ℃，每入一甑即要扒平踩紧一次。装完粮糟再扒平、踩窖。粮糟平地面（跌窖后），不铺出坎外。在粮糟面上放隔篾两块（或撒稻壳一层），以区分面糟。面糟入窖温度比粮糟略高。

装完面糟后，用黄泥密封，泥厚 8 ～ 10 cm。封窖的目的是杜绝空气与杂菌的侵入，并抑制大部分好气菌的生酸作用，酵母在空气充足时，繁殖迅速，大量消耗糖分，会导致发酵不良，在空气缺乏时，才能正常缓慢发酵。

加强发酵期间窖池的管理极为重要，每日要清窖一次，不留裂缝。发酵期间，在清窖的同时，检查一次窖内温度的变化，观察吹口的变化情况。

粮糟发酵完成后就可出窖堆放，所得到发酵糟即母糟。母糟与高粱粉、稻壳按一定比例配料搅拌，上甑，蒸粮蒸酒。浓香型大曲酒醅入窖条件见表 6-2-1。

表 6-2-1　浓香型大曲酒醅入窖条件

季节 条件	冬季	夏季	春、秋季
入窖温度 /℃	16 ～ 17（南方） 18 ～ 20（北方）	能低则低	13 ～ 14
入窖酸度 /°	1.3 ～ 1.7	2.0	1.7 ～ 1.9
入窖淀粉量 /%	17 ～ 18	14 ～ 15	15 ～ 16
入窖水分 /%	53 ～ 55	54 ～ 57	54 ～ 56
用曲量	20 ～ 22	29 ～ 20	19 ～ 21

（8）勾兑。不同层次的粮糟蒸出的酒，其醇、香、甜、回味等各有突出的特点，质量差异很大。因此必须进行勾兑，使出厂的酒质量一致。

（9）贮存。新蒸馏出来的酒只能算半成品，具辛辣和冲味，饮后感到燥而不醇和，必须经过一定时间的贮存才能作为成品。经过贮存的酒，它的香气和味道都比新酒有明显的醇厚感，此贮存过程在白酒生产工艺上称为白酒的“老熟”或“陈酿”。名酒规定，贮存期一般为三年，而一般大曲酒也应贮存半年以上，这样才能提高酒的质量。

三、任务评价

（1）浓香型白酒感官评价指标。请按照表 6-2-2 的标准评价浓香型白酒质量，可以采用自评、互评等形式。

表 6-2-2　浓香型白酒感官评价指标

项目	优级	分值	实得分	备注
色泽	无色，清凉透明，无悬浮物，无沉淀	25		
香气	具有浓郁的以己酸乙酯气味为主体的复合香气	25		
口味	绵甜净爽，香味协调，余味悠长	25		
风格	具有本品突出的风格	25		
合计		100		

（2）浓香型白酒生产过程评价指标。请按照表 6-2-3 的标准评价本次任务完成情况。

表 6-2-3　浓香型白酒生产过程评价指标

职业功能	主要内容	技能要求	相关知识	分值	实得分	备注
浓香型白酒加工	卫生整理	能清理操作台、地面，并能在工作中保持整洁	职业素养	5		
		能保持工作服、围裙、帽子、工作靴等个人用品卫生		5		
	工具、设备准备	能使用、清洗和保养常用工具、设备		5		
	原料选择	能根据白酒的品种选用合适的原料及用量	原辅料选择的要求	10		
	辅料选择	能识别常用辅料的品种		10		
		能掌握合适的配料要求		10		
	粉碎	能正确选择粉碎度	粉碎粒度	10		
	酿造	能掌握浓香型大曲酒的酿造工艺要求	大曲酒的酿造工艺	10		
	发酵	能正确选择合适的发酵条件	发酵工艺参数	10		
		能正确判断发酵终点		10		
	感官检验	能对产品的品质、规格、包装进行鉴别	感官评价标准	5		
生产管理	节约意识	能节约用料、物尽其用，最大限度地提高成品率	节约意识	5		
	技术管理	能及时发现工段产品质量问题，确保不合格产品进入下一工段，能支持并推行全面质量管理	质量控制方法	5		
合计				100		

四、任务拓展

五粮浓香型白酒加工请扫描下方二维码查看。

任务自测

请扫描下方二维码进行本任务自测。

任务三　葡萄酒加工

任务目标

➢ **知识目标**

1. 了解葡萄酒的概念、分类及特点。
2. 熟悉葡萄酒的加工常用的原辅料。
3. 掌握啤酒加工的工艺流程和操作要点。

➢ **技能目标**

1. 能够根据不同种类葡萄酒的特点选取生产原料。
2. 能够学会葡萄酒加工工艺流程和操作要点。
3. 能够正确使用相应的设备生产葡萄酒。

➢ **素质目标**

结合葡萄酒酿造管理中酿酒师实践经验积累的重要性，强调酿酒和做人一样，都是不断积累的过程，只有坚持不懈地深入实践，积累丰富的实践经验，才能酿造出更好的葡萄酒，取得更大的成就。

任务导学

纵观世界葡萄酒的发展历史，“创新”始终是推动世界葡萄酒发展和丰富的重要力量，“创新”成就了世界葡萄酒的丰富多彩，“创新”成就了诸多酒体的独有特色。

法国香槟是在地理纬度偏高的香槟地区干白葡萄酒微起泡的瑕疵中诞生的；葡萄牙波特、西班牙雪莉、意大利玛萨拉，是在地理大发现的时代背景下，改变酒体氧化状态，延长酒体保质期而诞生的加强型葡萄酒；法国苏玳、匈牙利托卡伊、德国与加拿大冰酒等甜酒，以及意大利阿玛罗尼红酒，是在物理缩水风干、改变葡萄原料属性过程中产生的不同风味的葡萄酒；法国博若莱新酒则是在放弃传统酿造工艺中橡木桶发酵环节及改变其萃取工艺后而诞生的鲜酒。

可以说，“创新”造就了世界各地具有地域和民族风格的美酒；同时，也让人们看到，越是地域化、差异化和烙上民族印记的美酒，越是世界的。

中国葡萄酒产业发展需要鲜明的文化元素，传统文化是一个支点；找准全球葡萄酒竞争的差异化，凸显中式草本葡萄酒的文化积淀，才有可能有效地突破世界葡萄酒的既有格局。

快乐与健康是人类诉求的两大“普世价值”，草本葡萄酒可以更好地兼容并包，其口味应国际化，品种应丰富化，以适应市场。你知道草本葡萄酒吗？接下来，我们一起来了解葡萄酒加工。

思维导图

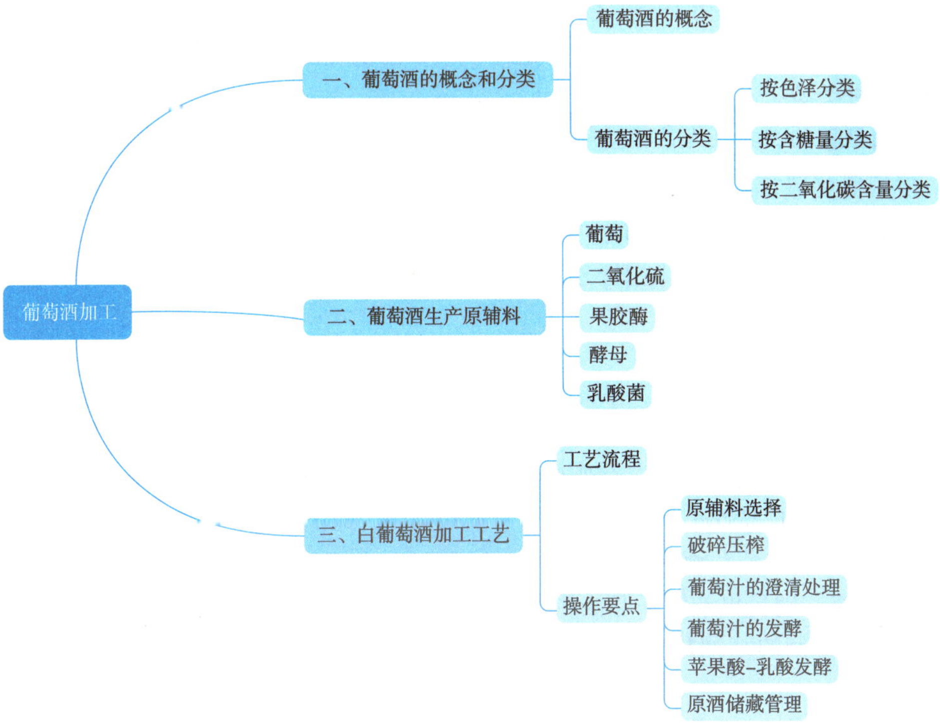

知识储备

一、葡萄酒的概念和分类

（一）葡萄酒的概念

葡萄酒是指以鲜葡萄或葡萄汁为原料，经全部或部分发酵酿制而成的，含有一定酒精度的发酵酒。

（二）葡萄酒的分类

1. 按色泽分类

（1）白葡萄酒。颜色接近无色、浅黄、浅黄而略带绿色、金黄，凡颜色过深者均不合要求（氧化），这类酒要求果香突出，可用不同品种葡萄酿制，在风味上要求有典型性。

（2）桃红葡萄酒。颜色为浅红、桃红或玫瑰红，在风味上果香与酒香应兼备。

（3）红葡萄酒。颜色为紫红、深红、鲜红、宝石红或红中稍有棕色，其颜色应来自葡萄，不允许人工着色，这类酒要求酒香突出。

2. 按含糖量分类

（1）干型葡萄酒。其为含糖量≤ 4 g/L 的葡萄酒，或者当总糖与总酸（以酒石酸计，下同）的差值≤ 2 g/L 时，含糖量最高为 9 g/L 的葡萄酒。

（2）半干型葡萄酒。其为含糖量一般为 4.1 ～ 12 g/L，或者当总糖与总酸的差值≤ 2 g/L 时，含糖量最高为 18 g/L 的葡萄酒。

（3）半甜型葡萄酒。其为含糖量不超过 45 g/L 的葡萄酒。需要注意的是，高泡葡萄酒没有半甜这种类型。

（4）甜型葡萄酒。其为含糖量超过 45 g/L 的葡萄酒。

3. 按二氧化碳含量分类

（1）平静葡萄酒：在 20 ℃下，二氧化碳的压力 <0.05 MPa 的葡萄酒。

（2）起泡葡萄酒：在 20 ℃下，二氧化碳的压力≥ 0.05 MPa 的葡萄酒。

二、葡萄酒生产原辅料

1. 葡萄

对葡萄酒而言，葡萄品种、自然条件、酿造技术是决定葡萄酒品质的三大要素。能够将葡萄中潜在的优良品性最大程度地体现于葡萄酒中，靠的是精湛的酿造技术。

（1）适于酿制红葡萄酒的优良葡萄品种。

1）法国蓝，别名玛瑙红、蓝法兰西，原产奥地利，我国烟台、青岛、黄河故道等地均有种植。其酿制的红葡萄酒呈宝石红色，有该品种特有的果香味，酒体丰满，酒质柔和，回味长。

2）佳利酿，又名加里酿、法国红，原产西班牙，我国的北京、天津、安徽、江苏、陕西、山东等地都有种植，可酿制红、白葡萄酒。用其酿制的白葡萄酒淡黄色，储存 1 年的新酒微带红色，有轻微的果香；储存 3 年的酒有柔和的酒香，酸高，味厚，宜久藏。用其酿制的红葡萄酒，呈淡红宝石色，有良好的果香。该品种也可用于配制桃红葡萄酒。

3）赤霞珠，又名解百纳，原产法国，我国山东等地栽培较多，是酿造优质红葡萄酒的世界名种，适合酿造干红葡萄酒，也能酿制桃红葡萄酒。用其酿造的红葡萄酒颜色紫红，果香、酒香浓郁，酒体完整，但酒质稍粗糙。

另外，适于酿制红葡萄酒的优良品种还有汉堡府香、味多儿、梅鹿辄、宝石解百纳及我国选育的品种梅郁、梅醇、北醇、公酿 1 号等。

（2）适于酿制白葡萄酒的优良葡萄品种。

1）灰比诺，又名李将军、灰品诺，原产法国。我国济南、兴城、南京等地均有栽培，是酿造白葡萄酒和起泡葡萄酒的优良品种。用其酿制的酒成熟快，储存半年到 1 年就出现这一品种酒的清香，滋味柔和爽口。该品种可做干酒，也可酿甜酒。

2）龙眼，又名秋紫，是我国的古老品种，为华北地区主栽品种之一，西北、东北地区也有较大面积的栽培。这种葡萄既适于鲜食，又是酿酒的良种，用它酿制的葡萄酒，呈淡黄色，有清香，储存 2 年以上，出现醇和酒香，陈酿 5 ～ 6 年的酒，滋味优美爽口，酒体细腻而醇厚，回味较长。该品种也可酿造甜白葡萄酒。

3）长相思，原产自法国波尔多和卢瓦尔河谷的酿酒葡萄品种，适合温和的气候条件，香气非常浓，有花香，也有果香，其酿造的白葡萄酒多属于干白葡萄酒，曼达经典长相思干白葡萄酒，色泽明亮，呈浅黄色，口感清新，带有柠檬、青苹果和青草的香气。

另外，适于酿制白葡萄酒的优良品种还有雷司令、维欧尼、赛美蓉、白诗南及琼瑶浆等。

2. 二氧化硫

二氧化硫的添加是目前葡萄酒酿造过程中一项不可缺少的基本技术，且在葡萄酒酿造工艺中起着不可估量的作用。其在澄清、护色、抗氧化、抑制微生物及影响葡萄酒感官质量等方面起着重要的作用。

3. 果胶酶

酶是生物体内的一种活性催化剂，主要作用是促使生命体内新陈代谢循环中的一些特定生化反应进行。酶是一种单纯的蛋白质，不具备繁殖能力。并且一种酶只能对一特定的生化反应有作用。葡萄酒的酿造过程就是由一系列的生化反应来完成的。因此，酶作为一种纯生物反应催化剂被广泛应用到葡萄酒的酿造过程中。利用酶制剂来促进葡萄酒酿造过程中的特定工艺，能够确保葡萄酒的质量，最大程度地利用原料的优良品质。

目前在葡萄酒酿造过程中广泛使用的主要是果胶酶，根据果胶酶的制作纯度与特点分别用于葡萄酒中香气物质、色素和单宁的浸提、葡萄汁的澄清及葡萄酒的陈酿。

4. 酵母

葡萄酒的酿造主要是在酵母的作用下进行的，因此，酵母是酿造葡萄酒的必备条件。葡萄酒的质量特性取决于所选的酵母，应该选择能通过葡萄酒展现种植土壤、品种特性、品种香和发酵芳香的酵母。随着葡萄酒生物科学技术的迅速发展，出现了保持并突出原料品种特性的，用于酿造优质葡萄酒的优良酵母。

5. 乳酸菌

苹果酸 - 乳酸发酵是红葡萄酒和某些高酸白葡萄酒酿造过程中的两个重要工艺环节。它通过乳酸菌将葡萄酒中的不稳定苹果酸转变成较柔顺稳定的乳酸，从而得到预期的酸度，在一定程度上改善口感、突出果香及增加葡萄酒的复杂性。

三、白葡萄酒加工工艺

1. 工艺流程

白葡萄酒加工工艺流程：成熟葡萄选收→除梗破碎→入罐浸渍→接种发酵→终止发酵→分离倒罐→澄清→储存→优化调整→灌装饮用。

2. 操作要点

（1）原辅料选择。白葡萄酒是采用红皮肉白或皮肉皆白的优良白葡萄品种为原料酿造而成的。葡萄一般包括果梗和果粒两部分，果粒又包括果皮、果核和果肉三部分。优质葡萄品种有霞多丽、贵人香、雷司令等。

酿造白葡萄酒的水质要求清澈透明，无色，无异味，有促进糖化发酵的无机盐类，具有一定的硬度，要求 pH 值为中性左右，水中所含总固体最好在 100 mg/L 以下，锂离子在 0.5 mg/L 以下。

前处理阶段，一般质量好的葡萄二氧化硫用量为 60 ～ 80 mg/L（以总二氧化硫为准）；染有葡萄孢霉的葡萄二氧化硫用量为 80 ～ 120 mg/L（以总二氧化硫为准）。

（2）破碎压榨。葡萄进厂后应于当天破碎，并加入少量的二氧化硫，立即将葡萄汁与渣分离，去梗可以在葡萄破碎前进行也可在破碎后进行。果汁分离是白葡萄酒的重要工艺，其分离机械有气囊式压榨机、螺旋式连续压榨机。果汁分离时，分离速度要快，缩短葡萄汁与空气接触时间并用二氧化硫处理，以减少葡萄汁的氧化。

（3）葡萄汁的澄清处理。为了酿造优质白葡萄酒，提高酒的稳定性，葡萄汁在发酵前必须经过澄清处理。果汁澄清处理的办法一般有静置澄清、加澄清剂、硅藻土过滤、果胶酶澄清、皂土澄清等方法。

1）静置澄清。静置一般与二氧化硫同时进行处理。当果汁温度为 20 ～ 25 ℃时，加入二氧化硫 150 ～ 200 mg，随着温度的下降，适当减少二氧化硫添加量。然后换桶分离，在 24 h 内可以得到澄清的果汁。

2）加澄清剂。在果汁中加入明胶，澄清后换桶分离。明胶用量一般为 0.1 ～ 0.15 g/L。

3）硅藻土过滤。硅藻土过滤能得到澄清的果汁。

4）果胶酶澄清。葡萄果汁中的果胶影响酒的风味和澄清，也不易过滤。有效的办法是在果汁中添加果胶酶，其加入量一般为 0.1 ～ 0.15 g/L。

5）皂土澄清。皂土是以二氧化硅、三氧化铝为主要成分的白色粉末，具有极强的吸附力，与蛋白质形成胶状沉淀物，是白葡萄酒良好的澄清剂，一般用量为 1.5 g/L 左右，可以通过小样试验得到准确用量。

（4）葡萄汁的发酵。果汁成分调整后，立即送入处理好的发酵池或罐中接入人工酵母进行发酵。人工酵母的添加量应根据酵母特性、发酵醪浓度、发酵温度等来合理调整。发酵温度对白葡萄酒来讲是很重要的，一般不应超过 28 ℃，优质酒 18 ～ 20 ℃最适宜。这种温度下酿制的白葡萄酒果香新鲜，口味细腻。因此，控制发酵温度和果汁澄清是酿制优质白葡萄酒的两个极重要的条件。一般发酵容器有发酵桶、发酵罐、发酵池。

（5）苹果酸 - 乳酸发酵。苹果酸 - 乳酸发酵就是葡萄酒在乳酸细菌的作用下将苹果酸分解为乳酸和二氧化碳的过程。若要获得优质葡萄酒，首先，应该使糖和苹果酸分别只被酵母菌及乳酸菌分解；其次，应尽快完成这一分解过程；最后，当葡萄酒中不再含有糖和苹果酸时，葡萄酒才算真正酿成，应尽快除去微生物。

苹果酸 - 乳酸发酵成为改善酒体，使香气、风味物质平衡的必需程序，而且在严格控制工艺的条件下，可以实现降酸至酿酒需要的任意酸度，并得到良好的风味和口感。

1）接种时间。主发酵结束后，若同时进行主发酵和苹果酸－乳酸发酵，需要解决微生物间的拮抗和对底物的专一性（单一发酵性）；而且某一发酵出现问题时，所采取的措施可能影响到另一发酵，需要强的抗 SO_2 能力。

2）监控管理。纸层析、酶法测 D- 乳酸、观察气体的溢出、变浑浊及感官变化、监测挥发酸和总酸，很少数用镜检方法。

3）终点判断。纸层析苹果酸消失，有时不能灵敏地指示 MLF 是否完成，因琥珀酸和乳酸、柠檬酸和苹果酸的斑点很近，有时难以区分；苹果酸 <200 mg/L，D- 乳酸 >200 mg/L，认为 MLF 结束。

4）中止。立即分离转罐并使用 20 ～ 50 mg/L 的 SO_2 处理。

（6）原酒储藏管理。为使所酿干白葡萄酒更加丰满协调、芳香柔和，须将发酵后的干白葡萄原酒转入橡木桶中进行陈酿。贮酒室温度：8 ～ 11 ℃；湿度：85% ～ 90%；有通风设施，保持室内空气新鲜、卫生及清洁。因干白葡萄酒主要体现其果香和酿造香气，陈酿时间不宜过长，6 ～ 10 个月即可。

任务实施

红葡萄酒加工

一、任务准备

（1）主要材料：红皮葡萄、白砂糖、酒石酸、葡萄酒酵母、偏重亚硫酸钾、鸡蛋等。

（2）工具设备：手持糖度计、pH 计、温度计、密度计、发酵罐（或发酵缸）、贮酒桶、不锈钢筒或塑料桶、过滤筛、台秤、纱布、水浴锅等。

二、任务实操

1. 工艺流程

红葡萄酒加工工艺流程：原料选择→分选→清洗→去梗破碎→调整糖酸度→ SO_2 处理→前发酵→压榨→后发酵→陈酿→澄清→过滤→调配→装瓶→杀菌→成品。

2. 操作要点

（1）原料选择。选择无病果、烂果并充分成熟的酿酒葡萄或鲜食葡萄，颜色为深色品种。葡萄酒生产企业在生产红葡萄酒时，一般要求原料中所含糖分为 21% 以上，最好达到 23% ～ 24%；要在葡萄完全成熟，糖、色素含量高且酸度不太低时采收。

（2）分选。将不同品种、不同质量的葡萄分别存放。根据分级标准将葡萄分为一等、二等和等外三级。一等、二等用于酿造优质酒，等外级配置普通酒。

【知识小贴士】原料分选的目的

提高葡萄的平均含糖量，减轻或消除成酒的异味，增加酒的香味，减少杂菌，保证发酵与贮酒的正常进行，以达到酒味纯正、少生病害的要求。最好在采收时就按品种、质量分别存放。

（3）去梗破碎。用手将葡萄挤破，去除果梗，把果浆（带皮）放入塑料盆或不锈钢容器中，注意不能用铁质容器。企业生产中，可用双滚筒破碎机或离心式破碎机进行破碎处理，再用除梗机去掉果梗。破碎率要求达到 95% 以上。

【知识小贴士】破碎的目的

将果粒破裂，使葡萄汁流出，便于压榨或发酵。要求每粒葡萄都要破裂、籽实不能压破、梗不能碾碎、皮不能压扁，以免籽和梗中的不利成分进入汁中。葡萄及其浆、汁不得接触铁、铜等金属。果梗在葡萄汁中停留时间过长时会带来青梗味，使酒液过涩或发苦，因此葡萄破碎后应尽快除去果梗。

（4）调整糖酸度。

1）糖的调整。常用纯度为 98.0% ～ 99.5% 的结晶白砂糖来调整原料的甜度，调整糖分要以发酵后的酒精含量作为主要依据。操作时要准确计算葡萄汁体积，葡萄汁将糖溶解成糖浆，加糖后要充分搅拌使其完全溶解，记录溶解后的体积，最好在酒精发酵刚开始时一次加入所需的糖。

【知识小贴士】加糖的原因

理论上，17 g/L 的糖可发酵生成 1 度酒精。一般葡萄汁的含糖量为 14 ～ 20 g/100 mL，只能生成 8.0% ～ 11.7% Vol 的酒精。而成品葡萄酒的酒精浓度多要求为 12% ～ 13% Vol，甚至 16% ～ 18% Vol，故生产中常补加糖使其生产足量的酒精。

生产中最简便的计算方法：

入罐葡萄质量（kg）×0.75（出汁率）×（21°– 葡萄实际糖度）×0.011 5= 加糖量

2）酸的调整。葡萄酒发酵时，其酸度在 0.8 ～ 1.2 g/100 mL 最适宜。若酸度低于 0.5 g/100 mL，则需要加入适量酒石酸、柠檬酸或酸度较高的果汁进行调整，酒石酸增酸效果较好。加酸时先将葡萄汁与酸混合，缓慢均匀地加入葡萄汁中，并搅拌均匀。操作中不可使用铁质容器。一般在发酵前将葡萄汁的酸度调整到 6 g/L，pH 为 3.3 ～ 3.5。

（5）SO_2 处理。发酵醪中的 SO_2 含量一般要求达到 30 ～ 150 mg/L。葡萄酒酿造时，为了操作方便，一般将固体亚硫酸盐作为 SO_2 的来源。将固体偏重亚硫酸钾（$K_2S_2O_5$）先溶于水中，配成 10% 溶液，然后按工艺要求添加。切勿将固体直接混入果汁中。硫化物中有效 SO_2 含量见表 6-3-1。

表 6-3-1　硫化物中有效 SO_2 含量

试剂名称	纯试剂中含 SO_2/%	实际使用时计算量 /%
偏重亚硫酸钾（$K_2S_2O_5$）	57.65	50
亚硫酸氢钾（$KHSO_3$）	53.31	45
亚硫酸钾（K_2SO_3）	33	25
偏重亚硫酸钠（$Na_2S_2O_5$）	67.43	64
亚硫酸氢钠（$NaHSO_3$）	61.59	60
亚硫酸钠（Na_2SO_3）	50.84	50

【知识小贴士】SO_2 的作用

（1）杀菌防腐作用。SO_2 是一种杀菌剂，能抑制各种微生物的活动，若浓度足够高，可杀死微生物。葡萄酒酵母抗 SO_2 能力较强（250 mg/L），适量加入 SO_2，可达到抑制杂菌生长且不影响葡萄酒酵母正常生长和发酵的目的。

（2）抗氧化作用。SO_2 能防止酒的氧化，抑制葡萄中的多酚氧化酶活性，减少单宁、色素的氧化，阻止氧化浑浊、颜色退化，防止葡萄汁过早褐变。

（3）增酸作用。SO_2 的添加还起到了增酸作用，这是因为 SO_2 阻止了分解苹果酸与酒石酸的细菌活动，生成的亚硫酸氧化成硫酸，与苹果酸及酒石酸的钾、钙等盐类作用，使酸游离，增加了不挥发酸的含量。

（4）澄清作用。在葡萄汁中添加适量的 SO_2，可延缓葡萄汁的发酵，使葡萄汁充分澄清。这种澄清作用对制造白葡萄酒、淡红葡萄酒及葡萄汁的杀菌都有很大益处。若要使葡萄汁在较长时间内不发酵，添加的 SO_2 量还要大。

（5）溶解作用。将 SO_2 添加到葡萄汁中，其与水化合会立刻生成亚硫酸，这有利于果皮上某些成分的溶解，这些成分包括色素、酒石、无机盐等。这种溶解作用对葡萄汁和葡萄酒色泽有很好的保护作用。

（6）前发酵。前发酵也称为主发酵，是酒精发酵的主要阶段。前发酵除产生大量的酒精外，还有色素物质和芳香物质的浸提作用，而浸提效果决定酒的颜色、耐贮性、酒体及特征香气。

将 SO_2 处理过的葡萄浆放入已消毒的发酵缸中，充满容积的 80%（不能装满，防止发酵旺盛时汁液溢出容器）。接入活化后的活性葡萄酒酵母，在 26 ～ 30 ℃温度条件下，前发酵经过 1 周左右就能基本完成。前发酵期间，每天用木棍搅拌 4 次（白天 2 次，晚上 2 次），用木棍将酒帽压下，保证各部分发酵均匀。

【知识小贴士】发酵期如何确定？

一般情况下，酒液残糖量降至 0.5% 左右，发酵液面只有少量二氧化碳气泡，酒帽已经下沉，液面较平静，发酵温度接近室温，并且有明显酒香，此时表明前发酵结束。一般前发酵时间为 4 ～ 5 d。发酵后的酒液质量要求：呈深红色或淡红色；浑浊而含悬浮酵母；有酒精味和酵母味，但不得有霉味、臭味、酸味，酒精含量为 9% ～ 11%（V/V），残糖≤ 0.5%，挥发酸≤ 0.04%。

（7）压榨。通常在酒液相对密度降为 1.02 时进行皮渣分离。实验室条件下可采取虹吸法将酒抽入后发酵缸中，最好用纱布将皮渣中的酒榨出，合并酒液进行发酵。企业生产红葡萄酒时，会在前发酵完毕后、出发酵池时先将自流酒由排汁口放出，放净后打开人孔，清理皮渣，将含有葡萄酒的皮渣取出，进行压榨，使酒液和皮渣分开得到压榨酒。压榨酒和自流酒的数量比一般为 1 ： 7。压榨酒含单宁较多，味涩，色深，与自流酒成分差异较大，若生产高档名贵葡萄酒，就不能使用压榨酒。压榨后的残渣可供蒸馏酒或果醋的制作。

（8）后发酵。后发酵缸中装酒量为有效体积的 95% 左右，仍用偏重亚硫酸钾补充添加 SO_2，添加量为 30 ～ 50 mg/L，发酵温度控制在 18 ～ 25 ℃，发酵时间为 5 ～ 10 d。当相对密度下降至 0.993 ～ 0.998 时，发酵基本停止，糖分已全部转化，可在结束后发酵。

【知识小贴士】后发酵的目的是什么？

前发酵结束后，原酒中还残留有 3 ～ 5 g/L 的糖分，后发酵可降低残糖量至 0.2 g/L 以下；在低温缓慢的后发酵中，前发酵原酒中残留的部分酵母及其他果肉纤维等悬浮物逐渐沉降，形成酒泥，使酒逐步澄清；排放溶解的二氧化碳；氧化还原及酯化作用；苹果酸 - 乳酸发酵的降酸作用。

（9）陈酿。将后发酵结束的原酒用虹吸管转入专用贮酒容器中（如橡木桶）密封贮藏，进行陈酿。在陈酿期间，酿酒后第一年的酒称为新酒，2 ～ 3 年酒称为陈酒，优质红葡萄酒陈酿期一般为 2 ～ 4 年。在陈酿期间，要注意倒酒（也称换桶）。一般在酿酒的第一个冬季进行第一次倒酒，第二年春、夏、秋、冬各倒一次。

【知识小贴士】陈酿的目的

（1）促进酒液的澄清和提高酒的稳定性。在发酵结束后，酒中尚存在一些不稳定的物质，如过剩的酒石酸盐、单宁、蛋白质和一些胶体物质，还带有少量的酵母及其他微生物，影响葡萄酒的澄清并危害葡萄酒的稳定性。在贮藏过程中，由于普通原酒中的物理化学及生物系的特性均发生变化，蛋白质、单宁、酒石酸、酵母等沉淀析出，结合添桶、换桶、下胶、过滤等工艺操作，使原酒澄清。

（2）促进酒的成熟。在陈酿过程中，在有空气或氧化剂存在的情况下，经过氧化还原作用、酯化作用及聚合沉淀等作用，使葡萄酒中的不良风味物质减少，芳香物质得以增加和突出，蛋白质、聚合度大的单宁、果胶质、酒石酸等沉淀析出，从而改善酒的风味，表现出酒的澄清透明和口味醇正。对红葡萄酒，陈酿的第一效果是色泽的变化，其色泽由深浓逐渐转为清淡，由紫色变为砖红色。同时，酒的气味和口味也有很大变化，幼龄酒的浓香味逐渐消失，而形成的香味更为愉快和细腻。经过一段时间的陈酿，幼龄酒中的各种风味物质（特别是单宁）之间达到和谐、平衡，酒体变得和谐、柔顺、细腻、醇厚并表现出各种酒的典型风格。

（10）澄清。葡萄酒的澄清分为自然澄清和人工澄清。自然澄清时间长，实验室中的人工澄清可采用添加鸡蛋清的方法，每 100 L 酒中添加 2 ～ 3 个蛋清，先将蛋清打成沫状，再加少量酒拌匀后加入果酒，充分搅拌均匀，静置 8 ～ 10 d 即可。

【知识小贴士】葡萄酒人工澄清的方法

（1）下胶。下胶就是往葡萄酒汇总加入亲水胶体，使之与葡萄酒中的胶体物质和以分子团聚的单宁、色素、蛋白质、金属复合物等发生絮凝反应，并将这些不稳定因素除去，使葡萄酒澄清稳定。通常采用的蛋白质类下胶剂有酪蛋白、清蛋白、明胶、鱼胶等。

（2）过滤。葡萄酒工业中广泛采用的过滤设备有硅藻土过滤机、板框过滤机、膜式过滤机。

（3）离心。离心操作可除去葡萄酒中悬浮微粒的沉淀，从而使葡萄酒澄清。其在红葡萄酒生产中应用不多。

（11）调配。调配即按照产品质量标准的要求，对酒精含量、糖分、酸度、颜色等加以调整。为了协调酒的风味，还可用其他品种或不同的干红葡萄酒进行勾兑。

（12）装瓶、杀菌。将封盖的酒瓶放入水浴锅，逐渐升温进行巴氏杀菌，使瓶子中心温度达到 65 ～ 68 ℃，保持时间 30 min。若以木塞封口，杀菌锅的水溶液面应在瓶口下 4.5 mm 左右；若采用皇冠盖，则水面应可淹没瓶口。

三、任务评价

（1）红葡萄酒感官评价指标。请按照表 6-3-2 的标准评价红葡萄酒质量，可以采用自评、互评等形式。

表 6-3-2 红葡萄酒感官评价指标

项目		要求	分值	实得分	备注
外观	色泽	紫红，深红，宝石红，红中微带棕色，棕红色	20		
	澄清程度	澄清，有光泽，无明显悬浮物使用软木塞封口的酒允许有少量软木渣，装瓶超过 1 年的葡萄酒允许有少量沉淀	20		
	起泡程度	起泡葡萄酒注入杯中时，应有细微的串珠状气泡升起，并有一定的持续性	10		

续表

项目			要求	分值	实得分	备注
香气与滋味	香气		具有纯正、优雅、怡悦、和谐的果香与酒香，陈酿型的葡萄酒还应有陈酿香或橡木香	20		
	滋味	干、半干葡萄酒	具有纯正、优雅、怡悦、和谐的果香味，酒体完整	20		
		半甜、甜葡萄酒	具有甘甜醇厚的口味和陈酿的酒香味，甜酸协调，酒体丰满			
		气泡葡萄酒	具有优美醇正、和谐悦人的口味和发酵起泡酒的特有香味，有杀口力			
典型性			具有标示的葡萄品种及产品类型应有的特征和风格	10		
合计				100		

（2）红葡萄酒生产过程评价指标。请按照表 6-3-3 的标准评价本次任务完成情况。

表 6-3-3　红葡萄酒生产过程评价指标

职业功能	主要内容	技能要求	相关知识	分数	实得分	备注
葡萄酒的加工	卫生整理	能清理操作台、地面并能在工作中保持整洁	食品卫生基础知识	10		
		能保持工作服、围裙、帽子、工作靴等个人用品卫生				
	工具、设备准备	能使用、清洗和保养常用工具、设备	工具、设备操作常识	10		
	原料选择	能根据加工对象合理选择原料	原料的选用	10		
	辅料选择	能掌握调糖、调酸的方法及添加量	辅料的选用	10		
	SO_2处理	能正确选择合适的 SO_2 使用形式及用量	SO_2 的使用	10		
	发酵	能根据加工对象合理选择发酵环境	发酵工艺	10		
		能合理进行倒酒				
	澄清	能正确选择澄清方法进行操作	澄清工艺	10		
	调配	能根据具体情况合理进行调配	调配工艺	10		
	感官检验	能对产品的品质、规格、包装进行鉴别	感官评价	10		
生产管理	节约意识	能节约用料，物尽其用，最大限度地提高成品率	节约意识	10		
	技术管理	能及时发现工段产品质量问题，防止不合格产品进入下一工段	质量管理			
		能支持并推行全面质量管理		—		
合计				100		

四、任务拓展

白葡萄酒和红葡萄酒的生产工艺有什么区别？请扫描下方二维码查看。

任务自测

请扫描下方二维码进行本任务自测。

任务四 腐乳加工

任务目标

➢ **知识目标**

1. 掌握腐乳的概念、分类及特点。
2. 熟悉腐乳加工的常用原辅料。
3. 掌握腐乳加工的工艺流程和操作要点。

➢ **技能目标**

1. 能够区分各种腐乳的特点。
2. 能够学会腐乳的加工方法。
3. 能够根据腐乳质量问题分析质量控制方法。

➢ **素质目标**

通过学习腐乳产品的加工方法，感受我国流传数千年的汉族传统民间美食，体会我国古代劳动人民的智慧。

任务导学

腐乳是一种传统的发酵食品，在中国已有 3 000 多年的历史。我国南北方地区均有食用腐乳的习惯，它是中国饮食文化不可或缺的一部分。我国腐乳主要产于江苏、浙江、安徽等地，有南腐乳、北腐乳之分。那么，腐乳到底是人间美食还是“健康”杀手呢？接下来，我们一起了解腐乳，学习腐乳的加工技术吧。

思维导图

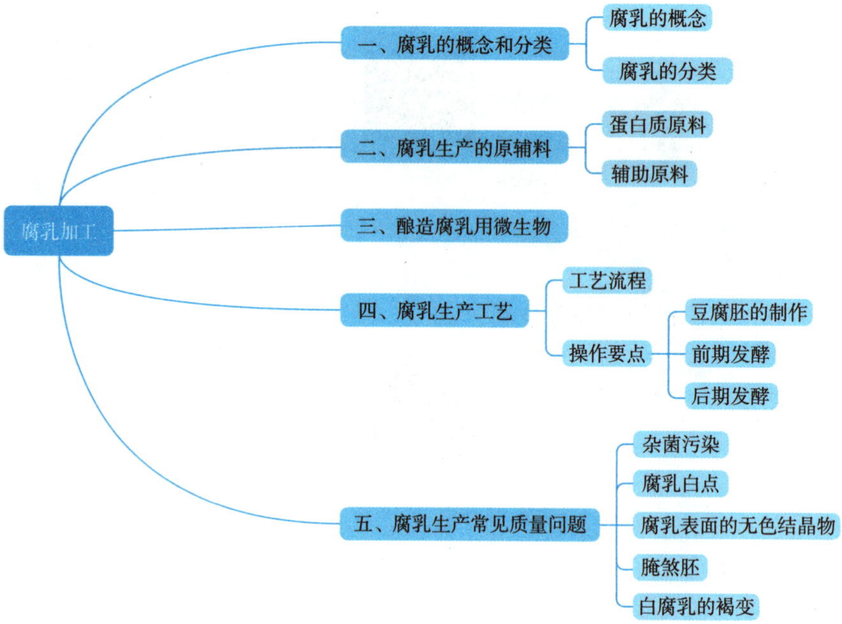

知识储备

一、腐乳的概念和分类

（一）腐乳的概念

腐乳是以大豆为主要原料，经加工磨浆、制坯、培菌、发酵而制成的调味、佐餐制品。我国的腐乳产地遍及全国，各地腐乳的外观、形状、大小不一，风味各异。腐乳的种类很多，如北京的王致和臭豆腐、黑龙江的克东腐乳、桂林的白腐乳、四川的辣味型花色腐乳等。

（二）腐乳的分类

1. 根据产品类型

（1）红腐乳。红腐乳又称红方，是在腐乳的发酵过程中，添加了红曲及黄酒酿制而成的。其主要特点是红曲中的红曲色素将其表面染成鲜红色或紫红色，断面呈杏黄色，滋味咸鲜适口，质地细腻，如王致和大块红辣腐乳。

（2）白腐乳。白腐乳又称白方，是在腐乳后发酵过程中不添加红曲，仅添加白酒、黄酒或酒酿等酿制而成的一类腐乳。其特点是含盐量低，发酵期短，成熟较快，产品颜色表里一致，为乳黄色、淡黄色或青白色，酒香浓郁，香味突出，质地细腻，润如油膏。

（3）青腐乳。青腐乳又称青方，颜色为豆青色，是在后期发酵过程中以低度盐水为汤料酿制而成的腐乳。其风味特点与众不同，具有刺激性的臭味，但臭里透香，因表里颜色呈青色或豆青色而得名，如北京王致和臭豆腐。

（4）酱腐乳。酱腐乳又称酱方，是腐乳白坯不经过前期发酵，利用酱曲中各种酶分解白坯中的蛋白质及碳水化合物酿制而成的一类腐乳。该产品内外颜色一致，呈现红褐色，与红腐乳的区别是，其不添加着色剂红曲，如南方酱腐乳。

（5）花色腐乳。花色腐乳又称腐乳的再制品，是在腐乳后发酵期添加各种不同风味的调味料而制成各具特色的一类腐乳。这类产品的品种最多，如辣味型、甜味型、香辛型、咸鲜型等。

2. 根据工艺类型

（1）腌制型腐乳。腐乳不需要经过前期培菌，而直接用盐腌，发酵作用依赖于辅料中的豆瓣曲、醪糟和中药材等。

（2）毛霉型腐乳。该类腐乳的前期发酵主要是在白坯上培养毛霉，再利用毛霉产生的蛋白酶将蛋白质分解成氨基酸，从而形成腐乳的特有风味。

（3）根霉型腐乳。采用耐高温的根霉菌，经纯菌培养，人工接种，在高温季节也能生产腐乳，但根霉菌丝稀疏，呈浅灰色，蛋白酶和肽酶活性低，生产出的腐乳无论是形状、色泽、风味及理化质量都不如毛霉腐乳。

（4）细菌型腐乳。该类腐乳在前期培菌时，使用菌种为细菌，经后期发酵而成。

二、腐乳生产的原辅料

（一）蛋白质原料

（1）大豆。大豆中蛋白质和脂肪含量丰富，蛋白质经微生物分解生成多种氨基酸，它是腐乳滋味的主要成分，大豆是制作腐乳的最佳原料。

（2）脱脂大豆。脱脂大豆是大豆提取油脂后的产物，因提取方式不同分为豆饼和豆粕。

大豆经过加热处理后，部分蛋白质变性而不溶于水，在制作豆腐时会影响出品率。按出品率比较，豆粕大于冷榨豆饼，冷榨豆饼大于热榨豆饼。

（二）辅助原料

（1）凝固剂。凝固剂使加热过的蛋白质分散体凝结形成胶状凝乳。常用的凝固剂有盐卤、石膏、葡萄糖酸内酯等。

（2）食盐。食盐是腐乳生产不可缺少的辅料之一，既能起到调味的作用，又能在发酵中及贮存中过程起抑菌防腐的作用。食盐使毛坯内渗透盐分，析出水分，坯身收缩，坯体变硬。经腌制，咸坯的水分由白坯的 73% 下降到 56% 左右。

（3）水。水是腐乳生产中不可缺少的物质。原料大豆在磨制前需进行浸泡，然后进行磨浆，这两步工艺需水量均较大。腐乳生产宜用清洁而含矿物质和有机质少的水，城市可用自来水。

（4）糯米。糯米是制作腐乳的主要辅料之一，它的质量直接关系到腐乳的质量和风味。糯米宜选用米粒完整、大小均匀、质地柔软、产酒率高、残渣少的优质糯米。一般 100 kg 糯米可出酒酿 130 kg 以上，酒酿糟 28 kg 左右。

（5）酒类。

1）黄酒。在腐乳酿造过程中加入适量的黄酒，可增加香气成分和特殊风味，提高腐乳的档次。黄酒特点是酒精含量低，性醇和，香气浓。

2）酒酿。酒酿是以糯米为原料，经过根霉、酵母菌、细菌等协同作用，将淀粉分解为糊精、糖分、酒精、香气等物质，酿制而成的。其特点是糖分高、浓度厚、酒香浓、酒精含量低。

3）酒酿。酒酿是以糯米、粳米为原料，以小曲为糖化发酵剂，经发酵、压榨、澄清、陈酿而成的酿造酒，酒精含量为 13% ～ 15%。

4）白酒。腐乳生产中一般要求使用酒精含量在 50% 左右的无混浊和无异味的白酒。

（6）曲类。

1）面曲。面曲也称面膏，是用面粉经米曲霉培养而成的。由于面曲有大量的酶系，加入腐乳中可以提高香气和鲜味。面曲的用量一般为每万块腐乳用面曲 7.5 ～ 10 kg。

2）红曲。红曲以籼米为主要原料，经红曲霉菌发酵而成，添加红曲色素可把腐乳胚表面染成鲜红色，加快腐乳成熟，常用其做红方。

（7）甜味剂。腐乳中使用的甜味剂主要是蔗糖、葡萄糖、果糖等，另一类甜味剂是天然或人工合成的高甜度甜味剂。

（8）香辛料。腐乳中的香辛料根据地区生活习惯配制。常用的有大茴香、小茴香、花椒、白芷、肉桂、豆蔻等。

三、酿造腐乳用微生物

目前国内酿造腐乳的微生物，除黑龙江克东腐乳采用的是藤黄小球菌外，其余均采用丝状真菌，如毛霉菌、根霉菌等。腐乳生产常用的微生物及其产地见表 6-4-1。

表 6-4-1　腐乳生产常用的微生物及其产地

微生物名称	产地	微生物名称	产地
五通桥毛霉	四川五通桥	根霉	南京
腐乳毛霉	浙江绍兴	藤黄小球菌	黑龙江克东
总状毛霉	台南	酵母菌	江苏、四川五通桥
雅致放射毛霉	北京、台湾	米曲霉	江苏、四川五通桥

四、腐乳生产工艺

1. 工艺流程

腐乳生产工艺流程如图 6-4-1 所示。

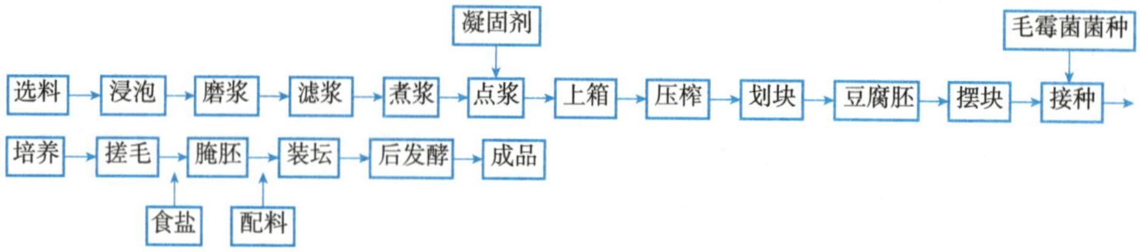

图 6-4-1　腐乳生产工艺流程

2. 操作要点

（1）豆腐胚的制作。

1）选料。选用优质大豆或豆粕作为原料，以保证豆腐的质量。选料方法有两种：一是干选法，用筛选机将混在大豆原料中的杂草、金属、砂土除去；二是湿选法，经过干选后的大豆，用流动的水除去并肩石及附在大豆表面的尘土。

2）浸泡。将选好的原料放入料池或缸内，用自来水浸泡，目的是使大豆能充分吸水膨胀，以提高蛋白质的提取率。浸泡用水量以大豆充分膨胀后不露出水面为宜，即大豆与水的比例为 1 ∶ 3.5 ～ 1 ∶ 4。浸泡时间根据气温、水温等具体情况而定。

3）磨浆。将浸泡适度的大豆或豆粕连同适量的水，均匀地送入磨浆机中磨浆，按每 1 kg 浸泡好的大豆添加 4 kg 左右水的比例操作。

4）滤浆。滤浆是制浆的最后一道工序，将磨出的带渣豆浆及时送入离心机，使豆渣和豆浆分离。滤出的豆渣要反复三次加水洗涤，每次加水 80 kg，水温为 60 ～ 70 ℃。

5）煮浆。煮浆可以杀菌、灭酶、去腥，使浆易于凝固，为点浆制豆腐打基础。滤出的豆浆打入煮浆桶内，占桶内容量 70%，温度为 95 ～ 100 ℃，时间为 3 ～ 5 min。注意不能反复烧煮，以免降低豆浆的稠度，影响蛋白质凝固。

6）点浆。点浆也称点花，是在豆浆中加入凝固剂，将热变性的蛋白质表面电荷和水合膜破坏，使蛋白质分子链状结构相互交连，形成网络状结构，大豆蛋白质由溶胶变为凝胶，制成豆腐脑。点浆温度控制在 85 ～ 90 ℃，豆浆 pH 控制在 6.0 ～ 7.0，凝固剂浓度控制在 12 ～ 18 ºBé。点浆不宜太快，凝固剂要缓慢加入，通常每桶熟浆点浆时间需 3 ～ 5 min，黄浆水应澄清，不混浊。

7）养花。养花也称蹲脑。豆浆点花后必须静置一定时间，以使蛋白质充分凝固、组织结构稳定。一般氧化时间为 5 ～ 10 min（视豆浆凝固效果而定）。

8）压榨。压榨也称制坯，是将凝固的豆腐脑上箱压榨。主要是使豆腐脑内部分散的蛋白质凝胶更好地接近及粘合，使制品内部组织紧密；同时，还会使豆腐脑中的余水排出。豆花上箱动作要快，并根据豆花的老嫩程度均匀操作，缓慢加压。压榨去水的程度可根据豆腐坯所需要的水分含量来决定。豆腐坯水分一般春秋季节为 70% ～ 72%，冬季为 71% ～ 73%。小白方水分一般为 76% ～ 78%，最高可达 80%。

9）划块。划块是压榨成型的最后工序。划块有热划、冷划两种。压榨出来的整板豆腐坯温度为 60 ～ 70 ℃。如果趁热划块，划时尺寸要适当放大，冷却后大小才符合规格；如果冷却划块，按规格大小即可。

（2）前期发酵 。前期发酵是发霉过程，即豆腐胚上接入毛霉或根霉菌，使其充分繁殖，在豆腐胚表面长满菌丝，形成柔软、细密而坚韧的皮膜并积累大量的蛋白酶，以便在后期发酵中将蛋白质慢慢水解。

1）接种。在腐乳胚移入“木框竹底盘”的笼格前后，分次均匀洒加麸曲菌种，用量为原料质量的 1% ～ 2%。接种品温控制在 40 ～ 45 ℃，一般采用自然冷凉或强制通风降温的方法降温。

2）摆块。接种后的豆腐胚均匀立于笼格内。摆好块后，将豆腐笼格码起来，堆码层数根据季节与室温变化而定，一般上面的笼格要盖严，以使保温、保湿，防止由于胚子风干而影响豆腐胚的发霉效果。

3）培养。摆好块后的豆腐坯移入发酵室，室温控制在 20 ～ 25 ℃。22 h 左右菌丝繁殖旺盛，产生大量热量，笼温升至 30 ～ 33 ℃，此时进行第一次翻笼（上下笼格互换）以调节上下温差和补充空气。菌丝培养到 28 h 后已达生长最旺阶段，需进行第 2 次翻笼。44 h 后进行第 3 次翻笼，此时菌丝生长较快、较浓；48 h 后，根据升温情况将笼格摆成“品”字形。入室 76 h 后，菌丝生长丰满，不黏、不臭、不发红，即可移出。

4）搓毛。前期发酵阶段生长好的毛胚要及时搓毛。搓毛是将长在豆腐胚表面的菌丝用手搓倒，并将块与块之间粘连的菌丝搓断，把豆腐坯一块块分开，使棉絮状的菌丝紧紧包住豆腐胚。这一操作与成品块状外形有关。

（3）后期发酵 。后期发酵是利用豆腐胚上生长的霉菌、酵母菌、细菌等多种微生物的共同作用，并有人工添加的各种辅料的配合，使腐乳成熟，形成其特有的色、香、味、体的过程。其包括腌坯、装坛和贮藏等工序。

1）腌坯。腐乳坯经搓毛后即可加盐进行腌制。腌坯有缸腌、箩腌两种。缸腌是将毛坯整齐放入已有圆形木板垫底的缸中。将坯列于假底上，顺缸排成圆形，并将毛坯未长菌丝的一面靠边，以免腌时变形。要分层加盐，逐层增加。食盐用量为每 100 kg 毛坯用盐 18 ～ 20 kg，腌坯 3 ～ 4 d 要在坯面淋加盐水，使上层毛坯含盐均匀。腌坯时间一般为 5 ～ 10 d。腌渍期满后，抽去盐水，放置一夜，使豆腐坯干燥收缩。箩腌是将毛坯平放竹箩中，分层加盐，腌坯盐随化随淋，腌 2 d 即可供装坛用。

2）配料与装坛。取出腌坯，沥干盐水，装入坛内，装时不能过紧，过紧发酵不完全，中间有夹心。将腌胚依次排列，用手压平，分层加入配料，如少许红曲、面曲、红椒粉，装满后将配好的含有各种风味物质的汤料同时灌入坛中与豆腐胚一同发酵。灌料的多少根据所需要的品种而定，但不宜过满。

3）贮藏。腐乳的后发酵主要是在贮藏期间进行。在豆腐坯上生长的微生物及加入的各种辅料的作用下，贮藏期内发生复杂的生化反应，从而促使腐乳后期成熟。腐乳成熟期因品种而异一般为 6 个月左右。青方、白方腐乳坯水分含量大（75% ～ 80%），氯化物少，酒精度低，所以成熟快，保质期短。一般小白方的成熟期为 30 d 左右，青方的成熟期为 1 ～ 2 个月。

五、腐乳生产常见质量问题

1. 杂菌污染

前发酵阶段，因操作不慎，使沙雷氏菌发酵，8 h 后，豆腐坯上出现细小的红色污染物，使豆腐坯有异味、发霉，产生恶臭。豆腐坯接种培养 5 h 左右，坯身逐渐变黄，有刺鼻味，可能是嗜温性芽孢菌污染了坯体，使坯身发黏。预防措施就是保持发酵室和发酵容器的卫生，加强发酵期的管理，保证毛霉菌的纯正及新鲜。

2. 腐乳白点

腐乳白点是指附着在腐乳表面上直径约 1 mm 的乳白色圆形小点，有时呈片状，悬浮于腐乳汁液中，或沉积在容器底部。预防措施主要就是控制好前发酵培菌工艺条件。

3. 腐乳表面的无色结晶物

当白腐乳进行后发酵时，在腐乳层的上面盖上一张白纸，防止腐乳褐变产生黑斑。发酵成熟后，在这张纸的上面常出现无色或琥珀色的透明单斜晶体。控制结晶物的生成量，主要应严格操作，防止原辅料污染，特别是水中 Mg^{2+} 的含量要低。

4. 腌煞胚

腌煞胚是用盐量过大或腌制时间太长，使胚子的含盐量太高，使其脱水收缩变硬，生出苦味。预防措施是咸坯氯化钠含量控制在 17% ～ 18%。

5. 白腐乳的褐变

褐变常见于白腐乳，离开液汁的腐乳暴露在空气中逐渐发生褐变，颜色从褐到黑逐渐加深。防治措施主要是隔绝氧气。

任务实施

红腐乳加工

一、任务准备

（1）主要材料：香辛料、调味料、面粉、红曲。

（2）工具设备：瓦罐或有盖玻璃瓶、小刀、摇床、三角瓶、超净台及接种设备、灭菌锅等。

二、任务实操

1. 工艺流程

红腐乳加工工艺流程如图 6-4-2 所示。

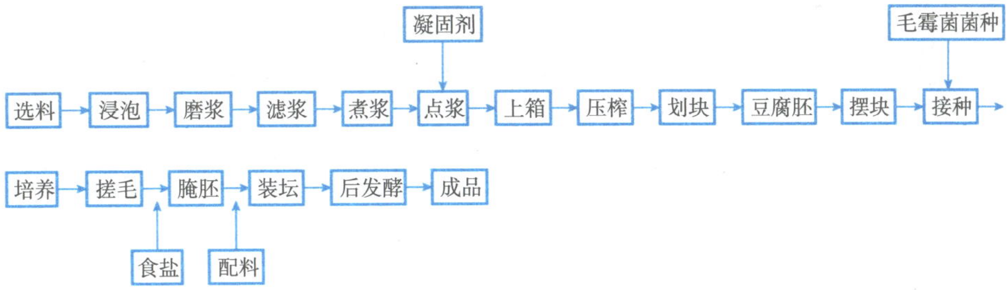

图 6-4-2　红腐乳加工工艺流程

2. 操作要点

（1）原料选择。主料选用优质大豆，饱满无虫蛀，平均千粒质量为 170 ～ 200 g 以上，含蛋白质约 40%。

（2）豆浆与豆坯制作。

1）浸泡大豆。可根据季节和大豆品种调整水温，冬季为 15 ℃左右，浸泡时间为 24 h 左右；如果浸泡时起白沫，应立即换水，以免酸败。当大豆浸泡后的重量增加 2.2 ～ 2.3 倍时，浸泡最适宜。

2）磨浆。磨豆腐浆要保证粉碎细度和均匀度，取 1 000 mL 豆汁，用 70 目铜网过滤 10 min。加水量应是大豆的 10 倍，这样可溶出 80% 的蛋白质。用滚浆机分离豆汁与豆渣。

3）煮浆。煮浆温度要达到 100 ℃，并保持 5 ～ 10 min。点浆温度必须达到 95 ℃以上，否则会留有豆臭，凝固不好，抽出量少。

4）点浆、养花。点浆温度为 80 ± 2 ℃；pH 为 5.5 ～ 6.5；凝结剂浓度：如用盐卤，一般要 12 ～ 15 °Bé；点浆后静置 5 ～ 10 min。点浆较嫩时，养花时间相对应延长一些。

提示：点浆时间不宜太快，凝结剂要缓缓加入，做到细水长流，通常每桶熟浆点浆时间需 3 ～ 5 min，黄浆水应澄清不浑浊。

5）制胚、划胚。点浆完毕，待豆腐脑组织全部下沉后，即可上箱压榨。豆腐胚水分一般控制在 70% ～ 75%。将豆腐坯摆正，按品种规格划块。

提示：制坯过程动作要快，操作均匀，同时注意保持工具清洁，防止积垢产酸。

（3）豆坯的蒸、腌与前发酵。

1）蒸坯。豆腐胚先蒸 20 min。要蒸透，表面无水珠，有弹性。蒸后将白坯立起冷却到 30 ℃以下再进行腌制。

2）腌坯。腌坯时，摆一层豆腐块，均匀撒一次盐，腌 24 h 后，将豆坯上下倒一次，每层再撒少量盐，腌 48 h，使其含盐量为 6.5% ～ 7%。腌后用温水洗净浮盐及杂质。

3）前发酵。腌胚后，将豆坯串空摆在盘子里（要排紧），然后喷洒菌液，接种后的豆坯放置在温度为 28 ～ 30 ℃的发酵室内培养，使品温为 36 ～ 38 ℃，发酵 3 ～ 4 d 后，坯上的菌呈黄色后倒垛一次，发酵 7 ～ 8 d，豆坯呈红黄色，菌衣厚而致密即为成熟。

菌液制法：将发酵好的豆坯上的菌膜刮下，用凉水稀释过滤而成。

（4）装缸与后发酵。

1）入缸（坛）。红黄色的豆坯在 50 ～ 60 ℃条件下干燥 12 h，使其软硬适度，有弹性，无裂纹。

将辅料按比例配成汤料加入缸内。装缸时，要加一层汤料装一层坯子，要将装上层装紧，坯子间隙为 1 cm，装完后，坯子距缸口 9 ～ 12 cm。

2）后发酵。先将缸放在装缸室内，坯子在缸内浸泡 12 h，再进入后发酵库，垫平缸，加两遍汤子，其深度为 5 cm，然后用纸封严，不可透气。

后发酵温度保持在 28 ～ 30 ℃。装满库过 50 ～ 60 d 后，要上下倒一次，再经 30 d 即可成熟。

三、任务评价

（1）红腐乳感官评价指标。请按照表 6-4-2 的标准评价红腐乳，可以采用自评、互评等形式。

表 6-4-2　红腐乳感官评价指标

项目	要求	分数	实得分	备注
色泽	表面呈鲜红色或枣红色，断面呈杏黄色或紫红色	25		
滋味、气味	滋味鲜美，咸淡适口，具有红腐乳特有气味，无异味	25		
组织形态	块形整齐，质地细腻	25		
杂质	无外来可见杂质	25		
合计		100		

（2）红腐乳生产过程评价指标。请按照表 6-4-3 的标准评价本次任务完成情况。

表 6-4-3　红腐乳生产过程评价指标

职业功能	主要内容	技能要求	相关知识	分数	实得分	备注
准备工作	清洁卫生	能发现并解决卫生问题	食品卫生基础知识	10		
	备料	能进行原辅料选择和预处理	不同原辅料处理知识	10		
	检查工器具	检查设备运行是否正常	不同设备操作常识	10		
生产过程	原料选择	能按产品要求选择大豆等原辅料	计算原辅料的方法	10		
	豆浆与豆坯制作	能按照工艺操作进行豆坯制作	糖化工艺	10		
	豆坯的蒸、腌与前发酵	能正确使用工具对豆坯进行蒸、腌与前发酵	过滤操作	30		
	装缸与后发酵	能正确执行发酵工艺	沉淀、冷却方法	20		
合计				100		

四、任务拓展

克东腐乳加工请扫描下方二维码查看。

任务自测

请扫描下方二维码进行本任务自测。

参考文献

References

[1] 赵晨霞. 果蔬贮藏与加工 [M]. 北京：高等教育出版社，2005.

[2] 赵晋府. 食品工艺学 [M]. 2版. 北京：中国轻工业出版社，2009.

[3] 杨宝进，张一鸣. 现代食品加工学：上册 [M]. 北京：中国农业大学出版社，2006.

[4] 杨宝进，张一鸣. 现代食品加工学：下册 [M]. 北京：中国农业大学出版社，2006.

[5] 高愿军. 软饮料工艺学 [M]. 北京：中国轻工业出版社，2002.

[6] 邵长富，赵晋府. 软饮料工艺学 [M]. 北京：中国轻工业出版社，2005.

[7] 天津轻工业学院，江南大学. 食品工艺学：上册 [M]. 北京：中国轻工业出版社，1984.

[8] 天津轻工业学院，江南大学. 食品工艺学：中册 [M]. 北京：中国轻工业出版社，1982.

[9] 天津轻工业学院，江南大学. 食品工艺学：下册 [M]. 北京：中国轻工业出版社，1983.

[10] 蒋和体. 软饮料工艺学 [M]. 重庆：西南师范大学出版社，2008.

[11] 夏文水. 食品工艺学 [M]. 北京：中国轻工业出版社，2007.

[12] 中国食品添加剂生产应用工业协会. 食品添加剂手册 [M]. 北京：中国轻工业出版社，1996.

[13] 王文艳，彭增起，周光宏. 中式香肠的制作 [J]. 肉类工业，2006（06）：5-6.

[14] 周光宏. 畜产品加工学 [M]. 2版. 北京：中国农业出版社，2022.

[15] 蒋爱民，张兰威，周佺. 畜产食品工艺学 [M]. 北京：中国农业出版社，2019.

[16] 郭本恒. 液态奶 [M]. 北京：化学工业出版社，2004.

[17] 武建新. 乳品生产技术 [M]. 北京：科学出版社，2010.

[18] 李里特. 大豆加工与利用 [M]. 北京：化学工业出版社，2003.

[19] 乔支红，李里特. 豆腐凝胶形成影响因素的研究进展 [J]. 食品科学，2007（06）：363-366.

[20] 盖钧镒，钱虎君，吉东风，等. 豆乳和豆腐加工过程中营养成分利用的品种间差异 [J]. 大豆科学，1999（03）：199-205.

[21] 张明晶，魏益民. 加工条件对豆腐产量和品质的影响 [J]. 大豆科学，2003（03）：227-229.

[22] 励建荣. 中国传统豆制品及其工业化对策 [J]. 中国粮油学报，2005（01）：41-44.

[23] 邬敏辰. 食品工业生物技术 [M]. 北京：化学工业出版社，2005.

[24] 史先振. 现代生物技术在食品领域的应用研究进展 [J]. 食品研究与开发，2004（04）：40-42.

[25] 贾士儒，欧宏宇，傅强. 新型生物材料——细菌纤维素 [J]. 食品与发酵工业，2001（01）：54-58.

[26] 朱明，姚茂君. 食品工业分离技术 [M]. 北京：化学工业出版社，2005.

[27] 倪晨，杨铭铎，霍力. 大豆组织蛋白的处理工艺及在肉制品中的应用 [J]. 哈尔滨商业大学学报（自然科学版），2002（03）：336-345.

[28] 朱明. 食品工业分离技术 [M]. 北京. 化学工业出版社. 2005.

[29] 刘希凤. 乳制品加工技术 [M]. 北京：中国农业出版社. 2020.